本书是教育部人文社科规划课题（08JA740042）的研究成果，并获浙江省高校重点研究基地——浙江师范大学汉语言文字学学科的资助

浙江师范大学语言学书系

汉语短语语义语用研究

HANYU DUANYU YUYI YUYONG YANJIU

张先亮 等著

中国社会科学出版社

图书在版编目（CIP）数据

汉语短语语义语用研究／张先亮等著．—北京：中国
社会科学出版社，2013.5
ISBN 978 – 7 – 5161 – 2671 – 4

Ⅰ.①汉… Ⅱ.①张… Ⅲ.①汉语—短语—语义学—
研究②汉语—短语—语用学—研究 Ⅳ.①H146.3

中国版本图书馆 CIP 数据核字（2013）第 104212 号

出 版 人	赵剑英
责任编辑	罗 莉
责任校对	石春梅
责任印制	李 建

出 版	中国社会科学出版社
社 址	北京鼓楼西大街甲 158 号（邮编 100720）
网 址	http://www.csspw.cn
	中文域名:中国社科网　　010 – 64070619
发 行 部	010 – 84083685
门 市 部	010 – 84029450
经 销	新华书店及其他书店

印 刷	北京市大兴区新魏印刷厂
装 订	廊坊市广阳区广增装订厂
版 次	2013 年 5 月第 1 版
印 次	2013 年 5 月第 1 次印刷

开 本	710 × 1000　1/16
印 张	22.25
插 页	2
字 数	396 千字
定 价	59.00 元

凡购买中国社会科学出版社图书，如有质量问题请与本社联系调换
电话：010 – 64009791

撰 写 者

范　晓　谢枝文　孙　岚　尹美玲

张先亮　郑娟曼　郑雪谊

目　录

第 一 章

短 语 语 式

短语语式（简称"语式"）的研究是语法研究中重要的课题之一。这是因为，句子是语言的基本运用单位，而句子大都是由两个以上的实词按照一定的结构方式构成的短语，并根据表达的需要添加适当的语用成分或对短语加以适当变化组成的。短语的语式跟句子的句式有区别；但由于句子的句干一般由短语构成，所以短语语式是构成句干句式的基础。① 可见，对短语语式进行专题的理论研究并把汉语语法里的各种短语语式研究清楚，不仅有理论意义，能丰富语法学理论，而且有重大的实用价值，有助于分析句子的句式，有助于建立科学的汉语语法体系，有利于汉语语法教学（包括对外汉语教学），对自然语言处理、机器自动翻译等应用研究也会有所裨益。

短语语式研究中有很多理论问题，而现代汉语的短语很多，要在一章里既论述语式的各种理论问题，又对现代汉语的各种短语的语式都进行讨论显然是不可能的。由于篇幅所限，本章着重谈四个问题：一是语式的含义及语式研究有关的几个问题；二是汉语述宾短语的语式；三是汉语述补短语的语式；四是汉语特征词构成的短语的语式分析。前一个问题涉及语式的理论；后三个问题是联系实际，选择现代汉语述宾短语、述补短语和"把"字短语的若干基干语式为样板，作概述性的分析，以此来说明如何扼要地构拟和描述语式，② 旨在举一反三。本书可说是短语语式课题的初探，抛砖引玉，

---

① 关于"句式"，参看范晓《关于句式问题》，《语文研究》2010 年第 4 期；《试论句式意义》，《汉语学报》2010 年第 3 期。

② 对某个特定语式（包括基干语式和复杂语式）的专题研究并不这样简单，需要大量的语例并进行深入专题研究，才能更细致地分析特定语式的语式义以及在话语里的各种应用情况。

求学界同行们批评指正。

为方便起见，本书行文中有时用符号或代表字代替某些术语：词语的句法功能类里名词记作"名"或"N"，谓词（包括动词、形容词等）记作"W"，谓词里的动词记作"动"或"V"（其中及物动词记作"Vt"，不及物动词记作"Vi"，关系动词记作"Vg"），形容词记作"形"或"A"，副词记作"副"或"F"，名词性词语记作"NP"，谓词性词语记作"WP"，动词性词语记作"VP"，形容词性词语记作"AP"，副词性词语记作"FP"，介词记作"介"，主谓短语记作"SW"，数量短语记作"QP"；语义成分里的谓词所联系的主体记作"主事"（其中主事里的施事记作"施"，系事记作"系"，起事记作"起"），谓词所联系的客体记作"客事"（其中客事里的受事记作"受"，成事记作"成"，位事记作"位"，使事记作"使"，与事记作"与"），领属结构里的领事记作"领"，属事记作"属"；句法成分里的主语记作"主"或"S"，宾语记作"宾"或"O"，补语记作"补"或"R"，状语记作"状"或"Z"，状语的中心语记作"心"或"X"。

另外需说明的是：本书把谓词配价所形成的语义框架结构，称为"谓核结构"，谓核结构里由谓词表示的核心成分称为"谓核"，其中动词所表示的谓核称作"动核"，形容词表示的谓核称作"形核"；根据谓核的语义特征，动作行为动词表达的动作行为谓核简称"动作核"，关系动词表达的关系谓核称作"关系核"，状态动词和形容词表达的性状谓核也可概括称为"性状核"（简称"状核"），谓核所联系的强制性语义成分的词语的"所指"（"人、物、事"等）可以总称为"名物"。①

---

① 过去笔者曾把广义动词（即"谓词"）组成的语义配价结构称为"动核结构"，"动核结构"中"动核"所联系的强制性语义成分称为"动元"（有些论著里称为"论元"）。由于本书把广义动词称作谓词，所以本书把原来所说的"动核结构"、"动核"、"动元"分别改称为"谓核结构"、"谓核"、"谓元"，在"谓核结构"、"谓核"、"谓元"下面再分别分出"动核结构"、"形核结构"、"动核"、"形核"、"动元"、"形元"等。参看范晓《动词的"价"分类》，《语法研究和探索》（5），语文出版社 1991 年版；《说语义成分》，《汉语学习》2003 年第 1 期；《论"动核结构"》，《语言研究集刊》第八辑，上海辞书出版社 2011 年版。

一　语式的含义及语式研究有关的几个问题

（一）短语

既然是短语的语式，就得先说明短语。

1. 短语的性质

短语也称"词组"，它是由两个或两个以上的词按照一定的结构方式组成的造句的语法单位。汉语语法学界也有称作"结构"的，其实短语虽然内部有结构，但不等于结构；因为短语是语法单位，是结构体（实体），而结构则是指语法单位或结构体内部的构成方式或构造式样（实体内部成分间的关系），所以用"结构"来指称短语，实是把"结构"和"短语"混淆起来，犹如把建筑体（公寓、别墅、佛塔、庙宇等）和建筑体内部的结构混淆起来一样，是很不妥当的。①

短语和词、句子都是语法单位，它们内部都有结构。但短语跟词、句子有区别，短语跟词的区别是：短语是词与词的组合体，是大于词的语法单位；短语跟句子的区别是：短语只是造句的材料或构件（造句单位），是小于句子的语法单位。可见短语是介于词和句子之间的语法单位。

2. 短语的分类

根据短语内部词语之间的松紧程度，短语大体上可分为两大类：自由短语（也称"临时短语"）和固定短语（也称"成语"或"熟语"）。自由短语是指内部组合成分相对自由的语法结构体，如"吃苹果"、"新衣服"、"打扫干净"等，它的特点是两个或两个以上的词按照一定的结构规律自由地组合成的临时短语，内部词语一般可用相同句法功能的词儿自由替换

---

① 作为科学术语，应把"结构"和"短语"严格区别开来。第一，语言里的词、短语、句子都是结构体（结构实体），内部都有结构，如"词的结构"、"短语的结构"、"句子的结构"等，单把"短语"称作"结构"不合逻辑；第二，语法学里的"结构"不是指某个"结构体"，而是指结构体内部成分间的结构关系或构造式样，如"偏正结构"、"主谓结构"等，把"结构"专指某个"结构体"显然不妥；第三，把"结构"用来指称短语，会产生矛盾。吕叔湘指出："至于'结构'，一般要带上个帽子，什么什么结构，光说'这是一个结构，不是一个词'，似乎不行；而且'结构'既用来指关系，又用来指实体，有时候挺别扭，例如说：'这是一个动宾结构的词，不是一个动宾结构的结构'。"这话是有道理的。参看吕叔湘《汉语语法分析问题》，商务印书馆1979年版，第10页。另可参考范晓《关于结构和短语问题》，《中国语文》1980年第3期。

（如"吃梨子、吃蛋糕"），短语内部往往还可以插入其他成分（如"吃了一只苹果"），具体短语的语汇意义往往是内部词语意义的相加，可以通过对内部成分意义推导出来。固定短语指内部组成词语相对固定的语法结构体，如"胸有成竹"、"得陇望蜀"、"三顾茅庐"、"负荆请罪"、"莫须有"等，它的特点是词语搭配凝固化，即内部词语的组合相对固定而不能随意替换，具体固定短语的语汇意义专门化或转指化，它或是特定文化知识化石般的积淀，或是历史故事生发开来凝聚成的特定含义，或是语用习惯约定俗成的结果，一般需要整体理解其意义。固定短语由于其形式和意义已经相对固定，在语法结构里起相当于实词的作用，所以从造句角度看，可以说是一种造句的构件，造句功能上大体上相当于实词，不妨看作是"短语化的词"，或者说是一种"词化短语"。① 还有一些由某种固定格式（由特定固定词或相关联的词语搭配成的格式）构成的约定俗成的固定短语，如由固定格式"一 X 之 Y"构成的"一孔之见、一丘之貉、一念之差、一字之师"，由固定格式"XY 之 Z"构成的"莫逆之交、杞人之忧、犬马之劳、乌合之众、城下之盟、切肤之痛"，由固定格式"有 X 无 Y"构成的"有眼无珠、有文无行、有恃无恐、有口无心"，这些由固定格式构成的短语的语汇意义已经专门化和凝结化，所以都可以看作为固定短语。从古代汉语角度看，上述固定短语在"一 X 之 Y"、"XY 之 Z"、"有 X 无 Y"里的 X、Y、Z 位置上是可以自由替换的，现代汉语里有模仿古汉语的用法，所以由固定格式构成的短语不仅数量很多，而且相当复杂。应该把固定格式和固定短语区别开来，不能认为凡是用固定格式构成的短语都是固定短语，实际上由固定格式构成的短语有三种情况：第一种，结构上具有固定性（内部成分不能任意替换，次序一般不能变动），意义上具有整体性、凝结性（在现代汉语里往往不能作字面上的解释）的固定短语，如"一丘之貉、城下之盟、有恃无恐、肺腑之言、金石之言"之类；第二种，现代汉语里根据表达需要把相应的词填入某种固定格式临时创造出的自由短语，其特点是格式是固定的，但内部某些成分可以根据需要自由替换，② 其短语的含义一般可以根据字面意义来理解，乃是一些仿造某些古汉语流传下来的固定格式的仿制品，如依据

---

　　① 具体的固定短语由于其形式和意义已经相对固定化，就成了词的"等价物"，所以可以收录而贮藏在词典（成语词典或熟语辞典）之中。

　　② 如依据固定格式"XY 之 Z"可以随意仿造"所到之地、安葬之地、娱乐之所、储藏之所"等。

"XY 之 Z"格式创造的"军人之家、贴心之言、受人之托、辞格之类、男女之别、娱乐之所、离别之时、香港之行、荒年之苦"之类。第三种，介于第一第二种之间即处于中间状态的一种短语，很难说它是固定短语还是自由短语，其特点是也是依据固定格式构建的，形式上看很像成语，但可以根据字面来理解其意义，它们究竟是固定短语还是自由短语可能会有争议，如依据"XY 之 Z"格式造出的"敬仰之心、葬身之处、分别之时、欢乐之情、成功之本"之类。这第三种短语既有固定的一面，即短语格式里有一些固定的词语，又有自由的一面，即固定格式里还有某些根据需要可以临时替换的相对自由的词语；所以它是一种介于自由短语和固定短语之间的一种短语，有人称作为"类固定短语"，也有人把第二种和第三种都称作"类固定短语"。① 本章认为第二种属于自由短语，而第三种不妨看作为"准固定短语"或"准自由短语"。根据短语内部词语结合的虚实，短语可分为复合短语和派生短语两大类。复合短语由实词和实词构成，如"新衣服"、"割稻"、"说明白"等；派生短语由实词和虚词构成，如"在晚上"、"桌子里"、"教书的"。② 本章着重论述复合短语的语式。

（二）语式

1. 语式的含义

语式的定义：语式是短语的语法结构格式，即指由一定语法形式显示的表示一定语法意义的短语的结构格式。"语式"也可说是"短语的语法构式"，它大体上相当于构式语法所说的短语层面的"构式"，但它不等于构式语法所说的泛指语言单位的"构式"。③

---

① 关于类固定短语的论著，可参看文炼《固定短语和类固定短语》，《世界汉语教学》1988 年第 2 期；齐沪扬《有关类固定短语的问题》，《修辞学习》2001 年第 1 期；陈昌来《现代汉语类固定短语研究》，学林出版社 2012 年版。但各家在类固定短语的范围上看法还不完全一致。

② 参看范晓《关于结构和短语问题》，《中国语文》1980 年第 3 期；《汉语的短语》，商务印书馆 1991 年版。

③ 语式不等于"构式"，这是因为任何结构体都有结构，也就都有"构式"（结构格式），语言单位的结构体也不例外。构式语法所说的"构式"虽然限定于语言，但范围很大，包括句子、短语、词、语素等各种语言单位。本书所说的语式不等于构式语法所说的各种语言单位结构体的"构式"。关于构式语法，可参看 Goldberg（1995）：《构式——论元结构的构式语法研究》，吴海波译，北京大学出版社 2007 年版。

语式的具体含义可以表述为：

由词类序列形式显示的包含句法结构和语义结构以及语用功能的、形义匹配的抽象的短语结构格式。

2. 语式定义包含的意思

1）语式是短语的抽象的语法"结构格式"。这表明语式属于"结构格式"的范畴。任何结构格式都是由两个或两个以上的结构成分按照一定的结构方式组成的，短语的结构格式也不例外，短语抽象出的各种语式都是由两个或两个以上的词所表示的句法成分和语义成分按照一定的结构方式组成的。

2）语式是"短语的"抽象的语法结构格式。这表明语式属于语法单位的短语层面，所以并不是任何抽象的语法结构格式都是语式，如句子的语法结构格式、复合词的语法结构格式就不能称作语式，虽然它们与短语语式有某种联系。①

3）语式是短语的"抽象的"语法结构格式。这表明语式与具体短语（即"语例"）既有联系也有区别。具体短语包含有具体词语并表达具体概念，任何具体短语都属于一定的语式；任何语式都来源于具体短语，但并不包含具体词语并表达具体概念，它不是存在于某个独一无二的具体短语里，它必然是许多具体短语的相同语法组配格式的类聚或集合，即具有同一性词类或成分的一系列语例概括抽象出的语法结构格式。语式是具体短语语法结构格式的抽象，具体短语结构格式跟抽象的短语结构格式的关系是个别和一般的关系。

4）语式是短语的抽象的"语法"结构格式。这表明这种结构格式是属于语法范畴的。语法范畴是语法意义和语法形式的结合体或综合体，所以语式的语法性质表现在：

第一，语式都"表示一定语法意义"。如果笼统地说语式的"语法意义"，则有三种：一是语式内部句法平面词语所表现的句法成分之间的关系意义，即语式里句法结构内部的关系意义，如主谓、述宾之类的意义；二是语式内部语义平面词语所表现的语义成分之间的关系意义，即语式里语义结构内部的关系意义，如"施动"、"动受"、"领属"之类的意义；三是语式

---

① 现代汉语里短语跟句子和复合词在结构方式上有很多相同之处，但它们毕竟是不同的语法单位，所以也还是不完全相同的，比如句子的结构式里还有语调、语气词之类，合成词里有词缀之类，这些在短语语式里是不存在的。

所表示的语用功能意义，即"语式义"。"语式义"是指语式整体的、独立的语用表达意义，如"'Vt$_{动作核}$ + Vi$_{结果补语}$' + N$_{受事宾语}$"语式（"撕破衣服"、"摔坏家具"之类）的语用功能意义是"动作施加于受事致使其产生某种结果"。语式义不是某些具体词的词汇意义的相加，而是语式整体的抽象格式意义。语式和思维、表达紧密联系，具体短语反映概念、思想，而抽象的语式义则反映思维结构和表达意图，所以从语式义的来源或理据来说，语式义受制于思维结构（包括"认知结构"[①]）和表达意图。

第二，语式都"具有一定语法形式"。这表明语式的语法意义都由一定的语法形式显示。语法形式主要是由词类序列（包括特定词或特征词以及固定格式等）表现出来的。语式的语法意义，各种语言有较大的共性；但显示语法意义的形式在不同的语言里不完全一样，这反映了各别语言的个性，以静态的动宾短语（"吃苹果、喝茶、洗衣服"之类）为例，句法上有"动作—支配"的关系意义，语义上有"动作核—受事"的关系意义，语用上有"施加动作于受事"的语式义，这些意义各种语言都有，但显示句法、语义、语用的词类序列形式不一定一样，如汉语、英语采用"Vt$_{动作核}$ + N$_{受事宾语}$"式，日语、韩语等采用"N$_{受事宾语}$ + Vt$_{动作核}$"式。

5）语式的形式和意义具有"匹配性"。语式的形式和意义（内容）的匹配性表现在两个方面：一方面，语式内部的显层的句法结构（语型）和隐层的语义结构（语模）是形式和意义的关系，它们是互相对应匹配的。基干语式是"语型 + 语模"的结合体，[②] 两者表里相依，不能设想语式里只有语型而没有语模，也不能设想语式里只有语模而没有语型。在"语型—语模"结合体里，语型是表现语模的句法形式，语模是语型所表现的语义结构，所以语型和语模间的关系是一种形式和意义的关系，研究语式应寻找语模与语型间的对应关系。另一方面，语式整体的形式和语式整体的语用功能意义是互相对应匹配的，如"Vt$_{动作核}$ + N$_{受事宾语}$"语式的整体形式和该语式表示的"某种动作施加于某种受事"这种整体语用功能意义（语式义）

---

① 构式语法把构式义的理据归结为"认知情景"（也说"认知图式"、"心理完形"），实际上人们的认知或认识属于思维范畴。

② "基干"意指"基础或基本"。与基干语式对应的是复杂语式。基干语式是基干动核结构、基干名核结构与相应的基干句法结构对应的语式。关于"基干动核结构"等，可参看范晓《论动核结构》，《语言研究集刊》第八辑，上海辞书出版社2011年版。

就是对应匹配的,① 研究语式也应寻找语式的整体形式与其整体功能意义间的对应关系。

(三) 研究语式需注意的几个问题

1. 要运用"三维语法"("三个平面")的理论和方法来研究语式

语式具有"三维性"(即三个平面:句法平面、语义平面、语用平面),是一种语型(语式的句法结构型式)、语模(语式的语义结构模式)、语式义(语式的语用功能)三位一体的抽象的语法结构格式。由于语式具有"三维性",所以在研究语式时,既要分析语式的三个平面,即分析语式的语型、语模、语式义,又应综合语式的语型、语模、语式义,从"三位一体"的角度研究语式。

在分析和综合语式的"三个平面"时,必须注意语式的三个平面之间的相互关系和联系。语式跟语型、语模、语式义是不同的语法术语,它们既有联系,也有区别。

1)语式跟语型、语模、语式义的联系

语式跟语型、语模、语式义的联系,表现在以下三个方面:

第一,语式是句法、语义、语用三位一体的匹配格式。任何语式都有句法结构、语义结构和语用功能,对任何语式都可从句法、语义、语用这三个平面进行分析,如"'及物动作动词$_{动作核}$ + 不及物状态动词$_{结果补语}$' + 名词$_{受事宾语}$"(例如"撕破衣服、撞倒桌子、踢坏足球"之类)这样的词类序列格式构成的语式,句法平面可分析为"'动补'宾"成分序列(动补短语作述语带宾语)构成的"述宾"语型,语义平面可分析为"动受 + 系状"语模(如"撕破衣服"为"撕$_{动}$衣服$_{受}$ + 衣服$_{系}$破$_{状}$"语模),语用平面可分析出语式义(语用表达功能意义):"动作施加于受事名物致使其产生某种结果(状态性的结果)"。如表1—1所示。

第二,语型、语模、语式义须通过语式表示。如"喝酒、喝茶、看书"之类语例,是通过"及物动作动词$_{动作核}$ + 名词$_{受事}$"这样的语式表示的,可以抽象概括出"动宾"(VO)语型、"动受"语模和"干某事"的语式义;又如"撕破衣服、摔坏家具、撞伤行人"之类语例,是通过"'及物动作动

---

① 如"吃面包"、"喝美酒"之类语例可抽象为"Vt$_{动作}$ + N$_{受事宾语}$"语式,这语式是"动宾语型—动受语模"结合体,"Vt$_{动作}$ + N$_{受事宾语}$"整体形式表示的整体语用功能意义是"某种动作施加于某种受事"。

词_{动作核}＋状态动词（或形容词）_{结果补语}'＋名词_{受事}"这样的语式表示的，可以抽象概括出"'动补'宾"成分序列（动补短语作述语带宾语）构成的"述宾"语型、"'动作核＋［受事］'＋'系事＋性状核'"语模和"动作致使某名物产生某种结果"的语式义。

表1—1

语例	语式的三个平面
撕破衣服	句法平面："动补＋宾"语型（属于"述宾"语型）
撞倒桌子	语义平面："（动作核＋受事）＋（系事＋性状核）"语模
踢坏足球	语用平面（语式义）：动作施加于受事致使其产生某种结果

第三，语型和语模本身就是一种通过抽象、概括、归纳出的短语的句法型式和语义模式，虽从分析的角度可分别称为语型、语模，但从短语语式角度看，它们是一种由词类充当的成分（句法成分或语义成分）的配置格式，常与特定的语式重合，因此有时可被借用来指称"语式"，如把"动补语型"、"双宾语型"说成"动补语式"、"双宾语式"，把"施动语模"、"动受语模"说成"施动语式"、"动受语式"等。

2）语式跟语型、语模、语式义的区别

语式跟语型、语模、语式义的区别主要表现在分析的着眼点（侧重点）或研究的目标点不同：语型、语模、语式义着眼于从短语或语式整体分析出来的三个平面或侧面，研究目标侧重于对短语或语式进行分解和分类，即在分解语式三个平面（句法、语义、语用）的基础上，根据一定的标准分析出语型、语模、语式义；而语式则着眼于"综合"，即把语式看做短语的句法、语义、语用三者的综合体或结合体，研究的目标侧重于从具体短语（语例）中抽象、归纳和提取各种由一定语法形式显示的表示一定语法意义的短语综合的结构格式，然后分析和说明各特定语式内部的句法结构和语义结构的对应关系以及语式整体的语用功能意义（语式义）。可见，语式本身是综合的，不能说成只属于哪个平面，但可从某种语式里分析出某种语型、某种语模、某种语式义，可见语式跟语型、语模、语式义是不同的概念，虽然语型或语模常被借用来指称"语式"。

3）语式跟语型、语模、语式义间存在着错综复杂的关系

第一，语式和语型的关系：一种语型可以有多种词类序列语式表示（即语型相同而语式不同），如"动宾"（VO）可以有"及物动作动词_{动作核}＋

名词_{受事宾语}"（"吃大米饭、喝酸辣汤"之类）语式，也可以有"关系动词_{关系核}＋名词_{止事宾语}"（"是学生、属于哺乳类"之类）语式。反之，同一语式也可分属于不同的语型（即语式相同而语型不同），如"'动词＋名词'＋动词"这样的词类序列构成的语式可分属于"动宾"（VO）（"知道他来、禁止汽车通行"之类）语型、"'动宾'补"（"派他去、强迫他劳动"之类①）成分序列构成的"述宾"语型等。

第二，语式和语模的关系：一种语模可以由多种词类序列语式显示（即语模相同而语式不同），如"动受"语模可以有"及物动词_{动作核}＋名词_{受事}"（"看电影、打篮球"之类）语式、"及物动词_{动作核}＋动词_{受事}"（"渴望学习、喜欢散步"②之类）语式、"及物动词_{动作核}＋主谓短语_{受事}"（"知道他来、禁止机动车进入"之类）等。反之，同一词类序列语式也可分属于不同的语模（即语式相同而语模不同），如"及物动词_{动作核}＋名词_{客事}"语式可以分属于"动核＋受事"（"挖土、割麦子"之类）语模、"（动核＋成事）"（"挖井、捏泥人"之类）语模、"动核＋止事"（"是老师、姓王"之类）语模等。

第三，语式和语式义的关系：一种语式义可以由多种语式表示（即语式义相同而语式不同），如表示"致使"语用功能的语式义可以有"'及物动词＋名词'＋动词性词语"（"派他上场"之类）语式、"'及物动词＋不及物动词'＋名词"（"打死老虎"之类）语式、"'把＋名词'＋及物动词＋不及物动词"（把老虎打死）语式、"'使＋名'＋动/形"（"使人猛进、使人落后"之类）语式、"不及物动词/形容词＋名词"（"变化作风、清洁房间"之类）语式等。反之，同一语式也可分属于不同的语式义（即语式相同而语式义不同），如"动词＋名词"语式既可表示"干某事"语式义（"看电影"之类），也可表示"断定属于某类人或物"（如"是上海人"之类）语式义等。

2. 要注意区别静态短语和动态短语

短语存在有两种状态：一是静态，二是动态。所谓静态，是指短语未与现实发生特定联系，即未进入具体句子，尚不体现交际功能的那种相对

---

① 一般语法书把这种短语的句法结构分析为"兼语式"，笔者认为分析为"'动宾'补"语型（属于"述补"语型之一），参看范晓《汉语句子的多角度研究》，商务印书馆 2009 年版，第 198 页。

② 这里的"学习"和"散步"，实质上动词名物化现象。

静止状态，比如"吃早饭"，当它们未入句时便是静态的。这种句外的、相对静止状态的短语，可以称为"静态短语"。所谓动态，是指短语已进入具体句子，已与现实发生特定联系，已经体现交际功能的那种状态，比如"小王吃过早饭了"、"小王早饭吃过了"两句中的"吃过早饭"和"早饭吃过"这样的句内短语，是从具体句子里分析出来的，便是动态的。又如静态中没有副词修饰名词的短语，但在句子里却有的。如"明天又星期五了"、"这样的男人很男人"、"我是天下最不女儿的女儿"，这三句中的"又星期五"、"很男人"、"不女儿"便是动态短语。这种处在句内的、相对于静止状态的短语，可以称为"动态短语"。静态短语存在于句外，所以也可称为"句外短语"；动态短语存在于句内，所以也可称为"句内短语"。①

　　静态短语存在于句外，还未进入使用领域，从这个意义上说，它可以说是一种备用的短语。② 静态的自由短语可通过"扩词"（扩词为语）的方法来自由合成，比如动词"喝"，可以在后面加上能和它搭配的"水、茶、酒"等名词扩展组成为动宾短语（"喝水、喝茶、喝酒"等），可以在前面加上能和它搭配的"不、已经、也"等副词组成为状心短语（"不喝、已经喝、也喝"等），还可以在后面加上能和它搭配的"醉、疯、坏"等谓词扩展组成动补短语（"喝醉、喝疯、喝坏"等）。但这种"自由合成"是相对的，词语组合成一个静态短语是有选择性规则的：句法结合上必须具有合法性、语义搭配上必须具有合理性，比如"喝水、喝酒"是"喝"跟"水、酒"组成为动宾短语，句法上符合"动＋名"的句法结合规则，语义上符合"喝＋液体物"的搭配规则，这样的动宾短语是合格的；反之，像"喝阳光、喝石头"虽符合"动＋名"的句法结合规

---

　　① 汉语语言学界曾经有两种对立的意见：一种认为短语先于句子而独立存在；一种认为短语只能存在于句子之中而不能独立于句子之外，短语离不开句子。这种分歧主要是由于着眼的角度不一样引起的。强调短语存在于句外的，是着眼于词和词可以在句外组合成短语；强调短语离不开句子的，是着眼于短语可以从句子里分析出来。各执一词，就难免陷于片面。如果注意到短语的存在可以有静态和动态两种形态，那么这样的争论也就没有必要了。

　　② 有些论著认为短语是"静态单位"、"备用单位"，句子是"动态单位"、"使用单位"。这说法不够准确，应该说静态短语是静态单位、备用单位；如果说具体句子是动态单位、使用单位，那么在具体句子里使用着的动态短语当然也是动态单位、使用单位。

则，但不符合"喝＋液体物"的语义搭配规则，所以这样的动宾短语是不合格的、不能成立的。至于突破句法结合规则和语义搭配规则的具体句子中特定语境里出现的一些特殊短语，可看做动态短语，如"汉语里只能说吃饭，不能说喝饭"里的"喝饭"，"公鸡生蛋，除非太阳从西边升起"里的"公鸡生蛋"等便是。① 但是也有一些表面上看不合语义搭配规则的动态短语在特定的语境里出现后，其引申或比喻的意义发展到后来约定俗成而演变成静态固定短语的情形。②

固定短语属于静态短语，如"雪中送炭、滥竽充数、虎头蛇尾、对牛弹琴、莫须有、想当然、开夜车、炒鱿鱼、八九不离十、不打不相识"等。作为固定短语的成语，它是一种意义专门化、词语搭配凝固化的约定俗成的相对固定的定格化习用短语，它们一开始是在某种特定的语境里出现的，有些固定短语开始时还有其字面意义，后来字面本身的意义逐渐减弱或丧失，而取得了引申义或比喻（隐喻或转喻）义。固定短语虽然形式和意义已经相对固定，但是从其结构格式的来源来看，实际上是产生于扩词，历史上形成的固定短语的语式是古汉语或近代汉语里扩词（在现代汉语里有的成了语素）组合后意义定型化形成的。至于现代汉语里语用习惯凝固定化形成的固定短语，大多也是词语扩词搭配在意义上引申或隐喻定型化而形成的。

动态短语是从具体句子里切分或剖析出来的。比如"她妹妹哭红了眼睛"，这句话可分析出"她妹妹"（定心短语）、"哭红了眼睛"（动宾短语）、"哭红"（动补短语）、"她妹妹哭"（主谓短语）等动态短语。动态短语存在于句内，已进入使用领域，从这个意义上说，它是一种使用中的短语。从具体句子里分析出来的动态短语可以跟静态短语一致，如"他正在

---

① 有些有特异功能的人能"吃石头"、"吃铁钉"，神话里的"呼风"、"唤雨"，修辞里的"白发三千丈"之类的短语，都属于特殊短语、动态短语。总之，组合成短语，合理、合法是基本条件；但在具体句子里可以有时有突破句法和语义规则的短语，那是语用表达的需要，是一种动态短语。所以扩词成为短语是有选择性的。参看范晓《词语组合的选择性》，《三个平面的语法观》，北京语言学院出版社1996年版。

② 如"喝水"、"喝茶"语义上符合"喝＋液体物"的搭配规则，而"喝西北风"显然不符合这样的规则。这个短语在动态话语的特定语境里出现的，最早见于近代汉语，如："叫我们管山吃山，管水吃水，都像你这一毛不拔，我们喝西北风?"（《儒林外史》）。"喝西北风"最初使用时属于动态短语，但后来人们约定俗成，就成为一个喻指"没有东西吃"的固定短语（成语），就转化为静态短语。

看书"里的动宾短语"看书";也可以跟静态短语不一样:有些动态短语跟静态短语相比,增添了一些东西,如静态动宾短语里动词后边有时增加了动态的助词,比如静态短语"看书"进入句子后,若在动态句子里变成"看了书"、"看着书"、"看过书"等就是动态短语;又如将静态述补短语里插入表达"能否"义的"得/不",就变成动态短语,比如静态短语"吃饱"、"走过来"若在动态句子里变成"吃得饱/吃不饱"、"走得过来/走不过来",就成为动态短语。有些动态短语跟静态短语相比,短语内部句法成分的位置有变化,如"鸟飞"、"骏马奔驰"是静态的主谓短语,但在"树上飞了一只鸟"、"草原上奔驰着骏马"里,语序一变,变成了动态的动宾短语"飞了一只鸟"、"奔驰着骏马";又如静态形式的动宾短语"吃饭、看书";不能说成"饭吃、书看",但在句子里却有"我饭吃过了、我这本书看过了"之类用法,这里的"饭吃过"、"书看过"就是动态短语;再如定心短语的定语通常出现在名词之前,如"喝了浓浓的一杯茶",但在动态句子里可以置于动词前作状语:"他浓浓地喝了一杯茶"。有些动态短语跟静态短语相比,短语内部有时会省略或隐含了某个句法成分,[1] 如在"是晴天、是绍兴人"这样的静态动宾短语里,关系动词"是"及其宾语为必不可缺的成分,但在"明天晴天、鲁迅绍兴人"这种动态的句子里,就是省略了关系动词"是"的动态短语("[是]晴天"、"[是]绍兴人");又如"借他钱、赠给你书"这样的由三价动作动词构成的静态的动词带双宾语的述宾短语里,受事宾语和与事宾语为动词所联系的必不可缺的成分,但在"他需要钱,我就借他吧"、"这几本书嘛,我就赠给你了"这样的动态句子里,"借他[钱]"和"赠给你[书]"就是省略了受事宾语的动态短语。

　　有的语法论著称短语是静态单位或备用单位,有的语法著作称短语是动态单位或使用单位。这两种不同的见解都是由于没有区别短语存在着"静态"和"动态"两种状态而引起的。实际上短语既能以静态的、备用的身份出现,也能以动态的、使用的面目亮相。也就是说,静态短语可以看做静态单位或备用单位,动态短语可以看做静态短语在言语中具体使用时的短语形态,从这个意义上说,动态短语也可看做动态单位

---

　　[1]　省略是可以添补出来的,而且填补的词语只有一种可能;隐含是不能添补的(即使添补也有多种可能)。关于省略和隐含的区别可参看吕叔湘《汉语语法分析问题》,商务印书馆 1979 年版,第 63 页。

或使用单位。①

　　研究短语语式，既应该研究句外的、作为备用的静态短语，也应该研究使用中的、现实句子里的动态短语；既应该研究短语在静态、备用时的句法和语义的组合规则及其语用功能意义（语式义），也应该研究动态使用中的变化了句法特点、语义特点、语用功能意义（语式义）以及在特定句子里的修辞用法；既应该注意研究动态短语跟静态短语的联系和相同之处，更应该注意研究动态短语跟静态短语的区别和不同之处。

　　3. 要注意短语或语式的歧义或多义

　　孤立的静态短语有时会出现歧义或多义的现象，如"出租汽车、学习文件"都是"动词 + 名词"这样的词类序列构成的表面"同形"语式，它可分析为两种不同的语型，即动宾语型和定心语型，相应地内部的动名之间的语义关系以及语式义也就有区别；又如动词带双宾语构成的述宾短语（"借他钱、租他房子"之类）也可分析出两种意义：一是"动作使受事给予或移动到与事"（如"借给他钱"、"租给他房子"之类）的意思，二是"动作使受事从与事处移动到［施事］"，即"［施事］发出动作从与事那里获取受事"（如"向他借钱"、"向他租房子"之类）的意思。再如"死人"，在不同的句子里意义也是不一样的：在某些句子里可以分析为定心短语，如"河里有个死人"、"哪里躺着一个死人"里的"死人"可以理解为"已死的人"的意思（"死"为"人"的定语）；但在某些句子里也可分析为动宾短语，而且动宾短语也有可能还有不同的意义，如在"村里死人了"、"在动荡的年代里死人的事是经常发生的"等句子里"死人"可以理解为"死人了"（人死）的意思，在"这样治疗要死人的"、"吃这种腐烂了的食物是会死人的"等句子里"死人"可以理解为"使人死"的意思。②

　　某些动态短语，在不同的句子或句式里出现时语式义不一样。如动态短语"吃了10个人"，在叙事句"这只老虎吃了10个人"里，动宾短语"吃

---

　　①　参看范晓《静态短语与动态短语》，《三个平面的语法观》，北京语言学院出版社 1996 年版。

　　②　"醉人"也是如此，在"神昏不语，状如醉人"里，可分析为定心短语（意思是"醉的人"）；在"这间醉了一个人，那间醉了两个人"里，可分析为动宾短语，意思是"人醉了"；在"烈酒容易醉人、花香醉人"里，也可以分析为动宾短语（意思是"使人醉"）。

了10个人"语义上属于"动受"语模，语式义是"动作（吃）施加于某受事（一定数量的人）"；但在"这锅饭吃了10个人"这样的供让句里，动宾短语"吃了10个人"语义上属于"动施"语模，语式义是"供施事（一定数量的人）实施某种动作（吃）"。

即使抽象语式，语式义也有歧义或多义的情形，如"动结式"动补短语里插入"得"构成的"吃得饱、洗得干净"为代表的及物动词后带上"得"再带补语，可以抽象出"$Vt_{动作核}$＋得＋$A_{结果补语}$"这样的语式。这种语式也是多义的或歧义的：如果"$Vt_{动作核}$＋得＋$A_{结果补语}$"语式的相对应的否定式是"$Vt_{动作核}$＋不＋$A_{结果补语}$"（如"吃不饱"、"说不清楚"），这两种对应语式的语式义是评议"动作发出后能否出现某种结果"，即在"动作及其结果意义"里附加有"能否性"（能/不能）的意义：前式为肯定式，表达"动作发出后能出现某种结果"；后式为否定式，表达"动作发出后不能出现某种结果"。如果"$Vt_{动作核}$＋得＋$A_{结果补}$"语式相对应的否定式是"$Vt_{动作核}$＋得＋'不＋$A_{结果补语}$'"（如"吃得不饱"、"说得不清楚"），这两种对应语式的语式义是判断"动作发出后是否出现某种结果"，即在"动作及其结果意义"里附加有"是否性"（是/不是）的意义：前式为肯定式，表达"动作发出后是某种结果"；后式为否定式，表达"动作发出后不是某种结果"。可见"$Vt_{动作核}$＋得＋$A_{结果补语}$"语式里虽都有表达"动作及其结果的意义"，但在不同语境里有不同的语用意义：一是表达"动作其结果"的"能否性"（能否态）；二是表达"动作及其结果情状"的"是否性"（是否态）。① 又如"吃着苹果、钓着大鱼、挂着油画"之类语例，表面上都是"'及物动作动词＋着'＋名"（"'Vt＋着'＋N"）这样的词类序列相同的动宾短语（就动作和名词的语义关系而言都是"动受"语模），可以概括抽象出的"'$Vt_{动作核}$＋着'＋$N_{受事宾语}$"语式，但在不同的句子或句式里却有不一样的语式义：在"他正在吃着苹果呢"里，"（$Vt_{动作}$＋着）＋$N_{受事宾语}$"语式表达"动作持续地施加于某物"；在"他钓着大鱼了"里，"（$Vt_{动作}$＋着）＋$N_{受事宾语}$"语式

---

① 这种歧义的原因，是由"得"本身的性质不同引起的，前者的"得"是由表"能"义的动词演变过来的，后者的"得"是由"得到"或"获得"义的动词演变过来的。也就是说，"$Vt_{动作核}$＋得＋$A_{补语}$"语式里的"得"实际上是两个不同的"得"。顺便指出：如果在"$Vt_{动作核}$＋得＋$A_{结果补语}$"的"A"前出现程度副词，则"得"后由"程度副词＋形容词"充当的补语为"情状补语"，表示动作发出后出现的情状。

表达"叙述动作得到了某物";在"墙上<u>挂着油画</u>"里,"(Vt$_{动作}$+着)+N$_{受事宾语}$"语式表达"以某种方式或状态存在着某物"。

由此可见,具体短语或抽象语式的歧义或多义现象都受到语境(包括句子或句式等)的制约,只有把短语或语式置于一定的语境里进行分析,才能解读或消除短语或语式的歧义或多义。[①]

4. 要注意语式的层级性

语式有层级上下之别,或者说有上位语式和下位语式之分。概括性较大的语式属于层级较高的上位语式,在上位语式里下分的较小的语式,属于层级较低的下位语式,这就表现为语式的层级性。语式的层级性跟动词性质类别的层级性和名词的语义身份的层级性以及某些特征词(大多是虚词)形成的语式层级性等有密切的关系。现举例加以说明。

1)动词性质类别的层级性影响语式的层级性

以"N$_S$+V"语式(由"名词$_{主语}$+动词"构成,如"张三唱、李四笑、王五醉、马奔驰、房屋倒塌"之类)为例,这种语式句法上属于"主动"(或"主谓")语型,语义上属于"主事+谓核"语模,语式义是"主事发出某种动作或发生某种状态"。如果把这种语式看做层级的上位的语式,它还可分出两个下位语式:

1a)"N$_S$+Vt"语式

这是由"名词$_{施事主语}$+及物动作动词$_{动作核}$"构成的语式,如"李四唱、张三读"之类。这种语式句法上属于空缺宾语的"主动"(或"主谓")语型,语义上一般分析为属于空缺受事的"施事+动作核"(简称"施动")语模,语式义是"施事发出某种及物性的动作"。严格地说,"N$_S$+Vt"完整式应该是"N$_S$+Vt+N$_0$",句法上应该是"主动宾"语型,语义上应该是"施动受"语模。

---

① 值得注意的是:不仅有同形多义,也还有同义多形的情形,即有的语式义相同,而具体语式的词类序列的形式不同,如表达"发出某种动作致使某名物产生某种结果"这样的语式义,可以有"'Vt$_{动作核}$+Vi$_{性状核(结果补语)}$'+N$_{受事宾语}$"("打败敌人、喝醉酒"之类)、"'Vt$_{动作核}$+A$_{性状核(结果补语)}$'+N$_{受事宾语}$"语式("撕破衣服、吃饱饭"之类)、"'Vi$_{动作核}$+Vt$_{性状核(结果补语)}$'+N$_{受事宾语}$"("跑丢鞋、逃掉犯人"之类)、"'Vi$_{动作核}$+A$_{性状核(结果补语)}$'+N$_{受事宾语}$"("哭红了眼睛、跌破头"之类)等语式。同义或近义多形的事实还有很多,这里只是举例扼要说明。

1b）"N_s + Vi"语式

这是由"名词$_{主语}$ + 不及物动词"构成的语式，如"张三跑、李四醉、大地开裂"之类。这种语式句法上属于"主动"（或"主谓"）语型，语义上属于"施事 + 动作核"或"系事 + 性状核"语模，语式义是"施事发出某种不及物性的动作或发生某种状态"。在"N_s + Vi"这个语式里，还可根据动词的不同性质分出以下的下位语式：

A．"N_s + Vi$_{动作核}$"语式，由"名词$_{施事主语}$ + 不及物动作动词$_{动作核}$"构成，如"张三跑、李四跳"之类。这种语式句法上属于"主动"（或"主谓"）语型，语义上属于"施事 + 动作核"语模，语式义是"施事发出某种不及物性的动作"。

B．"N_s + Vi$_{性状核}$"语式，由"名词$_{系事主语}$ + 不及物状态动词$_{性状核}$"构成，如"张三瘫痪、枯木腐烂"之类。这种语式句法上属于"主动"（或"主谓"）语型，语义上属于"系事 + 性状核"语模，语式义是"系事发生某种状态"。

2）名词的语义身份影响语式的层级性

名词作语义结构里的主事（动词所联系的主体）或客事（动词所联系的客体），都属于语义成分层级的上位，主事的下位有施事、系事、起事等，客事的下位有受事、成事、使事、位事、止事等，这种语义身份的层级性必然会影响到语式的上下层级。

这里仅举客事名词的语义身份影响语式层级性来加以说明。以"Vt + N$_{客事主语}$"（由"及物动词 + 客事宾语"构成，如"张三看书、李四挖洞、王五熄灯、进入教室、姓张"之类）语式为例，这种语式可看做是个名词语义身份的层级上位语式，它在句法上都属于"动宾"语型，语义上都属于"动核 + 客事"语模，语式义多种多样（不同的下位语式有不同的语式义）。根据客事宾语的下位类别，该上位语式下面下位语式很多，举几个主要的下位语式：

2a）"Vt$_{动作核}$ + N$_{受事主语}$"语式

这是由"及物动作动词 + 受事名词"构成的语式，如"看书、踢足球"之类。这种语式句法上属于"动宾"语型，语义上属于"动作核 + 受事"语模，语式义是表达"以某种动作施加于某名物"（概括地说是"干某事"）。

2b）"Vt$_{动作核}$ + N$_{成事主语}$"语式

这是由"施事名词 + 及物动作动词 + 成事名词"构成的语式，如"李四挖洞、工人造桥"之类。这种语式句法上属于"动宾"语型,语义上属于"动作核 + 成事"语模,语式义是表达"以某种动作制造成某名物"。

2c)"Vi$_{性状核}$ + N$_{使事主语}$"语式

这是由"不及物状态动词 + 使事名词"构成的语式,如"熄灭灯火、变化态度"之类。这种语式句法上属于"动宾"语型,语义上属于"'性状核 + 使事' + 系事 + 性状核"语模,语式义是表达"某种状态活动使及于某名物(使事)使得该名物呈现语式中不及物状态动词所表现的状态"。[①]

2d)"Vt$_{动作核}$ + N$_{位事主语}$"语式

这是由"趋向动词(或定位动词) + 位事名词"构成的语式,如"进入教室、上图书馆"之类。这种语式句法上属于"动宾"语型,语义上属于"动作核 + 位事"语模,语式义是表达"动作行为定位于某位置(包括处所、时间、目标等,多指处所)"。

2e)"Vt$_{关系核}$ + N$_{止事主语}$"语式

这是由"关系动词 + 止事名词"构成的语式,如"是老师、姓张、属狗"之类。这种语式句法上属于"动宾"语型,语义上属于"关系核 + 止事"语模,语式义是表达"(起事名物)与止事名物的关系"。

3)某些特征词构成的语式的层级性

特征词构成的短语及其语式很多。这里举特征词"被"构成的短语语式为例来说明语式的层级性。这种由"被"特征词构成的语式,可称为"被"字语式。"被"字语式可描写为:"'被 + [N$_{施事}$]' + VP",由"'被 + [施事名词]' + 动词性词语"构成,如"被打、被咬、被张三批评、被李四踢破、被王五搬进屋里"之类。[②] "被"字语式主要用在"被"字句句式里,"被"表达的语用功能意义是"被动",即对"被动句"的主语而言,是"被动地发生某种动作"的。所以"被动"义是一切"被"字语式的共同语式义。"'被 + [N$_{施事}$]' + VP"这种语式是处于较高层级的语式。如果根据这种语式中有没有施事名词,下位语式可以分为 3a)和

---

① 这种语式里的不及物状态动词带有"致使性"和"及物化"的性质。有些"形容词 + 施事宾语"(如"丰富生活、清洁房间")也跟这种语式类似。

② "被"字语式里的动词一般是及物动作动词,但近年来有突破常规的现象,即在动态句子里有些"非及物动作动词"(包括不及物动词、形容词、名词等)构成"被"字语式,如"被就业、被自杀、被离婚、被代表、被发达、被幸福、被平均、被股东、被网瘾"等。这是"被 + Vt"语式随情应景、随机应变的类推形式,是一种修辞手法,能否成为正式的、常规的语法格式,还需要经过时间的考验。

3b）两式。

3a）"被_{被动义}＋VP"语式

这是指"被＋VP"构成的语式。这种语式"被"后不出现施事名词。根据 VP（动词性词语）的不同类型，下位语式还可以分为若干语式，略举两式。

A. "被_{被动义}＋V_{动作核}"语式。这种语式里 V 是"光杆动词"。实例：

被批评／被歼灭／被逮捕／被压迫／被剥削

这种"被"字语式句法上属于"被＋动词"构成的状心语型，语义上属于省略或隐含施事的"施动"语模，语用上的语式义是表达"被动地发出某个动作"。

B. "被_{被动义}＋Vt_{动作核}＋W_{结果补语}"语式。这种语式里 W 是谓词性词语（不及物状态动词和形容词），Vt 和 W 之间是动作及其结果补语的关系。实例：

（1）被打败／被咬死／被踢倒／被撞伤／被压垮
（2）被打破／被咬痛／被踢坏／被撞痛／被压麻

上面（1）组语式里作补语的谓词是不及物状态动词，（2）组语式里作补语的谓词是形容词。这种"被"字语式句法上属于"被＋'动词＋补语'"构成的动补语型，语义上属于省略或隐含施事和系事的"施动＋系状"语模，语用上的语式义是表达"被动地发出某个动作致使（受事）产生某种结果"。

3b）"'被_{被动义}＋N_{施事}'＋VP"语式

这是指"被＋N_{施事}＋VP"构成的语式。这种语式"被"后出现施事名词。根据 VP（动词性词语）的不同类型，下位语式可以分出不少语式，这里略举三式。

A. "'被_{被动义}＋N_{施事}'＋Vt"语式。这种语式里 Vt 是"光杆动词"。实例：

被李四批评／被我们歼灭／被奴隶主压迫／被敌人逮捕

这种"被"字语式句法上属于"'被＋名词'_{状心}＋动词_{中心语}"构成的状心语型，语义上属于省略或隐含受事的"施动＋动受"语模，语用上的语式义是表达"（受事）被动地受到施事发出的某个动作"。

B. "'被_{被动义}＋N_{施事}'＋'Vt_{动作核}＋W_{结果补语}'"语式。这种语式里 W 是

谓词性词语（不及物状态动词和形容词），Vt 和 W 之间是动作及其结果补语的关系。实例：

　　（1）被我们打败/被台风刮倒/被老虎咬死/被汽车撞伤

　　（2）被他打破/被台风刮坏/被自行车撞痛/被石头压麻

上面（1）组语式里作补语的 W 是不及物状态动词，（2）组语式里作补语的 W 是形容词。这种"被"字语式句法上属于"'被 + 名词'$_{状语}$ + '动词 + 补语'$_{中心语}$"构成的状心语型，语义上属于省略或隐含受事的"施动 + 系状"语模，语用上的语式义是表达"（受事）被动地受到施事发出的某个动作而产生某种结果"。

　　C. "'被$_{被动义}$ + N$_{施事}$' + 'Vt$_{动作核}$ + 给 + N$_{与事宾语}$'"语式。这种语式里 Vt 和与事宾语间一般有"给"（如果没有，也可以加"给"）。实例：

　　　　被我送给小李/被他们卖给农民/被她租给客户/被他赠给别人

这种语式句法上属于"'被 N'$_{状语}$ + 'V 给 O'$_{中心语}$"构成的状心语型，语义上属于省略或隐含受事的"施动与受"语模，语用上的语式义是表达"（受事）被动地受到施事发出的动作而给予与事"。

　　4）某些固定格式构成的语式的层级性

　　固定格式构成的短语及其语式也很多。这里举"'一 + WP'$_{状语}$ + '就 + WP'$_{中心语}$"（"一 + WP"和"就 + WP"中间无停顿）语式为例来说明语式的层级性。这是"'一 + 谓词性词语' + '就 + 谓词性词语'"构成的短语（可以分析为"状心"短语）的语式。这种语式里"一"后的 WP 一般是动词性的词语，但也有形容词性词语。"就"后是动词性词语或形容词性词语，也有出现数量词语的情形。这种短语的语式可以进一步进行下位区分。如果根据"一"后谓词性词语的句法性质来分，可以下分为三种语式："'一 + Vt' + '就 + WP'"语式，"'一 + Vi' + '就 + WP'"语式，"'一 + A' + '就 + WP'"语式；如果根据"就"后谓词性词语的表达的语义特征来分，也可下分出三种语式："就"后的 WP 表达"动作或事件"的语式，"就"后的 WP 表达"性状或情状"的语式，"就"后的 WP 为表达"动作数量"的语式。这里仅根据"就"后谓词性词语的语义表达特征分出的三种语式来加以说明。

　　4a）"'一 + WP' + '就 + WP$_{动作或事件}$'"语式。这种语式里"一"后的 WP 一般是动词性的词语，但也有形容词性的词语。"就"后是动词或动词性短语。实例：

（1） 一吃就吐／一打就逃／一批评就哭／一喝酒就发酒疯

（2） 一躺就打鼾／一哭就流泪／一醉就睡觉／一跑就喘气

（3） 一黑就睡／一闲就玩／一累就犯病／一凉就穿衣服

上面（1）组语式里"一"后为及物动词，（2）组语式里"一"后为不及物动词，（3）组语式里"一"后为形容词。这种语式句法上属于"状心"（ZX）语型，语义上属于两个简单语模组成的复杂语模（如"一吃就吐"是"动受＋动受"语模，其中"受事"隐含），语用上的语式义是表达"某种动作或性状一经发生，紧接着就立刻出现某种动作行为或事件"。这种语式里补语在语义上指向有两种情形。[①]

4b）"'一＋WP' ＋ '就＋WP$_{性状或情状}$'"语式。这种语式里"一"后是动词或形容词，"就"后或是不及物状态动词或是形容词（或是表状态的动词性短语、形容词性短语）。实例：

（1） 一喝就醉／一跑就心慌／一走就累／一听到表扬就得意忘形

（2） 一忙就慌乱／一紧张就无所适从／一累就全身酸痛／一冷就手脚
冰凉

上面（1）组语式里"一"后为动词，（2）组语式里"一"后为形容词。这种语式句法上属于"状心"（ZX）语型，语义上属于两个简单语模组成的复杂语模，如"一喝就醉"是"动受＋系状"语模（其中"受事"和"系事"隐含，比如"一喝［酒］就醉"就是"喝$_动$酒$_受$＋［某人］$_系$醉$_状$"语模），语用上的语式义是表达"某种动作或性状一经发生，紧接着就立刻出现某种性状或情状"。这种语式里的补语在句子里语义上指向省略或隐含的施事。

4c）"'一＋V$_1$' ＋ '就＋V$_2$＋了＋QP$_{数量}$'"语式。这种语式里"一"和"就"后是相同的动作动词，"就"后是"动词＋了＋时量短语"。实例：

（1） 一干就干了 20 年／一讲就讲了 4 个钟头／一喝就喝了一个晚上

（2） 一住就住了三年／一睡就睡了好几天／一站就站了一个上午

---

① （1）组的"（一＋Vt$_{动作核}$）＋（就＋WP$_{动作或事件}$）"语式里，有的补语在语义上指向省略或隐含的"施事"，如在"一吃就呕吐"里，补语"吐"指向呕吐者（施事）；有的补语在语义上指向省略或隐含的"受事"，如在"一批评就哭"里，补语"哭"指向"被批评者"（受事）。（2）、（3）组的语式里，补语在语义上都指向省略或隐含的"施事"。

上面（1）组语式里"一"后为及物动作动词，（2）组语式里"一"后为不及物动作动词。这种语式句法上都属于"状心"（ZX）语型；语义上属于两个简单语模组成的复杂语模，其中（1）组语式是省略或隐含受事的"动受＋系量"语模，（2）组语式为省略或隐含施事的"施动＋系量"语模①；语用上的语式义是表达"某种动作或事件发生后就出现有较大的动作量（多指时间量）"。这种语式里补语在语义上指向动作本身（某种动作的量度）。需要说明的是还有一些语例。例如：

（3）他是个老职工了，在这里一干就干20年/他在北京一住就住三年

（4）他是个老职工了，在这里一干就是20年/他在北京一住就是三年

（5）她在这里一干就20年/她在上海一住就三年/老王一睡就一个下午

上面（3）组是"'一＋V_1'＋'就＋V_2＋$QP_{数量}$'"式（V_2后无"了"），（4）组是"'一＋V_1'＋'就＋是＋$QP_{数量}$'"式（"就"后有"是"），（5）组是"'一＋V'＋'就＋$QP_{数量}$'"式（"就"后无"V_2"）。这三种格式跟"（一＋V_1）＋（就＋V_2＋了＋$QP_{数量}$）"格式的语型、语模以及语式义是基本相同的。

二　汉语述宾短语的语式分析

汉语的述宾短语指由述语和宾语两个直接成分组成的短语句法类型。述宾关系是一种述说和述说对象的关系，述语是述说成分，宾语是述说的对象成分。例如"打球、热爱祖国、喜欢游泳、端正作风、清洁房间"等，就属于述宾语型，其中的"打、热爱、喜欢、端正、清洁"是述说成分，是述语，"球、祖国、游泳、作风、房间"是述说的对象成分，是宾语。

述宾短语里的语式，主要是及物动词作述语构成的，但也有不及物动词和形容词在一定条件下述语构成的。述宾短语可以下分为动宾短语和形宾短语两大类：动宾短语的语型是"动词＋宾语"（如"看球赛、写文章"之

―――――――――

①　这种语式里的"系事"为动作的时间，如"一干就干了20年"里，"系事（干的时间）＋动量（有20年）"。

类）；形宾短语的语型是"形容词＋宾语"（如"累人、清洁房间、麻烦你"之类）。述宾短语里典型的宾语是由名词性词语充当的，但有时也可以是谓词性词语（如"渴望学习、觉得冷、担心发生火灾"中的"学习、冷、发生火灾"）。

静态典型的述宾语型句法成分的排列次序是述语在前，宾语在后，如"吃水果、喝果汁、看话剧、认识字"；但在动态句子里剖析出来的动态的述宾语型有突破静态述宾语型语序的情形，即宾语在前，述语在后，如"这水果吃过／把果汁喝（了）／话剧看过（了）／什么字都认识"等。

某种述宾短语的"句法—语义"结构及其功能意义（语式义）的综合，形成某种特定述宾短语的构式，即述宾短语的语式。现代汉语述宾短语的语式是很多的。下面分别对汉语里的各种述宾短语（及物动词作述语构成的述宾短语、不及物动词作述语构成的述宾短语以及形容词作述语构成的述宾短语）的语式分别进行扼要的阐述。

（一）　及物动词作述语构成的述宾短语的语式

及物动词作述语构成的动宾短语（"述宾短语"之一种）的语式主要有以下一些。

1. "$Vt_{动作核} + N_{客事宾语}$"语式

这是由"及物动作动词$_{动作核}$＋名词$_{客事宾语}$"构成的语式。根据作客事宾语的下位语义成分的差异，可下位区分为三式。

1）"$Vt_{动作核} + N_{受事宾语}$"语式

指由"及物动作动词$_{动作核}$＋名词$_{受事宾语}$"构成的语式。作宾语的名词一般表示直接承受动作的现成（客观上业已存在的）的名物。实例：

喝茅台酒／看电影／批评李四／割稻子

说明：这种语式句法上属于"动宾"（VO）语型，语义上属于"动受"语模，语用上的语式义是表达"动作直接施加于（或称"支配"）某名物（其中主要是人或物）"。动作性较强的及物动作动词都可用于这种句式。

如果动词和宾语之间出现"了、着、过"等动态助词，构成"$Vt_{动作核} +$ 动态助词 $+ N_{受事宾语}$"语式，就成动态短语的语式，语式义就要增添了动作的"体"意义的信息，例如：

（1）他喝了茅台酒了／她今天看了两场电影／张三批评了李四

（2）他喝过茅台酒了／我看过这个电影了／张三批评过李四了

　　　（3）他正<u>喝</u>着茅台酒呢/她正在<u>看</u>着这个电影/张三正在<u>批评</u>着李四呢

（1）组例句可抽象出"Vt_{动作核} + 了 + N_{受事宾语}"语式，该语式的语式义是表达"动作已经实现（完成）施加于某名物"；（2）组例句可抽象出"Vt_{动作核} + 过 + N_{受事宾语}"语式，该语式的语式义是表达"动作曾经施加于某名物"；（3）组例句可抽象出"Vt_{动作核} + 着 + N_{受事宾语}"语式，该语式的语式义是表达"动作正在（进行/持续）施加于某名物"。下面论述各动宾短语里动词性词语后如果增添了动态助词，都可参照这样的分析（不再一一说明）。

　　值得指出的是：有些动宾短语中作宾语的名词表示动作涉及的工具（"写毛笔"之类）、处所（"吃食堂"之类）、方式（"唱高音"之类）等，由于它们在及物动作动词后作宾语，是"动受"语模的类推化或隐喻化，所以也可以分析为受事宾语；还有某些离合词也可模仿动宾短语的语型而扩展成动宾短语，如"洗了个澡、鞠了个躬、理了个发"之类，在这种特殊的动宾短语里，离合词里的前一个语素相当于及物动作动词，后一个语素相当于动作联系的受事。不过这两种情形里的宾语都不是典型（原型）的受事宾语，可以看做"准受事宾语"。

　　2）"Vt_{动作核} + N_{成事宾语}"语式

　　指由"及物动作动词_{动作核} + 名词_{成事宾语}"构成的语式。实例：

　　　捏泥人儿/挖防空洞/编草鞋儿/雕塑铜像

说明：这种语式句法上属于"动宾"（VO）语型，语义上属于"动成"语模，语用上的语式义是表达"动作作用于某物使变成为某物"。这种语式里动作的受事隐含，通常可以在动词后加上"成"字，就构成"'Vt + 成' + N_{成事宾语}"语式"，如"捏成土人儿、挖成防空洞"。如果显现受事，还可构成"'把 + N_{受事宾语}' + 'Vt + 成' + N_{成事宾语}"语式，如"把泥土塑成佛像、把黄草编成草鞋儿"。动作性较强的"制作"类及物动作动词（如"揉、捏、挖、雕、塑、刻、堆、搭、编、织、绣、裁、缝、雕塑、雕刻"等）都可用于这种句式。

　　3）"Vt_{动作核} + N_{位事宾语}"语式

　　指由"及物动词_{趋向动词或定位动词} + 名词性词语_{受事宾语}"构成的语式。实例：

　　　上城里/进课堂/去北京/位于江南/到了秋天/向着太阳

说明：这种语式句法上属于"动宾"（VO）语型，语义上属于"动位"语模，语用上的语式义是表达"某种趋向性动作行为使施事定位于（达到）某个处所或位置"。作宾语的大都是表示处所的名词性词语。用于这种语式的动词主要是表示"表趋向或定位"的动词（如"上、下、进、出、来、去、到、在、向、往"等）。

2."'Vt_{动作核} + 着' + N_{受事宾语}"语式

这是由"'及物动作动词_{动作核} + 着' + 名词_{受事宾语}"构成的语式。这是一种动态短语的语式，通常出现在处所词语作主题的"N_{处所主题} + 'Vt_{动作核} + 着' + N_{受事宾语}"式的"存在句"里。在这种存在句里，处所主题后的"Vt + 着"表示句末宾语所表的名物在某处所"存在的状态或方式"，及物动作动词 Vt 在此也就表现为"状态化"或"方式化"，动作核实际上也就转化为"性状核"；句末宾语所表的人或物跟"着"前 Vt 语义关系是"动受"关系，即宾语是 Vt 的"受事"；跟"Vt 着"组合体的语义关系也可分析为"动系"关系，即宾语是"Vt 着"组合体的"系事"；跟句首"处所"的关系是"存在"（某处所存在有某名物）关系，也就是一种"领有关系"（广义的领属关系，处所为"领事"，宾语名物为"属事"），即处所领有宾语所表示的人或物。所以句末宾语在"存在句"里表示的语义身份也可以分析为"系事兼受事兼属事"。这种句子里出现的"'Vt_{动作核} + 着' + N_{受事宾语}"语式的实例：

墙上挂着油画／花瓶里插着鲜花／院子里种着棵桂花树／桌上放着几本书

说明：这种语式句法上属于"动宾"（VO）语型，语义上属于"动受"语模，语用上的语式义是表达"以某种（及物动作动词所表示的）状态或方式存在或呈现着某名物"。

值得指出的是：一个孤立的"'Vt_{动作核} + 着' + N_{受事宾语}"是个歧义的或多义的语式，即在不同的句子或句式里语式义是有差别的。如果不是出现在存在句里而是出现在"事件句"里，即句子或句式里出现动作的施事的句子里，例如：

他在墙上挂着油画呢／演员在舞台上演着话剧呢／他在院子里种着桂花树呢

在这样的句子或句式里，这种语式句法上也属于"动宾"（VO）语型，语义上也属于"动受"语模，但语用的语式义是表达"动作正在（持续地进行）施加于某物"。由此可知，"'Vt$_{动作核}$+着'+N$_{宾语}$"存在着多义或歧义的原因由它出现在不同的句子或句式决定的。

3. "Vt$_{动作核}$+WP$_{受事宾语}$"语式

指由"及物心理动词$_{动作核}$+谓词性词语$_{受事宾语}$"构成的语式。实例：

(1) 爱打扮/喜欢踢足球/憎恨欺骗/嫌鄙贫穷

(2) 渴望进步/试图出走/感到羞耻/打算考大学

说明：这种语式句法上属于"动宾"（VO）语型，语义上属于"动受"语模，语用上的语式义是表达"某种意欲性的动作行为涉及于某动作、事件或情状"。作受事宾语的是谓词性词语，其中（1）组语式里作述语的及物动词既可以带名词性宾语也可以带谓词性词语，（2）组语式里作述语的及物动词只能带谓词性词语。用于这种语式的动词主要是表示感知、心理的动词（如"喜欢、爱、憎恨、渴望、试图、准备、打算、觉得、感到"等）。

4. "'Vt$_{动作核}$+个'+WP$_{成事宾语}$"语式

指由"'及物动作动词$_{动作核}$+个'+谓词性词语$_{成事宾语}$"构成的语式。这种语式里的"个"是一个宾语标志词。"个"后的谓词性词语实质上名物化了，隐喻为状态性的成事名物，如"吃个饱"中的"饱"意味着"饱的状态"，所以语义上可把"结果性的状态"分析为特殊的"成事"。这种语式里表受事的名词省略或隐含。① 实例：

吃个饱/喝个醉/骂个痛快/踢个趔趄/说个清楚

说明：这种语式句法上属于"'动+个'+宾"（动词带上特征词"个"再带谓词性宾语）构成的动宾语型，语义上属于"动成"语模，语用上的语式义是表达"隐含受事的某种及物性的动作行为并要求动作本身成为或达到某种状态"。

5. "Vt$_{动作核}$+SW$_{受事宾语}$"语式

指由"及物动作动词$_{动作核}$+主谓短语$_{受事宾语}$"构成的语式。实例：

---

① 这种语式里"个"后的谓词性词语，是表示"结果性状态"，学界也有分析为补语的，但考虑到"个"是一个宾语标志词，所以在这种语式里，谓词性词语实质上名物化了，或说状态隐喻为名物，如"饱"意味着"饱的状态"，所以语义上可把"结果性的状态"分析为特殊的"成事"。这种语式里的受事名词省略或隐含，如"我们让官兵们吃个饱、喝个好"（省略或隐含"吃"、"喝"的受事）。

　　知道他是大学生／觉得身体发烧／记得他说过这话／相信事实胜于雄辩

说明：这种语式句法上属于"动宾"（VO）语型，语义上属于"动受"语模，语用上的语式义是表达"动作涉及于某件事（事件）或某个命题"。作宾语的是表示事件或命题的主谓短语（或"小句"）。用于这种语式的动词主要是表示感知、心理、言语等的动词，如"知道、觉得、认为、想、说、听说、据说、相信、承认、希望、期待、期望、需要、试图、看见、猜测、记得、发现、主张、建议、反对、声明"等。

　　6. "N$_{受事宾语}$ + Vt$_{动作核}$"语式

　　这是由"名词$_{受事宾语}$ + 及物动作动词"构成的"宾置动前"语式。"名词 + 动词"的词类序列本是一种静态的主谓短语，但这里的"名词 + 动词"不是主谓短语，而是动态句子里因为表达需要而出现的突破静态动宾语式的序列规约的一种宾语前置现象。根据宾语前有无介词以及宾语的指称性质差异，可下位区分为三式：

　　1）"N$_{受事宾语(有定)}$ + 'Vt$_{动作核}$ + 过'"语式

　　指由"名词$_{受事宾语}$ + '及物动作动词 + 过'"构成的无介词的"宾置动前"语式。这种语式通常出现在"N$_{施事主语}$ + N$_{受事宾语(有定)}$ + 'Vt$_{动作核}$ + 过'"这样的"宾置动前"的句式里。实例：

　　我早饭吃过了／他这本书看过，那本书还没看／孩子们说：这个故事听过了

说明：这种语式句法上属于"动宾"（VO）语型，语义上属于受事前置的"受动"语模，语用上的语式义是表达"对某个受事发出某种动作"。这种语式里宾语一般是表"物"[1]，受事宾语在指称上通常是"有定"的。这种"宾置动前"的格式往往出现在对话的答话句，或在上下文里表达对比、并列的需要。[2]

　　2）"N$_{周遍性受事宾语}$ + Vt$_{动作核}$"语式

　　这是指由"名词$_{周遍性受事宾语}$ + 及物动词$_{动作核}$"构成的"宾置动前"语式。

---

　　①　在动态的"施受动"语模里表人宾语受到限制，如可以说"张三批评了李四"，但一般不能说"张三李四批评了"。

　　②　如出现在问答句："你早饭吃了吗？"回答："我早饭吃过了"。上下文对比句："他这本书看过，那本书还没看"；并列句："他这本书看过，那本书也看过"。

这种语式动词前的宾语在指称上具有"周遍性"意义，或者是任指（也称"遍指"，指任何事物），如下面 2a）式和 2b）式里的宾语；或者是通指（指整个一类事物），如下面 2c）式里的宾语。

2a）"N$_{（疑问代名词）受事宾语}$ + '都 + ［不/没］+ Vt$_{动作核}$'"语式

指由"疑问代名词$_{遍指性受事宾语}$ + '都 + ［不/没］+ 及物动作动词'"构成的语式。这种周遍性"宾置动前"语式里的宾语是由疑问代名词（或者是"疑问代词+名词"）充当，后边有副词"都"与之相呼应。构成"疑问代名词+都［不/没］+ Vt"语式，通常出现在"N$_{施事主语}$ + N（疑问代名词）$_{受事宾语}$ + 都 + ［不/没］+ Vt$_{动作核}$"这样的句式里。实例：

他什么都吃/我哪种饮料都没喝/你什么事都不干

2b）"'一 + 量 + N$_{受事宾语}$' + '也/都 + 不/没 + Vt$_{动作核}$'"语式

指由"'一 + 量词 + 名词$_{遍指性受事宾语}$' + '都/也 + 不/没 + 及物动作动词'"构成的语式。这种"宾置动前"语式里的宾语是由"一 + 量词 + 名词"构成的数量短语充当的，一般用于否定句，所以动词前有否定副词"不"或"没（没有）"，并与副词"都"或"也"相呼应，构成"'一 + 量词 + 名词$_{受事宾语}$' + '也/都 + 不/没 + Vt$_{动作核}$'"语式，通常出现在"N$_{施事主语}$ + N（'一 + 量 + N'）$_{受事宾语}$ + '也/都 + 不/没 + Vt$_{动作核}$'"这样的句式里。实例：

他一件事都不干/我一句话也没说/你一个字都没写

2c）"N$_{通指性受事宾语}$ + '都/也 + 不/没 + Vt$_{动作核}$'"语式

指由"名词$_{通指性受事宾语}$ + '也/都 + 不/没 + 及物动作动词$_{动作核}$'"构成的语式。这种"宾置动前"语式里的宾语是由通指名词充当的，并与副词"也"或"都"相呼应，常出现在某些对称格式的复句里。实例：

她饭也不吃，觉也不睡，已经三天了/他大事也管，小事也管，样样都要管/老王烟都不吸，酒都不喝，很注意养生

说明：上面 2a）、2b）、2c）这三种宾语前置的动宾短语构成的语式句法上都属于"动宾"（VO）语型，语义上都属于受事前置的"受动"语模，语式义是表达"对遍指的或通指的受事给以或不给以某种动作行为"。这种"宾动"（OV）序列的动宾短语，其前置宾语不能移到动词之后，一般不能变换成"动宾"（VO）序列。

7. "'Vt$_{动作核}$ + W$_{结果补语}$' + N$_{受事宾语}$"语式

指由"'及物动作动词$_{动作核}$ + 谓词$_{结果补语}$' + 名词$_{受事宾语}$"构成的语式。这种语式里及物动作动词后面的补语通常由不及物状态动词或形容词充当，表示动作的"结果"，所以语式里动词和补语的关系是动作和结果的关系（简称为"动结"关系）。实例：

(1) 打败敌人/压伤手臂/刮断树枝/喝醉酒
(2) 踢坏皮球/撕破衣服/收紧银根/吃饱饭

说明：上面（1）组语式为不及物状态动词作补语构成的语式，（2）组语式为形容词作补语构成的语式。这种语式句法上属于"'动补'宾"成分序列（动补短语作述语带宾语）构成的述宾语型，语义上属于"动受 + 系状"语模（如"踢坏皮球"就是"踢皮球$_{动受}$ + 皮球坏$_{系状}$"语模），语用上的语式义是表达"某种动作致使受事产生某种结果"。这种语式里作补语的谓词通常是不及物状态动词（如"败、伤、哑、吓、醉"等）和形容词（如"坏、破、饱、痛、紧、松"等）。

8. "'Vt$_{动作核}$ + W$_{结果补语}$ + 了' + N$_{系事宾语}$"语式

这是由"'及物动作动词$_{动作核}$ + 谓词$_{结果补语}$ + 了' + 名词$_{系事宾语}$"构成的语式。这是一种动态短语的语式，可出现在施事（兼领事）作主语或主题的"N$_{施事兼领事}$ + 'Vt$_{动作核}$ + W$_{结果补语}$ + 了' + N$_{属事兼系事宾语}$"句式里，该句式主语所表的名物（多指人）跟谓语动词 Vt 的语义关系是"施事—动作核"关系，跟句末宾语名词的关系是"领属"（领事—属事）关系（着眼于句首的施事，宾语可分析为"属事"）；谓语动词 Vt 跟 W 所做的补语的关系是"动结"（动作—结果）关系；句末宾语所表的名物跟补语的关系是"系事 + 性状核"（着眼于谓语动词的补语，宾语可分析为"系事"）语模。从这个意义上说"N$_{施事兼领事主语}$ + 'Vt$_{动作核}$ + W$_{结果补语}$ + 了' + N$_{属事兼系事宾语}$"句也可以看做及物性动作动词带补语构成的"领主属宾句"，句末宾语在这种句子里的语义身份实际上是"属事兼系事"。这种语式也可以出现在"N$_{施事}$ + 'Vt$_{1动作核}$ + N$_{受事}$' + 'Vt$_{2动作核}$ + W$_{结果补语}$ + 了' + N$_{系事宾语}$"这样的"复动句"（也称"重动句"，同一个 Vt 在句中重复）句字里。上述两种句子里出现"'Vt$_{动作核}$ + W$_{结果补语}$ + 了' + N$_{系事宾语}$"语式的实例：

(1) 他吃坏了肚子/她唱哑了嗓子/中锋踢伤了脚/农夫割破了手

（2）他吃南瓜<u>吃坏了肚子</u>/她唱歌<u>唱哑了嗓子</u>/中锋踢足球<u>踢伤了脚</u>/农夫割麦子<u>割破了手</u>

说明：（1）组句子也可以看做省略或隐含了受事的句子，所以可以转换成（2）组的"N$_{施事}$ + 'Vt$_{1动作核}$ + N$_{受事}$' + 'Vt$_{2动作核}$ + W$_{结果补语}$ + 了' + N$_{系事宾语}$"这样的复动句，如"他吃坏了肚子→他吃南瓜吃坏了肚子"等。上述句子里抽象出的"'Vt$_{动作核}$ + W$_{结果补语}$ + 了' + N$_{系事宾语}$"语式，句法上属于"'动补'宾"成分序列（动补短语作述语带宾语）构成的述宾语型，语义上属于受事省略或隐含的"动［受］+系状"语模（如"吃坏肚子"就是"吃［受事］$_{动受}$ + 肚子坏$_{系状}$"语模），语式义是表达"某种动作施加于某受事，结果致使领事的所属者（通常指'人'的器官或身体的某部分）呈现某种损失性的状态"。

9. "'Vt$_{动作核}$ + ［了/过］+ QP$_{数量补语}$' + N$_{受事宾语}$"语式

这是由"'及物动作动词$_{动作核}$ + ［了/过］+ 数量词语$_{数量补语}$' + N$_{受事宾语}$"构成的语式。根据充当数量补语词语的性质差别，这种语式可以下分为两式：

1）"'Vt$_{动作核}$ + ［了/过］+ QP$_{数量补语}$' + N$_{受事宾语}$"语式

这是由"'及物动作动词$_{动作核}$ + ［了/过］+ 动量词语$_{动量补语}$' + N$_{受事宾语}$"构成的语式。这种语式里的受事宾语通常是具体名词充当的。实例：

（1）看两次电影/读两遍课文/听两回京戏/喊一下老李

（2）看了两次电影/读了三遍课文/听过两遍录音/玩过一趟过山车

说明：（1）组为动词后面无动态助词"了/过"的"'Vt$_{动作核}$ + QP$_{动量补语}$' + N$_{受事宾语}$"语式，（2）组为动词后面有动态助词"了/过"的"'Vt$_{动作核}$ + 了/过 + QP$_{动量补语}$' + N$_{受事宾语}$"语式。这两组语式句法上都属于"'动补'宾"成分序列（动补短语作述语带宾语）构成的述宾语型，语义上都属于"动受 + 动量（次量）"语模（如"看两次电影"就是"看电影$_{动受}$ + 看［的动作活动的次量］两次$_{动量}$"语模），语用上的语式义两组稍有不同：（1）组语式的语式义是表达"某种及物性的动作发出一定数量的次数施加于受事名物"，（2）组语式的语式义是表达"某种及物性的动作已经或曾经发出一定数量的次数施加于受事名物"。

有些离合动词分离后也可以构成"'Vt$_{动作核}$ + 了/过 + QP$_{动量补语}$' +

N_{受事宾语}"语式，例如：

> 吃了三次亏/上了两趟当/受了一次骗

在这种语式里，离合动词的前一语素为动语素，相当于及物动作动词；离合动词的后一语素相当于受事宾语。

2）"'Vt_{动作核} + 了/过 + QP_{时量补语}' + N_{受事宾语}"语式

这是由"'及物动作动词_{动作核} + 了/过 + 时量词语_{时量补语}' + N_{受事宾语}"构成的语式。这种语式里的受事宾语通常是具体名词充当的。实例：

> 看了三小时电影/玩了半小时扑克/学过五年英语/读过三年大学

说明：这种语式属于"动受 + 动量（时量）"语模（如"看了三小时电影"就是"看电影_{动受} + 看［的动作活动的时量］三小时_{时量}"语模），语用上的语式义是表达"某种及物性的动作已经或曾经发出一定的时间量（动作持续的时间）施加于受事名物"。

有些离合动词分离后也可以构成"'Vt_{动作核} + 了/过 + QP_{时量补语}' + N_{受事宾语}"语式，例如：

> 见了半个小时面/游过两个小时泳/洗了一个小时澡

在这种语式里，离合动词的前一语素为动语素，相当于及物动作动词；离合动词的后一语素相当于受事宾语。

10. "Vt_{表交接的动作核} + N_{与事宾语} + N_{受事宾语}"语式

这是由"'交接类'及物动作动词_{动作核} + 名词_{与事宾语} + 名词_{受事宾语}"构成的语式。这种语式里有两个宾语，句法上属于"动宾宾"成分序列（通常称为动词带"双宾语"）构成的述宾语型，语义上属于"动与受"语模，语用上的语式义可以概括为表达"一个交接行为或事件：或是施事把受事交给与事；或是施事从与事那里接得受事"；决定 N_{受事宾语}转移方向（外向或内向）的，是动词的语义特征，即动词语义性质能决定 N_{受事宾语}的转移方向。[①]根据动词的语义性质差异，可下位区分为1）、2）两式；另外，值得注意的还有与此相关的3）、4）两式。

1）"Vt_{·交'类动作核} + N_{与事宾语} + N_{受事宾语}"语式

指由"'交'类及物动作动词_{动作核} + 名词_{与事宾语} + 名词_{受事宾语}"构成的语

---

① 参看范晓《交接动词及其构成的语式》，《语言教学和研究》1986 年第 3 期；《汉语句子的多角度研究》第四章交接句，商务印书馆 2009 年版。

式。实例：

　　送我一份礼物/发他一个月的工钱/寄给她一个包裹/赏赐他 5 块大洋

说明：这种语式句法上属于"交"类动词带"双宾"的述宾语型，语义上属于"动与受"语模，语用上的语式义是表达"'交给'性的动作行为或事件：发出交给性的动作给予与事以受事"（即"受事由施事转移至与事"）。用于此句式的动词通常是及物的、外向的"交"类（"给予"类）三价动词（如"给、交、送、还、赠、赠送、献、赐、赏、卖给、输给、赏赐、呈给、献给、教给"等）。①

　　2）"Vt.接'类动作核 + N与事宾语 + N受事宾语"语式

　　　指由"'接'类及物动作动词动作核 + 名词与事宾语 + 名词受事宾语"构成的语式。实例：

　　收他一份礼物/偷老百姓一只鸡/骗老人钱/接得他一封快信

说明：这种语式句法上也属于"接"类动词带"双宾"的述宾语型，语义上属于"动与受"语模（与事和受事之间存在着"领有"关系），语用上的语式义是表达"'接得'性的动作行为或事件：（施事）从与事那里收到（获取）受事"（即"受事由与事转移至施事"）。用于此句式的动词通常是及物的、内向的"接"类（"受取"类）三价动词（如"收、受、接、接收、接受、接得、受取、讨还、抢、骗、赢、缴获、偷、窃取、骗取"等）。②

　　3）"交接"兼向动词构成的歧义语式

　　有一种"借"类动词（如"借、租、赁、捐"等），可称作"兼向动词"（兼"外向"和"内向"的动词）。这类动词组成的孤立的语式是有歧义的，它表现为既可以有"交"类动词的特点，在语式里表达"外向"的"交"（给予）过程；也可以有"接"类动词的特点，在语式里表达"内

---

　　① "交"类动词是一种"外向动词"，动词后常有"给"或可以加上"给"（如"送给、寄给、还给、赐给、赏给"等），表现为"外向"的"交"（给予）过程，即受事由施事向外转移到与事，构成"外向"性的双宾语式。

　　② "接"类动词是一种"内向动词"，动词后一般可以加上"到"或"得"（如"收到、受到、接到、抢得、骗得"等），表现为"内向"的"接"（受取）过程，即受事由与事向内转移到施事，构成"内向"性的双宾语式。

向"的"接"(受取)过程。实例：

借我 200 元钱/租我一间房子/捐我们多少钱

说明：这是一种歧义的或多义的语式。"借"类动词作"交"类外向用法时，可以在动词后带上"给"，就构成"Vt·交'类动作核 + N与事宾语 + N受事宾语"语式，如"借给他 200 块钱"；作"接"类内向用法时，可以在动词后带上"到"或"得"等，就构成"Vt·接'类动作核 + N与事宾语 + N受事宾语"语式，如"借到他 200 块钱"。可见"借"类动词构成的语式及其语式义在话语的具体句子里是单一的、无歧义的，这种孤立语式的歧义或多义在动态的语境里可得以消除。

4)"离合动词"构成的"Vt表交接的动作核 + N与事宾语 + N受事宾语"语式

现代汉语里有一种动宾结构的复合词，可以在两个语素间通过插加与事宾语扩展构成"Vt表交接的动作核 + N与事宾语 + N受事宾语"语式。这种语式通常出现在"N施事主语 + Vt表交接的动作核 + N与事宾语 + N受事宾语"这样的句式里。实例：

(1) 群众告他状/我请你客/选民投他票/大家帮他忙
(2) 咱们上他当/我吃她亏/她受他骗/他讨她好

说明：这里（1）组语式是由"告状、请客、投票、帮忙"等动宾式离合动词构成的语式，可参照"Vt·交'类动作核 + N与事宾语 + N受事宾语"语式进行分析，离合动词里的前一个为动语素相当于"交"类动词，离合动词的后一个语素相当于受事宾语；（2）组语式是由"上当、吃亏、受骗、讨好"等动宾式离合动词构成的语式，可参照"Vt·接'类动作核 + N与事宾语 + N受事宾语"语式分析，离合动词里的前一个为动语素相当于"接"类动词，离合动词的后一个语素相当于受事宾语。

11."跟 + N与事宾语 + Vt动作核 + N受事宾语"语式

指由"跟 + 名词与事宾语 + 及物性的互向动作动词 + 名词受事宾语"构成的短语。如"跟他讨论问题"、"同他商量一件事"之类。这种短语可以分析为与事宾语在前（与事宾语前有"与、跟、同"之类介词，这里以"跟"为代表）、受事宾语在后的特殊的动词带"双宾语"的述宾短语①。这种短语的语式通常出现在"N施事主语 + 跟 + N与事宾语 + Vt互向动词 + N受事宾语"这样的句式

---

① "跟他讨论问题"之类短语有的语法书分析为状心短语，但考虑到动词前面的名词（他）的语义身份是与事，所以在此分析为动词带双宾的述宾短语。

里。实例：

> 我跟他商量出书问题／周昌与汉高祖争论一件事／他同郭沫若商榷诗
> 词艺术

说明：这种语式句法上属于与事宾语在前、受事宾语在后的动词带"双宾语"的述宾语型，语义上属于与事前置的"与动受"语模，语用上的语式义是表达"施事跟与事（通常指"人"）协同发出动作施加于某名物（通常指"事"）"（也就是"施事跟与事从事一个互向性的动作或事件"）。及物的"互向"（相互性）类三价动词（如"商量、商讨、商议、商榷、讨论、争论、协商、协调"等）可用于这种语式。①

12. "'Vt$_{动作核}$＋N$_{受事宾语}$＋个'＋WP$_{成事宾语}$"语式

指由"'及物动作动词$_{动作核}$＋名词（主要是代名词'他或它'）$_{受事宾语}$＋个'＋谓词性词语$_{成事宾语}$"构成的语式。这种语式里有两个宾语，即 N$_{人称代词}$和 WP$_{谓词性词语}$作宾语（成事宾语②），这是一种比较特殊的动词带"双宾语"构成的语式。实例：

> 吃它个饱／喝它个痛快／打他个落花流水／骂他个狗血喷头

说明：这种语式句法上属于动词带"双宾语"构成的"动宾宾"述宾语型；语义上属于"动受成"语模；语用上的语式义是：或表达"某种动作给予省略或隐含的受事以成事"（即"致使受事达到或成为某种结果状态"，如"打他个落花流水"是指受事"他"达到或成为"落花流水"那种结果状态），或表达"某种动作施加于受事使隐含的施事获得成事"（即"动作致使隐含的施事获得某种结果状态"，如"喝它个痛快"是指隐含的施事获得"痛快"那种结果状态）。这种语式里的受事宾语大都是由第三人称代词"他"或"它"担当，人称代词的"所指"（所代替的人或物）在语境里（大多在前文）里一般是可知的。例如：

---

① 如果句子里互向动词前的名词是集体名词（如"我们、他们、你们、大家"等）作施事主语，则成为"Vt$_{互向动词}$＋N$_{受事宾语}$"（动词带单宾语）语式，如"我们商量这件事"。

② 这种语式里的谓词性词语 WP 名物化了，所以本文在句法上把它分析为宾语，在语义上把这种"结果性的状态"分析为特殊的"成事"。

（1）我们准备消灭来犯之敌，打他个落花流水。

（2）打开茅台，敞开酒量，喝它个痛快。

（3）这口井究竟有没有油，我们定要搞它个水落油出。

上面例句里人称代词的"所指"（所代替的人或物）是可知的：其中（1）里"打"的受事宾语"他"指"来犯之敌"，（2）里"喝"的受事宾语"它"指"茅台酒"，（3）里"搞"的受事宾语"它"指"井"。但也有第三人称代词所代不明，如在"我闭目养神，图它个安宁"、"睡他一会儿"里，这个"它"或"他"可说是"虚指"宾语，[①] 这是"$Vt + N_{受事宾语} + 个 + WP_{成事宾语}$"语式类推化或仿拟化的结果。

（二）不及物动词作述语构成的述宾短语的语式

大多数不及物动词是不能带宾语的，但汉语里某些不及物动词在一定条件下也可以带宾语构成动宾短语（述宾短语之一种）。不及物动词构成的动宾短语（或述宾短语）的语式里，有些不及物动词是一种"及物化"用法，有些不及物动词是在动态句里由于语用原因而出现的特殊用法。不及物动词作述语构成的动宾短语的语式主要有以下一些。

1. "$Vi_{动作核} + N_{客事宾语}$"语式

这是指由"不及物动作动词$_{动作核}$ + 名词$_{客事宾语}$"构成的语式。实例：

坐沙发/住洋房/睡大床/走大路

说明：这种语式句法上属于"动宾"（VO）语型，语义上属于"动受"语模，语用上的语式义是表达"动作涉及于某名物"。在这种语式里的不及物动词是一种"及物化"用法。

2. "'$Vi_{动作核}$ + ［介］' + $N_{位事宾语}$"语式

这是由"'不及物动作动词$_{动作核}$ + ［介词］' + 名词$_{位事宾语}$"构成的语式。根据语式里"介词"的显现或空缺，可以下分为两式。

1）"'$Vi_{动作核}$ + 介' + $N_{位事宾语}$"语式

这是指"'不及物动作动词$_{动作核}$ + 介词' + 名词$_{位事宾语}$"（"动介组合体"

---

① 赵元任称它为"傀儡性的间接宾语"（赵元任：《汉语口语语法》，商务印书馆1979 年版，第 162—163 页）；朱德熙认为人称代词"他"是虚指宾语（朱德熙：《语法讲义》，商务印书馆 1982 年版，第 121 页）。

作述语带宾语）构成的语式,[1] 不及物动作动词后的介词主要有"向、往、到、在"等。实例：

> 飞往广州／跑到操场上／走在大路上／奔向 21 世纪／奔向大同世界

说明：这种语式句法上属于"'动介'宾"（"动介"组合体带宾语）构成的述宾语型，语义上属于"动位"语模，语用上的语式义是表达"发出动作并伴随说明动作发出者定位于或定位到某位置（位置：多指空间位，也有指时间位、目标位等）"。

2）"$Vi_{动作核}$ + $N_{位事宾语}$"语式

指由"不及物动作动词$_{动作核}$ + 名词$_{位事宾语}$"构成的语式。实例：

> 飞香港／跑武汉／逃国外／奔 21 世纪

说明：这种语式跟"'$Vi_{动作核}$ + 介' + $N_{位事宾语}$"语式一样：句法上也属于"动宾"（VO）语型，语义上也属于"动位"语模，语用上的语式义也是表达"发出动作并伴随说明动作发出者定位于或定位到某位置"。这种语式里的不及物动词后可以补上介词"往、到、向"等，如"飞往香港、跑往武汉、逃往国外、奔向 21 世纪"，所以"$Vi_{动作核}$ + $N_{位事宾语}$"语式也可以说是"'$Vi_{动作核}$ + 介' + $N_{位事宾语}$"在一定语境里的省略式（省略"往、到、向"之类介词）。

3."$Vi_{性状核}$ + $N_{使事宾语}$"语式

指由"不及物状态动词$_{性状核}$ + 名词$_{使事宾语}$"构成的语式。实例：

> 惊醒她／熄灭灯火／伤她的心／变化态度

说明：这种语式句法上属于"动宾"（VO）语型，语义上属于"状使 + 系状"语模（如"惊醒她"就是"惊醒她$_{状使}$ + 她惊醒$_{系状}$"语模），语用上的语式义是表达"某种致使性的状态活动及于某名物（使事，即致使的对象），使得该名物呈现语式中不及物状态动词所表示的状态"。这种语式里的不及物动词，一般认为是一种"使动"用法，严格地说应该是不及物动词的"及物化"用法（即不及物动词作动词使用），在这种情况下，名词性

---

[1]　参看范晓《动介带宾句》，《汉语句子的多角度研究》第 12 章交接句，商务印书馆 2009 年版。

宾语在语义平面可以称为"使事"。① 不及物性状动词（如"吓、醉、伤、惊醒、活动、变化、熄、熄灭"等）能进入这种语式。这种"Vi$_{性状核}$ + N$_{使事宾语}$"语式可以变换成"使$_{（表致使义）}$ + N$_{使事}$ + Vi$_{性状核}$"语式，如"惊醒她→使她惊醒"、"熄灭灯火→使灯火熄灭"。

4. "'Vi$_{动作核}$ + 个' + AP$_{成事宾语}$"语式

指由"'及物动作动词$_{动作核}$ + 个' + 形容词性词语$_{成事宾语}$"构成的语式。这种语式里的"个"是一个宾语标志词。"个"后的谓词性词语实质上名物化了，隐喻为状态性的成事名物，如"吃个饱"中的"饱"意味着"饱的状态"，所以语义上可把"结果性的状态"分析为特殊的"成事"。实例：

　　　　睡个安稳/坐个舒心/站个稳固/游个畅快

说明：这种语式句法上属于"'动 + 个' + 宾"（动词带上特征词"个"再带谓词性宾语）构成的动宾语型，语义上属于"动成"语模，语用上的语式义是表达"发出某种不及物性的动作行为并要求动作本身成为或达到某种状态"。

5. "'Vi$_{性状核}$ + 动态助词（了/着）' + N$_{系事宾语}$"语式

这是由"不及物状态动词$_{性状核}$ + 名词$_{系事宾语}$"构成动态短语。这种短语在句法上一般语法书分析为特殊的动宾短语（也可分析为"主语后出现"，这里从俗处理）。这是一种在特定语境特定句子里的动态语式，通常出现在领事作主题的"N$_{领事主题}$ + 'Vi$_{性状核}$ + 动态助词（了/着）' + N$_{属事兼系事宾语}$"（一般称之为"领主属宾句"）句子里，② 也常出现在处所作主题的"N$_{处所主题}$ + 'Vi$_{性状核}$ + 动态助词（了/着）' + N$_{属事系事宾语}$"（一般称之为"存

---

① 使事，指致使性的谓词（动词或形容词）的致使对象，是致使为词所联系的客体。致使谓词致使宾语成为致使不及物动词或形容词表示的状态。如"惊醒她、变化态度、清洁房间、清醒头脑"中的"她、态度、房间"便是使事。至于致使的主体，在句子里可由名词性词语表达，也可由谓词性词语表达，如"惊醒她"的主体能出现在"爆竹声惊醒了她、孩子的吵闹惊醒了她、我大喊一声惊醒了她"等句子里。

② 在这类不及物状态动词构成的"领主属宾句"里，语义上句末名词所表的名物与动词之间的关系表现为"系状"关系，句首名词所表的名物与句末名词所表的名物表现为领属关系，所以句末名词所表的语义成分是"系事兼属事"。这种句式的句式义是表达"某领事发生一件事：领事所关涉的属事（所属者，即领事的某个部分或某个方面，通常是人的亲属、身体的器官或物的某个部分等）呈现为某种状态（出现、消失、存续）"。

现句"）句子里。① 上述句式里的"'Vi_{性状核}＋动态助词（了/着）'＋N_{系事宾语}"语式的语式义可概括为表达"某种不及物状态动词所表的状态（或损失态，或出现态，或存续态）呈现于某系事名物（人或物）"。根据语式中动词的所表达的呈现状态的差异，这种语式可下位区分为以下三式。

1）"'Vi_{表损失态的性状核}＋了'＋N_{系事宾语}"语式

指由"'不及物状态动词_{表损失态的性状核}＋了'＋名词_{系事宾语}"构成的语式。这种语式通常出现在呈现某名物呈现出"损失"（包括"损伤、失去、消失"等）状态的"领主属宾句"或"存现句"句里。实例：

（1）王冕死了父亲/他瞎了一只眼睛/这桌子断了一条腿/小张丢了一块手表

（2）村里死了个人/牧场里丢了几头羊/手上伤了个指头/大树上断了几根枝

说明：这种语式句法上属于"动宾"（VO）语型，语义上属于"动系"语模，语用上的语式义是表达"'损失了'（损伤、失去或消失：宾语名物实现了'从好成坏、从有到无'的状态）某系事名物"。在（1）组的"Vi＋了"作述语构成的"领主属宾句"句里，句式义是表达"某领事发生了一件事：'损伤或失去'了自己的属事（所属者）"，在（2）组的"Vi＋了"作述语构成的"存现句"句里，句式义是表达"某处所发生了一件事：'消失或损伤'了自己的属事（领有者）"。含有"损坏、失去、消失"义的不及物状态动词（如"死、伤、坏、断、碎、烂、死、瞎、哑、聋、丢、丢失"等）一般可用于这种语式。

2）"'Vi_{表出现态的性状核}＋了'＋N_{系事宾语}"语式

指曰"'不及物状态动词_{表出现态的性状核}＋了'＋名词_{系事宾语}"构成的语式。这种语式通常出现在某名物呈现出"出现"（包括"现出、显现、生长"等）状态的"领主属宾句"或"存现句"里。实例：

（1）他女儿突然发了高烧/杨柳葆了嫩芽儿了/宝宝出了牙齿了

---

① 在这种不及物状态动词构成的"存现句"里，语义上句末名词所表名物与动词之间的关系表现为"系状"关系，句首名词所表的处所与句末名词所表的名物间表现为广义的领有关系（广义的领属关系），所以句末名词所表的语义成分可以分析为"系事兼属事"。这种句式的句式义是表达"某处所发生一件事：处所关涉的属事（即处所领有的某个名物）呈现为不及物状态动词所表现的某种状态（或出现、或消失、或持续存在）"。

（2）米缸里<u>出现了许多虫子</u>/石缝里<u>长了几棵小树苗</u>/腋下<u>生了一个疖子</u>

说明：这种语式句法上属于"动宾"（VO）语型，语义上属于"动系"语模，语用上的语式义是表达"'出现了'（实现了'从无到有'的状态）某系事名物"。在（1）组的"Vi＋了"作述语构成的"领主属宾句"句里，句式义是表达"某领事发生了一件事：'出现'了自己的所属者"，在（2）组的"Vi＋了"作述语构成的"存现句"句里，句式义是表达"某处所发生了一件事：'出现'了自己的领有者"。含有"出现、生长、显现"义的不及物状态动词（如"生、出、长、发、葆、出现"等）可用于这种语式。

3）"'Vi_{表存续态的性状核}＋着'＋N_{系事宾语}"语式

指由"'不及物状态动词_{表存续态的性状核}＋着'＋名词_{系事宾语}"构成的语式。这种语式通常出现在某名物呈现"存续"（持续性地存在着）状态的"领主属宾句"或"存在句"句里。实例：

（1）他<u>耷拉着脑袋</u>/她<u>流着眼泪</u>/那人<u>袒露着胸膛</u>/那汉子<u>瘸着一条腿</u>

（2）额上<u>暴着青筋</u>/脸上<u>流着眼泪</u>/胸口<u>长着黑毛</u>/河面上<u>倒塌着一座桥</u>

说明：（1）组属于"领主属宾句"，（2）组属于"存在句"。上述两组里的"'Vi_{表存续态的性状核}＋着'＋N_{系事宾语}"语式句法上都属于"动宾"（VO）语型，语义上都属于"动系"语模，语用上的语式义都是表达"以某种状态存续着某系事名物（人或物）"（即"以某种持续性的情景状态存在着某名物"）。在（1）组的"Vi＋着"作述语构成的"领主属宾句"句里，句式义是表达"某领事发生了一件事：以某种状态（由不及物状态动词表示）持续性地存在着自己的所属者"，在（2）组的"Vi＋着"作述语构成的"存在句"句里，句式义是表达"某处所发生了一件事：以某种状态（由不及物状态动词表示）持续性地存在着自己的领有者"。含有情景状态的不及物状态动词（如"耷拉、袒露、显露、流、淌、歪、斜、瘫痪、倒塌"等）可用于这种语式。

6. "'Vi_{动作核}＋动态助词（了/着）'＋N_{施事宾语}"语式

这是由"'不及物动作动词_{动作核}＋（了/着）'＋名词_{施事宾语}"构成的语式。这也是一种出现在特定语境特定句子里的动态语式，通常出现在领事作主题的"N_{领事主题} + 'Vi_{动作核} + 动态助词（了/着）' + N_{属事兼施事宾语}"的"领主属宾句"里和处所作主题的"N_{处所主题} + 'Vi_{动作核} + 动态助词（了/着）' + N_{施事宾语}"的"存现句"里。

　　在上述不及物动作动词构成的"领主属宾句"和"存现句"里，"Vi_{动作核} +（了/着）"表示句末宾语名词所表名物的"状态或方式"，不及物动作动词 Vi 在这里也就表现为"状态化"或"方式化"，动作核实际上也就转化为"性状核"；句末宾语名词所表示的人或物跟"了/着"前不及物动作动词的语义关系是"施动"关系，即宾语名物是不及物动作动词 Vi 联系的"施事"；句末的宾语名物跟"Vi 着"组合体的语义关系在这种句式里也可分析为"系状"关系，即宾语名词所表示的名物是显示表示"状态或方式"的"Vi 着"组合体的"系事"；宾语名词所表示的名物跟句首名物或处所的关系是"领属关系"或"领有关系"（广义的领事和属事的关系），在这种情况下，宾语名词所表示的名物也可分析为"属事"（与"领事"组成领属关系）；所以句末宾语名词所表名物在上面两种句子里的语义身份也可以分析为"系事兼施事兼属事"。上述句子里抽象出的"'Vi_{动作核} + 动态助词（了/着）' + N_{施事宾语}"语式的语式义可概括为表达"某种不及物动作动词所表的状态（或损失态，或出现态，或存续态）呈现于某系事名物（人或物）"。① 根据语式中不及物动作动词所表达的状态差异，"'Vi_{动作核} + 动态助词（了/着）' + N_{施事宾语}"语式也可下位区分为以下三式。

　　1）"'Vi_{表损失态的动作核} + 了' + N_{施事宾语}"语式

　　指由"'不及物动作或行为动词_{表损失态的动作核} + 了' + 名词_{施事宾语}"构成的语式。这种语式通常出现在呈现表达某名物损失（主要表现为"失去或消失"）状态的"领主属宾句"里或"存现句"句里。实例：

_____

　　① 语式"'Vi_{动作核} +（了/着）' + N_{施事宾语}"的语式义跟语式"'Vi_{性状核} +（了/着）' + N_{系事宾语}"的语式义虽都是表达"某种状态（或损失态，或出现态，或存续态）呈现于某名物"，但也有差别，表现在：第一，表达"某种状态"的词语不同，"'Vi_{性状核} +（了/着）' + N_{系事宾语}"语式是由不及物状态动词来表示状态的；"'Vi_{动作核} +（了/着）' + N_{施事宾语}"语式是由不及物动作动词来表示状态的，语式里的动作动词呈现"状态化"，即原本的动作核实质上转化为"性状核"；第二，宾语表示的语义身份有差别，"'Vi_{性状核} +（了/着）' + N_{系事宾语}"语式里宾语是动词所联系的"系事"；"'Vi_{动作核} +（了/着）' + N_{施事宾语}"语式里宾语是动词所联系的"施事"，但着眼于"Vi 着"表状态，把宾语的语义身份也可分析为"系事"，即原本的施事"系事化"。

　　（1）老王逃了只兔子/他走了两个客人/他跑了媳妇了/营里逃跑了三个兵

　　（2）牧场里跑了头牛/监狱里逃了个犯人/树上飞了三只鸟/店里走了帮客人

说明：（1）组属于表"损失"状态"领主属宾句"，（2）组属于表"损失"状态的"存现句"。这两组句子里的"'Vi_{表损失态的动作核} + 了' + N_{施事宾语}"语式句法上都属于"动宾"（VO）语型；语义上都属于"动施"语模，语用上的语式义都是表达"以某种动作方式表示'失去或消失'了（实现了'从有到无'的状态）某名物"。在（1）组的"Vi + 了"作述语构成的"领主属宾句"句里，句式义是表达"某领事发生了一件事：'失去或消失'了隶属于自己的属事名物"，在（2）组的"Vi + 了"作述语构成的"存现句"句里，句式义是表达"某处所发生了一件事：'失去或消失'了该处所领有的属事名物"。含有"失去或消失"义的不及物动作词（如"跑、逃、走、飞、逃跑、逃走"等）可用于这种语式。

　　2）"'Vi_{表出现态的动作核} + 了' + N_{施事宾语}"语式

　　指由"'不及物动作或行为动词_{表出现态的动作核} + 了' + 名词_{施事宾语}"构成的语式。这种语式通常出现在某名物呈现出"出现"状态的"领主属宾句"或"存现句"里。实例：

　　（1）我今天到来了几个客人/她的脸出现了红晕/他显示了灵活的态度
　　（2）家里到来了贵客/海面上出现了大浪/墙上显现了许多缝隙

说明：（1）组属于表"出现"状态"领主属宾句"，（2）组属于表"出现"状态的"存现句"。这两组句子里的"'Vi_{表出现态的动作核} + 了' + N_{施事宾语}"语式句法上都属于"动宾"（VO）语型，语义上都属于"动施"语模，语用上的语式义都是表达"以某种动作方式表示'出现了'（实现了'从无到有'的状态）某名物"。在（1）组的"Vi + 了"作述语构成的"领主属宾句"句里，句式义是表达"某领事发生了一件事：'出现了'隶属于自己的属事名物"，在（2）组的"Vi + 了"作述语构成的"存现句"句里，句式义是表达"某处所发生了一件事：'出现了'该处所领有的属事名物"。含有"出现"义的不及物动作行为动词（如"到来、出现、显现、显示、显露、暴露"等）可用于这种语式。

　　3）"'Vi_{表存续态的动作核} + 着' + N_{施事宾语}"语式

　　这是由"'不及物动作动词_{表存续态的动作核} + 着' + 名词_{施事宾语}"构成的语式。

这种语式通常出现在处所词语作主题的"N$_{处所}$ + 'Vi$_{动作核}$ + 着' + N$_{属事兼施事宾语}$"的表达某名物呈现"持续性存在"状态的"存现句"句里。实例：

> 台上坐着主席团/门口站着一个卫兵/床上躺着个病人/草原上奔驰着骏马

说明：这种语式句法上属于"动宾"（VO）语型，语义上属于"动施"语模，语用上的语式义是表达"以某种动作方式表示'存续着'（'持续存在'的状态）某名物"（即"以某种状态或方式（由不及物动作动词表示）持续性地存在着某人或某物"）。不及物动作动词（如"坐、站、蹲、睡、躺、卧、走、奔驰"等）可用于这种语式。

7. "'Vi$_{性状核}$ + W$_{结果补语}$ + 了' + N$_{系事宾语}$"语式

指由"'不及物状态动词$_{性状核}$ + 不及物状态动词或形容词$_{结果补语}$ + 了' + 名词$_{系事宾语}$"构成的语式。这也是一种出现在特定语境特定句子里的动态短语语式，通常出现在领事作主题的"N$_{领事主题}$ + 'Vi$_{性状核}$ + W$_{结果补语}$ + 了' + N$_{属事兼系事宾语}$"句子（"领主属宾句"）里和处所作主题的"N$_{处所主题}$ + 'Vi$_{性状核}$ + W$_{结果补语}$ + 了' + N$_{属事兼系事宾语}$"句子（"存现句"）里。① 实例：

> （1）他病死了一个孩子/牧人饿坏了几头牛/她冻伤了两只脚
>
> （2）宴会上醉倒了不少人/场里冻坏了许多牛/房子震掉了一垛墙

说明：（1）组属于"领主属宾句"，（2）组属于"存现句"。这两组句子里的"'Vi$_{表损失态的动作核}$ + W$_{结果补语}$ + 了' + N$_{施事宾语}$"语式句法上都属于"'动补'宾"成分序列（动补短语作述语带宾语）构成的述宾语型，语义上都属于"状系 + 状系"语模（宾语的语义身份：既是 Vi 的系事，也是 W 的系事。如"醉倒了不少人"就是"醉了不少人$_{状系}$ + 倒了不少人$_{状系}$"语模），语用上的语式义都是表达"系事的某种性状活动的结果导致其自身呈现出了某种'损失'性的结果状态"（也就是表达"因某种方式或原因致使系事所表的人或物呈现出某种'损失'性的结果状态"），这种语式里的谓语动词和补语动词之间的关系是"动结"关系，也是"因果"关系。在（1）组的"'Vi + W' + 了"作述语构成的"领主属宾句"句里，句式义是表达

---

① 在这种"领主属宾句"和"存现句"里，宾语所指的人或物既是谓语动词和补语动词的"系事"，又是句首主题所指名物或处所的"属事"（句首主题所指跟宾语所指之间有领属关系或领有关系），所以在上述句子里宾语的语义身份也分析为"属事兼系事"。

"某领事发生了一件事：因领事的某种性状活动，结果致使自己的属事（所属者）呈现出某种'损失性'的状态"，在（2）组的"'Vi＋W'＋了"作述语构成的"存现句"句里，句式义是表达"某处所发生了一件事：因某种性状活动（方式或原因），结果致使某处所的领有者呈现出了某种'损失性'的状态"。

8. "'Vi$_{性状核}$＋Vi$_{趋向补语}$'＋N$_{系事宾语}$"语式

这是由"不及物状态动词$_{动作核}$＋趋向动词$_{趋向补语}$＋名词$_{系事宾语}$"构成的语式。这种语式通常出现在处所词语作主题的"N$_{处所}$＋'Vi$_{性状核}$＋Vi$_{趋向补语}$'＋N$_{系事宾语}$"（"存现句"）句子里。实例：

烟囱里冒出来黑烟/河底下浮上来一具尸体/山顶上滚下来几块石头

说明：这种语式句法上属于"'动补'宾"成分序列（动补短语作述语带宾语）构成的述宾语型，语义上属于"状系＋动施"语模（宾语的语义身份既是不及物状态动词联系的系事，又是作趋向补语的趋向动词所联系的施事。如"冒出来黑烟"就是"冒黑烟$_{状系}$＋出来黑烟$_{动施}$"语模），语式义是表达"以某种状态方式致使某名物呈'出现、显露'趋向的状态"。趋向动词"出、来、出来、起来、过来、上来"等用于这种语式里作趋向状态的补语。在"存现句"句里，句式义是表达"某处所发生一件事：以某种状态呈现、显露出来自己的领有者（人或物）"。

9. "'Vi$_{动作核}$＋W$_{结果补语}$＋动态助词（了）'＋N$_{施事宾语}$"语式

这是指由"'不及物动作动词$_{动作核}$＋谓词（不及物状态动词或形容词）$_{结果补语}$＋了'＋名词$_{施事宾语}$"构成的语式。作补语的不及物状态动词有"掉、丢、失、伤、瞎"等，作补语的形容词有"红、黑、肿、痛、酸、累"等。这种语式通常出现在"N$_{领事主题}$＋'Vt$_{动作核}$＋W$_{结果补语}$＋了'＋N$_{施事兼属事宾语}$"这样的"领主属宾句"里和处所作主题的"N$_{处所主题}$＋'Vi$_{动作核}$＋W$_{结果补语}$＋了'＋N$_{施事兼属事宾语}$"这样的"存现句"里。[①] 实例：

----

① 通常人们把"王冕死了父亲"之类句子称为"领主属宾句"，其实在"她哭红了眼睛"之类句子里句首主题名物和句末系事名物之间存在着"领属关系"（她的眼睛），所以如果从句首主题和句末宾语的语义关系而言，也可以说是"领主属宾句"；而"牧场里跑失了一条牛"之类句子里句首处所主题和句末系事宾语之间存在着"领有关系"（牧场里的牛），广义地说也是"领属关系"，所以如果从句首主题和句末宾语的语义关系而言，说它是"领主属宾句"也未尝不可。

　　（1）她<u>哭红了眼睛</u>/大娘<u>跌破了头</u>/他<u>跑丢了一双鞋</u>/小英<u>笑弯了腰</u>

　　（2）牧场里<u>跑失了一条牛</u>/树上<u>飞走了三只鸟</u>/监狱里<u>逃掉了三个犯人</u>

说明：这种语式句法上属于"'动补'宾"成分序列（动补短语作述语带宾语）构成的述宾语型，语义上属于省略或隐含施事的"［施］动＋状系"语模（如"哭红了眼睛"就是"［施事］哭$_{施动}$＋红了眼睛$_{状系}$"语模），语用上的语式义是表达"动作发出后引起或致使系事产生了某种损失（损伤、失去或消失）的结果状态"（也就是表达"因某种方式或原因致使系事所表的人或物呈现出了某种'损失'的结果状态"，这是因为这种语式里不及物动作动词和补语之间的关系是"动结"关系，也是"因果"关系）。① 在（1）组的"'Vi＋W'＋了"作述语构成的"领主属宾句"句里，句式义是表达"某领事因某种方式或原因致使自己的所属者呈现出了某种'损失'（损伤或失去）的结果状态"，在（2）组的"'Vi＋W'＋了"作述语构成的"存现句"句里，句式义是表达"某处所因某种方式或原因致使自己的领有者呈现出了某种'损失'（损伤或失去）的结果状态"。

　　10. "'Vi$_{动作核}$＋Vi$_{趋向补语}$'＋N$_{施事宾语}$"语式

　　这是由"'不及物动作动词$_{动作核}$＋趋向动词$_{趋向补语}$'＋名词$_{施事宾语}$"构成的语式。这种语式通常出现在处所词语作主题的"N$_{处所主题}$＋'Vi$_{动作核}$＋Vi$_{趋向补语}$'＋N$_{施事宾语}$"这样的"存现句"句里。实例：

　　　　山上<u>走下来几个人</u>/缸里<u>爬出虫子</u>/树林里<u>飞起一群鸟</u>/洞里<u>窜出来一只白兔</u>

说明：这种语式句法上属于"'动补'宾"成分序列（动补短语作述语带宾语）构成的述宾语型，语义上属于"动施＋动施"语模（如"走下来几个人"就是"走几个人$_{动施}$＋出来几个人$_{动施}$"语模），语式义是表达"以某种动作方式或状态出现了某人或某物"。趋向动词"出、来、出来、起来、上来、下来、过来、进来"等可用于这种语式里作补语。在"存现句"句里，句式义是表达"某处所发生一件事：该处以某种动作方式或状态出现了某名物"。

────────────

　　① 在不同语境的句子里这种短语语式强调的意义重点不一样，如"他哭红了眼睛"，或强调"哭"的结果（回答："她'哭'的结果怎么样？"），或强调呈现"红"的原因（回答："她的眼睛怎么会'红'的？"）。

11. "Vi$_{动作核}$ + 了/过 + QP$_{数量补语}$ + N$_{受事宾语}$" 语式

这是由 "及物动作动词$_{动作核}$ + 了/过 + 数量词语$_{数量补语}$ + N$_{受事宾语}$" 构成的语式。根据充当数量补语的词语的性质差异，可以下分为两式。

1) "Vi$_{动作核}$ + 了/过 + QP$_{动量补语}$ + N$_{受事宾语}$" 语式

指由 "及物动作动词$_{动作核}$ + 了/过 + 动量词语$_{动量补语}$ + N$_{受事宾语}$" 构成的语式。这种语式里的不及物动作动词 "及物化" 了，受事宾语通常是由地名或处所名词充当。实例：

> 跑了两趟县城/爬了两趟黄山/躺过三个月病床/蹲过一次监狱

说明：这种语式句法上属于 "'动补' 宾" 成分序列（动补短语作述语带宾语）构成的述宾语型，语义上属于省略或隐含施事的 "动受 + 动量（次量）" 语模（如 "爬过两趟黄山" 就是 "爬山$_{动受}$ + 爬 [的动作活动的次量] 两趟$_{次量}$" 语模），语用上的语式义是表达 "某种不及物性的动作已经或曾经发出一定动作量（动作发生的次数）涉及于受事名物"。

2) "Vi$_{动作核}$ + 了/过 + QP$_{时量补语}$ + N$_{受事宾语}$" 语式

指由 "及物动作动词$_{动作核}$ + 了/过 + 时量词语$_{时量补语}$ + N$_{受事宾语}$" 构成的语式。这种语式里的不及物动作动词 "及物化" 了。实例：

> 爬了一小时山/走了两天崎岖不平的山路/蹲过三年监狱/住过三天高级宾馆

说明：这种语式句法上属于 "'动补' 宾" 成分序列（动补短语作述语带宾语）构成的述宾语型，语义上属于省略或隐含施事的 "动受 + 动量（时量）" 语模（如 "爬了一小时山" 就是 "爬山$_{动受}$ + 爬 [的动作活动的时量] 一小时$_{时量}$" 语模），语用上的语式义是表达 "某种不及物性的动作已经或曾经发出一定的时间量（动作持续的时间）涉及于受事名物"。

（三）关系动词作述语构成的述宾短语的语式

关系动词带宾语构成的形宾短语（述宾短语之一种），该短语的语式通常出现在 "N$_{起事主语}$ + 关系动词$_{关系核}$ + N$_{止事宾语}$" 这样的句式里。在这种句式里，关系动词联系着两个事物，表示两事物间的关系意义。关系动词主要分为五类："是" 类，"V于" 类、"叫（姓名）" 类，"有" 类，"像似" 类。根据关系动词的类型，"关系动词 + 宾语" 构成动宾短语语式可以分为以下下位语式。

1. "Vg（是）+N$_{止事宾语}$" 语式

这是指关系动词"是"（包括同义的"为、系"①，以"是"为代表）带"止事宾语"构成的语式。这种语式语用上总的语式义是"对止事名词所表的名物作出断定性（判断和肯定）的解释"。根据"断定性"解释内部的意义差别，还可下位区分为四种语式：

1）"Vg（是$_{表示等同}$）+N$_{止事宾语}$"语式②

指由"关系动词'是'$_{表示等同}$+名词$_{止事宾语}$"构成的语式。这种语式通常出现在"N$_{起事主语}$+是$_{表示等同}$+N$_{止事宾语}$"这样的"是"字句句式里。实例：

> 巴黎是法国的首都/《红楼梦》的作者是曹雪芹/三仙姑是于福的
> 老婆

说明：这种语式句法上属于"动宾"（VO）语型，语义上属于"动止"语模，语用上的语式义是"对止事作出'等同'关系的断定性解释"。在相应的表"等同"的"是"字句句式里，主语名词的"所指"和宾语名词的"所指"之间具有等同关系。表示等同关系的"是"字句句式的主语和宾语所指相同（表示的概念的外延和内涵都相同），所以前后两部分一般可以颠倒互换，而基本意思不变，如"《红楼梦》的作者是曹雪芹→←曹雪芹是《红楼梦》的作者"。

2）"Vg（是$_{表示归类}$）+N$_{止事宾语}$"语式

指由"关系动词'是'$_{表示归类}$+名词$_{止事宾语}$"构成的语式。这种语式通常出现在"N$_{起事主语}$+是$_{表示归类}$+N$_{止事宾语}$"这样的"是"字句句式里。实例：

> 老宋是广东人/蚕丝是一种高级纤维/梅雨潭是一个瀑布潭

说明：这种语式句法上属于"动宾"（VO）语型，语义上属于"动止"语

---

① "系、为"带有文言的或书面的色彩，相当于关系动词"是"，如"鲁迅系浙江绍兴人、失败为成功之母、十寸为一尺"等。

② 从词类排列来说，关系动词"是"构成的句式大体上有以下几种："名+是+名"式，"名+是+非名"式，"非名+是+名"式，"非名+是+非名"式。这里的"名"是指名词性词语（包括名词、代名词以及名词性短语等）；"非名"是指非名词性词语（包括动词性词语、形容词性词语、主谓短语等），"非名"在这种语式里是"名物化"了。由于"是"所联系的动元都是表示"名物"，所以也可以说成非名词性词语名物化了。例如"诚实是一种美德，打是疼、骂是爱，'关于'是一个虚词"等是字句里，"诚实、打、疼、骂、爱、关于"等非名词性词语都是动元化或名物化。所以"名+是+名"式是典型的句式。

模，语用上的语式义是"对止事作出'归类'关系的断定性解释"。在相应的表示"归类"关系的"是"字句句式里，主语名词的"所指"和宾语名词的"所指"之间具有归类关系，断定"是"后宾语是"类"。表示归类关系的"是"字句句式前后两部分一般不能互换（颠倒主宾），只有在特定的条件下才能互换。①

　　3）"Vg（是$_{表示存在}$）+N$_{止事宾语}$"语式

　　指"关系动词'是'$_{表示存在}$+名词$_{止事宾语}$"构成的语式。这种语式通常出现在"N$_{起事(处所)主语}$+是$_{表示存在}$+N$_{止事宾语}$"这样的"是"字句句式里。实例：

　　　　村子后面是<u>一片荒山</u>/山坡上是<u>一片松树林</u>/叶子底下是<u>脉脉的流水</u>

说明：这种语式句法上属于"动宾"（VO）语型，语义上属于"动止"语模，语用上的语式义是"对止事作出'存在'关系的断定性解释"。在相应的表示"存在"关系的"是"字句句式里，句首处所和句末宾语名词的"所指"间具有存在关系，断定宾语名词所表的名物存在于"某处所"。表示存在关系的"是"字句句式，由于主宾的"所指"完全不等同也不同类，所以"是"前后的主语和宾语绝对不能颠倒互换。

　　4）"Vg（是$_{表示比喻}$）+N$_{止事宾语}$"语式

　　指"关系动词'是'$_{表示比喻}$+名词$_{止事宾语}$"构成的语式。这种语式通常出现在"N$_{起事主语}$+是$_{表示比喻}$+N$_{止事宾语}$"这样的"是"字句句式里。实例：

　　　　青少年是<u>早上八九点钟的太阳</u>/世界是<u>个大舞台</u>/事实是<u>科学家的空气</u>

说明：这种语式句法上属于"动宾"（VO）语型，语义上属于"动止"语模，语用上的语式义是"对止事作出'比喻'关系的断定性解释"。在相应的表示"比喻"关系的"是"字句里，两名物之间具有比喻关系，句式里的主语名词所表的名物比喻为宾语名词所表的名物。② 表示比喻关系的"是"字句句式，由于主语和宾语所表的名物在客观世界里为不同类（如

---

　　① 如果类名前有"这、那"之类的表示有定名物的标志词，就有可能主宾互换，如"老宋就是那个结实精干的壮年人"可以变换成"那个结实精干的壮年人就是老宋"。这是因为主宾的指称具有同一性：在上述句子里，有定的"那个结实精干的壮年人"就是指称"老宋"。

　　② "是"前主语成分表示比喻主体，"是"后宾语成分表示比喻客体。主宾所表的名物不等同也不同类，只是说明起事和止事在某方面具有类似点。

"青少年"和"太阳"属于不同类的，前者指"人"，后者指"星球"），所以"是"前后的主语和宾语一般不能互换。但表示比喻关系的"是+宾语"语式可用"像+宾语"语式替换，如"事实是科学家的空气"可换说成"事实像科学家的空气"，意义基本相同，只是比喻的类型不同："是+宾语"的比喻属于"隐喻"，"像+宾语"的比喻属于"明喻"。

2. "Vg（V 于）+N$_{止事宾语}$"语式

这是指"V 于"类关系动词（包括"等于、属于、异于"等词）带"止事宾语"构成的语式，这种语式语用上总的语式义是"对止事名词所表的某人、某物或某事作出'比较性'的解释"。根据"比较性"解释内部的意义差别，可下位区分为四种语式。

1）"Vg（等于$_{表示同一}$）+N$_{止事宾语}$"语式

指"关系动词'等于'$_{表示同一}$+名词$_{止事宾语}$"构成的语式。表示同一的"V 于"类关系动词有"等于、同于"等，以"等于"作为代表。这种语式通常出现在"N$_{起事主语}$+等于$_{表示同一}$+N$_{止事宾语}$"这样的句式里。实例：

一天<u>等于</u>24 小时／二加三<u>等于</u>五／角蟾的外形<u>同于</u>蟾蜍的外形

说明：这种语式句法上属于"动宾"（VO）语型，语义上属于"动止"语模，语用上的语式义是"对止事作出'同一'关系的比较解释"。在相应的表示"同一"关系的"等于"句句式里，主语名词所表的名物和宾语名词所表的名物之间具有同一关系。在表示同一关系的"等于"句句式里，由于主语和宾语所表的名物或数量相同，或性质、性状相同，所以这种句式前后两部分一般可以颠倒互换而基本意思不变，如"角蟾的外形同于蟾蜍的外形→←蟾蜍的外形同于角蟾的外形"。

但需要指出的是：有些"等于"句不是表示"同一"关系，而是表示"比喻"关系或"类似"关系，例如：

苛吏<u>等于</u>猛虎／吃甜玉米<u>等于</u>吃牛奶／浪费<u>同于</u>犯罪

说明：表示比喻关系的"等于+宾语"语式在表示比喻的相应的"等于"句句式里主语表示比喻主体，宾语表示比喻客体，由于主语和宾语的"所指"不同，只是说明起事和止事在某方面具有类似点，所以这类句子的主语和宾语不能颠倒互换；但这种句式里的"等于$_{表示比喻}$+止事宾语"可以变换成"类似+止事宾语"或"像+止事宾语"语式。如"吃甜玉米<u>等于</u>吃牛奶→吃甜玉米就像吃牛奶→吃甜玉米类似吃牛奶"。

2）"Vg（属于表示同类）+ N_{止事宾语}"语式

指"关系动词'属于'_{表示同类} + 名词_{止事宾语}"构成的语式。表示同类的"V于"的关系动词有"属于、属、归属"等，以"属于"作为代表。这种语式通常出现在"N_{起事主语} + 属于_{表示同类} + N_{止事宾语}"这样的句式里。实例：

梨树<u>属</u>蔷薇科/鲸鱼<u>属于</u>哺乳类动物/伦敦的气候<u>归属</u>温带海洋性气候

说明：这种语式句法上属于"动宾"（VO）语型，语义上属于"动止"语模，语用上的语式义是"对止事作出'同类'关系的比较性解释"。在相应的表示"同类"关系的"属于"句句式里，主语名词所表的名物和宾语名词所表的名物之间具有类属关系（关系动词"属于"后边的宾语名物表示"类"）。表示同类关系的"属于"句句式，由于宾语名物表示"类"，主语名物是"类"的分子，所以前后两部分不能颠倒互换。

3）"Vg（异于_{表示异类}）+ N_{止事宾语}"语式

指"关系动词'异于'_{（表示异类）} + 名词_{止事宾语}"构成的语式。表示异类的"V于"类关系动词有"异于、不同于、有别于"等，以"异于"作为代表。这种句式通常出现在"N_{起事主语} + 异于_{表示异类} + N_{止事宾语}"这样的句式里。实例：

人类<u>异于</u>禽兽/男人<u>异于</u>女人/语言<u>不同于</u>认知/体坛<u>有别于</u>政坛

说明：这种语式句法上属于"动宾"（VO）语型，语义上属于"动止"语模，语用上的语式义是"对止事作出'异类'关系的比较性解释"。在相应的表示"异类"关系的"异于"句式里，主语名词所表的名物和宾语名词所表的名物间具有异类关系。表示异类的"异于"句句式主宾可以颠倒互换而基本意思不变，如"人类异于禽兽→←禽兽异于人类"。

4）"Vg（差于_{表示量差}）+ N_{止事宾语}"语式

指"关系动词'差于'_{（表示量差）} + 名词_{止事宾语}"构成的语式。表示量差的"V于"类关系动词有"差于、大于、小于、多于、少于"等，以"差于"作为代表。① 这种语式通常出现在"N_{起事主语} + 差于_{表示量差} + N_{止事宾语}"这样的句式里。实例：

---

① 在这里"差于"并不单纯表示"小、少"之意，而是"量差"的意思（统括"大小多少"等的比较）。

他的语文成绩<u>差于数学</u>/整体<u>大于部分</u>/北美洲面积<u>小于非洲</u>

说明：这种语式句法上属于"动宾"（VO）语型，语义上属于"动止"语模，语用上的语式义是"对止事作出'数量差异'的比较性解释"。在相应的表示"量差"关系的"差于"句句式里，主语名词所表的名物和宾语名词所表的名物具有"量差关系"。表示量差的"差于"句句式主宾语不能颠倒互换；但有些可以使用对立的表量差的关系动词使主宾语互换而句子表示的基本内容不变，如"整体大于部分"可说成"部分小于整体"。

3. "Vg（叫_{表示称呼}）＋N_{止事宾语}"语式

这是指"叫"（称呼）类关系动词带止事宾语构成的语式。现代汉语里"叫"类关系动词很多，包括"姓、名、叫、名叫、称、俗称、叫做"等，以"叫"为代表。这种语式语用上总的语式义是"对止事名词所表的名物作出'称呼性'的解释"。根据"称呼性"解释内部的意义差别，可下位区分为两种语式。

1）"Vg（'姓/名'_{称呼·人·}）＋N_{止事宾语}"语式

指"关系动词'姓/名'_{称呼·人·}＋名词_{止事宾语}"构成的语式。表示称呼"人"的关系动词有"姓、名、名叫"等，以"姓/名"为代表。这种句式通常出现在"N_{起事主语}＋'姓/名'_{称呼·人·}＋N_{止事宾语}"这样的句式里。实例：

他<u>姓张</u>，<u>名玉芳</u>/这个女孩<u>名叫赵雅芳</u>/他的名字<u>叫徐正林</u>

说明：这种语式句法上属于"动宾"（VO）语型，语义上属于"动止"语模，语用上的语式义是"对止事作出称呼'人'的姓氏、名字或称谓等的称呼性解释"。在相应的表示称呼人的"姓/名"句句式里，主语名词所表的名物和宾语名词所表的名物之间具有称呼"人"关系，关系动词"姓/名"后边的宾语表示人的"姓氏"、"名字"、"称谓"等。在这种句式里，关系动词前后的主宾语不能颠倒互换。

2）"Vg（'叫做'_{称呼·物·}）＋N_{止事宾语}"语式

指"关系动词'叫做'_{称呼·物·}＋名词_{止事宾语}"构成的语式。表示称呼"物"的"叫做"类关系动词有"叫、称、叫做、称为、称作、俗称"等，以"叫做"为代表。这种句式通常出现在"N_{起事主语}＋叫做_{称呼·物·}＋N_{止事宾语}"这样的句式里。实例：

这种云彩<u>叫做霞</u>/午门<u>俗称五凤楼</u>/这种长寿的树<u>称作"龙血树"</u>

说明：这种语式句法上属于"动宾"（VO）语型，语义上属于"动止"语模，语用上的语式义是"对止事作出称呼'物'的名称的称呼性解释"。在相应的表示"物"的"叫做"句句式里，主语名词所表的名物和宾语名词所表的名物间具有称呼"物"的关系，关系动词"叫做"类后边的宾语表示物的名称。在这种句式里，关系动词前后的主宾语也不能颠倒互换。

4. "Vg（有） + N$_{止事宾语}$"语式

这是指"有"类关系动词带"止事宾语"构成的语式。现代汉语里"有"类关系动词包括"有、具有、领有、拥有、含有"等，以"有"为代表。这种语式语用上总的语式义是"对止事名词所表的名物作出'领有性'的解释"。根据表达"领有性"解释内部的意义差别，可下位区分为三种语式。

1）"Vg（有$_{表示领属}$） + N$_{止事宾语}$"语式

指"关系动词'有'$_{表示领属}$ +名词$_{止事宾语}$"构成的语式。这种语式通常出现在"N$_{起事主语}$ + '有'$_{表示领属}$ + N$_{止事宾语}$"这样的句式里。表示"领属"的"有"类关系动词有"有、具有"等（以"有"为代表）。实例：

<u>他有两个弟弟</u>/<u>这张桌子有五条腿</u>/<u>他具有优良的品德</u>

说明：这种语式句法上属于"动宾"（VO）语型，语义上属于"动止"语模，语用上的语式义是"对止事作出领属性的解释"。在相应的表示"领有"关系的"有"字句句式里，主语名词所表的名物和宾语名词所表的名物之间具有"领属"关系，即宾语名词所表的名物隶属于主语名词所表的名物。

2）"Vg（有$_{表示领有}$） + N$_{止事宾语}$"语式①

指"关系动词'有'$_{表示领有}$ +名词$_{止事宾语}$"构成的语式。这种语式通常出现在"N$_{起事主语}$ + '有'$_{表示领有}$ + N$_{止事宾语}$"这样的句式里。表示"领有"的"有"类关系动词有"有、拥有、含有"等（以"有"为代表）。实例：

---

① 狭义的"领有"和"领属"广义地理解虽然都可以称为"领属"或"领有"，但狭义的"领属"和"领有"是有区别的：领属关系是个隶属关系，两名物不可分离，属事为领事所固有，属事名词为一价名词（如"我有两个弟弟"里的"弟弟"是"我"的必有成分）；而拥有关系中被领有的名物和领事可以分离，表被领有名物的名词是零价名词（"我有两支金笔"里的"金笔"不是"我"的必有成分）。

他<u>有两支金笔</u>/我<u>有一台电脑</u>/我军<u>拥有足够的粮饷</u>/绿色蔬菜<u>含有</u>
<u>叶绿素</u>

说明：这种语式句法上属于"动宾"（VO）语型，语义上属于"动止"语模，语用上的语式义是"对止事作出领有性（拥有性）的解释"。在相应的表示"领有"关系的"有"字句里，主语名词所表的名物和宾语名词所表的名物之间具有"领有"关系，即主语名词所表的名物为"领有者"，宾语名词所表的名物为"被领有者"。

3）"Vg（有表示存在）+N止事宾语"语式

指"关系动词'有'表示存在+名词止事宾语"构成的语式。这种语式通常出现在"N起事（处所）主语 + '有'表示存在 + N止事宾语"这样的句式里（句首表起事的名词是处所词语，句末表止事的名词通常是表示人或物）。表示"存在"的"有"类关系动词有"有、存在、存在有"等（以"有"为代表）。实例：

阳台上<u>有个老人</u>/墙上<u>有幅油画</u>/图书馆里<u>有百万册书</u>/湖里<u>存在许</u>
<u>多垃圾</u>

说明：这种语式句法上属于"动宾"（VO）语型，语义上属于"动止"语模，语用上的语式义是"对止事作出存在性的解释"。在相应的表示"存在"关系的"有"字句句式里，主语名词所表的名物和宾语名词所表的名物之间具有"存在"关系，即主语名词所表的处所存在有宾语名词所表的名物。

5．"Vg（像）+N止事宾语"语式

这是指"像"类关系动词作述语构成的语式。现代汉语里关系动词"像"类关系动词很多，有"像、好像、如、犹如、好似、类似、好比"等，以"像"为代表。这种语式语用上总的语式义是"对止事名词所表的名物作出'像似性'的解释"。根据表达"像似性"解释内部的意义差别，可下位区分为两种语式。

1）"Vg（像表示类似）+N止事宾语"语式

指"关系动词'像'表示类似+名词止事宾语"构成的语式。这种语式通常出现在"N起事主语 + '像'表示类似 + N止事宾语"这样的句式里。表示"像似性"的"像"类关系动词有"像、好像、如"等（以"像"为代表）。实例：

孩子<u>像她妈妈</u>/他<u>好像一个军人</u>/他又高大又壮硕，<u>像拳王泰森</u>

说明：这种语式句法上属于"动宾"（VO）语型，语义上属于"动止"语模，语用上的语式义是"对止事作出'像似性'（类似性）关系的解释"。在相应的表示"类似"的"像"字句句式里，主语名词所表的名物和宾语名词所表的名物之间具有像似关系，即主语名词和宾语名词所表的名物为同类名物，解释彼此在某方面具有相似性，如"孩子像她妈妈"中的主宾语都是指"人"。表示像似性的"像"字句句式里前后两部分一般不能互换（颠倒主宾），有的互换后虽能成立，但意思变了（比较：孩子像她妈妈→←她妈妈像孩子）。

2）"Vg（像_{表示比喻}）＋N_{止事宾语}"语式

指"关系动词'像'_{（表示比喻）}＋名词_{止事宾语}"构成的语式。通常出现在"N_{起事主语}＋Vg（'像'_{表示比喻}）＋N_{止事宾语}"这样的句式里。表示"比喻性"的"像"类关系动词有"像、好像、如、犹如、好似、好比"等（以"像"为代表）。实例：

> 启明星像一盏悬挂在高空的明灯/云彩像一朵朵洁白的羽毛/连绵的峰峦像湍急的河流，像威武的雄狮，像奔腾的骏马/平静的湖面如一面镜子/商场犹如战场

说明：这种语式句法上属于"动宾"（VO）语型，语义上属于"动止"语模，语用上的语式义是"对止事作出'比喻性'的解释"。在相应的表示"比喻"的"像"字句句式里，句式里的主语名词所表的名物比喻为宾语名词所表的名物，表述两名物之间具有比喻关系。这种"像"字句句式的主语和宾语所表的名物为异类名物，解释彼此在某一方面具有像似性，如"平静的湖面如一面镜子"中的主语指"湖面"，宾语指"镜子"（"湖面"和"镜子"为异类物）。表示比喻关系的"像"字句句式，前后两部分一般不能互换（颠倒主宾），有的互换后虽勉强能成立，但很别扭或意思变了（比较：平静的湖面如一面镜子→←一面镜子如平静的湖面）。

（四）形容词作述语构成的述宾短语的语式

形容词一般不带宾语，但在汉语里某些形容词在一定的条件里也可以带宾语构成形宾短语（述宾短语之一种）。形容词构成的形宾短语（或述宾短语）的语式里，有些形容词是一种"动词化"用法，有些形容词是在动态句里的特殊用法。其语式主要有以下一些。

1. "'A$_{性状核}$ + （了/着）' +N$_{系事宾语}$"语式

这是由"形容词$_{性状核}$ + （了/着）+ 名词$_{系事宾语}$"构成的语式。某些表示性质的形容词（特别是单音节的，如"红、黑、大、低、苦、歪、斜"等）可用于这种语式。根据动态助词的差别，这种语式可下位区分为两式。

1）"'A$_{性状核}$ + 着' + N$_{系事宾语}$"语式

指由"形容词$_{性状核}$ + 着 + 名词$_{系事宾语}$"构成的语式。这种语式通常出现在形容词构成的"N$_{领事主题}$ + 形容词$_{性状核}$ + 着 + 名词$_{属事兼系事宾语}$"（"领主属宾句"）和"N$_{处所}$ + A$_{性状核}$ + 着 + N$_{属事兼系事宾语}$"（"存在句"）里。实例：

(1) 他大着胆子，走了进来/她红着脸，（羞答答的）/二小姐一直苦着脸/华大妈黑着眼眶，笑嘻嘻的送出茶碗茶叶来

(2) 床上斜着一个醉汉/河面上横着一条小木桥/肩上歪着个脑袋

说明：(1) 组属于"A着"作述语构成的"领主属宾句"，(2) 组属于"A着"作述语构成的"存在句"。这两种句子里的"'A$_{性状核}$ + 着' + N$_{系事宾语}$"语式句法上属于"形宾"语型，语义上属于"状系"语模，语用上的语式义是表达"某种形容词表现的情景性的状态呈现于某系事"（即"描记形容词后系事宾语名词所表的人物呈现着某种形容性的状态"）。在 (1) 组"领主属宾句"里，作宾语的系事同时也是作主题的领事的所属者（通常是身体的器官或具体物的某个部分），句式义是表达"领事（多指'人'）呈现着一种情形：以形容词表现的性状彰显某个主体的所属者"。这种句子里的"'A$_{性状核}$ + 着' + N$_{系事宾语}$"语式可以变换成"N$_{系事主语}$ + 'A$_{性状核}$ + 着'"语式，如"红着脸→脸红着"。"'A$_{性状核}$ + 着' + N$_{系事宾语}$"语式可以出现在单句，如"二小姐也是苦着脸"；但多出现在顺递句（即"连动句"）或复句。在顺递句里作顺递句谓语的一部分，如"他好了疮疤忘了痛/季泽冷着脸不做声"；在复句里作复句的一个分句，如"华大妈黑着眼眶，笑嘻嘻的送出茶叶来/他苦着脸，硬挺着继续工作"。在 (2) 组的"存在句"里，作宾语的系事同时也是主题的处所的所有者，句式义是表达"某处所存在着一种情形：以形容词表现的方式或状态存在着某种名物（人或物）。这种句子里的"A$_{性状核}$ + 着 + N$_{系事宾语}$"语式有时也可以变换成"N$_{系事主语}$ + 'A$_{性状核}$ + 着'"语式，如"横着一条小木桥→一条小木桥横着"。

2）"'A$_{性状核}$ + 了' + N$_{系事宾语}$"语式

指由"形容词$_{性状核}$ + 了 + 名词$_{系事宾语}$"构成的语式。这种语式通常出现在

"N_{领事主题} + 'A_{性状核} + 了' + N_{系事兼属事宾语}"这样的"领主属宾句"里。① 实例：

她红了脸，低下头来。/他黑了脸，急急找到他。/我的收音机坏了一个零件。

说明：这种句子里的"'A_{性状核} + 了' + N_{系事宾语}"语式句法上属于"形宾"语型，语义上形名的语义关系属于"状系"语模，语用上的语式义是表达"呈现出了形容词表现的性状关涉到某系事"（即"描记形容词后系事宾语名词所表的名物呈现出来了某种形容性的状态"。这种语式可以变换成"N_{系事主语} + 'A_{性状核} + 了'"语式，如"红了脸→脸红了"。能表现人的某个器官或物的某部分的性状的形容词（如"红、黑、大、低、歪、苦、坏、破"等）可用于这种语式。

2. "'A_{性状核} + W_{状态补语}' + N_{系事宾语}"语式

指由"'形容词_{性状核} + 形容词或不及物状态动词_{状态补语}' + 名词_{系事宾语}"构成的语式。这种语式通常出现在形容词构成的"N_{领事} + 'A_{性状核} + W_{状态补语}' + N_{系事兼属事宾语}"这样的"领主属宾句"里。② 这种句式里"A_{性状核}"和"W_{状态补语}"之间的关系既是"致使"关系（即"句首系事的某种性状活动'致使'句末系事产生某种状态"），也是"因果"关系（即句首系事的某种性状活动是"因"，句末系事某种状态是"果"）。实例：

老汉累伤了腰/他歪倒身子/奶奶的手瘦出了骨节/嫂子痛坏了肚子

说明：这种语式句法上属于"'形补'宾"（形容词先是带上补语，然后再带宾语，实质上是"形补短语"作述语带宾语）构成的述宾语型，语义上是由"［系］状 + 状系"构成的语模（如"累伤了腰"就是"［某某］累_{［系］状} + 伤了腰_{状系}"语模），语用上的语式义是表达"某种性状活动（形容词所表现的）致使系事名物呈现出某种状态"。在相关的"领主属宾句"句里，句式义是表达"领事发生某种形容性的状态活动致使属事（所属者）呈现某种状态"。

---

① 这种语式除了出现在"N_{领事主题} + 'A + 了' + N_{系事兼属事宾语}"句式外，有时也出现在语义关联、结构对称的句子里，如"中国，东方不亮西方亮，黑了南方有北方"。

② 在动态的句子里，形容词有临时性的隐喻为动作的修辞用法。如"那弹性的胖绅士胖开了他的右半身了"（鲁迅《社戏》）这个句子里，形容词"胖"作动词用，即形容词在这里"动词化"、"及物化"了。

3. "A$_{性状核}$ + 了 + N$_{使事宾语}$" 语式

指由 "形容词$_{性状核}$ + 了 + 名词$_{使事宾语}$" 构成的语式。这种语式里形容词具有 "使形" 性质（使宾语所表示的名物产生形容词所表示的性状），通常出现在 "N$_{原因主题}$ + A$_{性状核}$ + 了 + N$_{领事兼使事宾语}$" 这样的句式里。① 这种句式里的句式义是表达 "句首名物是致使句末名物产生出句中形容词所表示的性状"。实例：

> 那些日子苦了这两个孩子／我累了你了／泪水模糊了她的眼睛／他那真挚动情的文章温暖了人心／冷风清醒了他的头脑／商品市场的发展丰富了城乡人民的物质生活／红花遍地，绿树成荫，幸福了小区的居民

说明：这种语式句法上属于 "形宾"（AO）语型，语义上属于 "形使 + 系状" 语模（如 "累了你" 就是 "累了你$_{形使}$ + 你累$_{系状}$" 语模），语用上的语式义是表达 "某种致使性的形容词表示的性状活动及于某名物（使事，即致使的对象），使得该名物呈现语式中形容词所表示的性状"。这种语式里形容词具有 "使形" 用法（有些语法书称为 "使动用法"），带有 "及物性"，句末名词宾语在语义平面表 "使事"。这种语式可以变换成 "使$_{(表致使义)}$ + N$_{使事}$ + A$_{性状核}$ + 了"，如 "苦了这两个孩子→使这两个孩子苦了"。这类形容词带宾的致使语式和某些不及物动词带宾构成的致使语式有类似处。比较：

（1）我的话震动了她的心！（我的话使她的心震动了。）

（2）泪水模糊了她的眼睛。（泪水使她的眼睛模糊了。）

如果说（1）里的不及物动词带宾构成的致使语式（"动 + N$_{使事}$"）称作 "使及动语式"，那么（2）里的形容词带宾的致使语式（"形 + N$_{使事}$"）可以称作 "使动语式" 或 "使形语式"。实际上它们都是一种 "使及物化" 的用法。古汉语里这种语式相当多，传统语法都称之为 "使动"，容易误导人们把出现在形容词带宾的致使语式里的形容词都看做动词（如果把形容词看做 "广义动词"，包括一般所说的动词和形容词，那是另一回事）。形

---

① 这种句式里作施事（施因）的词语，可以是名词，也可以是名物化用法的谓词性词语或主谓短语（或小句），比较："冷风清醒了他的头脑"、"冷风吹来清醒了他的头脑"、"一股冷风吹过来，清醒了他的头脑"。

容词带宾的致使语式（"形＋N$_{使事}$"）里，有时可以没有动态助词"了"，如口语里的"辛苦你了、便宜他了、累你了、麻烦你了"等。这种语式在书面上常出现在对称句或复句里。如"商品经济活了市场，也富了农民，利了国家／是我不好，我累了你"。

　　值得注意的是：有些"形容词$_{性状核}$＋了＋名词$_{使事宾语}$"构成的语式由于长期使用、反复使用后，该形容词有可能转化为及物动词，这时，就出现了形动兼类的情形，如在"他的学习态度很端正"里的"端正"是形容词，在"他把学习态度端正了、你应该端正一下学习态度"里的"端正"是动词。① 如果把用在致使意义句子里的形容词都看做形容词，那就看不到某些形容词的演化；如果把用在"形容词$_{性状核}$＋了＋名词$_{使事宾语}$"语式里的形容词都看做动词，那样干脆倒是干脆，但"形动兼类"就太泛滥。究竟怎样来辨别这种具有致使意义的谓词的词性是形容词还是动词，是一个需要进一步探讨的问题。

　　4. "'A$_{性状核}$＋W$_{状态补语}$'＋了＋N$_{使事宾语}$"

　　指由"'形容词$_{性状核}$＋谓词$_{状态补语}$'＋名词$_{使事宾语}$"构成的语式。这种语式通常出现在"N$_{原因主题}$＋A$_{性状核}$＋W$_{状态补语}$'＋了＋N$_{使事宾语}$"这样的句式里。这种句式里的句式义是表达"施事（施因）致使使事（致使对象）呈现某种性状活动并致使其产生某种状态"。实例：

　　　　生活困难苦坏了孩子／地震震塌了许多房屋／繁重劳动累垮了他的身体

说明：这种句式里句首作施事（施因）的词语，大多是表示事件的名词（如"地震、战争"之类），也可以是名物化用法的谓词性词语（如"生活困难"、"繁重劳动"之类）。这种语式句法上属于"'形补'宾"（"形补"短语作述语带宾语）构成的述宾语型，语义上属于"形使＋状系"语模（如"苦坏了孩子"就是"苦了孩子$_{形使}$＋孩子坏$_{系状}$"语模），语用上的语式义是表达"因某种形容性的性状活动使及于某名物（使事）而致使该名物出现语式中形容词所表示的状态"。这种语式可以变换成"使＋名$_{使事}$＋'形＋补'"语式，如"累垮了他的身体→使他的身体累垮了"。

―――――――――――

　　① 这有点像某些不及物动词演化为及物动词，如"转变"这个动词，在20世纪50年代以前，是一个不及物动词，现在已演变为不及物动词兼及物动词。

5. "A$_{性状核}$ + N$_{与事宾语}$ + QP$_{数量宾语}$"

指由 "'形容词$_{性状核}$ + 名词$_{与事宾语}$' + 数量 [名词] 短语$_{数量宾语}$" 构成的语式。这种语式里作谓语中词的形容词带上双宾语，先带与事宾语（比较对象），再带数量宾语（比较值）①。这种语式通常出现在 "N$_{系事主语}$ + A$_{性状核}$ + N$_{与事宾语}$ + QP$_{数量宾语}$" 这样的表示 "比较" 的句式里，句式表达上有四个要素：句首系事主语名词所表的名物为比较主体，形容词后作与事宾语名词所表的名物为比较客体，谓语中心形容词所表性状为比较点，句末数量短语（或数量名短语）作宾语所表的数量（"名量"）为 "比较值"。实例：

姐姐<u>大我三岁</u>/桂华<u>小他 15 岁</u>/他<u>矮我一个头</u>/老张<u>高我三寸</u>

说明：这种语式句法上属于 "形宾宾" 成分序列（形容词带 "双宾语"）构成的述宾语型，语义上属于 "形与量" 语模。这种语式主要用来表示 "比较"，语用上的语式义是表达 "系事和与事从性状角度比较其数量"。这种语式可以变换成 "比 + N$_{与事宾语}$ + A$_{性状核}$ + QP$_{数量宾语}$" 语式，如 "高我一个头→比我高一个头"。与 "A$_{性状核}$ + N$_{与事宾语}$ + QP$_{数量宾语}$" 语式相似的还有 "A$_{性状核}$ + 了/着/过 + N$_{与事宾语}$ + QP$_{数量宾语}$" 语式。例如：

他<u>高了她一个头</u>/咱<u>矮着人家一截</u>呢/小张已经<u>高过他一个头</u>②

在上述句子里抽象出的 "A$_{性状核}$ + 了/着/过 + N$_{与事宾语}$ + QP$_{数量宾语}$" 语式跟 "A$_{性状核}$ + N$_{与事宾语}$ + QP$_{数量宾语}$" 语式的语型、语模相同，语式义基本相同，只是附加有 "体" 意义。这种语式也可以变换成 "比 + N$_{与事宾语}$ + A$_{性状核}$ + 了/着/过 + QP$_{数量宾语}$" 语式，如 "高过他一个头→比他高过一个头"。

6. "'A$_{性状核}$ + 于' + N$_{与事或位事宾语}$"

这是由 "'形容词$_{性状核}$ + 于' + 名词$_{与事或位事宾语}$" 构成的语式。这种语式里作谓语中词的形容词后面带有一个 "于" 字，然后 "形 + 于" 组合体再

---

① 赵元任认为，"大我三岁" 中 "三岁" 是 "自身宾语"，"我" 是 "在位置上类似间接宾语"。参看赵元任《汉语口语语法》，吕叔湘译，商务印书馆 1979 年版，第 295、306 页。

② 也有 "高出他一个头" 的说法，意义与 "高过他一个头" 近似。

带宾语。① 这种语式里的宾语一般由名词性词语充当，但是也有少数谓词性词语充当的。② 根据宾语所表示名物语义性质的差异，可下位区分为两式。

1）""$A_{性状核}$ + 于' + $N_{与事宾语}$"语式

指由 "'形容词$_{性状核}$ + 于' + 名词$_{与事宾语}$" 构成的语式。这种语式通常出现在 "$N_{系事主语}$ + '$A_{性状核}$ + 于' + $N_{与事宾语}$" 这样的表示 "比较" 的句式里。实例：

> 烈士的死<u>重于</u>泰山，叛徒的死<u>轻于</u>鸿毛/干部<u>落后于</u>群众/文艺<u>高于</u>生活

说明：这种句子里的 "'$A_{性状核}$ + 于' + $N_{与事宾语}$"语式句法上属于 "形宾" 语型，语义上属于 "形与" 语模，语用上的语式义是表达 "系事跟与事从性状角度作比较"（与事宾语表示比较的对象）。这种形容词带单宾语的表示 "比较" 的语式跟 "我大他三岁" 之类的形容词带双宾的比较语式在 "表比较" 这点上是相同的，但在句法和语义上有一定的差别：前者形容词后附着虚词 "于"，而且只能带一个宾语，如 "哥哥高于弟弟"；后者形容词后无 "于"，而且可带两个宾语，如 "哥哥<u>高弟弟一个头</u>"；前者没有表示数量的比较值，后者一定有数量短语表示比较值。"'$A_{性状核}$ + 于' + $N_{与事宾语}$" 语式也可以变换成表示比较的 "比 + $N_{与事}$ + $A_{性状核}$" 语式，如 "落后于群众→比群众落后"。

2）""$A_{性状核}$ + 于' + $N_{位事宾语}$"语式

指由 "'形容词$_{性状核}$ + 于' + 名词$_{位事宾语}$" 构成的语式。这种语式通常

---

① 有的语法书把 "于" 和它后边的成分看成 "介词结构"，用来充当前边的形容词的补语。本书认为，把 "（形 + 于）+ N"（如 "落后于群众"、"忠诚于事业" 之类）分析为形宾短语较妥：一则，语音上 "于" 靠前不靠后；二则，分析为介词结构作补语意义不通。"形 + 于" 是词还是短语问题学界有不同看法。本书把 "（形 + 于）+ N" 中的 "形 + 于" 看做两个词（形容词 + 介词 "于"），称为形介组合体（或称形介结构体，或可看做一个语法词）。但有些 "单音节形容词 + 于" 的组合，由于长期的、经常性的使用，"于" 已经演变为一个词素，这样的 "形 + 于" 就可以看做词汇里的合成词，如 "大于"、"小于"、"善于"、"属于"、"乐于" 等。对某个具体的 "形 + 于" 是形介组合体还是合成词，可能会有不同的看法，但不影响本书对 "（形 + 于）+ N" 结构格式的基本分析。参看范晓《动介组合体的配价问题》，《营口师专学报》1996 年第 1 期（收入《现代汉语配价语法研究》第二辑，北京大学出版社 1998 年版）。

② 如 "实践高于认识/他勤于开拓，勇于创新" 中的 "认识"、"开拓"、"创新" 便是，这种位置上的谓词性词语 "名物化" 了。

出现在"N$_{系事主语}$ + 'A$_{性状核}$ + 于' + N$_{位事宾语}$"这样的表示"定位"的句式里。实例：

他忠诚于人民的教育事业/他苦恼于经济拮据/人们习惯于这样的生活

说明：这种语式句法上属于"形宾"语型，语义上属于"形位"语模，语式义表达"系事呈现某种性状于某位事"（位事宾语表示定位的所在或方面）。"'A$_{性状核}$ + 于' + N$_{位事宾语}$"构成的定位语式跟"他瘫痪于床上、大厦倒于废墟上"之类的"Vi$_{性状核}$ + 于 + N$_{位事宾语}$"定位语式一样都属于"'W于' + N$_{位事宾语}$"，都是系事的性状定位；不同之处在于前者是"'形于'定位语式"，后者是"'动于'定位语式"。

三　汉语述补短语的语式分析

汉语的述补短语指由述语和补语两个直接成分组成的短语句法类型。述补关系是一种补充和被补充的关系，述语是述补结构，是句法结构的核心成分，补语是补充说明语的成分。例如"吃饱、打扫干净、跑出去、说得正确、穿得时髦、累坏、好极、走一趟、去一次"等，就属于述补语型，其中的"吃、打扫、跑、说、穿、累、好、走、去"是句法结构的核心成分——述语，"饱、干净、出去、正确、时髦、坏、极、一趟、一次"是补充成分——补语。

述补短语里的述语可以是动词性词语，也可以是形容词性词语，所以述补短语可以下分为动补短语和形补短语两大类：动补短语的语型是"动词 + 补语"（如"吃饱、坐稳、说清楚、跑出去"等），形补短语的语型是"形容词 + 补语"（如"累坏、饿伤、快乐得跳起来、激动得流泪、聪明极了、痛得要命"等）。

静态述补语型的句法成分的排列次序是述语在前，补语在后，如"吃饱/做错/看一眼/好得很"；但在动态句子里剖析出来的个别动态的述补语型有突破静态述补语型静态语序的情形，即补语在前，述语在后，如"一趟去不行，就去两趟"里的"一趟去"便是。

述补短语的"句法—语义"结构格式和整体语用功能意义的综合，形成某种特定述补短语的语式。现代汉语述补短语的语式很多。下面对汉语的主要述补短语（动补短语和形补短语）的语式进行扼要的阐述。

（一）及物动词作述语构成的述补短语的语式

及物动词作述语构成的动补短语或述补短语的语式主要有以下一些语式。

1. "$Vt_{动作核}$ + $W_{结果补语}$" 语式

这是由 "及物动作动词$_{动作核}$ + 谓词（主要是不及物状态动词或形容词）$_{结果补语}$" 构成的动补短语语式。这种语式里动词和补语之间具有 "动结"（动作—结果）关系。根据补语的语义指向，这种语式可下位区分为三式。

1）"$Vt_{动作核}$ + $W_{指向受事}$" 语式

指由 "及物动作动词$_{动作核}$ + 谓词$_{结果补语/指向受事}$" 构成的动补语式。实例：

（1）打死/撞伤/吃光/推到

（2）踢破/喝好/撕坏/洗干净

说明：这种语式里表示动作结果的补语有的是由不及物动作动词充当的，如（1）组的语式，有的是由形容词充当的，如（2）组的语式。这种语式可出现在 "$N_{施事主语}$ + 把 + $_{受事}$ + $Vt_{动作核}$ + $W_{结果补语}$"（"武松把老虎打死了" 之类）或 "$N_{受事主语}$ + 被 + $N_{施事主语}$ + $Vt_{动作核}$ + $W_{结果补语}$"（"老虎被武松打死了" 之类）这样的句式里。在这种 "把" 字句和 "被" 字句句式里，可以看出补语在语义上指向受事（如 "老虎死"）。这种语式句法上属于 "动补"（VR）语型，语义上属于隐含受事的 "动［受］+［受］系" 语模（如 "打死" 就是 "打［老虎］$_{动受}$ +［老虎］死$_{受系}$"），语用上的语式义是表达 "某种动作致使受事产生某种结果"。

2）"$Vt_{动作核}$ + $W_{指向施事}$" 语式

指由 "及物动作动词$_{动作核}$ + 谓词$_{结果补语/指向施事}$" 构成的动补语式。实例：

打胜/看懂/学会/吃饱/喝醉

说明：这种动补语式可出现在 "$N_{施事主语}$ + $Vt_{动作核}$ + $W_{结果补语+受事}$"（"我们打胜了敌人"、"他喝醉了酒" 之类）这样的句式里。在这种句式里，可以看出补语在语义上指向施事（如在 "我们打胜了敌人" 里是 "我们胜"，在 "他喝醉了酒" 里是 "他醉"）。这种语式句法上属于 "动补"（VR）语型，语义上属于隐含受事 "动［受］+［施］动" 语模（如 "打［敌人］$_{动受}$ +［我们］胜$_{施动}$"）或 "动［受］+［系］状" 语模（如 "喝［酒］$_{动受}$ +［他］醉$_{系状}$"），语用上的语式义是表达 "某种动作致使施事产生某种结果"。

3）"$Vt_{动作核}$ + $W_{指向动作}$"语式

指由"及物动作动词$_{动作}$ + 谓词$_{结果补语/指向动作}$"构成的动补语式。实例：

写快/吃快/说慢/说快

说明：这种动补语式可出现在"$N_{施事主语}$ + $Vt_{1动作核}$ + $N_{受事宾语}$ + $Vt_{2动作重复}$ + $W_{结果补语}$ + 了"（"他写字写快了"之类）这样的句式里。在这种句式里，可以看出补语在语义上指向动作（即"动作的速度"，如"写［的速度］+ 快"，"动作"在这里为系事，是动作"系事化"）。这种语式句法上属于"动补"（VR）语型，语义上属于隐含受事的"动［受］+［系］状"语模（如"写快"就是"写［受事］$_{动受}$ + 写［的速度］快$_{系状}$"），语用上的语式义是表达"某种动作施加于某物时其速度所呈现的某种性状"。

2. "$Vt_{动作核}$ + $V_{趋向补语}$"语式

这是由"及物动作动词$_{动作核}$ + 趋向动词$_{趋向补语}$"构成的语式。这种语式里动词和补语之间具有"动趋"（动作—趋向）关系，所以一般把它称之为"动趋式"。实例：

吃进/吐出/搬过来/送进去

说明：这种动补语式可出现在"$N_{施事主语}$ + $Vt_{动作核}$ + $V_{趋向补语}$ + $N_{受事}$"（"他吃进食物"之类）这样的句式里，可以看出补语在语义上指向受事（如"吃食物 + 食物进"）。这种语式句法上属于"动补"（VR）语型，语义上属于隐含受事和施事的"动［受］+［施］动"语模（如"吃进"就是"吃［食物］$_{动受}$ +［食物］进$_{施动}$"），语用上的语式义是表达"某种动作致使受事出现某种趋向性行为"。

3. "'$Vt_{动作核}$ + 得' + $WP_{情状补语}$"语式

这是由"'及物动作动词$_{动作核}$ + 得' + 谓词性词语（主要是形容词性词语，动词性词语很少）$_{情状补语}$"构成的动补语式。这种语式里动词和补语之间有个补语标志词"得"，所以可简称为"得字"语式或"得标"语式。"得"后补语表示动作引起或呈现某种情状（包括动作发出后致使某名物呈现某种情状和动作活动本身呈现的情状），作情状补语的主要是形容词性词语，动词性词语很少，另有极少数表面为名词性词语作情状补语，如"吃得一嘴油、吓得一身冷汗"（也说"吃了一嘴油、吓了一身冷汗"），这种名词性词语实质上是隐含动词的主谓短语，如"一嘴油"是"一嘴是油"或

"一嘴都是油"的意思，"一身冷汗"是"一身出冷汗"或"一身是冷汗"的意思。

根据情状补语的语义指向，这种语式可下位区分为三式。

1）"'Vt$_{动作核}$ + 得' + WP$_{情状指向受事}$"语式

指由"'及物动作动词$_{动作核}$ + 得' + WP$_{情状补语(指向受事)}$"构成的语式。这种语式通常出现在"N$_{施事主语}$ + 把 $_{受事}$ + Vt$_{动作核}$ + 得 + W$_{情状补语}$"这样的"把"字句和"N$_{施事主语}$ + 'Vt$_{1动作核}$ + N$_{受事}$' + 'Vt$_{2动作重复}$ + 得' + W$_{情状补语}$"（Vt$_1$和Vt$_2$是重复的相同的动词）这样的"复动V得句"里，上面句子里的情状补语在语义上指向受事。实例：

（1）她把房间打扫得很干净/他把那字写得很大/我们把敌人打得逃跑了

（2）她打扫房间打扫得很干净/他写字写得很大/她说话说得离题了

说明：（1）组属于"把"字句，（2）组属于"复动V得句"。[①] 这两种句子里的"'Vt$_{动作核}$ + 得' + WP$_{情状指向受事}$"语式句法上属于"动补"（VR）语型，语义上属于省略或隐含受事和系事的"动［受］+［系］状"语模（如"打扫得很干净"就是"打扫［房间］$_{动受}$ + ［房间］干干净净$_{系状}$"），语用上的语式义是表达"某种动作致使受事产生某种情状"。

2）"'Vt$_{动作核}$ + 得' + WP$_{情状补语(指向施事)}$"语式

指由"'及物动作动词$_{动作核}$ + 得' + 谓词性词语$_{情状指向施事}$"构成的语式。这种语式通常出现在"N$_{施事主语}$ + 'Vt$_{1动作核}$ + N$_{受事}$' + 'Vt$_{2动作重复}$ + 得' + W$_{情状补语}$"（Vt$_1$和Vt$_2$是重复的相同的动词）这样的"复动V得句"里，情状补语在句子里语义上指向施事。实例：

她写字写得很累/小王吃麦当劳食品吃得很胖/老林喝酒喝得瘫在地上

说明：上述这种句子里的"'Vt$_{动作核}$ + 得' + WP$_{情状补语(指向施事)}$"语式句法上属于"动补"（VR）语型，语义上属于隐含受事和系事的"动［受］+［系］状"语模（如"写得很累"就是"写［字］$_{动受}$ + ［她］很累$_{系状}$"），语用上的语式义是表达"某种动作致使施事自身产生某种情状"。

---

① 关于"复动V得句"，可以参看范晓《复动V得句》，《语言教学与研究》1993年第4期。

3）""Vt$_{动作核}$＋得'＋WP$_{情状补语（指向动作）}$"语式

指由""及物动作动词$_{动作核}$＋得'＋谓词性词语$_{情状指向动作}$"构成的语式。这种语式通常出现在"N$_{施事主语}$＋'Vt$_{1动作核}$＋N$_{受事宾语}$'＋'Vt$_{2动作重复}$＋得'＋WP$_{情状补语}$"（Vt$_1$和Vt$_2$是重复的相同的动词）这样的"复动V得句"里。实例：

他写字<u>写得很快</u>／小英吃饭<u>吃得很慢</u>／她说话<u>说得非常快</u>

说明：上述这种句子中的""Vt$_{动作核}$＋得'＋WP$_{情状补语（指向动作）}$"语式里的情状补语在句子里语义指向动作本身，即"动作的速度"（如"写得很快"是指"写的速度←很快"）。这种语式句法上属于"动补"（VR）语型，语义上属于省略或隐含受事的"动［受］＋系状"语模（如"写得很快"就是"写［字］$_{动受}$＋写［的速度］很快$_{系状}$"，其中"系状"中的"系事"为动作"系事化"），语用上的语式义是表达"某种动作发生时动作自身的速度显现某种情状"。

4.""Vt$_{动作核}$＋得'＋F$_{程度补语（指向动词）}$"语式

指由""及物动作动词$_{动作核}$＋得'＋副词$_{程度补语}$"构成的语式。这种语式里的情状补语在句子里语义上指向动作本身，即补语说明"动作的程度性状态"（如"喜欢得很"是指"喜欢的程度"为"很深"）。表示程度很高或很深的副词有"很、慌、死、要命、要死、不得了"等。实例：

喜欢得很／爱得要命／恨得要死／害怕得不得了

说明：这种语式句法上属于""动得'补"（动词后带结构助词"得"再带补语）构成的述补语型，语义上属于隐含受事的"动［受］＋动度"语模（如"喜欢得很"就是"喜欢［某某］$_{动受}$＋喜欢［的程度］得很$_{动度}$"，"得很、要命"等表示程度之深），语用上的语式义是表达"发出某种生理动作或心理动作的行为并补充说明'动作行为达到很深的程度'"。某些心理动词（如"喜欢、恨、愤怒、害怕、想、想念、讨厌"）可用于这种语式。

5.""Vt$_{动作核}$＋F$_{程度补语}$"语式

指由"及物动作动词$_{动作核}$＋副词$_{程度补语}$"构成的语式。表示程度很高或很深状态的副词主要有"极、透、死、万分"等。实例：

喜欢极了／恨透／害怕万分／讨厌死了

说明：这种语式句法上属于"动补"（VR）语型，语义上属于省略或隐含受事的"动［受］+动度"语模（如"喜欢极"就是"喜欢［某某］_{动受}+喜欢［的程度］极_{动度}"），语用上的语式义是表达"发出某种心理动作行为活动及其程度之深"。这种语式里的谓语动词常由某些心理动词（如"喜欢、恨、愤怒、害怕、想念、讨厌"）充当。

6."'Vt_{动作核}+［了/过］'+QP_{数量补语}"语式

这是由"'及物动作动词_{动作核}+［了/过］'+数量词语_{数量补语}"构成的语式。根据充当数量补语的词语性质差别可以下分为两式。

1)"'Vt_{动作核}+［了/过］'+QP_{动量补语}"语式

指由"'及物动作动词_{动作核}+［了/过］'+动量词语_{动量补语}"构成的语式。实例：

（1）吃三次/读两遍/玩两次/踩一脚
（2）吃了三次/踩了一脚/读过两遍/玩过几回

说明：（1）组为动词后无动态助词"了/过"的"Vt_{动作核}+QP_{动量补语}"语式，（2）组为动词后有动态助词"了/过"的"'Vt_{动作核}+了/过'+QP_{动量补语}"语式。这两组语式句法上都属于"动补"（VR）语型，语义上都属于隐含受事的"动［受］+动量"语模（如"吃三次"就是"吃［受事］_{动受}+吃［这个动作的次量］三次_{动量}"），语用上的语式义两组稍有不同：（1）组语式的语式义是表达"发出某种及物性的动作并补充说明动作的数量（动作发生的次数）"，（2）组语式的语式义是表达"已经发出或曾经发出某种及物性的动作并补充说明动作的数量（动作发生的次数）"。

2)"'Vt_{动作核}+了'+QP_{时量补语}"语式

指由"'及物动作动词_{动作核}+了'+时量词语_{时量补语}"构成的语式。实例：

玩了半小时/等了十多分钟/找了大半天/看了两个小时

说明：这种语式句法上属于"动补"（VR）语型，语义上属于隐含受事的"动［受］+动量"语模（如"玩了半小时"就是"玩［受事］_{动受}+玩［这个动作的时量］半小时_{动量}"），语用上的语式义是表达"已经发出某种及物性的动作并补充说明动作的时间量（动作持续的时间）"。

7."'Vt_{动作核}+［了/过］+N_{受事宾语}'+QP_{数量补语}"语式

这是由"'及物动作动词_{动作核}+［了/过］+N_{受事宾语}'+数量词语_{数量补语}"构成的语式。根据充当数量补语的词语性质差异，可以下分为两式。

1）"'$Vt_{动作核}$ + ［了/过］ + $N_{受事宾语}$' + $QP_{动量补语}$"语式

指由"'及物动作动词$_{动作核}$ + ［了/过］ + $N_{受事宾语}$' + 动量词语$_{动量补语}$"构成的语式。这种语式里的受事宾语通常是由人称代词充当的。实例：

　　（1）等我一下/提醒我一下/扶小王一把/鼓励他一下

　　（2）瞪了我一眼/打了她一巴掌/找过你好几回/批评过他两次

说明：（1）组为无动态助词"了/过"的"'$Vt_{动作核}$ + $N_{受事宾语}$' + $QP_{动量补语}$"语式，（2）组为动词后面有动态助词"了/过"的"'$Vt_{动作核}$ + 了/过 + $N_{受事宾语}$' + $QP_{动量补语}$"语式。这两组语式句法上都属于"'动宾'补"成分序列（动宾短语作述语带补语）构成的述补语型，语义上都属于的"动受 + 动量"语模（如"等我一下"就是"等［受事］$_{动受}$ + 等［这个动作的次量］一下$_{动量}$"），语用上的语式义两组稍有不同：（1）组语式的语式义是表达"某种及物性的动作施加于受事并补充说明动作的数量（动作发生的次数）"，（2）组语式的语式义是表达"已经发出或曾经发出某种及物性的动作施加于受事并补充说明动作的数量（动作发生的次数）"。

2）"'$Vt_{动作核}$ + 了 + $N_{受事宾语}$' + $QP_{时量补语}$"语式

指由"'及物动作动词$_{动作核}$ + 了 + $N_{受事宾语}$' + 时量词语$_{时量补语}$"构成的语式。这种语式里的受事宾语通常由人称代词充当。实例：

　　　等了你一小时/找了你大半天/瞪了我几分钟/瞧了她一会儿

说明：这种语式句法上属于"'动宾'补"成分序列（动宾短语作述语带补语）构成的述补语型，语义上属于"动受 + 动量"语模（如"等了你一小时"就是"等［受事］$_{动受}$ + 等［这个动作的时量］一小时$_{动量}$"），语用上的语式义是表达"已经发出某种及物性的动作施加于受事并补充说明动作的时间量（动作持续的时间）"。

8．"'$Vt_{动作核}$ + $N_{受事宾语}$' + $WP_{补语}$"语式

这是由"'及物动作动词$_{动作核}$ + 名词$_{受事宾语}$' + 谓词性词语$_{补语}$"构成的语式。这是一种动宾短语作述语再带补语构成的述补短语的语式。有些语法论著把这种语式里的名词分析为"兼语"（既是前一动词的宾语，又是后一动词的主语）常称之为"兼语式"或"兼语短语"，① 本书认为称为"兼语

---

① "兼语式"一说，是赵元任提出来的，参看李荣编译《北京口语语法》，第19页；丁声树等著《现代汉语语法讲话》，商务印书馆1961年版，第112页。

式"不很妥帖,这是因为:第一,这种语式里两个动词之间的那个名词分析为前一动词的宾语没有问题,但既然已经把它分析为宾语,从句法结构的表层线性上看,就没法再分析为主语(即不能把它再分析为后一动词的主语);第二,"兼语"只是"主宾兼职"的意思,它不是某一个句法成分的名称,因此没法和主语、谓语、宾语等句法成分并列的;第三,如果说该名词和后面的动词隐含着或潜藏着主谓关系,那实质上是指深层的、语义平面的、隐性的语法关系,而不是表层的句法平面的关系;第四,如果把隐含着两个句法成分相兼的语式都称作"兼语式",则"兼语式"的范围可以扩展得更大,也就更加更无法解释。① 所以本书认为:从句法平面分析,"'$Vt_{动作核}$ + $N_{受事宾语}$' + $VP_{补语}$"格式里的名词应该分析为宾语,宾语后的动词性词语分析为补语;VP 是补充说明"$V_{动作核}$ + $N_{受事宾语}$"的,所以本书认为"'$Vt_{动作核}$ + $N_{受事宾语}$' + $VP_{补语}$"这种语式属于"'动宾'补"成分序列(动宾短语作述语带补语)构成的一种比较特别的述补短语。根据宾语后补语的意义差别,主要可下位区分为四式:

1)"'$Vt_{使干动作}$ + $N_{受事宾语}$' + $VP_{目的补语}$"语式

指由"'及物动作动词$_{动作核}$ + 名词$_{受事宾语}$' + 谓词性词语$_{目的补语}$"构成的语式。这种语式里的动词所表的动作施加于或涉及于宾语并要使宾语所表的名物(一般指"人")"有所干"("使受事(某某)干某事"),补语表示"使干"的"目的"。这是一种"使某某干某事"的语式,总的语式义是表达"发出某种动作涉及于某事而使受事干某事"(目的是让其实施某事);宾语表示的语义身份既是前边谓语动词的受事,又是后边动词的施事(属于"受施兼格"),② 补语由动词或动词性词语充当③。这种语式里前一个动词为"使干动词",主要包括"使令动词"、"指引动词"、"期求动词"、"陪同动词"四类。根据动词的意义差别,相应地这种述补短语的语式还可以下分为四个小类:"使令性"语式、"指引性"语式、"期求性"语式、"陪同性"语式。

---

① 如果把隐含着两个句法成分相兼的语式都称作"兼语式",则"有人来、是我不好"之类岂不都成了"兼语式"。而这里的"有"、"是"跟及物性动作动词是不同的。

② 参看范晓《汉语句子的多角度研究》第六章兼语句,商务印书馆 2009 年版。

③ 所以补语中 VP 构成的动核结构呈现多样性,如有"施动"、"施动受"、"施动受 + 施动受"、"起动止"等。

1a）"'Vt_{使令动作} + N_{受事宾语}' + VP_{目的补语}"语式

指由"使令性动词"构成的语式，可称为"使令"性语式。这种语式通常出现在"N_{施事主语} + 'Vt_{使令动作} + N_{受事宾语}' + VP_{目的补语}"句式里。实例：

> 头儿驱使手下人干坏事/团长命令大家停止前进/总部派遣小张去海外工作

说明：这种句子里的"'Vt_{使令动作} + N_{受事宾语}' + VP_{目的补语}"语式句法上属于"'动宾'补"成分序列（动宾短语作述语带补语）构成的述补语型，语义上大多属于由"使令动词"构成的"动受 + 施动受"语模（如"驱使手下人干坏事"就是"驱使手下人_{动受} + 手下人干坏事_{施动受}"语模，其中宾语名词既表前面动词的受事，又表后面动词的施事），语用上的语式义是表达"发出使令性的动作致使受事干（从事、实施）某事"。常用于这种语式的动词主要是"使令动词"（如"致使、指使、迫使、驱使、命令、勒令、警告、派、派遣、打发、劝、催、催促、逼、逼迫、强迫"等）。

1b）"'Vt_{指引动作} + N_{受事宾语}' + VP_{目的补语}"语式

指由"指引性动词"构成的语式，可称为"指引"性语式。这种语式通常出现在"N_{施事主语} + 'Vt_{指引动作} + N_{受事宾语}' + VP_{目的补语}"句式里。实例：

> 母亲鼓励我考研究生/老师指引着我们进入知识殿堂/他鼓舞着我向科学进军

说明：这种句子里的"'Vt_{指引动作} + N_{受事宾语}' + VP_{目的补语}"语式句法上属于"'动宾'补"成分序列（动宾短语作述语带补语）构成的述补语型，语义上大多属于由"指引动词"构成的"动受 + 施动受"语模（如"鼓励我考研究生"就是"鼓励我_{动受} + 我考研究生_{施动受}"语模，其中宾语名词既表前面动词的受事，又表后面动词的施事），语式义是表达"发出指引性的动作而致使受事干（从事、实施）某事"。常用于这种语式的动词主要是"指引动词"（如"指引、引导、启发、鼓舞、鼓励、动员、鼓动、吸引、培养、培育、教导、指导"等）。

1c）"'Vt_{期求动作} + N_{受事宾语}' + VP_{目的补语}"语式

指由"期求性动词"构成的语式，可称为"期求"性语式。这种语式通常出现在"N_{施事主语} + 'Vt_{期求动作} + N_{受事宾语}' + VP_{目的补语}"句式里。实例：

> 母亲盼望我取得成就/父母叮嘱我好好读书/她请求学校分配她到边疆工作

说明：这种语式句法上属于"'动宾'补"成分序列（动宾短语作述语带补语）构成的述补语型，语义上大多属于由"期望动词"构成的"动受＋施动受"语模（如"盼望我取得成就"就是"盼望我$_{动受}$＋我取得成就$_{施动受}$"语模，其中宾语名词既表前面动词的受事，又表后面动词的施事），语式义是表达"发出'期求'性动作而致使受事干（从事、实施）某事"，常用于这种语式的动词主要是"期求动词"（如"期望、盼望、指望、希望、邀请、求、要求、请求、恳求、委托、拜托、叮嘱、吩咐、提醒、通知、动员、号召"等）。

1d）"'Vt$_{陪同动作}$＋N$_{受事宾语}$'＋VP$_{目的补语}$"语式

指由"陪同性动词"构成的动补语式，可称为"陪同"性语式。通常出现在"N$_{施事主语}$＋'Vt$_{陪同动作}$＋N$_{受事宾语}$'＋VP$_{目的补语}$"句式里。实例：

我陪他看试验田/雷锋扶着老人上了车/他率领队伍继续前进

说明：这种句子里的"'Vt$_{陪同动作}$＋N$_{受事宾语}$'＋VP$_{目的补语}$"语式句法上属于"'动宾'补"成分序列（动宾短语作述语带补语）构成的述补语型，语义上大多属于由"陪同性动词"构成的"动受＋施动受"语模（如"陪他看试验田"就是"陪他$_{动受}$＋我和他看试验田$_{施动受}$"语模，其中宾语名词既表前面动词的受事，又和省略或隐含的施事一起成为后面动词所联系的施事），语式义是"发出陪同性的动作进而施事和受事一起干（从事、实施）某事"。用于这种语式的动词主要是"陪同"类动词（如"陪、陪同、陪送、护送、扶、搀、搀扶、领、带、带领、率领、帮助、协助"等）。这种语式里的谓语动词和补语里的动词往往是共一施事，如"我陪你看试验田去"里，"我"是动词"陪"的施事，又是动词"看"的施事，所以在补语中的动词前有时可出现"一同"、"一起"、"一块儿"等词语，如"我陪你一起看试验田去"。①

2）"'Vt$_{使当动作}$＋N$_{受事宾语}$'＋VP$_{职务补语}$"语式

指由"'及物动作动词$_{动作核}$＋名词$_{受事宾语}$'＋谓词性词语$_{职务补语}$"构成的语式。这种语式里的动词所表的动作涉及于宾语并要使宾语所表的名物（一般指"人"）"有所当"（即"使受事担当某职"，简称"使当职务"），补语表示使受事担当的"职务或职称"。可称为"使当某职"的语式。这种语式通常

---

① "陪同"动词有时可以构成类似于"指引"性动补语式，即施事发出动作指引受事实施某事，如"我扶你躺一躺"，是"你躺"而"我"不一定躺。

用出现在"N_{施事主语} + 'Vt_{使当动作} + N_{受事宾语}' + VP_{职务补语}"句式里。实例：

大家<u>选我当代表</u>/代表会议<u>选举他做主席</u>/组织上<u>提拔他当局长</u>

说明：这种句子里的"'Vt_{动作核} + N_{受事宾语}' + VP_{职务补语}"语式句法上属于"'动宾'补"成分序列（动宾短语作述语带补语）构成的述补语型，语义上属于"动受+施动受"语模（如"选我当代表"就是"选我_{动受} + 我当代表_{施动受}"语模，其中宾语名词既表前面动词的受事，又表后面动词的施事），语式义是表达"发出某种使当性的动作行为使受事担当某职"；常用于这种语式的"使当动词"主要是"选"类动词（如"提拔、选、选举、挑选、选拔、选聘、评选"等）和"推举"类动词（如"荐、推荐、推举"等）；"使当"动词后的 VP 补语通常是由"当/做 + 名词"构成的动宾短语充当的。

3）"'Vt_{使称动作} + N_{受事宾语}' + VP_{称谓补语}"语式

指由"'及物动作动词_{使称动作} + 名词_{受事宾语}' + 谓词性词语_{称谓补语}"构成的语式。这种语式里的动词所表的动作涉及于宾语并要使宾语所表的名物（一般指"人"）"有所称"（即"使受事称为某名称"），补语表示受事称为某"名称或称谓"。这是一种"使称性动词"作谓语动词构成的表示"称谓"语式。这种语式通常出现在"N_{施事主语} + 'Vt_{使称动作} + N_{受事宾语}' + VP_{称谓补语}"句式里。实例：

人们<u>称他为"及时雨"</u>/大家都<u>说他是傻子</u>/老王<u>认小李为干儿子</u>

说明：这种句子里的"'Vt_{使称动作} + N_{受事宾语}' + VP_{称谓补语}"语式句法上属于"'动宾'补"成分序列（动宾短语作述语带补语）构成的述补语型，语义上属于"动受+起动止"语模（如"称他为'及时雨'"就是"称他_{动受} + 他为 及时雨'_{起动止}"语模，其中宾语名词既表前面动词的受事，又表后面动词的起事），语式义是表达"发出使称的动作行为称呼受事为某种名称或称谓"。用于这种语式的"使称动词"主要有"称呼"类动词（如"称、称呼、简称、俗称、叫［'称呼'义］、说［'称呼'义］、骂［'贬称'义］"等）和"认定"类动词（如"认、追认、封、授予"等）。"使称"动词后的 VP 补语通常是由"为/是/ + 名词"构成的动宾短语充当的，但这种语式有时可以省略补语中的"为/是/作/做"，如"人们称他为'及时雨'

→人们称他'及时雨'"。①

4）"'Vt_{动作核}＋N_{受事宾语}'＋WP_{原因补语}"语式

指由"及物动作动词_{动作核}＋名词_{受事宾语}＋谓词性词语_{原因补语}"构成的语式。这种语式里的动词 Vt 所表的动作行为支配或涉及宾语所表的名物（一般指"人"），充当补语的 WP 是补充说明动作行为之所以涉及于宾语的原因，即"有所因"。原因补语主要是形容性词语充当，但也有动词性词语充当的。实例：

> 喜欢她聪明/嫌人家穷/讨厌他说话啰嗦/恨他贪污枉法
> 祝贺他赢得冠军/表扬孩子很诚实/批评他骄傲自满

说明：这种语式句法上属于"'动宾'补"成分序列（动宾短语作述语带补语）构成的述补语型，② 语义上属于"动受＋系状"或"动受＋施动受"语模（如"喜欢她聪明"就是"喜欢她_{动受}＋她聪明_{系状}"语模，"祝贺她赢得冠军"就是"祝贺他_{动受}＋他赢得冠军_{施动受}"语模，即其中名词性的受事宾语 N 和谓词性宾语 WP 之间在语义上存在着"系事＋性状核"或"施事＋动作核＋受事"的关系），语用上的语式义是表达"发出某种好恶或褒贬的动作行为支配或涉及受事名物（多指人）并补充说明动作行为好恶或褒贬的原因（即"说明源于受事名物所具有的品性或表现"）。常用于这种语式的谓语动词主要是心理动词（如"喜欢、爱、羡慕、钦佩、佩服、心疼、气、恨、怕、害怕、讨厌、嫌、嫌弃、厌恶、原谅、怜悯、可怜"等）和言语褒贬动词（表扬、称赞、赞扬、夸、感谢、祝、祝贺、恭喜、埋怨、谴责、责怪、责备、批评"等），心理动词多用于（1）组语式，言语褒贬动词多用于（2）组语式。

9."'Vt_{动作}＋N_{受事宾语}'＋'给＋N_{与事宾语}＋Vt_{动作核}'_{供给补语}"语式

指由"（及物动作动词_{动作}＋N_{受事宾语}）＋（'供/让/给'＋名词_{与事宾语}＋及物动作动词_{动作核}）_{供给补语}"构成的动补语式。（给＋N_{与事宾语}＋Vt_{动作}）语式里

---

① 也有论著把省略补语中的"为/是"等的句式（如"称他'及时雨'、叫我老孙"之类）分析为双宾语式。

② 有些论著把"Vt＋N＋WP_{原因补语}"（"喜欢她聪明"之类）分析为"动词带上双宾语"（即把语式里的"WP"分析为"宾语"）。但考虑到这种语式里 N 后的词语是谓词性词语，而且 N 与 WP 之间句法上有潜在的主谓关系，所以分析为"动宾短语作述语带补语"的述补语型也许更为合适。

的"给"有时也可用"供、让"等，以"给"为代表。这种语式可称为"使供"动补语式，通常出现在"N$_{施事主语}$＋'Vt$_{动作核}$＋N$_{受事宾语}$'＋'给＋N$_{与事宾语}$＋Vt$_{动作核}$'$_{供给补语}$"句式里。实例：

　　　　小张倒了杯茶给我喝/父亲买了个玩具供孩子玩/我唱个歌儿给你听

说明：这种句式里的"'Vt$_{动作}$＋N$_{受事宾语}$'＋'给＋N$_{与事宾语}$＋Vt$_{动作}$'$_{供给补语}$"语式句法上属于"'动宾'补"成分序列（动宾短语作述语带补语）构成的述补语型，语义上属于由"动受＋动与受＋施动受"语模（如"倒了杯茶给我喝"就是"倒茶$_{受}$＋给我茶$_{动与受}$＋我喝茶$_{施动受}$"语模，其中"茶"是动词"倒""给""喝"的受事，"我"既是"给"的与事，又是"喝"的施事），语用上的语式义是表达"发出动作涉及于受事，并把受事给予与事让其实施某种动作"。该语式里的受事宾语后通常有"供、让、给"等词，有时可省略（如"唱个歌儿他听/倒杯茶他喝"）。常用于这种语式的作述语的动词和补语里的动词主要是及物动作动词。这种语式有些可以变换成"'Vt$_{动作}$＋给＋N$_{与事宾语}$＋N$_{受事宾语}$'＋Vt$_{动作核}$"语式，如"唱个歌儿给你听→唱给你听个歌儿"、"烧一个好菜给他吃→烧给他一个好菜吃"。

（二）不及物动词作述语构成的述补短语的语式

不及物动词作述语构成的动补短语或述补短语的语式主要有以下一些。

1. "Vi$_{动作核或状态核}$＋W$_{结果补语}$"语式

这是由"不及物动作动词$_{动作核}$＋谓词$_{结果补语}$"构成的语式。这种语式里的动词是不及物动作动词或不及物状态动词，充当补语的谓词表示动作行为发出后所引起的状态性的结果。根据作述语的动词所表动核的性质的区别，可下位区分为两式。

1）"Vi$_{动作核}$＋W$_{结果补语}$"语式

指由"不及物动作动词$_{动作核}$＋谓词$_{结果补语}$"构成的语式。充当补语的词主要是不及物状态动词或形容词。实例：

　　　　跌伤/哭昏/飞掉/哭瞎
　　　　跑累/飞远/哭红/坐麻

说明：（1）组语式的补语由不及物状态动词充当，（2）组语式的补语由形容词充当。这种"Vi$_{动作核}$＋W$_{结果补语}$"语式句法上属于"动补"（VR）语型，语义上属于省略或隐含施事或系事的"［施］动＋［系］状"语模（如

"跌伤"就是"［某某］跌＋［某某］伤"语模，"跌"的施事名物与"伤"发生关系，便转化为系事），语用上的语式义是表达"某种动作发生后引起系事呈现某种状态性的结果"。

2）"Vi$_{性状核}$＋W$_{结果补语}$"语式

指由"不及物状态动词$_{性状核}$＋谓词（包括不及物状态动词或形容词）$_{结果补语}$"构成的语式。实例：

醉倒／倒掉／瘫倒／吓坏／喘累

说明：这种"Vi$_{动作核}$＋W$_{结果补语}$"语式句法上属于"动补"（VR）语型，语义上属于省略或隐含系事的"［系］＋状＋［系］状"语模（如"醉倒"就是"［某某］醉$_{系状}$＋［某某］倒$_{系状}$"语模），语用上的语式义是表达"某种性状活动发生后引起系事呈现某种结果：系事呈现出由不及物性状动词或形容词表示的状态"。

2. "'Vi＋得'＋WP$_{情状补语}$"语式

这是由"'不及物动作动词$_{动作核}$＋得'＋谓词$_{情状补语}$"构成的语式。这种语式的补语主要表示动作行为发生后引起的情状，补语主要由形容性词语（特别是形容词性的短语）充当。语式里的"得"是标示带出情状补语的标志词，所以这种语式可称作"得"字语式或"得标"语式。根据作述语的动词性质，可下位区分为两式。

1）"'Vi$_{动作核}$＋得'＋WP$_{情状补语}$"语式

指由"'不及物动作动词$_{动作核}$＋得'＋谓词性词语$_{情状补语}$"构成的语式。实例：

躺得很舒适／坐得双脚发麻／跌得鼻青眼肿／跑得气喘咻咻

说明：这种语式句法上属于"'动得'补"（动词后带结构助词"得"再带补语）构成的述补语型，语义上属于省略或隐含施事和系事的"［施］动＋［系］状"语模（如"躺得很舒服"就是"［某某］躺$_{施动}$＋［某某］很舒服$_{系状}$"语模），语用上的语式义是表达"某种动作发生后致使该动作的施事呈现某种情状"。

2）"'Vi$_{性状核}$＋得'＋WP$_{情状补语}$"语式

指由"'不及物状态动词$_{性状核}$＋得'＋谓词性词语$_{情状补语}$"构成的语式。实例：

醉得昏昏沉沉／吓得汗流浃背／伤得皮开肉绽／瘫痪得没有一点力气

说明：这种语式句法上属于"'动得'补"（动词后带结构助词"得"再带补语）构成的述补语型，语义上属于省略或隐含系事的"［系］状＋［系］状"语模（如"醉得昏昏沉沉"就是"［某某］醉$_{系状}$＋［某某］昏昏沉沉$_{系状}$"语模），语用上的语式义是表达"发生某种性状活动致使该性状活动联系的系事呈现某种情状"。

3. "'Vi＋得'＋F$_{程度补语}$"语式

这是指由"'不及物动作动词＋得'＋程度副词$_{程度补语}$"构成的语式。根据动词的不同语义性质，可以下分为两式。

1) "'Vi$_{动作核}$＋得'＋FP$_{程度补语}$"语式

指由"'不及物动作动词$_{动作核}$＋得'＋副词性词语$_{程度补语}$"构成的语式。实例：

　　　　睡得很死/咳得要命/抖动得很厉害/憋得好慌

说明：这种语式句法上属于"'动得'补"（动词后带结构助词"得"再带补语）构成的述补语型，语义上属于省略或隐含的"施动＋系状"（"系状"里的系事是动作本身，为"动作"系事化，如"睡得很死"就是"［某某］睡$_{施动}$＋睡［的动作状态］昏昏沉沉$_{系状}$"语模）语模，语用上的语式义是表达"发出某种动作并呈现出动作程度较深的状态"。

2) "'Vi$_{性状核}$＋得'＋FP$_{程度补语}$"语式

指由"'不及物状态动词$_{性状核}$＋得'＋副词性词语$_{程度补语}$"构成的语式。实例：

　　　　醉得要命/吓得要死/伤得很厉害/醒得太晚

说明：这种语式句法上属于"'动得'补"（动词后带结构助词"得"再带补语）构成的述补语型，语义上属于省略或隐含系事的"系状＋状度"语模（"状度"里的"状"是指状态动词所表的状态本身，"度"是指状态活动的"程度"，如"醉得要命"就是"［某某］醉$_{系状}$＋醉［的状态程度］要命$_{状度}$"语模），语用上的语式义是表达"发生某种生理或心理活动状态并呈现其程度较深的状态"。

4. "Vi$_{性状核}$＋F$_{程度补语}$"语式

指由"不及物状态动词$_{性状核}$＋程度副词$_{程度补语}$"构成的语式。这种语式通常出现在"N$_{系事主语}$＋Vi$_{性状核}$＋F$_{程度补语}$＋了"这样的句子里。实例：

他生气极了／我吓死（煞）了／社会动荡极了／他脑筋伤透了

说明：这种句子里的"Vi$_{性状核}$ + F$_{程度补语}$"语式句法上属于"动补"（VR）语型，语义上属于隐含系事的"［系］状 + 状度"语模（"状度"里的"状"是指状态动词所表的状态本身，"度"是指状态活动的"程度"，如"生气极"就是"［某某］生气$_{系状}$ + 生气［的状态程度］极$_{状度}$"语模），语用上的语式义是表达"发生某种状态活动并呈现其程度较深的状态"。

5. "Vi$_{动作核}$ + ［了/过］+ QP$_{数量补语}$"语式

这是由"不及物动作动词$_{动作核}$ + ［了/过］+ 数量词语$_{数量补语}$"构成的语式。根据作补语的词语的性质差别，可下位区分为两式。

1）"Vi$_{动作核}$ + ［了/过］+ QP$_{动量补语}$"语式

指由"不及物动作动词$_{动作核}$ + ［了/过］+ 动量词语$_{动量补语}$"构成的语式。实例：

（1）休息一次／睡一下／跑两趟／走一趟

（2）走了两遭／睡了一下／休息过三次／跑过两趟

说明：（1）组为无动态助词"了/过"的"Vi$_{动作核}$ + QP$_{动量补语}$"语式，（2）组为有动态助词"了/过"的"Vi$_{动作核}$ + ［了/过］+ QP$_{动量补语}$"语式。两组语式句法上都属于"动补"（VR）语型，语义上都属于省略或施事的"［施］动 + 动量（次量）"语模（如"走一趟"就是"［某某］走$_{施动}$ + 走［的动作的次量］一趟$_{动量}$"），语用上的语式义两组略有区别：（1）组语式是表达"某种不及物性的动作并补充说明动作活动的次量（动作发生的次数）"，（2）组语式是表达"已经或曾经发出某种不及物性的动作并补充说明动作的数量（动作发生的次数）"。

2）"Vi$_{动作核}$ + ［了/过］+ QP$_{时量补语}$"语式

指由"不及物动作动词$_{动作核}$ + ［了/过］+ 时量词语$_{时量补语}$"构成的语式。实例：

（1）跑两个小时／睡一个下午／住三年／休息10分钟

（2）跑了两个小时／睡了一个下午／住过三年／休息过10分钟

说明：（1）组为无动态助词"了/过"的"Vi$_{动作核}$ + QP$_{时量补语}$"语式，（2）组为有动态助词"了/过"的"Vi$_{动作核}$ + ［了/过］+ QP$_{时量补语}$"语式。两组语式句法上都属于"动补"（VR）语型，语义上都属于省略或隐含施事的

"［施动］+动量（时量）"语模（如"跑两个小时"就是"［某某］跑_{施动} +跑［的动作的时量］一趟_{动量}"），语用上的语式义两组略有区别：（1）组语式是表达"发出某种不及物性的动作并补充说明动作的时间量（动作持续的时间）"，（2）组语式是表达"已经或曾经发出某种不及物性的动作并补充说明动作的时间量（动作持续的时间）"。

6. "'Vi_{性状核} + ［了/过］' + QP_{数量补语}"语式

这是由"不及物性状动词_{动作核} + ［了/过］ + 数量词语_{数量补语}"构成的语式。根据作补语的词语性质差异可下位区分为两式。

1）"Vi_{性状核} + ［了/过］ + QP_{动量补语}"语式

指由"'不及物状态动词_{性状核} + ［了/过］' + 动量词语_{动量补语}"构成的语式。实例：

醉了三回/倒塌了好几回/醒了一回/受伤过三次

说明：这种语式句法上属于"动补"（VR）语型，语义上属于省略或隐含系事的"［系］状 + 状量（次量）"语模（如"醉了三回"就是"［某某］醉_{系状} + 醉［的状态活动的次量］三回_{状量}"语模），语用上的语式义是表达"已经或曾经发生某种性状活动并补充说明性状活动的次数量（性状活动发生的次数）"。

2）"'Vi_{性状核} + ［了/过］' + QP_{时量补语}"语式

指由"'不及物状态动词_{性状核} + ［了/过］' + 时量词语_{时量补语}"构成的语式。实例：

他醉了三个小时了/房屋倒塌了两天了/他醒过两分钟的/病人休克过一会儿

说明：上面句子里的"'Vi_{性状核} + ［了/过］' + QP_{时量补语}"语式句法上属于"动补"语型，语义上属于省略或隐含系事的"系状 + 状量（时量）"语模（如"醉了三个小时"就是"［某某］醉_{系状} + 醉［的状态活动的时量］三个小时_{状量}"语模），语用上的语式义是表达"已经或曾经发生某种性状活动并补充说明性状活动的时间量（性状活动持续的时间）"。

7. "'Vi_{动作核} + 过 + N_{受事宾语}' + QP_{数量补语}"语式

这是由"'不及物动作动词_{动作核} + 过 + N_{受事宾语}' + 数量词语_{数量补语}"构成的语式。这种语式里的受事宾语通常是由地名或处所名词充当的。根据作数量补语的词语性质的差别，可以下分为两式。

1）"'Vi_{动作核}+过+N_{受事宾语}'+QP_{动量补语}"语式

指由"'不及物动作动词_{动作核}+过+N_{受事宾语}'+动量词语_{动量补语}"构成的语式。实例：

爬过香山五次/跑过县城两趟/坐过动车两次/蹲过监狱三次

说明：这种语式句法上属于"'动宾'补"成分序列（动宾短语作述语带补语）构成的述补语型，语义上属于"动受+动量"语模（如"爬过香山五次"就是"爬山_{动受}+爬［的动作活动的次量］五次_{动量}"语模），语用上的语式义是表达"曾经发出某种动作涉及于某名物并补充说明动作的数量（动作发生的次数）"。

2）"'Vi_{动作核}+过+N_{受事宾语}'+QP_{动量补语}"语式

指由"'不及物动作动词_{动作核}+过+N_{受事宾语}'+时量词语_{时量补语}"构成的语式。实例：

坐过监狱半年/躺过病床三个月/跑过码头三年/站过门岗一年

说明：这种语式句法上属于"'动宾'补"成分序列（动宾短语作述语带补语）构成的述补语型，语义上属于省略或隐含施事的"施动+时量"语模（如"坐过监狱半年"就是"坐监狱_{动受}+坐［的动作活动的时量］半年_{动量}"语模），语用上的语式义是表达"曾经发出某种动作涉及于某名物并补充说明动作的时间量（动作持续的时间）"。

（三）形容词述语构成的述补短语的语式

形容词作述语构成的形补短语或述补短语的语式主要有以下一些。

1. "A_{性状核}+W_{结果补语}"语式

这是由"形容词_{性状核}+谓词"构成的语式。这种语式里补语主要表示动作行为的结果。根据作补语的谓词性词语的差异，可下位区分为两式。

1）"A_{性状核}+Vi_{结果补语}"语式

指由"形容词_{性状核}+不及物状态动词_{结果补语}"构成的语式。实例：

累垮/急疯/饿伤/醉倒

说明：这种语式句法上属于"形补"（AR）语型，语义上属于由省略或隐含系事的"系状+系状"语模（如"累垮"就是"［某某］累_{系状}+［某某］垮_{系状}"语模），语用上的语式义是表达"发生某种性状活动而引起某种结果：系事呈现出由不及物状态动词表现的状态"。

2）"A_{性状核} + A_{结果补语}" 语式

指由"形容词_{性状核} + 形容词_{结果补语}"构成的语式。实例：

急疯/饿坏/冷坏/累痛

说明：这种语式句法上属于"形补"（AR）语型，语义上属于由隐含系事的"系状 + 系状"语模（如"急疯"就是"［某某］急_{系状} + ［某某］疯_{系状}"语模），语用上的语式义是表达"发生某种性状活动而引起某种结果：系事呈现出由形容词表现的状态"。

2. "'A_{性状核} + 得' + WP_{情状补语}" 语式

这是由"'形容词_{性状核} + 得' + 谓词性词语_{情状补语}"构成的语式。这种语式里的补语主要表示发生性状活动后引起的情状，语式里的"得"是标示带出情状补语的标志词。根据作补语的词语性质差异，可下位区分为两式。

1）"'A + 得' + VP_{情状补语}" 语式

指由"'形容词_{性状核} + 得' + 动词性词语_{情状补语}"构成的语式。这种语式通常出现在"N_{系事} + 'A 得' + VP_{情状补语}"句式里。实例：

孩子冷得发抖/他激动得泪流满面/我累得站不起来/她困得睁不开眼

说明：这种语式句法上属于"形得补"（形容词后带结构助词"得"再带补语）构成的述补语型，语义上属于省略或隐含系事的"［系］状 + ［系］状"语模（如"冷得发抖"就是"［某某］冷_{系状} + ［某某］发抖_{系状}"语模），语用上的语式义是表达"某种性状活动的发生使得系事呈现某种情状"。

2）"'A_{性状核} + 得' + AP_{情状补语}" 语式

指由"'形容词_{性状核} + 得' + 形容词性词语_{情状补语}"构成的语式。这种语式里情状补语通常由形容词性词语（包括形容词性的成语）充当。实例：

忙得昏头昏脑/困得昏昏沉沉/瘦得枯骨伶仃/痛得汗流浃背

说明：这种语式句法上属于"'形得'补"（形容词后带结构助词"得"再带补语）构成的述补语型，语义上属于隐含系事的"［系］状 + ［系］状"语模（如"忙得昏头昏脑"就是"［某某］忙_{系状} + ［某某］昏头昏脑_{系状}"语模），语用上的语式义是表达"某种性状活动的发生使得系事呈现某种表示程度较深的形象性情状"。

3）"'A$_{性状核}$+得'+F$_{程度补语}$"语式

指由"'形容词$_{性状核}$+得'+程度副词$_{程度补语}$"构成的语式。实例：

热得要命／痛得厉害／急得慌／稀奇得很／累得要死／忙得不得了

说明：这种语式句法上属于"形补"（AR）语型，语义上属于省略或隐含系事的"［系］状+状度"语模（如"热得要命"就是"［系事］热$_{系状}$+热［的程度］要命$_{系状}$"语模），语用上的语式义是表达"发生某种性状活动并呈现其程度较深的状态"。

4）"A$_{性状核}$+F$_{程度补语}$"语式

指由"形容词$_{性状核}$+程度副词$_{程度补语}$"构成的语式。实例：

（1）糟透／红透／烦透／伤心极了／难受死了／痛极了

（2）快一些／慢一点／多点儿／少点儿

说明：（1）组和（2）组都属于"A$_{性状核}$+F$_{程度补语}$"语式，但充当程度补语的程度副词有所不同：（1）组的程度副词表示"程度较深"，（2）组的程度副词表示"程度较轻"。"A$_{性状核}$+F$_{程度补语}$"语式句法上都属于"形补"（AR）语型；语义上属于省略或隐含系事的"系状+状度"语模（如"糟透"就是"［系事］糟$_{系状}$+糟［的程度］透$_{系状}$"语模）；但由于句式里所用的程度副词不同，语用上的语式义有一定的区别：（1）组的语式义是表达"某种性状活动及其程度较深的状态"，（2）组的语式义是表达"发生某种性状活动及其程度较轻的状态"。

3. "'A$_{性状核}$+了/过'+QP$_{时量补语}$"语式

指由"'形容词$_{性状核}$+了/过'+时量词语$_{时量补语}$"构成的语式。实例：

激动了一整天／苦恼了几年／高兴过几天／红过一会儿

说明：这种语式句法上属于"形补"（AR）语型，语义上属于隐含系事的"［系］状+状量"（如"激动了一整天"就是"［系事］激动$_{系状}$+激动［的时量］一整天$_{状量}$"语模）语模，语用上的语式义是表达"已经或曾经发生某种形容词表示的性状活动并补充说明性状活动的时间量（性状活动持续的时间）"。

四 汉语特征词构成的短语的语式分析

特征词可以说是某种语式的"标志词"（或"标志字"）。特征词构成的短语很多，上面几节论述里已经涉及某些特征词构成的语式（如论述语式的层级性时说到的特征词"被"构成的语式，论述述宾短语时说到的特征词"个"构成的语式，论述述补短语时说到的特征词"得"构成的语式等）。本节仅举特征词"把"构成的语式为例来加以论述，这是因为它是现代汉语里一种超特色、高频率的语式，而且人们对这种语式的句法类型的分析又颇有争议，所以本节集中专论这种语式。

在现代汉语语式里，介词"把"是个很重要的特征词。由特征词"把"构成的短语称为"把标"短语（如"把他批评、把杂草铲除、把她累坏、把问题复杂化"等），由特征词"把"作为标志（标记）的语式可称为"把标"语式（也称"把"字语式）。"把标"短语句法上怎么分析，学界有两种意见：一种认为是状心短语（如"把他批评"里"把他"是状语，"批评"是状语限饰的中心语）；另一种认为是用"把"把宾语提前的"动宾短语"（如"把他批评"里"批评"是谓语动词，"他"是"批评"支配的宾语）。本书采用后一说，即把"把"后的名词分析为宾语。

"把标"语式主要用在"把"字句句式里，"把"表达的共同的语用功能意义是"处置"，即对"把"字句里的施事主语而言，是表达"处置受事以某种动作"（即"对受事'处置以'某种动作"）。如谓语动词后还有宾语或补语的"把"字句句式。则除了"处置"义外，还伴随有"致使"义，或是表达"致使受事变动位置或成为某名物"，或是表达"致使某名物产生某种情状"；或是表达"补充说明动作、性状活动的量度或程度"。"把标"语式是个总的称呼，实际上它下面可以分出各种"把标"语式。主要有：

1. "'把$_{(表处置义)}$ + N$_{受事宾语}$' + Vt$_{动作核}$"语式

指由"'把 + 名词$_{受事宾语}$' + 及物动作动词$_{动作核}$"构成的"把标"语式。这种语式常出现在"把"字句句式里。实例：

　　张三把李四批评了／李四把那东西扔了／我把杂草铲除了／你把那苹果吃了

说明：这种语式句法上属于"宾语前置的"动宾（VO）语型，语义上属于受事前置的"受动"语模，语用上的语式义是表达"处置受事给以某种动作"。这种语式里宾语置于动词之前介词"把"之后，作宾语的名词指称上通常是"有定"的。

2. "'把$_{(表处置义)}$ + N$_{受事宾语}$' + Vt$_{动作核}$ + N$_{客事宾语}$" 语式

这是由 "'把 + 名词' + 及物动作动词$_{动作核}$ + 名词$_{宾语}$" 构成的 "把标" 语式。这种语式在句法上属于 "'把宾'动宾" 语型（"把"字带宾构成的双宾语，即用介词 "把" 把受事宾语提到动词前使两个宾语分置于动词前后的 "双宾语"，动作动词后的宾语的语义身份或为与事、或为成事、或为位事）。根据动词的性质及其作谓语的及物动作动词所带宾语的语义身份上的差异，可下位区分为五式。

1) "'把$_{(表处置义)}$ + N$_{受事宾语}$' + 'Vt$_{动作核}$ + 给' + N$_{与事宾语}$" 语式

指由 "'把 + 名词$_{受事宾语}$' + '交类及物动作动词$_{动作核}$ + 给' + 名词$_{与事宾语}$" 构成的 "把标" 语式。这种语式通常出现在 "N$_{施事主语}$ + '把 + N$_{受事宾语}$' + 'Vt$_{动作核}$ + 给' + N$_{与事宾语}$" 这样的 "把" 字句句式里。实例：

> 他把一份礼物送给我/老板把一个月的工钱发给他/我把一个包裹寄给她

说明：这种语式句法上属于双宾语型，语义上属于 "受动与" 语模，语用上的语式义是表达 "处置受事以某种'给予'性动作使受事向与事转移"。及物的、外向的 "交给" 类三价动词（如 "给、交、送、还、赠、献、赐、赏、赠送、赏赐、呈给、献给、教给" 等）可用于这种语式。

2) "'把$_{(表处置义)}$ + N$_{受事宾语}$' + 'Vt$_{动作核}$ + 成' + N$_{成事宾语}$" 语式

指由 "'把 + 名词$_{受事宾语}$' + '及物动作动词$_{动作核}$ + 成' + 名词$_{成事宾语}$" 构成的 "把标" 语式。这种语式通常出现在 "N$_{施事主语}$ + '把$_{(表处置义)}$ + N$_{受事宾语}$' + 'Vt$_{动作核}$ + 成/成为' + N$_{成事宾语}$" 这样的 "把" 字句句式里。实例：

> 他把黏土揉成泥人/工人把废坑修建成为人工湖/儿童们把积木搭成房子

说明：这种语式句法上属于及物动作动词带双宾语构成的述宾语型，语义上属于 "受动成" 语模，语用上的语式义是表达 "处置受事名物以某种动作使该名物变成为某物（成事）"。动作性较强的 "制作" 类及物动作动词（如 "揉、捏、挖、堆、造、修、建、搭、编、织、绣、裁、缝、切、烧、烤" 等）可用于这种语式。

3) "'把 + N$_{受事宾语}$' + 'Vt + 个' + W$_{成事宾语}$" 语式

指由 "'把 + 名词$_{受事宾语}$' + '及物动作动词$_{动作核}$ + 个' + 名词$_{成事宾语}$"

构成的"把标"语式。它类似于"'把（表处置义）＋N受事宾语' ＋ 'Vt动作核 ＋成'＋N成事宾语"语式，不过这种语式里谓语动词后面不是"成、成为"，而是一个"个"标记，宾语不是名词而是谓词。实例：

把饭吃个饱／把酒喝个醉／把他骂个痛快／把这件事说个清楚

说明：这种语式句法上也属于及物动作动词带双宾语构成的述宾语型，语义上也属于"受动成"语模，语用上的语式义是表达"处置受事名物以某种动作使施事（省略或隐含）或受事变成为某种状态（成事）"似也可以归入带"受事"和"成事"的双宾语式。"处置受事以某种动作使施事或受事成为或达到某种状态（成事）"。

4）"'把（表处置义）＋N受事宾语' ＋ 'Vt动作核＋介词'＋N位事宾语"语式

这是指由"'把（表处置义）＋名词受事宾语' ＋及物动作动词动作核＋介词'＋名词位事宾语"构成的"把标"语式。这种语式语用上的语式义是表达"处置受事以某种动作致使受事定位于或定位到（包括'存在、达到、到达'等）位事"。"附着"类（如"写、刻、挂、粘"等）及物动作动词或"置放"类（如"放、摆、摆放、堆放、安置、置放"等）及物动作动词可用于这种语式。根据动词后介词的区别，可下位区分为两式。

4a）"'把（表处置义）＋N受事宾语' ＋ 'Vt动作核＋介词（在）'＋N位事宾语"语式

指由"'把（表处置义）＋名词受事宾语' ＋ '及物动作动词动作核＋介词（在）'＋名词位事宾语"构成的"把标"语式。这种语式通常出现在"N施事主语 ＋ '把（表处置义）＋N受事宾语' ＋ 'Vt动作核＋介词（在）'＋N位事宾语"这样的"把"字句句式里。实例：

老师把字写在黑板上／画家把油画挂在墙上／他把几张桌子摆在厅里

说明：上述句式里的"'把（表处置义）＋N受事宾语' ＋ 'Vt动作核＋介词（在）'＋N位事宾语"语式句法上属于及物动作动词带双宾语构成的述宾语型（"把"后表物名词是谓语动词Vt的宾语，句末处所名词是"Vt＋在"组合体的宾语），① 语义上属于"受动位"语模，语用上的语式义是表达"处置受事以某种动作致使受事定位于（存在于）位事"。这种语式里动词和位事宾语间一般附着有表示定位的介词"在"。书面文本里也出现有介词"于"（跟

---

① 有些语法论著把动词后面的成分（即Vt后面的"［介词］＋N"）分析为补语，本书分析为宾语，理由见范晓《动介带宾句》，《汉语句子的多角度研究》第12章"交接句"，商务印书馆2009年版。

"在"同义）的情形，如"她把花椒放于盘中、画家把那幅画悬挂于展览厅正中的墙上"等）。

4b）"'把＋N$_{受事宾语}$' ＋'Vt$_{动作核}$＋介词（到）' ＋N$_{位事宾语}$"语式

指由"'把＋名词$_{受事宾语}$' ＋'及物动作动词$_{动作核}$＋介词（到）' ＋名词$_{位事宾语}$"构成的"把标"语式。这种语式通常出现在"N$_{施事主语}$ ＋'把$_{（表处置义）}$＋N$_{受事宾语}$' ＋'Vt$_{动作核}$＋介词（到）' ＋N$_{位事宾语}$"这样的"把"字句句式里。实例：

　　他们把标语贴到电线杆上/画家把那画挂到了墙上/她把几本书放到书架上

说明：上述句式里的"'把＋N$_{受事宾语}$' ＋Vt$_{动作核}$＋介词（到）' ＋N$_{位事宾语}$"语式句法上属于及物动作动词带双宾语构成的述宾语型（"把"后表物名词是谓语动词 Vt 的宾语，句末处所名词是"Vt＋到"组合体的宾语），语义上也属于"受动位"语模，语用上的语式义是表达"处置受事以某种动作致使受事定位到（到达或达到）位事"。这种语式里动词和位事宾语间一般附着有表示定位的介词"到"。

值得注意的是：在语料里（多出现在口语），"'把$_{（表处置义）}$＋N$_{受事宾语}$' ＋'Vt$_{动作核}$＋介词' ＋N$_{位事宾语}$"的语式里的动词和位事宾语间有时空缺介词，即构成"'把$_{（表处置义）}$＋N$_{受事宾语}$' ＋'Vt$_{动作核}$＋N$_{位事宾语}$'"的"把标"语式，例如：

　　你把这个字写黑板上/你把那油画挂墙上/你把这些书放桌上

这种语式可以看做动词和位事宾语之间省略或隐含了一个介词（"到"或"在"），这是"'把＋N$_{受事宾语}$' ＋'Vt$_{动作核}$＋介词' ＋N$_{位事宾语}$"语式在特定语境里的省略（或隐含）形式。

5）"'把$_{（表处置义）}$＋N$_{受事宾语}$' ＋'Vt$_{动作核}$＋趋向动词' ＋N$_{位事宾语}$"语式

指由"'把＋名词$_{受事宾语}$' ＋'及物动作动词$_{动作核}$＋趋向动词' ＋名词$_{位事宾语}$"构成的"把标"语式。这种语式通常出现在"N$_{施事主语}$ ＋'把$_{（表处置义）}$＋N$_{受事宾语}$' ＋'Vt$_{动作}$＋趋向动词' ＋N$_{位事宾语}$"这样的"把"字句句式里。"移动"类及物动作动词（如"移、搬、抬、扛、摇、推、拉、塞"等）可用于这种语式。实例：

　　他把桌子搬进房间/我们把家具抬上五楼/渔夫把船儿摇出港湾

说明：上述句式里的"'把$_{（表处置义）}$＋N$_{受事宾语}$' ＋'Vt$_{动作核}$＋趋向动词' ＋

N$_{位事宾语}$"这种语式句法上也可分析为属于及物动作动词带双宾语构成的述宾语型，语义上属于"受动位"语模，语用上的语式义是表达"处置受事名物以某种动作致使该名物定位于（趋向于）位事"。这种语式里动词和位事宾语间附着有表趋向的动词（如"进、出、上、下"等）。

3.　"'把$_{(表处置义)}$ + N$_{客事宾语}$' + 'Vt$_{动作核}$ + 得' + WP$_{情状补语}$"语式

这是由"'把$_{(表处置义)}$ + 名词$_{客事宾语}$' + '及物动作动词$_{动作核}$ + 得' + 谓词性词语$_{情状补语}$"构成的"把标"语式。这种语式里的情状补语在句子里语义上指向受事。根据客事的差别，这种语式可下位区分为两式。

1）"'把$_{(表处置义)}$ + N$_{受事宾语}$' + 'Vt$_{动作核}$ + 得' + WP$_{情状补语}$"语式

指由"'把$_{(表处置义)}$ + 名词$_{受事宾语}$' + '及物动作动词$_{动作核}$ + 得' + WP$_{情状补语}$"构成的"把标"语式，它通常出现在"N$_{施事主语}$ + '把 + N$_{受事宾语}$' + 'Vt$_{动作核}$ + 得' + WP$_{情状补语}$"句式里。[1]　实例：

她把房间打扫得很干净/他把那个字写得很大/我们把敌人打得落花流水

说明：这种句式里的"'把$_{(表处置义)}$ + N$_{受事宾语}$' + 'Vt$_{动作核}$ + 得' + WP$_{情状补语}$"语式句法上属于"把宾动得补"（把 OV 得 R）成分序列构成的述补语型，语义上属于"受动 + 系状"语模（如"把房间打扫得很干净"就是"把房间打扫$_{受动}$ + 房间干干净净$_{系状}$"语模，"房间"既是"打扫"的受事，又是"干干净净"的系事），语用上的语式义是表达"处置受事名物以某种动作并致使该名物产生某种情状"。

2）"'把$_{(表处置义)}$ + N$_{成事宾语}$' + 'Vt$_{动作核}$ + 得' + WP$_{情状补语}$"语式

指由"'把$_{(表处置义)}$ + 名词$_{成事宾语}$' + '及物动作动词$_{动作核}$ + 得' + WP$_{情状补语}$"构成的"把标"语式，它通常出现在"N$_{施事主语}$ + '把 + N$_{成事宾语}$' + 'Vt$_{动作核}$ + 得' + W$_{情状补语}$"句式里。实例：

他把洞挖得很深/我们把大桥造得既宏伟又漂亮/画家把人像画得逼真

说明：这种句式里的"'把$_{(表处置义)}$ + N$_{成事宾语}$' + 'Vt$_{动作核}$ + 得' + WP$_{情状补语}$"语式句法上属于"把宾动得补"（把 OV 得 R）成分序列构成的

---

[1]　"我把这件事忘得干干净净了。/她把他恨得咬牙切齿。/夕阳把草原映得光辉灿烂。"等句也属于这种句式。

述补语型，语义上属于"成动＋系状"语模（如"把洞挖得很深"就是"把洞挖_{成动}＋洞很深_{系状}"语模，"洞"既是"挖"的受事，又是"很深"的系事），语用上的语式义是表达"处置成事以某种动作并致使成事产生某种情状"。

4. "'把_(表致使义)＋N_{使事宾语}'＋W_{性状核}"语式

这是由"'把_(表致使义)＋名词_{使事宾语}'＋谓词_{性状核}"构成的"把标"语式。这种语式主要用于"NP_{施事主语}＋'把_(表致使义)＋N_{使事宾语}'＋W_{性状核}"句式。在这种句式里，施事一般是由名词（特别是事件名词）充当，但也有名物化（表某个事件）了的非名词性词语，"把 N"后的谓词主要是形容词或不及物状态动词，施事主语与"把 N＋W"之间存在着因果关系。实例：

（1）这个活儿把他累了/这件事把他感动了/干部下基层把干群关系密切了

（2）几碗酒就把他醉了/这病把他瘫痪了/他们把简单问题复杂化了

说明：（1）组句子抽象出的"把"标语式里的谓词是形容词，（2）组句子抽象出的"把"标语式里的谓词是不及物状态动词。① （1）、（2）两组句子里抽象出的"把标"语式句法上属于"'把宾'谓"（宾语前置于谓词）成分序列构成的述宾语型，语义上属于"使形＋系状"语模（如"把他累了"就是"把他累_{使形}＋他累_{系状}"语模）或"动使＋系状"语模（如"把他醉了"就是"把他醉_{使动}＋他醉_{系状}"语模），语用上的语式义是表达"使得某名物发生不及物状态动词或形容词所表示的状态"。这种"'把_(表致使义)＋N_{使事宾语}＋W_{性状核}'"语式能变换成"'使_(表致使义)＋N_{使事宾语}'＋W_{性状核}"句式如"把他累了→使他累了"。

5. "'把_(表致使义)＋N_{使事宾语}'＋'W_{性状核}＋WP_{状态补语}'"语式

这是由"'把_(表致使义)＋名词_{使事宾语}'＋'谓词_{性状核}＋谓词性短语_{状态补语}'"构成的"把标"语式。这种语式主要用于"NP_{施事主语}＋'把_(表致使义)＋N_{使事宾语}'＋'Vi_{性状核}＋WP_{状态补语}'"句式，在这种句式里，施事一般是由名词（特别是事件名词）充当，但也有名物化（表某个事件）了的非名词性

_____

① 某些不及物动作动词有时也会出现在这种语式里，如"你们可别把犯人跑了"之类，在这种情况下实际上是动作动词状态化。

词语。实例：

（1）这点酒就<u>把他醉倒了</u>/冰窖<u>把食物冻坏了</u>/这次地震<u>把我家的</u>
<u>房子震塌了</u>

（2）这件事<u>把他忙坏了</u>/这活儿<u>把他累苦了</u>/两天没吃饭<u>把他饿</u>
<u>伤了</u>

说明：（1）组抽象出的"把"标语式里的谓词是不及物状态动词，（2）组抽象出的"把"标语式里的谓词是形容词。（1）、（2）两组所抽象出的"把标"语式既有区别也有共同处：句法上（1）组语式属于"把宾动补"成分序列（宾语前置于动词构成动宾短语，而后再带补语）构成的述补语型，（2）组语式属于"把宾形补"成分序列（宾语前置于形容词构成形宾短语，而后再带补语）构成的述补语型；语义上（1）组语式属于"使动＋系状"语模，如"把他醉倒了"就是"把他醉$_{使动}$＋他倒$_{系状}$"语模，（2）组语式属于"使形＋系状"语模，如"把他累苦了"就是"把他累$_{使形}$＋他苦$_{系状}$"语模；语用上的语式义两组都是表达"使得某名物发生某种性状活动并导致该名物呈现某种状态"。"'把$_{(表致使义)}$＋N$_{使事宾语}$'＋'W$_{动作核或性状核}$＋WP$_{状态补语}$'"语式可以变换成"'使$_{(表致使义)}$＋N$_{使事宾语}$'＋'W$_{动作核或性状核}$＋WP$_{状态补语}$'"句式，如"把他醉倒了→使他醉倒了"，"把他饿伤了→使他饿伤了"。

6."'把$_{(表致使义)}$＋N$_{使事宾语}$'＋'W$_{性状核}$＋得'＋WP$_{情状补语}$"语式

这是由"'把$_{(表致使义)}$＋名词$_{使事宾语}$'＋'谓词$_{性状核}$＋得'＋谓词性词语$_{情状补语}$"构成的"把标"语式。这种语式主要出现在"N$_{施事主语}$＋'把$_{(表致使义)}$＋N$_{使事宾语}$'＋'Vi$_{性状核}$＋得'＋WP$_{情状补语}$"这样的句式里。在这种句式里，施事一般是由名词（特别是事件名词）充当，但也有名物化（表某个事件）了的非名词性词语。[①] 实例：

（1）这些话<u>把我气得发抖</u>/这天气<u>把他冻得生病了</u>/这件事<u>把她伤</u>
<u>得痛彻心腑</u>

（2）这活儿<u>把他累得好苦</u>/中药汤<u>把他苦得呕吐</u>/这种病<u>把她痛得</u>
<u>睡不好觉</u>

---

① 如"卫星上天<u>把她激动得掉下了眼泪</u>"句里，"卫星上天"名物化，含有"卫星上天这件事"的意思。

说明：（1）组句子抽象出的"把"标语式里的谓词是不及物状态动词，（2）组句子抽象出的"把"标语式里的谓词是形容词。（1）、（2）两组抽象出的"把标"语式既有区别也有共同处：句法上（1）组语式属于"'把宾动得'补"（宾语前置于动词构成动宾短语，而后再带补语）构成的述补语型，（2）组语式属于"'把宾形得'补"（宾语前置于形容词构成形宾短语，而后再带补语）构成的述补语型；语义上（1）组语式属于"使动＋系动"语模，如"把我气得发抖"就是"把我气$_{使动}$＋我发抖$_{系动}$"语模，或属于"使动＋系状"语模，如"把他伤得痛彻心腑"就是"把他伤$_{使动}$＋他痛彻心腑$_{系状}$"语模，（2）组语式属于"使形＋系状"语模，如"把他累得好苦"就是"把他累$_{使形}$＋他好苦$_{系状}$"语模，或属于"使动＋系动"语模，如"把他苦得呕吐"就是"把他苦$_{使动}$＋他呕吐$_{系动}$"语模；语用上的语式义两组语式都是表达"使得某名物发生某种性状活动并导致该名物呈现某种情状"。"'把$_{（表致使义）}$＋N$_{使事宾语}$'＋'W$_{动作核或性状核}$得'＋WP$_{情状补语}$"语式能变换成"'使$_{（表致使义）}$＋N$_{使事宾语}$'＋'W$_{动作核或性状核}$得'＋WP$_{情状补语}$"语式，如"把她气得吐血→使她气得吐血"，"把他累得好苦→使他累得好苦"。

7. "'把＋N$_{受事}$'＋Vt$_{动作核}$＋［了］＋QP$_{动量补语}$"语式

这是由"'把＋名词$_{受事}$'＋及物动作动词$_{动作核}$＋［了］＋动量词语$_{动量补语}$"构成的语式。实例：

（1）把衣袋翻一遍/把钱数几遍/把这件事研究一下/把苹果咬两口

（2）把衣袋翻了一遍/把钱数了几遍/把这件事研究了一下/把苹果咬了两口

说明：（1）组为动词后无动态助词"了"的"'把＋N$_{受事}$'＋Vt$_{动作核}$＋QP$_{动量补语}$"语式，（2）组为动词后有动态助词"了"的"'把＋N$_{受事}$'＋Vt$_{动作核}$＋了＋QP$_{动量补语}$"语式。这两组语式句法上都属于"把宾动补"成分序列（动宾短语作述语带动量补语）构成的述补语型，语义上都属于"受动＋动量"语模（如"把衣袋翻一遍"就是"把衣袋翻$_{受动}$＋翻［的动作次量］一遍$_{动量}$"语模），语用上的语式义两组稍有不同：（1）组语式的语式义是表达"处置受事以某种及物性的动作并补充说明动作活动的数量（动作发生的次数）"，（2）组语式的语式义是表达"已经处置受事以某种及物性的动作并补充说明动作活动的数量（动作发生的次数）"。

8. "'把＋N$_{受事宾语}$'＋'Vt$_{动作核}$＋F$_{程度补语}$'"语式

指由"'把＋N$_{受事宾语}$'＋'谓词$_{动作核}$＋程度副词$_{程度补语}$'"构成的语式。

这种语式通常出现在"名词_{施事主语} + '把 N_{受事宾语}' + 'Vt_{动作核} + F_{程度补语}' + 了"这样的句子里，作动作核的谓词主要是及物性的心理行为动词。实例：

他把小英恨透了/你（好几年没回家）可把娘想死了/她可把他喜欢死了

说明：这种语式句法上属于"'宾动'补"成分序列（动宾短语带程度补语）构成的述补语型，语义上属于"受动 + 动度"语模（如"把小英恨透了"就是"把小英恨_{受动} + 恨［的程度］透_{动度}"语模），语用上的语式义是表达"处置某名物以某种心理活动并呈现出其程度较深的状态"。

9. "'把 + N_{使事宾语}' + 'W_{性状核} + F_{程度补语}'"语式

指由"'把 N_{使事宾语}' + '谓词_{性状核} + 程度副词_{程度补语}'"构成的语式。这种语式通常出现在"名词_{施因主语} + '把 + 名词_{使事宾语}' + '谓词_{性状核} + 副词_{程度补语}' + 了"这样的句子里，作性状核的谓词是形容词或不及物性状动词。实例：

她可把我急死了/这活儿把我忙死了/这件事把我脑筋伤透了

说明：这种句子里的"'把 + N_{使事宾语}' + 'W_{性状核} + F_{程度补语}'"语式句法上属于"'宾动'补"成分序列（动宾短语带程度补语）构成的述补语型，语义上属于"形使 + 形度"语模（如"把我急死了"就是"把我急_{形使} + 急［的程度］死_{形度}"语模），或"动使 + 动度"语模（如"把我脑筋伤透了"就是"把我脑筋伤_{动使} + 伤［的程度］透_{动度}"语模），语用上的语式义是表达"使某名物发生某种状态活动并呈现出其程度较深的状态"。

主要参考文献

丁声树等著：《现代汉语语法讲话》，商务印书馆 1961 年版。

范晓：《关于结构和短语问题》，《中国语文》1980 年第 3 期。

范晓：《交接动词及其构成的语式》，《语言教学和研究》1986 年第 3 期。

范晓：《汉语的短语》，商务印书馆 1991 年版。

范晓：《动词的"价"分类》，《语法研究和探索》（5），语文出版社 1991 年版。

范晓：《三个平面的语法观》，北京语言学院出版社 1996 年版。

范晓：《动介组合体的配价问题》，《现代汉语配价语法研究》第二辑，北京大学出版社 1998 年版。

范晓：《论名核结构》，《语言问题再认识》，上海教育出版社 2001 年版。

范晓、张豫峰等著：《语法理论纲要》，上海译文出版社 2003 年版。

范晓：《语法结构的规律性和灵活性》，《汉语学习》2007 年第 2 期。

范晓：《试论句式意义》，《汉语学报》2010 年第 3 期。

范晓：《关于句式问题》，《语文研究》2010 年第 4 期。

范晓：《论"动核结构"》，《语言研究集刊》第八辑，上海辞书出版社 2011 年版。

范晓：《汉语句子的多角度研究》，商务印书馆 2009 年版。

吕叔湘：《汉语语法分析问题》，商务印书馆 1979 年版。

赵元任：《汉语口语语法》，吕叔湘译，商务印书馆 1979 年版。

Goldberg（1995）：《构式——论元结构的构式语法研究》，吴海波译，北京大学出版社 2007 年版。

第 二 章

指名性状心短语

由状语和它的中心语构成的短语称为状心短语，它是一种谓词性的偏正短语。状心短语由状语和中心语两个直接的句法成分组成，状心关系是一种限饰和被限饰的关系，状语是限饰成分，中心语是被限饰成分。由状心关系构成的句法结构称作状心结构，其句法格局也可称为"状心语型"。

在现代汉语中，句法结构与语义结构并不总是一一对应的，"结构上相关的两个成分，意义上不一定有多少联系；反过来说，意义上相关的成分在结构上也不一定有直接的联系"①。状语在句法结构里是谓语动词的直接附加成分，即在句法上指向（修饰或限制）其中心语谓词或谓词性短语。但是，它在语义上的指向不一定跟句法上的指向完全一致，状语的语义指向是多样性的，主要有三种情形：有的状语只指向谓词性词语的，如"突然进攻、刚刚动身"之类，这为"语义同指"；有的状语只指向名词性词语的，如"浓浓地煮了一杯咖啡、小张孤零零地站着"之类，这为"语义异指"；有既指向谓词性词语也指向名词性词语的，如"他认真地干活、他们快乐地生活着"，这为"语义多指"。本章把"语义同指"的状心短语称为"指动性状心短语"，这种状心短语的句法限饰的成分和语义指向的对象一致，即句法和语义对应；"语义异指"的状心短语称为"指名性状心短语"，这种状心短语的句法限饰的成分和语义指向的对象不一致，即句法和语义不对应；而"语义多指"的状心短语称为"多指性状心短语"，这种状心短语的句法限饰的成分和语义指向的对象既有一致也有不一致，即句法和语义既有对应的一面，也有不对应的一面。

本章把"语义同指"的状心短语里的状语称为"指动性状语"，把"语义异指"的状心短语里的状语称为"指名性状语"，把指名性状心短语充当

---

① 朱德熙：《语法答问》，商务印书馆 1985 年版，第 53 页。

谓语的主谓句称为"指名性状语句"。指名性状语在句法上指向和修饰谓词性词语，在语义上指向和说明名词性词语，所以它是现代汉语中一种特殊的句法语义异指现象，它是汉语里句法与语义结构不相一致的体现。这种指名性状语在动态的"主动宾"句里语义上主要指向主语或宾语（严格地说，主要是指向充当主语或宾语的名词性词语），语义指向主语的状语可以称为"指主式状语"，语义指向宾语的状语可以称为"指宾式状语"。

　　本章主要讨论指名性状心短语，其中着重讨论状心短语中"语义异指"的指名性状语（即语义上不是指向句中的谓语动词而是指向名词性词语的状语），并注意把指名性状语放在句子里进行考察。

　　为行文方便，本章把动词记作 V，把名词记作 N，把主语记作 S，把宾语记作 O，把描写性状语记作 Z，把指名性状语记作 Z_N，把指名性状语所修饰的中心语（即被状语修饰的谓词性词语）记作 VP，把指名性状语的状心短语记作 Z_N + VP，把指名性状语句的基本句式记作 S + Z_N + VP（把 VP 是动宾短语的指名性状语句的基本句式记作 S + Z_N + V + O）。

一　指名性状语的判定与类别

　　指名性状语是现代汉语中一种特殊的句法语义异指现象，它是汉语句法与语义结构不相一致的集中体现。指名性状语的被指成分表现为名词性句法成分。准确判断状语的语义指向，是具体考察指名性状语的关键前提。

（一）指名性状语判定标准

　　判断状语的语义指向，有形式标准和意义标准，这两种标准可以互相结合、互相验证，所以本章拟采用形式与意义相互结合、相互验证的原则来判定状语语义指向，以便使判定结果更具说服力。

　　1. 形式标准

　　采取形式标准，主要是采取变换形式。状语作为句子里句法结构中的附加成分，与其被指成分之间的语义关联可以表示为说明与被说明、表述与被表述、限制与被限制等。汉语句子并不总是由一个简单命题所构成，而往往是多重语义结构杂糅、整合而成为复杂命题，因此通过变换形式的分析，可以揭示不同句法成分之间的依存关系，透过表层结构，了解深层结构中的语义关联真相。例如：

　　（1）她<u>喜滋滋</u>地奔向我。（迟子建：《草原》）

　　　　→（1a）她奔向我，她喜滋滋的。

　　　　→（1b）喜滋滋的她奔向我。

　　（2）那医生<u>头也不抬</u>地说。（铁凝：《大浴女》）

　　　　→（2a）那医生说，那医生头也不抬。

　　　　→（2b）那头也不抬的医生说。

　　（3）铁路沿线<u>白花花</u>散落着用过的塑料饭盒，绵延千里。（《人民日报》1995 年 1 月）

　　　　→（3a）铁路沿线散落着用过的白花花的塑料饭盒，绵延千里。

　　　　→（3b）铁路沿线散落着用过的塑料饭盒，塑料饭盒白花花的，绵延千里。

　　（4）老孙头<u>矮矮</u>地盖了两间草房。（高元石 [1985] 用例）

　　　　→（4a）老孙头盖了两间矮矮的草房。

　　　　→（4b）老孙头盖了两间草房，草房矮矮的。

通过上面句子的变换形式，可以看到例（1）、例（2）的状语"喜滋滋"、"头也不抬"在语义上分别与主语"她"和"那医生"密切相关，而不是指向谓语动词。同样，例（3）、例（4）的状语"白花花"、"矮矮"从语义上分别描写了宾语"塑料盒子"的颜色、宾语"草房"的外观，而与谓语动词没有密切的语义联系。由此，当某些谓词性词语或词组充当状语时，如果它和非直接句法成分发生密切的语义联系，那么它们能在逻辑深层构成一个简单的命题，变换成表层结构可以表示为一个主谓表述，如例（1a）、例（2a）、例（3b）和例（4b），也可以充当被指成分的定语，对中心语进行修饰，如例（1b）、例（2b）、例（3a）和例（4a）。

　　（5）这才<u>断断续续</u>地说。（鲁迅：《阿 Q 正传》）

　　　　→（5a）这才说，说得断断续续的。

　　（6）老爷<u>迅速</u>地盖上锅盖。（刘恒：《苍河白日梦》）

　　　　→（6a）老爷盖上锅盖动作是迅速的。

　　　　→（6b）老爷盖上锅盖，盖得迅速。

例（5）、例（6）的状语"断断续续"、"迅速"与谓语动词保持着句法和语义上的一致性，描写了谓语动词"说"、"盖"的方式和状况。通过句式变换，此类状语可以对谓语动词构成说明或表述，如例（6a），也可以转换成谓语动词的补语，从方式、状况等方面来描写动作、变化本身，如例（5a）和例（6b）。

以"S＋Z＋V＋O"这种指名状语句为例，不同语义指向的 Z 一般可以作不同的句法移位，从而寻找语义上有着最直接联系的结构成分。这种句法移位应满足以下条件：合乎语法、句义允许且移位前后句子的语义关系没有重大差别。

A. Z 指向 N，即 Z_N，通过句式变换，可构成以下表述：

　　a. Z_N ＋S＋V＋O 或 S＋V＋O，S＋（是）Z_N（的）

　　b. S＋V＋Z_N＋O 或 S＋V＋O，O＋（是）Z_N（的）

B. Z 指向 V，即 Z_V，通过句式变换，也可构成以下表述：

　　a. S＋V＋O，V 得 Z_V

　　b. S＋V＋O，V 是 Z_V（的）

2. 意义标准

语义结构是以成分与成分间的搭配意义为基础的，所以采用意义标准，就是采用指向成分与被指成分之间的语义相配原则，即通过语义特征分析法来考察指向成分与被指成分的语义特征，依据两者语义特征是否能匹配，如果匹配，就能显化句法成分的语义指向。例如：

（7）小染非常恐惧地贴着床头。（张悦然：《是你来检阅我的忧伤了吗》）

（8）她愤怒地伸出胳膊，竖起一根小拇指。（铁凝：《大浴女》）

例（7）状语"非常恐惧"和例（8）状语"愤怒"表示的是人的一种心理状态或神情，它们可以作为心理动词的宾语，如可以说"感到非常恐惧"、"觉得愤怒"，可见诸如此类词语具有一种［＋情绪］［－动作］的语义特征。谓语动词"贴"、"伸"表示的是一种动作状态或变化，没有［＋情绪］这项语义特征，因此在语义上，状语"非常恐惧"、"愤怒"与谓语动词"贴"、"伸"并不符合语义相配原则，它们不能构成一个深层语义结构。同理，"床头"和"胳膊"也不具有［＋情绪］这项语义特征。相比之下，主语"小染"、"她"指称的是人物，众所周知，人是有情感的，所以主语"小染"、"她"显然是状语"非常恐惧"、"愤怒"的语义所指对象。通过以上分析，可以将上面两例中的状语词语的语义特征归纳如下：

非常恐惧：［＋述人性］［－摹物性］［＋情绪］［－动作］

愤　　怒：［＋述人性］［－摹物性］［＋情绪］［－动作］

又比如：

（9）有的家燃着些红红绿绿的串儿灯，或<u>蓝幽幽金晃晃</u>地转动着变幻着图案的光纤灯具。（刘心武：《小墩子》）

（10）村里<u>深深</u>地挖了一口水井。（高元石［1985］用例）

例（9）状语"蓝幽幽金晃晃"具有［＋颜色］的语义特征，谓语动词"转动""变换"是一种行为，并不具备颜色特点，状语与中心语的语义没有匹配的可能，而语句中的宾语"光纤灯具"有颜色的差异，可以与状语"蓝幽幽金晃晃"在语义上匹配。同样，例（10）的状语"深深"表现出空间［＋高度］的语义特征，不具备明显的行为特征，所以与具有空间［＋高度］的"水井"表现出语义上的一致性，从而双向选择组成一个语义结构。通过以上分析，可以将两例中的状语词语的语义特征归纳如下：

蓝幽幽金晃晃：［－述人性］［＋摹物性］［＋颜色］［－动作］

深　　　深：［－述人性］［＋摹物性］［＋高度］［－动作］

再比如：

（11）他<u>含糊其辞</u>地说可能要很长时间。（铁凝：《大浴女》）

（12）周萍忍不住气，走到大海面前，<u>重重</u>地打他两个嘴巴。（曹禺：《雷雨》）

例（11）中状语"含糊其辞"具有［＋言说］的语义特征，与动作"说"语义相配。同理，例（12）中状语"重重"具有［＋程度］的语义特征，行为动作"打"有轻重之别，也具有［＋程度］的语义特征，因此，状语与中心语的组合符合语义相配原则。可以将以上两例中的状语词语的语义特征归纳如下：

含糊其辞：［＋述人性］［－摹物性］［＋言说］［＋动作］

重　　　重：［＋＼－述人性］［＋＼－摹物性］［＋程度］［＋动作］

3. 形式与意义相互验证

在寻找描写性状语的语义关联项时，有时仅仅靠形式标准和意义标准中的一项是无法确切地判定它的语义所指的。所以，这时就需要将形式标准和意义标准相互结合、相互验证，即采用变换分析和语义相配原则相结合的方法共同来确定状语的语义指向。例如：

（13）关汉卿显然已经把朱小兰的故事<u>兴奋</u>地告诉帘秀了。（田汉：

《关汉卿》）

如果只是依据意义标准来寻找例（13）中状语"兴奋"的语义指向，就会陷入既可修饰"关汉卿"又可形容"帘秀"的两难选择中。此时将句子进行形式上的变换分析，就可以明确状语的语义所指。

（13a）兴奋的关汉卿显然已经把朱小兰的故事告诉帘秀了。

（13b）关汉卿显然已经把朱小兰的故事告诉帘秀了，关汉卿是兴奋的。

（13c）关汉卿显然已经把朱小兰的故事告诉兴奋的帘秀了。

通过句子的变换分析，可以知道"兴奋"在语义上指向主语"关汉卿"，而不可能指向"帘秀"，因为例（13c）句子的语义显然不同于例（13）了，而例（13a）和例（13b）的语义真值等同于例（13）。又如：

（14）国防部错误地使用了他们的权力。（新华社 2004 年新闻稿 003）

（14a）错误的国防部使用了他们的权力。

（14b）国防部使用了他们的错误的权力。

（14c）国防部使用了他们的权力是错误的。

（14d）国防部使用了他们的权力，这件事是错误的。

在例（14）中，依据"错误"的意义和它的前后移位，可以发现状语"错误"不是形容国防部，因为在例（14a）中"错误的国防部"这一搭配本身就存在问题，"错误"也不是修饰权力，因为例（14b）中只是突出了权力的错误，而无关乎国防部的行为，所以语义还是与例（14）存在偏差。例（14c）、例（14d）两个句子中的"错误"作为谓语，陈述"国防部使用了他们的权力"这个事件，其表现出的语义显然与例（14）等同。由此可见例（14）中状语"错误"语义上指向"国防部使用了他们的权力"这一个事件，体现的是说话者对于这个事件的评价和感受。由此可见，利用句式的变换和语义相配原则，共同应用于描写性状语的语义指向判定，区别状语的指名与指动或指向事件，有利于划定指名性状语的范围，从而使分析结果更具可信性。

（二）指名性状语的类别

指名性状语是现代汉语中一种特殊的句法语义异指现象，它是汉语句法与语义结构不相一致的集中体现。指名性状语的被指成分表现为名词性句法成分。根据指名性状语的语义指向特征、指名性状语语义蕴涵的生命义差别以及指名性状语所在小句句式意义的不同，可以对指名性状语作三大分类。

1. 依据指名性状语的语义指向特征来分类

1）指名性状语指向被指成分的分类

通过语料的考察，发现指名性状语的语义指向主要有以下八大类：

1a）语义指向主语

指名性状语语义指向主语，既有句内主语，也有句外主语。

（15）鲁贵很老练地走着阔当差的步伐，进了书房。（曹禺:《雷雨》）

（16）老头儿立住，呆呆的看着那四匹牲口。（老舍:《骆驼祥子》）

例（15）指名性状语"很老练"内指主语"鲁贵"，例（16）"呆呆"外指承上省略的主语"老头儿"。在实际的言语作品中，指名性状语语义所指的主语成分经常蒙前省略，表现出一定的篇章衔接功能。在收集的语例中，还发现指名性状语可以通过描写另一个状语中的名词性成分来指向主语，另一个状语以表"比况性"的居多。

（17）一股歌声闪电一般明亮地出现。（罗广斌:《原野上的草群》）

例（17）中指名性状语"明亮"语义前指"闪电一般"中的"闪电"，比况"明亮"犹如"闪电"，描写了"闪电"给予人的视觉感受。其实，以"明亮"比况"闪电"，是为了将主语"歌声"形象化，这种化听觉为视觉的通感，能使读者更明确地把握住主语"歌声"的特点。所以，例（17）中"明亮"的存在本质上是为了描写主语，与主语自然就有着密切的语义联系。

1b）语义指向兼语

指名性状语语义指向兼语①，这里指在句子中表层担任宾语同时在隐层

---

① 范晓在《论名词在语义平面的"兼格"》（《语法研究和探索》十，商务印书馆2002年版）一文中说:"所谓'兼语'，它反映的语法关系实际上是'深层的隐性的'，所以，与其称作'兼语'，还不如称作'兼格'。"对此观点，我们是支持的，然而考虑到本小节谈论的指名性状语的语义指向限定在句法成分上，暂不涉及复杂的语义角色分析，因此在本小节探讨指名性状语语义指向同时担任主语和宾语的句法成分时，还是从俗称其为"兼语"。

担任主语的结构成分，它多是由"命令"、"请"、"推举"、"祝福"、"鼓励"、"劝"等动词性成分引出。

（18）我祝你<u>不卷边不折角干干净净体体面面</u>地被握进一双温暖的手。（毕淑敏：《书的莞尔一笑》）

（19）那里有几个人<u>可怜巴巴</u>地趴在地上啜那泥浆。（孔厥、袁静：《新儿女英雄传》）

（20）她看见她的母亲<u>孤零零</u>地在柜台前站着。（铁凝：《大浴女》）

例（18）中指名性状语"不卷边不折角干干净净体体面面"在语义上指向兼语"你"，例（19）中"可怜巴巴"语义指向兼语"几个人"，例（20）中"孤零零"语义指向兼语"母亲"。由于兼语既是前一语法结构中的宾语又是后一语法结构中的主语，它有着双重句法身份，因此可以认定指向兼语的指名性状语是多指向的。指向"兼语"的指名性状语与其后的谓语动词保持实然性的句法联系，因此也可以认为指名性状语在实质上还是可以归到指向主语一类，从而方便下文指名性状语的归类分析。

1c）语义指向宾语

（21）下边<u>花花绿绿</u>的贴了许多小学生的作文和图画。（丁玲：《太阳照在桑干河上》）

（22）那天晚上，她只是像往常一样调皮地开着玩笑，用彩色便条纸，<u>龙飞凤舞</u>地写下了几个字。（《景年》2009 年 6 月）

例（21）指名性状语"花花绿绿"形容的是宾语"作文和图画"给予人的视觉颜色感知，例（22）"龙飞凤舞"描写的是宾语"字"的形态。

（23）教师可以根据课堂教学状况<u>非常方便</u>地加以改进。（蔡伟：《语文课堂教学技能训练》）

例（23）"非常方便"语义指向动词宾语"改进"，动词"改进"在例（23）这样的句法格式中已然"名物化"，然而对这类状语在理解上比较简单，且它更多的是对宾语从范围等层面作说明或限制，因此在本章中，不再将类似"加以改进"、"进行研究"中的动词宾语作为指名性状语语义指向的名词性成分的一类来考察。

1d）语义指向介词宾语

指名性状语语义指向介词宾语一般由"把"、"被"、"将"等介词引出。

（24）也是我老糊涂，鬼迷心窍，将你们<u>好端端</u>地给拆散了。（《作品》2009 年 3 月）

（25）女巫把脸<u>干干净净</u>洗过，换了另外一条黑色裙子。（张悦然：《葵花走失在 1890》）

（26）他的并不严重的伤手被她<u>若无其事</u>地按着敷料缠着纱布。（铁凝：《大浴女》）

例（24）指名性状语"好端端"语义前指介词"将"的宾语"你们"，例（25）"干干净净"语义前指"把"的宾语"脸"，例（26）"若无其事"表述的也是其前由"被"引出的介词宾语"她"。这三个例子的指名性状语都属于语义前指。在丰富的汉语事实中也存在指名性状语后指介词宾语的情况，例如：

（27）风从门窗缝隙中来，分外尖削，把门缝窗隙<u>厚厚</u>地用纸糊了，缝中却仍有透入。（夏丏尊：《白马湖之冬》）

例（27）中指名性状语"厚厚"语义后指"用"的宾语"纸"，"厚厚"从"纸"前的定位前移到"用字结构"之前，语义上起到了强调的作用。

1e）语义指向补语

指名性状语语义所指的名词性成分还包括补语，一般表现为时间补语、距离补语等。

（28）我和书会里一些朋友不分昼夜<u>整整</u>跑了三天。（田汉：《关汉卿》）

（29）这点活儿<u>足足</u>干了一天。（高元石 [1985] 用例）

例（28）状语"整整"与时间补语"三天"在深层可构成"整整三天"的语义表述，同样，例（29）在深层结构也存在"足足一天"的语义搭配。

1f）语义指向定语

还有少数指名性状语语义指向宾语的定语。

（30）右脚<u>硬硬</u>地踢在一张铁犁的底部。（廉声：《月色狰狞》）

例（30）"硬硬"语义上直接描写的显然是定语"铁犁"，展现的是它的硬度。不过在具体归类时，诸如此例可归入指宾状语，因为"铁犁"和"铁犁的底部"并无太大的差别。

1g）语义指向省略成分

指名性状语在句子里语义上有时暗接省略成分，这个省略成分可以出现于上下文，也可以存在于说者与听者共同的背景知识中。例如：

> （31）泡萝卜染成淡红色，标本一样浸在玻璃缸里，两分钱一片，两片则只要三分。院长夫人买菜过身，总要放下箩筐一样大的菜篮，仔仔细细拣出两片来。这时做她帮手的女疯子，就想水滴滴地抢过去吃。（高万云［1993］用例）

例（31）指名性状语"水滴滴"与它修饰的主体"泡萝卜"不是共存于同一个句子中，"泡萝卜"远离属性"水滴滴"，它们之间相隔着 7 个小句。"水滴滴"语义远远地前指"泡萝卜"，反映出一定的篇章衔接功能。又如：

> （32）剩下的肉随随便便地炒个肉丝。（张力军［1990］用例）

例（32）"随随便便"语义指向的是没在句中出现的动词"炒"的施事主语（能发出"炒肉丝"这个动作的施事一般指"人"，可以是厨师，也可以是其他人）。

1h）语义同时指向主语和宾语

指名性状语语义指向主语和宾语，主要是指它们之间的语义有相匹配的可能，但在特定的语句中，还是能判断出哪两个句法成分语义联系密切的倾向性更大一点。例如：

> （33）海滨的街道上乱哄哄地走动着一群一群灰色的步兵，黑色的水兵，花花绿绿的女人。（托尔斯泰：《塞瓦斯托波尔的 12 月》）
>
> （34）她倔强地站着，背脊笔直，双手在身侧僵硬地握成拳。（明晓溪：《泡沫之夏》）

例（33）的状语"乱哄哄"既是对处所主语"海滨的街道"整体的描述，也是对存现宾语"步兵"、"水兵"、"女人"等具体表现的修饰。"乱哄哄"在这描述的主体有个先后的区别，一般来讲，先有人的吵闹，才会有街道给人闹哄哄的感受，所以，类似此类存现句中存在语义双指的指名性状语，可以在具体分析时将它放在指宾状语一类中解释。例（34）可以分解出两个这样的表述："双手僵硬"和"僵硬的拳"，尽管状语"僵硬"语义上双系主语和宾语，但"僵硬"与主语"双手"显然有着更密切的语义关联，所以诸如此类指名性状语在作具体解释时，可以将其归入指主状语一类。

2）指名性状语语义指向的结构模式归类

指向成分和被指成分构成语义指向结构体，考察角度不同，可归纳出不同的语义指向结构模式，如单指与多指、前指与后指、内指与外指等。

单指还是多指，取决于指向成分的被指成分的数目。语义单指是指在一定的语言环境中，指向成分只与一个被指成分在语义上直接相关，比如"大路平整地铺展在眼前"，状语"平整"在语义上与"大路"直接相关，语义单指"大路"。语义多指是指在一定的语言环境中，指向成分与两个或多个成分在语义上直接相关，语义多指比单指要复杂，比如"鲁贵眼迷迷地望着鲁妈和四凤"，状语"眼迷迷"存在语义多指的情况，它不仅是谓语动词"望"的情态方式，也是"鲁贵"的一种神情。

前指还是后指，和指向成分与被指成分在语言线性排列上位置的先后有关。语义前指是指在一个语义指向结构体中，被指成分在语言线性排列上的位置在指向成分之前，相应地，语义后指是指被指成分在语言线性排列上的位置在指向成分之后。例如，"金子沉沉甸甸地牢牢抱在怀里"，状语"沉沉甸甸"在语义上前指"金子"，另一状语"牢牢"在语义上后指谓语动词"抱"。

内指还是外指，主要看指向成分和被指成分是否同现于一个句子中。语义内指是指指向成分和被指成分存在于同一个句子中，如前所举例子的状语语义指向大多数都属于内指。语义外指指的是在一定的语境中，被指成分不在句中出现的状况，从语境的角度看，语义外指可分为句际外指、泛化外指和场景外指①，比如"他被残暴地打了一顿"，状语"残暴"的被指成分不在句中出现，它可能存在于上下文中，也有可能存在于交际者的共有认识中。

根据指名性状语在具体语句中表现出的八种不同语义指向，再结合语义指向结构模式中的单指与多指、前指与后指、内指与外指，列出了表2—1，以期清楚地概括不同语义指向指名性状语的特点（"＋"表示具有某项特征，"－"表示不具有某项特征）。

---

① 关于单指和多指、前指和后指、内指和外指等语义指向结构模式，可参看税昌锡《语义指向结构模式的多维考察》，《浙江大学学报》2004年第3期。

表 2—1

语义指向	单指	多指	前指	后指	内指	外指
指向主语	+	-	+	-	+	+
指向兼语	-	+	+	-	+	-
指向宾语	+	-	-	+	+	-
指向介词宾语	+	-	+	+	+	-
指向补语	+	-	-	+	+	-
指向定语	+	-	-	+	+	-
指向省略成分	+	-	+	+	-	+
指向主语和宾语	-	+	+	+	+	-

由表 2—1 可以了解到主语指向的指名性状语表现出单指、前指和内指、外指的特点；兼语指向的指名性状语具有多指、前指、内指的特点；宾语、补语和定语指向的指名性状语表现为单指、后指和内指；介词宾语指向的指名性状语是单指和内指状语，但可以前指，也可以后指；指向省略成分的指名性状语多是单指、前指，也有后指的例子，但一定是外指；同时指向主语和宾语的指名性状语自然具有多指、前后指、内指等语义指向结构特点。

3）指主式状语和指宾式状语

指主式状语即指向主语的指名性状语，指宾式状语即指向宾语的指名性状语。为着指名性状语句法描写的相对具体性和语义、语用等层面分析的深刻性，这里将主要考察指名性状语的这两大类，具体考虑如下：

第一，尽管指名性状语细分具体语义指向时有八类之多，但通过语料考察，发现使用最多的是指主式状语和指宾式状语，它们完全可以作为指名性状语的典型成员来进行研究。

第二，指向兼语的指名性状语在句法、语义、语用层面更多的是向指主式状语靠拢，因为当兼语之前的句法成分省去之后，指向兼语的指名性状语已然等同于指主式状语。

第三，指向补语的指名性状语的类别有限，它的语用意义主要表现为主体的强调和移情，这类似于指宾式状语。指向定语的指名性状语语例有限，如"右脚硬硬地踢在了铁犁的底部"，这一例子中，指名性状语也可以说在语义上是指向宾语的。

第四，语义上同时指向主语和宾语的指名性状语，透过具体语句，人们一般能感觉出指名性状语与主语或是宾语哪个语义匹配性更密切，所以面对具体的例子仍然能判断出何为指主式状语，何为指宾式状语。

第五，指向省略成分的指名性状语本质上还是多为指主式状语或指宾式状语，如前文例（31）缺省的是宾语，而例（32）缺省的可以说是主语。

第六，指向介词宾语的指名性状语所在的句法格式本身比较复杂，或为变异形式，牵扯的问题比较多，又加上我们目前收集的语例有限，所以只能把它暂且搁置，而主要分析在分类上没有过多争议的指主式状语和指宾式状语。

2. 依据指名性状语语义中蕴涵的生命义来分类

指名性状语语义上描写的事物存在着生命度的差别，它可以是生命度高的人和动物，也可以是附属于人的器官，如手、脚、眼睛等，或植物，还可以是没有生命的一些物件，如桌子、地板等。若依据指名性状语所指的名词性成分生命度强弱来划分指名性状语的有生与无生，看似合理，却又由于同样一个词语有时既可修饰有生物，亦可描写无生物而出现许多交叉情形。王珏（2004）认为："从全息语义角度观察，形容词语义结构中也应该像其他有生词语一样包括基础义、生理义、心理义、文化义和语言义五类构成要素……是否具有生理义，是有生形容词与无生形容词的最大分界线……生理义、心理义和文化义是有生形容词特有语义要素，形容词语义结构中只要具备了三者或之一，该形容词就具备了有生形容词的资格。"参照王珏（2004）对形容词有生与无生的区分标准，本章从指名性状语本身语义中蕴涵的生命义出发，将其分为有生状语和无生状语两大类。

有生状语在语义上所修饰的多是人或拟人化了的动物、植物，及依存于人体的器官组织的动态特征，例如：

（35）小豆豆<u>精神饱满</u>地应了一声，又干起来了。（翻译作品：《窗边的小豆豆》）

（36）林外<u>高高矮矮</u>地站着百余人。（金庸：《神雕侠侣》）

（37）高桥同学的眼珠<u>滴溜溜</u>地转着，那眼神好象要说什么似的。（翻译作品：《窗边的小豆豆》）

例（35）中"精神饱满"表现出生理义、心理义和语言义，是有生状语，形容的是生命体"小豆豆"的神情；例（36）中"高高矮矮"描写的是宾语"百余人"站着的姿态，体现了生理义，显然也是有生状语；例（37）中"滴溜溜"表现了依存于人体的器官"眼珠"的特点，其状态是可以通过人而进行自主调控的，含有生理义和语言义，是有生状语。

无生状语在语义上摹写的可以是无生命物件的性状，也可修饰动植物的属性特征或人体器官组织的静态特点，例如：

（38）从耳鬓到后脑勺部分还是<u>密密麻麻</u>地长了不少又短又亮的头发。（翻译作品：《窗边的小豆豆》）

（39）在他面前<u>象小山似的</u>放着一堆类似树皮的东西。（同上）

（40）各种的草花都<u>鲜艳</u>地摆在路旁。（阎连科：《我与父辈》）

例（38）中"密密麻麻"尽管形容的是人体组织"头发"的密度，但其本身没有透露出生命迹象，不具有生理义、文化义或语言义。因此是无生状语；例（39）中"像小山似的"描写了无生命的"东西"的形状，显然是无生状语；例（40）中"鲜艳"修饰了植物"草花"的颜色，凸显的是静态属性特征，"鲜艳"本身不具有生命义，是个无生状语。

3. 依据指名性状语所在小句句式意义的差别来分类

为考察的方便，前文依据指名性状语在具体语境中丰富的语义指向，将其简化为两大类，即指主式状语和指宾式状语。同是指主式状语或指宾式状语，它们内部还是有着很大的差异，因此有必要对它们进行细分。指名性状语所在的小句称为指名性状语句，不同的指名性状语句因内部指名性状语与主语、谓语动词和宾语的语义选择限制关系的不同而表现出不同的句式意义。通过对所收集的语料的考察和句义的比对，本章把指主式状语句分为描人式状语句、描物式状语句两小类，把指宾式状语句分为使成式状语句、存现式状语句和本体式状语句三小类。相应地，描人式状语句中的指名性状语称为描人式状语，描物式状语句中的指名性状语称为描物式状语，使成式状语句中的指名性状语称为使成式状语①，存现式状语句中的指名性状语称为存现式状语，本体式状语句中的指名性状语称为本体式状语。

1）描人式状语

描人式状语句的句式意义可以表述为：施动者发出或受动者接受某一动作过程中凸显主体事物或客体事物"人"的某种状态。例如：

（41）他<u>欣喜</u>地对他笑着。（铁凝：《大浴女》）

----

① 本章的"使成式状语"是指表现为可以由主体通过动作可控而形成的性状的指名性状语，它不同于学界通常所说的"使成式"。"老师圆圆地画了一个圈"中"圆圆"是在动作"画"控制下"圈"达成的结果性状，是使成式状语，从这个意义上来说，使成式状语与谓语动作表现出一定的因果关系。

（42）妹妹<u>孤零零</u>地被抛在一旁。（翻译作品：《可爱的骨头》）

例（41）"欣喜"即是描人式状语，它刻画了主语"他"在发出"笑"这一行为时的表情；例（42）"孤零零"是描人式状语，它描写了"妹妹"遭受抛弃的境况。

　　2）描物式状语

　　描物式状语句偏重于静态描写意义的呈现，其句式义可以如此表述：主体事物发生某一活动行为并伴随着凸显主体事物"物"的某种状态。例如：

（43）莲馨花<u>灰灰</u>地盛开着。（翻译作品：《查特莱夫人的情人》）

例（43）"灰灰"描写了"莲馨花"这一事物在盛开时的颜色，属于描物式状语。

　　3）使成式状语

　　使成式状语句的句式意义可以概括如下：动作主体有意识地对客体受事施加某种动作行为，并使之产生并凸显客体事物的某种状态。例如：

（44）他<u>长长</u>地打了一声唿哨。（《报刊精选》1994年9月）

例（44）"长长"描写的是宾语"一声唿哨"在谓语动作"打"控制下而形成的状态，是主体通过动作可以使成的性状，所以是使成式状语。

　　4）存现式状语

　　存现式状语句的句式意义可以概括如下：某处以某种动作方式存现某种事物并伴随着凸显存现事物的某种状态。例如：

（45）那里石阶上下都<u>厚厚</u>地堆积着水沫似的雪。（钟敬文：《西湖的雪》）

例（45）存现句中的指名性状语"厚厚"是个存现式状语，它描写并凸显石阶上存在的雪的厚度状态。

　　5）本体式状语

　　本体式状语句的句式意义总结为：施动者有意识地对受动者施加某种行为，并使受动者凸显出一种本体性状态。例如：

（46）助祭走上布道台，<u>宽宽</u>地伸出大拇指。（翻译作品：《战争与和平》）

所谓本体性状态，是指某事物在遭受动作行为之前自身已具有的能反映个体本身特性且相对稳定的性状，同时不会因为动作行为的作用而改变，但这种性状只是事物诸多特征之一。例（46）"宽宽"是本体式状语，它描写了助祭"大拇指"的本来模样，并不受动作的控制或影响。

指名性状语依据句式意义所作的分类列表如下①：

表 2—2

指名性状语		
指主式状语	描人式状语	
	描物式状语	
指宾式状语	使成式状语	
	存现式状语	
	本体式状语	

依据指名性状语的语义指向特征、指名性状语语义蕴涵的生命义差别，参合指名性状语所在小句句式意义的标准，可以得出下面的综合分类表：

表 2—3

指名性状语			
有生状语		无生状语	
指主式状语	指宾式状语	指主式状语	指宾式状语 使成式状语
描人式状语	存现式状语 本体式状语	描物式状语	存现式状语 本体式状语

二　指名性状语的句法分析

（一）指名性状语的句法特点

指名性状语句法上直接联系谓语动词，语义上则与主语或宾语等名词性成分直接联系，这就要求充当指名性状语的语言形式有描写事物性状的能

---

① 描人式状语和描物式状语是针对指主式状语句中指名性状语划分的，指主式状语描人和描物的语言事实很丰富，指宾式状语句中的指名性状语尽管也有描写人物和描写非人物的区别，但不是那么明显。依据指宾式状语在句中存在体现出的句式意义的差别，将其分为使成式状语、存现式状语和本体式状语三类。

力，反映在句法构成上主要体现为两方面：一是指名性状语主要由描写性强的修饰语担当，特别是复杂形式的形容词；二是指名性状语一般要与"地"同现。

1. 充当指名性状语的词语

指名性状语构成的成分类别呈现出多样化的态势，但也表现出一致性，即具有很强的描写性功能。通过一定语料的考察，发现指名性状语主要由形容词性词语、动词性词语、名词性词语、主谓短语、比况性或比喻性的词语、固定短语等来充任。

1）形容词性词语作指名性状语

1a）简单形式的形容词①

形容词的简单形式指的是形容词的基本形式，包括单音节形容词和一般的双音节形容词，作指名性状语的只能是部分双音节形容词，一般要带"地"，如例（1）中"软弱"和例（2）中"丑陋"都与其后"地"同现。

（1）他会软弱地哭泣。（张悦然：《毁》）

（2）她歪着头，丑陋地咧着大嘴。（铁凝：《大浴女》）

通过考察27万字左右的小说《大浴女》，发现充当指名性状语的简单形容词还有"伟大、聪明、笨拙、焦躁、昂然、惨然、凄然、坦然、黯然、茫然、颓然、慷慨、紧张、激动、沉重、热情、苦恼、骄傲、冷淡、安静、规矩、乖巧、整齐、老练、松弛、和蔼、寂寞、孤单、苦闷、漂亮、疲惫、友善、敏捷、恭敬"等。

1b）复杂形式的形容词

形容词的复杂形式主要有：

a. 重叠式

形容词重叠式包括完全重叠式、不完全重叠式，朱德熙（1956）提到的"带后加成分的形容词"也归入这类。

AA型，如例（3）中"歪歪"和例（4）中"薄薄"：

（3）文森特歪歪地靠在躺椅上睡着了。（张悦然：《葵花走失在1890》）

（4）上面薄薄地覆上一层手工扯成的咸味面条。（《人民日报》

---

①　关于形容词的简单形式和形容词的复杂形式的分类，参看朱德熙《现代汉语形容词研究》，《语言研究》1956年第1期。

1995 年 5 月)

ABB 型，如例（5）中"黄澄澄"和例（6）中"恶狠狠"：

　　（5）一轮满月在冉冉上升，黄澄澄地高悬在家家户户烟囱之上。（翻译作品：《美国悲剧》）

　　（6）她恶狠狠地不正常地刷着手下的黄瓜。（铁凝：《大浴女》）

AABB 型，如例（7）中"昏昏沉沉"和例（8）中"热热闹闹"：

　　（7）她们在凌晨才昏昏沉沉地睡过去。（铁凝：《大浴女》）

　　（8）刘四爷，因为庆九，要热热闹闹的办回事。（老舍：《骆驼祥子》）

ABAB 型，如例（9）中"傻白傻白"和例（10）中"通红通红"：

　　（9）白塔却高耸到云间，傻白傻白的把一切都带得冷寂萧索。（老舍：《骆驼祥子》）

　　（10）海面上通红通红地冒出一轮太阳。（曹志彪［1996］用例）

A 里 AB 型，如例（11）中"糊里糊涂"：

　　（11）我糊里糊涂受了她顿教训。（李健吾：《这不过是春天》）

ABAC 型，如例（12）中"慢声慢气"：

　　（12）她慢声慢气地说，麦克，能满足我一个小小的要求吗？（铁凝：《大浴女》）

ABCC 型，如例（13）中"喜气洋洋"和例（14）中"死气沉沉"：

　　（13）他敏捷地在尹小跳眼前消失了一会儿，然后就喜气洋洋地端来了水。（铁凝：《大浴女》）

　　（14）鲁妈死气沉沉地立着。（曹禺：《雷雨》）

还有其他型的，如例（15）中"稀里胡芦"：

　　（15）连大棉袍也没有，就那么稀里胡芦的小跑着。（老舍：《骆驼祥子》）

　　b. 状态词

　　状态词（如"煞白、冰凉、鲜艳、鲜红、贼亮、笔直、削瘦"等），例如：

（16）各种的草花都<u>鲜艳的</u>摆在路旁。（老舍：《骆驼祥子》）

（17）树木<u>削瘦的</u>立在路旁。（同上）

c. 形容词性短语

由程度副词以及某些表示程度的代词跟形容词构成的偏正的形容词性短语，如例（18）中"非常尴尬"和例（19）中"那样残暴"：

（18）他<u>非常尴尬</u>地看着每一个人。（翻译作品：《哈利·波特6》）

（19）狙公曾经<u>那样残暴</u>地对待过它们。（鄢烈山：《2007中国杂文年选》）

由形容词和其他一些表程度的词语构成的形补短语，如例（20）中"焦急万分"：

（20）站在房间另一头的尹小荃就会<u>焦急万分</u>地挥动着胳膊。（铁凝：《大浴女》）

由形容词构成的形容词性的并列短语，如例（21）中"细小无力"和例（22）中"忠诚老实"：

（21）河南的荷塘的绿叶<u>细小无力</u>地浮在水面上。（老舍：《骆驼祥子》）

（22）邮筒<u>忠诚老实</u>地站在便道上树的黑影里。（铁凝：《大浴女》）

2）动词性词语作指名性状语

动词性词语可以是动词，也可以是动词性短语（包括固定短语），动词性词语作指名性状语时后面一般要加"地"，起到了描写主语或宾语情状的作用。

动词作指名性状语，如例（23）中"厌倦"和例（24）中"嫉妒"。

（23）鲁四凤<u>厌倦</u>地摸摸前额。（曹禺：《雷雨》）

（24）男生们，则<u>嫉妒</u>地看着他。（安宁：《陪你在百花香的春天里》）

偏正结构的动词性短语作指名性状语，如例（25）中"很担心"和例（26）中"无限感慨"。

（25）我<u>很担心</u>地望着他。（阎连科：《我与父辈》）

（26）孟由由<u>无限感慨</u>地说着渴望活得像电影一样。（铁凝：《大浴

女》)

并列结构的动词性短语作指名性状语,如例(27)中"有点儿赌气又有点儿幸灾乐祸"和例(28)中"窜前跑后"。

　　(27)她经常有点儿赌气又有点儿幸灾乐祸地这么想。(同上)

　　(28)尹小帆窜前跑后地欢呼着,她为她的姐姐感到骄傲。(铁凝:《大浴女》)

动宾结构的动词性短语作指名性状语,如例(29)中"掩着嘴"和例(30)中"充满信心"。

　　(29)女的掩着嘴剔牙。(迟子建:《草原》)

　　(30)又能让学生充满信心地去学习新知识。(蔡伟:《语文课堂教学技能训练》)

动补结构的动词性短语作指名性状语,如例(31)中"跑得满头大汗"。

　　(31)她跑得满头大汗地赶上了我。(范晓《汉语的短语》用例)

　　3)名词性词语作指名性状语

　　能够充当指名性状语的名词性词语包括名词和名词性短语,其后一般带"地",对主语或宾语有着描写性的修饰作用。

　　普通名词充当指名性状语,如例(32)中"善意"。

　　(32)大家都善意地笑了。(肖华:《我和张艺谋的友谊和爱情》)

定心结构构成的名词性短语短语充当指名性状语,如例(33)中"小心眼"和例(34)中"厚脸皮"。

　　(33)我小心眼地用手捂着书包里那两本心爱的书。(王小波:《绿毛水怪》)

　　(34)朗古那张孩子脸,充满了近乎傲慢的表情,甚至还厚脸皮地扬言。(翻译作品:《银河英雄传说》)

并列结构构成的名词性短语充当指名性状语,如例(35)中"神头鬼脸"和例(36)中"一把鼻涕一把眼泪"。

　　(35)他不肯就这么神头鬼脸的进城去。(老舍:《骆驼祥子》)

　　(36)她还是一把鼻涕一把眼泪地哭泣着。(周而复《上海的早晨》)

数量重叠的名词性短语短语（即数量重叠式构成的名词性短语）充当指名性状语，指的是物量词重叠式，如例（37）中"一排一排"和例（38）中"一个一个"。

（37）那些树长得非常整齐，<u>一排一排</u>地挨着。（汪曾祺：《天山行色》）

（38）在法国，我<u>一个一个</u>地去观光教堂。（张贤亮：《习惯死亡》）

4）主谓短语作指名性状语

作指名性状语的主谓短语在数量上是比较多的，然而多是作指主式状语，其后一般要带"地"，如例（41）中"青筋蹦跳"、例（42）中"火气很盛"和例（43）中"个性鲜明"都与"地（早期'地'写作'的'）"同现。

（39）祥子<u>青筋蹦跳</u>的坐下。（老舍：《骆驼祥子》）

（40）唐菲<u>火气很盛</u>地说你瞎打什么岔。（铁凝：《大浴女》）

（41）他们用了不同的香水，每一种都是<u>个性鲜明</u>地独霸着空气。（张悦然：《小染》）

例（39）的"青筋蹦跳"、例（40）的"火气很盛"、例（41）的"个性鲜明"都可以分析为主谓短语充当指名性状语，这种主谓短语里的主语事物跟句子的主语事物有领属关系，如"青筋"隶属于"祥子"；因此作指名性状语的主谓短语大多是指主式状语。下面例（42）中"一脸怒火"和例（43）中"一身污秽"也可以分析为主谓短语充当指名性状语，如：

（42）她<u>一脸怒火</u>地对尹小跳说。（铁凝：《大浴女》）

（43）枣红马<u>一身污秽</u>地躺在旁边。（翻译作品：《塞瓦斯托波尔的12月》）

5）表示比况性或比喻性的短语作指名性状语

作指名性状语的表比况性或比喻性的短语主要是指"（像）……似的"、"像……（一样）"、"……一般"等短语，如例（44）中"心肝宝贝似的"、例（45）中"像一座石像"和例（46）中"雨后春笋般"。

（44）二奶奶也<u>心肝宝贝似的</u>疼爱她。（田汉：《关汉卿》）

（45）繁漪<u>像一座石像</u>地仍站在门前。（曹禺：《雷雨》）

（46）近年来<u>如雨后春笋般</u>地冒出了 140 多个乱挖滥采的非法小煤

窑。(《报刊精选》1994年6月)

6)固定短语作指名性状语

成语或熟语是惯用词的固定组合,一般称作固定短语。固定短语作指名性状语如例(47)中"理直气壮"、例(48)中"肆无忌惮"和例(49)中"乱七八糟"。

(47)唐医生<u>理直气壮</u>地穿着章妩织的毛衣。(铁凝:《大浴女》)

(48)画室里照样有年轻的模特儿在那儿<u>肆无忌惮</u>地站着。(同上)

(49)我<u>乱七八糟</u>地买了一堆东西。(张平:《十面埋伏》)

形容词的描写性功能自是不用说,从上文所举数例,还是可以看出名词性词语、动词性词语、主谓短语、固定短语等充当指名性状语时也都具有将事物形象化,描写其性状的作用。应该说,这些不同类别的词语成为指名性状语时,其句法功能已向形容词性靠拢。

从上文的举例,可以发现名词性词语、动词性词语、主谓短语、固定短语等充当的多是有生状语中的指主式状语,很少是作为无生状语中的描物式状语和指宾式状语而存在的。这可从两方面进行解释:

第一,指主式状语和指宾式状语本身在使用频率上相差甚大。考察铁凝27万字左右的《大浴女》,发现指主式状语有184例,指宾式状语却只有8例,足见指主式状语的使用范围要比指宾式状语广;而且,指主式状语尤其是描人式状语的使用现已是一种很普遍的用法,它对成分类别适应面比较大。此外,指主式状语主要描写的多是主语进行某项行为的伴随性神貌、品质等,不是某种动作所致生的状态,因此这些特点不需要程度量的支撑,只要具备刻画性状能力的结构即可,而并不强制性地要求形容词重叠式来担当。

第二,描物式状语和指宾式状语的使用频率相比描人式状语不是很高,它们的使用常常是为了达到一种陌生化的表达效果,明示说话人的某种意图和情感,因此多是由复杂形式的形容词充当。

复杂形容词,特别是形容词的重叠形式,它所表现的程度量随句法位置的变化而变化。一般说来,形容词完全重叠式在状语位置往往带着加重、强调的意味,具有可控性。如"母亲嫩嫩地炖了碗鸡蛋羹",使成式状语"嫩嫩"表述的是施事者"母亲"意欲鸡蛋羹炖成的状态,强调了使成的主观情状,同时"嫩嫩"是施事者可以通过行为的调整得到控制的一种性状。当"嫩嫩"由状语位置移位到定语位置,它就只是表示鸡蛋羹炖成的一种客观状态了，不再受到强调。由于形容词重叠形式在状位表现出的性状体现了程度量的可控性，并且是施事者意图达到的情状，所以一些复杂形容词，当表示的是主语非意愿性的情状时，就不能作为使成式状语。例如人们一般不会说"刘四爷要冷冷清清地办回寿宴"，这是因为"冷冷清清"一般不可能是施事者有意识和企图办成"寿宴"的情态。然而"冷冷清清"可以出现在定语位置，如可以说"刘四爷办了回冷冷清清的寿宴"，这是因为"冷冷清清"在定语位置上主要表示已然达成的事物或事情的客观性态，所以就不受限制。

　　形容词重叠形式还与说话人对某种属性的主观评价发生联系，这反映了说话人对客观事物的主观感受。如"一轮满月黄澄澄地高悬在家家户户烟囱之上"，其中描物式状语"黄澄澄"是说话人对"满月"客观情态的一种主观评价，强调了发话人对"满月"的主观感受。又如"上面薄薄地覆上一层手工扯成的咸味面条"，其中存现式状语"薄薄"也是说话人对"面条"客观情态的一个主观评价，凸显了发话人对"面条"状态的一个主观感受。

　　上面说描物式状语和指宾式状语多是由复杂形式的形容词担当，但这并不否认其他成分类别也可以充当的可能性。例如：

　　（50）四肢像散了似的在一些干草上放着。（老舍：《骆驼祥子》）

　　（51）买上车，省下钱，然后一清二白的娶个老婆。（同上）

　　（52）他就嘎七马八的买回一大堆事物。（同上）

例（50）表比况的短语"像散了似的"语义指向事物主语"四肢"，例（51）"一清二白"、例（52）"嘎七马八"，都是固定短语，在这里语义都是指向宾语的。

　　指名性状语多项连用的情况，有连续连用，断续连用，因为本章考察的主要是单项指名性状语的特点，所以在此就不赘述了。

　　2. 标记词"地"的功能

　　张国宪（1991）指出语义指向名词性成分的结构是一种有标构造，在现代汉语中，指名性状语通常需要与标志词"地"（早期作品多写成"的"）同现，这是因为指名性状语结构的句法与语义的相悖状况大多是由"地"造成的。本章认同张国宪的观点，认为指名性状语通常要与"地"同现，它所在的小句是一种有状语标记词"地"的句式。

　　关于指名性状语后绝对加"地"、绝对不加"地"及可加可不加"地"

的情况，本章根据充当指名性状语的词语形式作了一个粗略的统计，如下：

表 2—4

充当指名性状语的词语形式			绝对 不加"地"	绝对 加"地"	可加可 不加"地"
形容词简单形式			−	+	−
形容词 复杂形式	重叠式		−	−	+
	状态词		−	+	?
	形容词性的短语		−	−	+
动词性词语	动词		−	+	−
	偏正结构的动词性短语		−	+	−
	并列结构的动词性短语		−	+	−
	动宾短语	V 着 O	+	−	−
		其他	−	+	−
	动补短语		−	+	−
名词性词语	普通名词		−	+	−
	偏正结构的名词性短语		−	+	?
	并立结构的名词性短语		−	+	?
	数量重叠的名词性短语		−	−	+
主谓短语			−	+	−
表示比况性或比喻性的短语			−	+	?
固定短语			−	+	?

（注："＋"表示有此项特征，"－"表示没有此项特征，"？"表示此项特征存在个别例子）

通过对一定数量语料的考察，发现由"V 着 O"格式充当指名性状语时不能加"地"外，如"女的掩着嘴剔牙"，其他的指名性状语后没有绝对不能带"地"的情况，可带可不带的情况也不多见。大部分指名性状语和谓语动词之间必须加"地"，否则，有的就变得不通顺致使句子不能成立。例如：

（53）他的唇角松弛地垂下来。（曹禺：《雷雨》）

（53a）→＊他的唇角松弛垂下来。

（54）他的那匹战马不安分地站着。（翻译作品：《龙枪短篇故事集》）

（54a）→＊他的那匹战马不安分站着。

有的不加"地"，就变成一般所说的"连动句"（或"连谓句"），例如：

　　（55）尹小跳头也不回地走上大街。（铁凝：《大浴女》）

　　（55a）→尹小跳头也不回走上大街。

青野英美（2005）认为带"地"的状语是现代汉语典型的描写性状语，"地"是描写性状语的标志性特征。描写性状语包括指动性状语和指名性状语，其中带"地"的指名性状语相比带"地"的指动性状语更能代表描写性状语。如刘月华（1989）采用了五种材料作了一个统计，说明 Z_1 状语与 Z_2 状语在使用结构助词"地"的差异，① 这从另一个层面佐证了本章的论断：指名性状语后的"地"不是可有可无的，它表现出了多重的功能。

　　第一，指名性状语后的"地"是个摹状标记，有强调摹状的作用。例如：

　　（56）带刺的黄瓜长长短短地挂满架下。（左中美：《核桃香》）

　　（57）脖颈上明晃晃地挂着诗人在那中途站买下的银项链。（刘心武：《多桅的帆船》）

例（56）"长长短短"与"地"同现，凸显了"黄瓜"的性状，例（57）"明晃晃"带上"地"使"银项链"的状态受到强调。指名性状语带"地"有增强其摹状的作用，并体现了说话者对事物属性或性状的主观感受。青野英美（2005）曾指出带"地"状语不仅表现出了临时性，也突出了状语的内涵，也是从"地"有强调指名性状语摹状作用这个角度来阐释的。

　　第二，指名性状语后的"地"是个语义倾向性认知标记，一定程度上指明了状语的语义指向。张国宪（1991）谈到语义指向谓语动词的"主语—状语—动词—宾语"结构是一种无标构造，其中的状语不需要与"地"同现"。所以借助"地"的有无，来判断某些描写性状语更倾向于指名还是指动。例如：

　　（58）中国常驻世贸组织代表敦促美国认真履行其义务。（新华社2004 年新闻稿 001）

――――――――――

　　① 刘月华（1989）在《状语的分类和多项状语的顺序》一文中将状语分为描写性状语（Z）和非描写性状语（FZ）。根据在句中的作用，又将 Z 状语分为三类：Z_1、Z_2、Z_3，其中 Z_1 和 Z_2 是最主要的。Z_1 状语的作用实际上是描写动作者，描写动作者在进行某一动作时的表情、姿态以及形之于外的心理活动，往往是人的感官可以感知的；Z_2 状语的作用是描写动作、变化本身的，它主要描写动作、变化的方式、状况等。

（59）周恩来<u>认真地</u>领导大家学习苏联社会主义革命和建设的经验。（《周恩来传》）

"认真"是能充任指名性状语和指动性状语的少数形容词之一，在具体语句中，可以依据'它是否与"地"同现来判断其倾向性的语义所指。例（58）中"认真"语义指向偏于谓语动词"履行"，例（59）"认真"与"地"同现，语义指向偏于主语名词，所以是个指名性状语，着重描写并突显了周恩来的态度。

此外，"地"指示了状语与中心语的语义距离，是个语义距离认知标记。语言成分之间的距离与概念表达之间的距离是相对应的，张敏（1998）从距离象似原则入手，指出"分类属性和事物的概念距离比情状或一般属性更近，而显著的规约分类属性和事物的距离又近于一般的分类属性"①。这句话包含了很大价值的信息，指名性状语多与"地"同现，是一种意义上的远近在句法形式上的相应投射。换言之，指名性状语只是在句法上直接描写谓语动词，但在语义上与主语或宾语有着更为紧密的语义联系，所以在语义深层，指名性状语显然与事物的关系较近，反映在表层结构与谓语动词要保持一定的距离，因此一般需要插入"地"。

第三，"地"可强制语义上不属于谓语动词的某些修饰语成为状语，这可以通过删略变化得到证明。例如：

（60）朴园<u>失望地</u>看着他儿子下去。（曹禺：《雷雨》）

（60a）→朴园很失望，看着他儿子下去。

（61）他像往常一样<u>粗鲁地</u>吼了一声。（王朔：《我是你爸爸》）

（61a）→他像往常一样粗鲁，吼了一声。

例（60）和例（61）指名性状语后删去"地"，则"失望"和"粗鲁"将从状语位置前移至谓语位置，对主语构成表述，从而使"失望"与"朴园"、"粗鲁"与"他"之间在句法和语义上都呈现出一致性。可见"地"有将谓语变换成状语的可能性。

第四，"地"有使音节和谐化的修辞效果，从而使语气更舒缓，读起来更顺畅。例如：

（62）爸爸的爱却始终<u>满满地</u>珍藏在他心里。（《报刊精选》1994

---

① 张敏：《认知语言学与汉语名词短语》，中国社会科学出版社1998年版，第301页。

年4月）

　　（62a）→爸爸的爱却始终满满珍藏在他心里。

　　（63）多多地开了赏钱，使大家十分欢喜。（李自成：《姚雪垠》）

　　（63a）→多多开了赏钱，使大家十分欢喜。

朗读例（62）、例（63）有"地"和无"地"的句子，会明显感受到，有"地"的句子读起来语气相对比较舒缓而有节奏感，无"地"的句子，指名性状语与谓语动词直接相连，读起来稍显急促而单调。

　　由上所述可知"地"不仅仅是指名性状语后的一个结构标记，也是摹状标记、语义倾向性认知和指示语义距离的标记，同时也有着和谐音节的修辞作用。

（二）指名性状语所指向的句法成分

　　指名性状语指向的句法成分主要是主语和宾语，指向主语的为指主式状语，指向宾语的为指宾式状语。

　　1. 指主式状语指向的主语的表现形式

　　指主式状语指向主语的表现形式通常是名词性词语，被指主语主要由名词、人称代词、定心短语、同位短语和名词性的并列短语等充当。

　　1）名词

　　1a）光杆普通名词

　　光杆普通名词指不带数量词、指代词和其他修饰语的名词，如例（64）中"孩子"和例（65）中"野狗"。

　　（64）孩子大哭着，一边委屈万状地指着身旁的章妩。（铁凝：《大浴女》）

　　（65）野狗寂寞地狂吠着。（曹禺：《雷雨》）

　　1b）专有名词

　　专有名词指用来表示人或物的姓名及世界上独一无二的事物，如例（66）中"鲁四凤"和例（67）中"太阳"。

　　（66）鲁四凤焦灼地望着通往花园的门。（曹禺：《雷雨》）

　　（67）太阳火辣辣地炙烤着一切生灵。（《人民日报》1994年3月）

　　1c）集合名词

　　集合名词指表示群体概念的名词，如夫妻、母子、师生、亲友、父母，以及由名词性词根后加"们"组成的合成词，如亲戚们、邻里们等。如例（68）中"战士们"和例（69）中"叶老夫妇"。

　　（68）战士们<u>方方正正地</u>站了一片。（杜鹏程：《保卫延安》）

　　（69）叶老夫妇<u>热情地</u>招待他。（航鹰：《明姑娘》）

　1d）处所名词

　　处所名词指表示处所、方位等概念的名词，如例（70）中"前面"和例（71）中"里面"。

　　（70）这前面<u>整个地</u>遮上一面有折纹的厚绒垂幔。（曹禺：《雷雨》）

　　（71）里面<u>黑洞洞地</u>透着一股阴森森的冷气。（《报刊精选》1994年 10 月）

　2）人称代词

　　人称代词包括我、你、他等，指主式状语指向的代词以第三人称居多，如例（72）中"她"和例（73）中"他"。

　　（72）她<u>愤怒地</u>伸出胳膊。（铁凝：《大浴女》）

　　（73）他<u>面目平淡地</u>劝她。（同上）

　3）定心短语

　　定心短语有"形·名"、"指·量·名"、"数·量·名"、"方·名"等构成的短语，例如：

　　（74）中间门<u>沉重地</u>缓缓推开。（曹禺：《雷雨》）

　　（75）林立的大烟囱<u>黑魆魆地</u>耸入清晨或夜晚的天空。（翻译作品：《天才》）

　　（76）几丝云彩<u>淡淡地</u>浮在空中。（《报刊精选》1994 年 3 月）

　　（77）两大条蛇肉<u>亮晶晶地</u>盘在碗里。（阿城：《棋王》）

例（74）中指主式状语"沉重"修饰的主语"中间门"表现为"方·名"短语，例（75）中指主式状语"黑魆魆"语义上指向的主语"林立的大烟囱"是"形·名"短语，例（76）中指主式状语"淡淡"形容的事物主语"几丝云彩"和例（77）中指主式状语"亮晶晶"修饰的主语"两大条蛇肉"都表现为"数·量·名"短语。

　4）同位短语

　　（78）妈妈自己<u>病恹恹地</u>扶着腰进来了。（王朔：《动物凶猛》）

（79）只有我这个作家<u>凄凄惨惨地</u>被冻得满街转。（叶广芩：《从四合院到秦岭深山》）

例（78）中指主式状语"病恹恹"语义上形容的主语"妈妈自己"和例（79）中指主式状语"凄凄惨惨"语义上形容的"我这个作家"都是同位短语。

5）名词性的并列短语

（80）土尔扈特部奋起反抗，首领和鄂尔勒克<u>英勇地</u>献出了生命。（《中国儿童百科全书》）

（81）殷家宝和尤枫确是<u>平和恩爱地</u>浸浴在他们的无瑕天地里。（梁凤仪：《金融大风暴》）

例（80）中指主式状语"英勇"语义上修饰的"首领和鄂尔勒克"是名词性的并列短语，例（81）中指主式状语"平和恩爱"语义指向的主语"殷家宝和尤枫"也是名词性的并列短语。

2. 指宾式状语指向的宾语的表现形式

指宾式状语指向宾语的表现形式通常是名词性词语充当，被指成分宾语主要是名词、定心短语、名词性的并列短语，其中尤以数量名短语为多，这应该与宾语本身的无定性相关。

1）名词

（82）福尔摩斯在他的笔记本的一张纸上<u>潦潦草草</u>写了收条。（翻译作品：《福尔摩斯探案集》）

（83）平日空旷旷的大候车室里现在<u>黑压压地</u>挤满了人群。（杨沫：《青春之歌》）

（84）妇女们<u>红红绿绿地</u>洗着衣服。（《人民日报》1994 年第 4 季度）

（85）一辆小车<u>明晃晃地</u>开着车灯。（陆天明：《苍天在上》）

例（82）中指宾式状语"潦潦草草"语义上指向的宾语"收条"、例（84）中指宾式状语"红红绿绿"语义上描写的宾语"衣服"和例（85）中指宾式状语"明晃晃"语义上形容的宾语"车灯"都是普通名词；例（83）中指宾式状语"黑压压"语义上描写的宾语"人群"是集合名词。

2）定心短语

充当宾语的定心短语除了"形·名"，主要表现为"数·量·名"短语，例如：

1a）形·名短语

(86) 从上到下密实地排列着痛苦的褶皱。(《人民日报》1995年8月)

例 (86) 中"痛苦的褶皱"句法形式表现为形·名短语，是指宾式状语"密实"语义上紧密联系的对象。

1b）数·量·名短语

A. "一" + 量词 + 名词

(87) 水泥地上只是薄薄地铺了一层稻草。(蒋星煜：《"棚友"黄佐临》)

(88) 车门口清清脆脆传来一声亲嘴的声音。(邓友梅：《别了，濑户内海》)

例 (87) 中"一层稻草"和例 (88) 中"一声亲嘴的声音"在句法上表现为"'一' + 量词 + 名词"短语，分别是指宾式状语"薄薄"和"清清脆脆"语义上紧密联系的成分。

B. 数词 + 量词 + 名词

(89) 地里只稀稀拉拉长出几棵苗。(《人民日报》1993年6月)

(90) 崭新黑漆的车，把头折了一段，秃喳喳的露着两块白木喳儿。(老舍：《骆驼祥子》)

例 (89) 中宾语"几棵苗"和例 (90) 中宾语"两块白木喳儿"在句法上表现为"数词 + 量词 + 名词"形式，分别是指宾式状语"稀稀拉拉"和"秃喳喳"语义上修饰的对象。

C. "一" + 量词

(91) 满满地煮了一大锅。(《报刊精选》1994年12月)

(92) 小六子脆脆地应了一声。(季宇：《县长朱四与高田事件》)

例 (91) 中指宾式状语"满满"语义上修饰的宾语"一大锅"和例 (92) 中指宾式状语"脆脆"语义联系着的宾语"一声"都是"'一' + 量词"短语。

3）名词性的并列短语

(93) 石碑上用颜体楷书工工整整地镌刻着《中华人民共和国环境

保护法》、《中华人民共和国森林法》、联合国的《里约宣言》。(《人民
日报》1994 年 4 季度)

例（93）中指宾式状语语义上指向的宾语"《中华人民共和国环境保护法》、
《中华人民共和国森林法》、联合国的《里约宣言》"，句法形式上表现为名
词性的并列短语。

（三）指名性状语所联系的中心语

状语限饰中心语，状语的中心语是由谓词性词语充当的。指名性状语作
为一种特殊的状语，在句法本质上也是依附于谓词性中心语的，所以在考察
指名性状语时，不能忽略它所限饰的中心语——谓词性词语的一些特征。作
中心语的 VP（谓词性词语）可以是词，也可以是短语。这里着重考察指名
性状语限饰的谓语动词的情形。

1. 谓语动词的类别特征

胡裕树、范晓（1995）从情状角度出发给现代汉语动词作了一个初步
分类，其简表如表 2—5 所示：

表 2—5

动词	静态	属性关系：是　姓　等于　标志着	
		心理感觉：知道　相信　抱歉　怕	
		姿势：站　坐　躺　蹲　住	
		位置：拿　挂　吊　戴　抱	
	动态	动作	瞬间：踢　砍　碰　咳嗽
			持续：看　吃　想　洗澡
		结果	瞬间：死　醒　见　爆炸
			持续：变化　长大　走进

通过考察收集的指名性状语句中的谓语动词，发现指名性状语所联系的
谓语动词多数为动态类的动作动词，其次为静态类的姿势动词和位置动词，
少见静态类的心理感觉动词和动态类的结果动词，静态类的属性关系动词则
偶见几例。我们从收集的语料中随机抽取了 100 个例句，统计出不同指名性
状语句中不同谓语动词类别出现的概率，如表 2—6 所示：

表 2—6

指名性状语的类别	静态动词			动态动词		总数
	属性关系	心理感觉	姿势位置	动作	结果	
描人式状语	0	0	5	23	2	30
描物式状语	0	0	13	7	0	20
使成式状语	0	0	0	20	0	20
存现式状语	0	0	14	5	1	20
本体式状语	0	0	0	9	1	10
总数	0	0	32	64	4	100

由表 2—6 可知，与指名性状语相联系的谓语动词中，动作动词比例高达 64%，姿势位置类静态动词比例为 32%，结果动词仅占 4%，而属性与心理感觉类动词的比例趋向于 0。在这里需要指出的是，心理感觉类动词充当指名性状语谓语的比例在这虽与属性关系类动词相同，但事实上心理感觉类动词数量要远远多于属性关系类动词，表 2—6 统计的比例只体现了一种倾向性。以下对心理感觉类动词和属性关系类动词所在的指名性状语句各举一例：

（94）拉基京仍旧痴情地爱着她。（余凤高：《屠格涅夫与维亚尔多夫人的爱情》）

（95）有的人把承包制片面理解为"一包就灵"，企业几乎清一色地姓了"包"字。（《人民日报》1995 年 3 月）

例（94）中指名性状语"痴情"句法上联系的谓语动词"爱"是心理感觉类动词，而例（95）中指名性状语"清一色"句法上联系的"姓"显然是个属性关系类动词。

另一方面，通过表 2—6 也可以了解到使成式状语和本体式状语几乎只能与动作动词相联系，存现式状语和描物式状语则主要与姿势位置类静态动词匹配，也可与动作动词搭配，而描人式状语句法联系的谓语动词则相对开放，但也以动作动词为主。综上可知，指名性状语句法所联系的谓语动词主要是动作动词。

2. 谓语动词的构词特征

指名性状语句法联系的谓语动词句法形式表现为单音节动词、双音节动词，还有少许离合形动词。

　　1）单音节动词

　　（96）她一边说一边站起来，<u>像一头发疯的母兽一样</u>就往门外跑。（铁凝：《大浴女》）

　　（97）楼下阳台的灯光<u>淡淡地</u>露出来。（《花溪》2009 年 6 月）

　　（98）陈明珠就照这个意思<u>短短地</u>写了份辞职申请。（吴思：《陈永贵沉浮中南海》）

　　（99）娴的嘴唇也<u>浅浅地</u>涂了口红。（苏童：《妇女生活》）

　　（100）炜炜<u>清清凉凉地</u>喝了杯矿泉水。（侯友兰［1998］用例）

例（96）中"跑"、例（97）中"露"、例（98）中"写"、例（99）中"涂"和例（100）中"喝"等作为指名性状语句法上联系的谓语动词都表现为单音节形式。通过对收集到的语料进行考察，发现经常出现在指名性状语句中的单音节动词主要有：

A. 睡 望 站 围 露 走 说 靠 哭 伸 打 躺 想 看
B. 摆 落 排 竖 照 握 粘 梳 躺 铺 塞 挂 拖 断
C. 划 筑 缝 造 打 排 炖 烙 沏 煮 做 炒 炸 挖
D. 撒 挂 装 放 摆 盖 站 塞 铺 蒙 涂 敷 走 漾
E. 吃 喝 摸 踢 娶 有 洗 看 尝 倒

这些动词出现于指名性状语句中的分布倾向存在差别，A 类动词虽是从描人式状语句中摘出来的，但其余四排动词也大都可以充当描人式状语后的谓语动词，B 类动词多出现于描物式状语句中，C 类动词主要出现于使成式状语句中，D 类动词多出现于存现式状语句中，而 E 类动词则主要出现于本体式状语句中。

　　2）双音节动词

　　（101）叶老夫妇<u>热情地</u>招待他。（航鹰：《明姑娘》）

　　（102）胡子也<u>长长地</u>纠结在一起。（《读者》合订本）

　　（103）这种机制犹如一笔无形的投资，比几亿、十几亿的巨资更<u>宏伟地</u>铸造起江铃的脊梁。（《人民日报》1993 年 3 月）

　　（104）火柴匣子般的车里<u>密密匝匝地</u>排列着长条凳。（萧乾：《流民图》）

　　（105）将近 100 年了，这期间<u>大大小小地</u>发生了多少事情啊！（《人民日报》1996 年 12 月）

例（101）中"招待"、例（102）中"纠结"、例（103）中"铸造"；例

（104）中"排列"和例（105）中"发生"等作为指名性状语句法上相连
的谓语动词都表现为双音节形式。通过对收集到的语料进行考察，发现经常
出现在指名性状语句中的双音节动词主要有：

A. 矗立 奔跑 考虑 逗弄 指责 捶打
B. 展现 摆放 照耀 开放 悬挂 奔拉
C. 锻造 打造 制造 编结 创作 谈论
D. 漂浮 出现 覆盖 散布 笼罩 弥漫
E. 发生 参加 品尝 触摸

这些双音节动词出现于指名性状语句中的分布概率有各自特点：A 类动词是
从描人式状语句中随机摘录的，它是一个开放的类，只要表示主语某种行
为、心理变化或动作状态的动词就可以进入此类；B 类动词常出现于描物式
状语句中，多表示事物的相对静态持续性的状况，此类也相对比较开放；C
类动词主要出现于使成式状语句中，是较封闭的类；D 类动词主要出现于存
现式状语句中，此类也相对比较开放，只要能表示事物的存在、出现、消失
等动词皆可进入此类；E 类动词主要出现于本体式状语句中，数量极其
有限。

3）离合动词

（106）他不断接着电话，<u>脸不改色心不跳地</u>对电话里的人撒着谎。
（铁凝：《大浴女》）

（107）13 名警察站成一排，向妻子们<u>恭恭敬敬</u>地行了个礼。（《人
民日报》1996 年 9 月）

（108）主治医师<u>长长地</u>叹了一口气。（刘一达：《"网"上绝唱》）

离合动词作为指名性状语句法上联系的谓语动词并不多见，一般出现在使成
式状语句或描人式状语句中，其形式多为"动宾型"离合词，如例（106）
中"撒谎"、例（107）中"行礼"和例（108）中"叹气"。同时，出现在
指名性状语句中的离合动词，其内部动词与宾语的联系比原来的松散，已向
动宾短语靠拢，这也可从中间插入的助词"了"和数量词了解到，如例
（107）"行"与"礼"中插入"了"和"个"，例（108）"叹"和"气"
之间插入"了"和"一口"。

通过上文分析，可以知道指名性状语句中谓语动词的句法形式有单音
节、双音节及离合动词，但这些不同句法形式在不同指名性状语句中出现的
比率有着很大差别。指主式状语句中的谓语动词对音节没有什么限制，除了

可以是单双音节，也可以是多音节；使成式和本体式状语句中的谓语动词以单音节形式为主，存现式状语句中的谓语动词的单音节和双音节形式各自比例则大致相当。

3. 谓语动词的共现成分

1）与助动词（也称能愿动词）共现

考察指名性状语句中的谓语动词，发现描人式状语句、使成式状语句中的谓语动词不管是单音节、双音节或离合形式，都可以与"可以"、"要"、"肯"等助动词共现，而本体式状语句中"吃"、"喝"等感知类动词也都可以与助动词共现，这说明这三类句子显现的主观意图性强于描物式和存现式状语句。

2）与补语共现

通过考察指名性状语句中的谓语动词，发现与描人式状语句中的谓语动词共现的补语不受限制，可以是表方所或趋向意义的补足语，也可以是表完成意义的补语；与描物式状语句中谓语动词共现的补语以方所或趋向意义的补语为主，这与其静态凸现的句式意义相符；使成式状语句和本体式状语句中谓语动词后的补语主要是表现为完成意义的"成"、"完"、"好"等，而存现式状语句中的谓语动词除了与"进来"、"出去"等趋向补语共现外，一般不与完成意义的补语共现，这也是因为存现式状语句相对静态的持续性呈现句式义所致。

3）与体标记共现

描人式状语句中的谓语动词对体标记的选择是开放的，不受限制；描物式状语句和存现式状语句因为句式意义趋向于静态描写意义，所以优选"着"，当然也可以与"了"、"过"共现，毕竟两者也存在动态呈现意义的句例；使成式状语句中的谓语动词主要与完成体标记"了"共现，有时也可以与"过"共存，这与句式明显的"完成"义相契合，但一般不加"着"；本体式状语句主要表示主体对客体某种已经存在的性状的主观体验，所以其谓语动词与"着"、"了"、"过"三者都可以共现，然而依据语料，发现本体式状语相联系的谓语动词还是与"了"同现的比例最高。

（四）指名性状语构成的状心短语的句法功能

刘月华（1989）认为 Z_2 状语与所修饰的动词的关系是短语（词组）内部的组合关系，"Z_2 状语 + 动词"的组合是语言中的备用单位，可以比较自由地充任一个造句单位（句子成分），比如作句子的主语、宾语、定语等；Z_1 状语与动词的关系一般来说不是短语（词组）内部的组合关系，"Z_1 状语 + 动词"不是语言中的备用单位，而是一个在特定的句子中才存在的组合。刘月华的 Z_2 状语指的是描写性的指动性状语，Z_1 状语是描写性的指主状语。我们同意刘月华的观点，认为指名性状心短语在句子中更多地体现出动态组合的句法功能，然而指名性状心短语与指动性状心短语一样有着明显的述谓功能。

范晓（1991）指出状心短语在句子里主要用来作谓语；作定语、补语、状语、主语、宾语比较少，是有条件限制的。依据语料的考察，我们发现指名性状心短语在句子中也是主要作谓语，偶尔作定语、补语，主语、宾语，作状语的例子尚未发现。

1. 指名性状心短语作谓语

谓语位置上的指名性状心短语数量很多，占了绝大比例，例如：

（109）所以他才这么龇牙咧嘴地拼命。（翻译作品：《这里的黎明静悄悄》）

（110）他们心虚胆怯地站着。（刘恒：《苍河白日梦》）

例（109）中指名性状心短语"龇牙咧嘴地拼命"和例（110）中指名性状心短语"心虚胆怯地站着"在句中作谓语。

指名性状心短语可充当连谓短语或兼语短语的第一或第二部分，例如：

（111）王胡轻蔑的抬起眼来说。（鲁迅《阿 Q 正传》）

（112）不断调整的良好学习环境都能带动学生情趣盎然地参与到语文学习中。（蔡伟：《语文课堂教学技能训练》）

例（111）中指名性状心短语"轻蔑的抬起眼"在句中充当连谓短语的前一部分，表示"说"的前一行为。例（112）中指名性状心短语"情趣盎然地参与到语文学习中"在句中充当兼语短语的第二部分，陈述兼语"学生"。

语料中有许多指名性状心短语单独作为小句而存在，一般是承上省略主语，但在以下几例指名性状心短语尽管表现为小句形式，但其本质上还是作谓语，例如：

（113）张老汉一个一个推了一遍，粘糊糊摸下两手血。（马峰：《吕梁英雄传》）

（114）带着个四五岁的小女孩，鼓鼓囊囊地穿一身紫红毛衣。（杨

绛：《洗澡》)

(115) 对门的寡妇开着门，就穿个短裤头，<u>白胖胖地来回走</u>。(阿成：《刘先生》)

例 (113) 中指名性状心短语 "粘糊糊摸下两手血"、例 (114) 中指名性状心短语 "鼓鼓囊囊地穿一身紫红毛衣" 和例 (115) 中指名性状心短语 "白胖胖地来回走" 等尽管承上省略主语并作为小句存在，但本质上它们仍是作谓语，陈述主语。

2. 指名性状心短语作定语

指名性状心短语可以作主语位置和宾语位置上名词性词语的定语，但语例很有限，例如：

(116) <u>明晃晃地发着耀眼寒光</u>的刺刀握在手里。(杨沫：《青春之歌》)

(117) 城门下一串串<u>密密麻麻排列着</u>的火树银花长达 800 米。(新华社 2004 年新闻稿)

例 (116) 中指名性状心短语 "明晃晃地发着耀眼寒光" 修饰主语 "刺刀"，例 (117) 中指名性状心短语 "密密麻麻排列着" 在句中也是作为主语 "火树银花" 的定语。

(118) 记得《棋王》的开头就是这般<u>散散淡淡地洇开来</u>的那种韵味。(《读书》1996 年第 6 期)

例 (118) 中指名性状心短语 "散散淡淡地洇开来" 修饰中心语 "那种韵味"，在句中显然是作为宾语的定语。

3. 指名性状心短语作主语、宾语、补语

(119) <u>勇敢地面对学生</u>是教师树立威信的第一步。(蔡伟：《语文课堂教学技能训练》)

(120) 准尉是他们的指挥员，他想<u>大把大把散发勋章</u>。(翻译作品：《这里的黎明静悄悄》)

(121) 他摔得<u>鼻青脸肿地哭</u>了。(口语)

例 (119) 中指名性状心短语 "勇敢地面对学生" 作主语，例 (120) 中指名性状心短语 "大把大把散发勋章" 作宾语，例 (121) 中指名性状心短语 "鼻青脸肿地哭" 作补语。

　　为了进一步明确指名性状心短语的句法功能，我们考察了以下五个文本中的指名性状心短语的句法分布，并做了一个语例的数据统计，如下：

　　A. 张悦然《是你来检阅我的忧伤了吗》（文学描写较多），100 千字，简称《检阅忧伤》。

　　B. 铁凝《大浴女》（接近口语），264 千字。

　　C. 老舍《骆驼祥子》（接近口语），180 千字。

　　D. 侯宝林《侯宝林相声精品集》（口语），410 千字，简称《相声集》。

　　E. 阎连科《我与父辈》（文学描写较多），130 千字。

　　由表 2—7 的数据统计可以很清楚地了解到指名性状心短语的句法分布情况，作一般谓语的指名性状心短语有 302 例，占了 68.6%，构成了分布主体，其次是在省略句（省略主语）里作谓语的指名性状心短语有 130 例，占了 29.5%，剩余的 1.9% 分布在定语、主语、宾语等位置，而状语和补语位置一例也没有。由此，可以认为指名性状心短语的动态组合特点从其很不平衡的句法分布中表现出来，指名性状心短语在省略句里作谓语的比例之高，也正验证了述谓性句法功能是指名性状心短语的主要句法功能。同时，指名性状心短语相比指动性状心短语，句法功能的分布就显得比较狭窄，这也是由状语指名所必然存在的主观性附加在整个状心短语上所带来的动态化的结果。

表 2—7　　　　　　　　　指名性状心短语的句法分布

语料考察的书面文本	一般谓语	省略句里的谓语	定语	主语	宾语	补语	状语	总计
《检阅忧伤》	19	4	0	0	0	0	0	23
《大浴女》	156	32	2	0	2	0	0	192
《骆驼祥子》	93	72	0	2	1	0	0	168
《相声集》	7	4	0	0	0	0	0	11
《我与父辈》	27	18	1	0	0	0	0	46
总计	302	130	3	2	3	0	0	440

三　指名性状语的语义分析

　　一般来说，名词代表事物范畴，动词代表动作行为范畴，形容词则代表性状范畴。对应于表述功能，现代汉语的名词担负着指称职能，动词担负着陈述职能，形容词则担负着陈述功能和修饰职能。事物可以独立于行为和修饰而存在，因此典型名词在语义上是自足的，然而陈述依赖于对象的存在，修饰也需要有被修饰物，所以典型的动词和形容词都具有依附性，如形成"打"这一动作的同时需要施行打这一动作的"主体"和承受打这一动作的"客体"；同理，形成"胖"这一性状时也需要拥有这种属性的事物的共现，因此有陈述和修饰则必然伴随着指称。

指名性状语有着很强的描写性，其修饰职能就相当于形容词，同时它语义指向名词性词语，它担任名词性词语的修饰语也就主要用来表示事物（包括有生事物和无生事物）的性状，这必然使得指名性状语会依附于特定事物而存在。指名性状语句法上与谓语动词紧密相连，它们线性句法组合的成立必然以它们的语义层面的语义搭配相符为基础，也就是说，指名性状语本身从属于性状范畴，却又同时依赖于事物范畴和行为范畴，它的句法位置将指向事物和修饰行为统一于状语。

（一）指名性状语与其指向事物的语义联系

指名性状语语义指向名词性词语，在深层结构上也就是指向事物。指名性状语对事物构成了修饰或表述，形容事物的某个性质或状态；换言之，指名性状语本身作为特殊的状位修饰语，必然要与一个事物同在。指名性状语与其指向事物的语义联系，可以从以下几点分析。

1. 表示事物的属性

指名性状语在语义上指向事物，也就是表示或说明事物的属性。事物的属性是多种多样的。指名性状语的所表的事物属性，要有以下六类：

1）品性类：指人物的内在品质、性格，或于行为、作风上表现出来的思想、认识等。例如：善意、恶毒、软弱、坚强、粗俗、天真、假惺惺、真诚、高傲、残忍、聪明、友善、世故、辛勤、慷慨、真心实意、热心、贪婪、和蔼、任劳任怨、温和、吊儿郎当、异常可爱、谦虚等。

2）神貌类：指人物的神情、态度和外貌、年纪、心理感受及言者对主体状况、遭遇的评价等。例如：满头白发、点头哈腰、眼白很多、青筋蹦跳、龇牙咧嘴、汗流满面、非常恐惧、欢快、趾高气扬、愤怒、高高大大、焦急万分、滴溜溜、有些凄惶、灰鼻子灰脸、警觉、自嘲、热情、精精神神、激动、紧张、死皮赖脸、很愉快、哭哭啼啼、理直气壮、极冷静、病恹恹、无助、疲劳、一身臭汗、脚步不稳、静静、苗条、胖胖、低声下气、笨嘴拙舌、含糊其辞、丑陋、愣头愣脑、孤零零、恩爱、乖乖、悲惨、平平凡凡、辛辛苦苦、倦怠、寂寞、大大咧咧、沉闷、无聊、死气沉沉、马马虎虎、窝窝囊囊、愚傻、无精打采、晕头打脑、雄姿英发、激情满怀、不识时务、闹哄哄、懒洋洋、血淋淋、恭恭敬敬、十分寒酸、贫穷、富有、很不安分、亲密等。

3）颜色类：指由物体发射、反射或透过的光波通过视觉产生的印象。例如：淡红、黑亮、粉粉、黑黑、红红绿绿、五颜六色、白闪闪、黄黄、绿绿、黑漆漆、蓝森森、鲜红艳艳、绿油油、通红通红、红彤彤、黄澄澄、黑洞洞、金黄黄、灰灰等。

4）空间类：指物质存在的一种客观形式，包括长度、宽度、高度、深度、厚度及事物的大小、数量。例如：高高、满满、浅浅、矮矮、宽宽、稀稀拉拉、零零星星、密密麻麻、深深、大大、厚厚、薄薄、整个、一个一个、一幕一幕、长长短短、短撅撅、厚实、长长、短短、满满、一前一后、并排等。

5）形状类：指物体或图形由外部的面或线条组合而呈现的外表。例如：弯曲、笔直、直挺挺、乱蓬蓬、歪歪斜斜、松松、紧绷绷、工整、凌乱、四四方方、规规正正、齐刷刷、如麻花样、鼓鼓囊囊、蓬蓬松松、松弛、疙里疙瘩、皱巴巴、粗粗、细细、圆圆、扁扁、壮实、方方正正、平平展展等。

6）感知类：指客观事物通过感觉器官在人脑中的直接反映，主要包括视觉、听觉、触觉、味觉等感知。例如：很香甜、香喷喷、辣辣、臭烘烘、清清楚楚、模糊、赫然、醒目、很响、柔软、硬邦邦、暖烘烘、热热、冰冰凉凉、亮光光、明晃晃、亮晶晶、酸酸、非常清脆、酽酽、浓浓、淡淡、稠稠、嫩嫩、脆脆、焦焦、干干净净、轻飘飘、僵硬、很润泽、肮里肮脏、灿烂、沉甸甸、暗淡、潮渌渌、湿淋淋、冷清清、干巴巴、焦黄稀嫩、毛茸茸、粗糙、荒凉等。

以上分类并不是界限分明的，而是存在着不明确的边界，第 1 类与第 2 类在边缘上存在着相互交叉的情形，如"热情"既可是人物的品性，也可表现为人物的神貌；第 3—6 类成员之间也享有某些共同特性，如颜色类、形状类、空间类等表物修饰语体现出的性状本身就是可感知的，但由于这几类作为指名性状语的频率高，所以各自单独成为一类，与感知类并列。从指名性状语所指向事物的语义特征来看，第 1 类"品性"与第 2 类"神貌"可合为一类，可以作有生状语，一般表示人物性态，即具有［＋述人性］这一语义特征；第 3—6 的"颜色"、"空间"、"形状"、"感知"四类也可归为一个大类，可以作无生状语，一般表示事物的性状，即具有［+摹物性］这一语义特征。

人类感知世界时，会在认知结构中将客观事物与一些特定的性状相联系，然后逐渐固化，于是在人类的大脑中就形成一个词语搭配相对固定的词库，一旦某个客观事物刺激到词库，那么与其联系的性状就会得到反映。性状与事物的搭配意义具有相对的稳定性，它反映的是词语以词汇意义为基础的成分间的选择限制关系。指名性状语不管处于句子的哪一个句法位置，总是能找到它语义上匹配的名词性成分。

（1）我父亲<u>威严高大</u>地耸立在小学校那一条甬道的一端。（陈染：《私人生活》）

（2）他<u>烂烂</u>地炖了一锅牛肉。（王立弟、顾阳［1999］用例）

例（1）中"威严高大"虽然放在状语位置，在线性排列上与语义相连的主体不在同一个句法层次上，在人们的认知结构中，"威严高大"形容的一般是人物的性态，具有［+述人性］，所以很容易地就能在这个语句中找到与其语义相配的"我父亲"；同理，当例（2）中"烂烂"刺激大脑词库时，诸如"食物"的概念就会得到反映，因此在例（2）中也能不费力地确认"一锅牛肉"的性状就是具有［+摹物性］的"烂烂"。

表示人的性态范畴的修饰语与人相联，表示物的性状范畴的修饰语与物相联，这是语法结构中主体与属性搭配的一般规律，反映出来的其实只是相互之间搭配频率的高低，并不存在绝对的分界。事实上，在运用语言进行交际的动态句子里，人们常常打破这种常规联系，实现表人和表物修饰语的错位搭配。

（3）睫毛上的花粉们<u>温柔</u>地睡。（张悦然：《毁》）

（4）我身体里的血<u>欢快</u>地奔涌出来，庆祝着。（同上）

例（3）中"温柔"和例（4）中"欢快"分别属于表物修饰语的"品性类"和"神貌类"，在人们的常识中，它们修饰的都该是人物的形态，具有［+述人性］。在这里，"温柔"与"花粉"匹配，"欢快"表现的是"血"的情状，两例都使用了拟人手法，实现了摹物的目的，平常使用语言时是为了求得表达的陌生化而采用的很平常的语言组织策略，这也就说明指名性状语表现出来的［+述人性］和［+摹物性］之间没有绝对的界限，在特定语境中有时还可以相互转换。此外有些表物修饰语兼具［+述人性］和［+摹物性］，如高高、矮矮、脏兮兮、僵硬、漂亮、一个一个、宽宽、并排等。

指名性状语蕴涵的事物属性是其本身能够在状位成立的语义基础之一，这使得担任的修饰语必须具有表物特征，通常体现为上文所述的六类性状，可概括为［＋述人性］和［＋摹物性］两大语义类型。但是，有些修饰语却存在表物与表行两种用法，对此，在判断指名性状语身份时，就需要认真分辨。

2. 性状的语义扩张

表物修饰语中发生语义扩张的一般是形容词，张国宪（2005）指出表物形容词和表行形容词并不能穷尽地说明汉语形容词的语义相依状况，有的形容词在语义上既可以表述事物，也可以表述动作行为。从词类连续性的观点出发，表物形容词和表行形容词处于形容词语义范畴的两极，而表物/行形容词则介于两者之间，并认为从发生学的角度审视，表物/行形容词的产生可以视为是表物形容词或表行形容词（主要是表物形容词）扩张的结果。

在表物形容词中，表示事物性状的形容词，如颜色、空间、形状、感知类等有时会发生意义引申和扩张，一般来说，性状的语义扩张方式主要有三种途径。

1）语义从空间的质向时间的质派生。人类无一不生活在空间和时间之中，通常，人们认识这个世界，先会感觉到空间的存在，然后才能体会到时间的影响，因此语义从空间域扩张到时间域是符合认知规律的。"小小"词汇意义是"在体积、面积等方面不及一般或比较的对象（跟'大大'相对）"，它的主要表述功能是以事物为对象，表示体积或面积所占的空间，如"小小地写了一个名字"，"小小"主要描写"一个名字"所占的面积；当"小小"的语义由空间大小引申出时间长短时，就出现了它表述动作行为的倾向，如"我在内蒙古小小地住了几天"，该句"小小"修饰"住"，表示短时间地待在某个地方。"小小"从空间的质向时间的质派生，成为表行形容词，在形式上也得到反映，即"小小"由单音节形容词重叠式缩变为单音节形容词"小"，并且可以不需要标记词"地"而直接修饰"住"，如"我在内蒙古小住了几天"，这正体现了形义之间的象似性，即意义的虚灵化与形式的简单化相对应，两个意义单位之间的联系变得越紧密，则两个形式单位之间也就变得越紧凑。①

---

① 关于象似性陈述，请参看沈家煊《句法的象似性问题》，《外语教学与研究》1993 年第 1 期。

2）语义从事物的质向行为的质派生。事物的典型特征是占据一定的空间，表现出空间性，行为的典型特征是占据一定的过程，表现出时间性。所以，语义从事物的质向行为的质派生和语义从空间的质向时间的质派生是大同小异的。"重"的主要词汇意义为"重量大，比重大（跟'轻'相对）"，多用来表示事物的质，如"行李重重地拿下来"，"重重"表述了行李的重量大。当"重"从"重量大"引申出"用力猛"时，它就可以表述行为的力度，如"他被重重地揍了"中"重"已经是作为一种行为的质而存在了。

3）语义从物理的质向心理的质派生。"白"表示"像霜或雪的颜色"时，是以事物作为表述对象，是一种物理的质，如"衣服白白地晾在架子上"中"白白"在语义上修饰"衣服"。当"白"的语义从物理的质扩张为心理的质，表示"没有效果、徒然"时，则以行为动作为修饰对象，如"你白白浪费了整个下午的时间"中"白白"不再表示事物的颜色，而是表示浪费时间是不应该的。由物理的质向心理的质派生，词汇意义会抽象化，同时会发生词性转变，所以朱德熙（1956）将"白操心"中的"白"视为副词。

张国宪（2005）认为性状的语义扩张从本质上说是人类语言普遍存在的一种语法化现象，这种语义扩张遵循一条基本规则：语义从具体的质向抽象的质派生。这一派生走向符合人类一般的认知规律。因为具体的质显而易见，容易被感知，而抽象的质较为隐含，不具有可视性和触知性，难以察觉。因此，当修饰语存在表物和表行两种用法时，表物的用法是基本的，表行的用法则是性状从表物知域向表行知域过渡的倾向或现实。

同样一个形容词处于状位，可能表物，也可能表行，状位表物形容词是指名性状语，然而性状发生语义扩张的形容词只能是指动性状语，它与主语或宾语等名词性成分不再有语义上的关联，所以通常不能将其移到名词性成分前的定语位置，否则，结构的真值语义不仅会改变，而且在交际中这样的句子通常是不能说的，这也从反面证明了指名性状语必须具备事物属性的语义特征。例如：

（5）几丝云彩淡淡地浮在空中。（《报刊精选》1994 年 3 月）

（5a）→几丝淡淡的云彩浮在空中。

（6）汪明辉淡淡地说，脸上带着浅浅的微笑。（新华社 2004 年新闻稿＿003）

（6a）→＊淡淡的汪明辉说，脸上带着浅浅的微笑。

（7）宋庆龄还用笔粗粗地划了两条线，以示着重问候。（汤雄：

《宋庆龄二"骗"钟保姆》)

(7a) →宋庆龄还用笔划了两条粗粗的线，以示着重问候。

(8) 我们可以粗粗勾勒出边陲小镇迈向国际大都市的轨迹。(《报刊精选》1994 年 7 月)

(8a) →＊粗粗的我们可以勾勒出边陲小镇迈向国际大都市的轨迹。

(8b) →我们可以勾勒出边陲小镇迈向国际大都市的粗粗的轨迹。

例 (5) 中"淡淡"和例 (7) 中"粗粗"是指名性状语，可以移位至主语或宾语前定位，而保持语义真值不变。例 (6) 中"淡淡"和例 (8) 中"粗粗"是指动性状语，因此不能移位至主语或宾语前定位，否则句子要么不合原义，如例 (8) 中若将"粗粗"移到宾语"轨迹"之前，表述的语义就全然不同于原句；要么句子不合法，如例 (6) 中若将指动性状语"淡淡"移位到主语"汪明辉"前，构成的表述"淡淡的汪明辉"就是一种错误的搭配。

3. 指名性状语的语义辖域

在表层，指名性状语与主语或宾语等成分没有直接的句法结构关系；但在深层却在语义上直接相关。这种语义上的紧密联系，使得指名性状语在语义上必然管辖着名词性成分的语义，从而保持一致性。

(9) 太阳火辣辣地炙烤着一切生灵。(《人民日报》1994 年 3 月)

(10) 老师圆圆地画了个圈。(卢建〔2003〕用例)

例 (9) 中"火辣辣"呈现的是太阳的属性，例 (10) 中"圆圆"形容的事物属性是圈在画好后的形状，可见指名性状语所表的事物属性与其所描写的主体的事物属性语义相容，体现了相隔成分之间的语义制约。如果指名性状语与主体间的语义限制出现差错，形成的句子将不合格。

(9a) ＊月亮火辣辣地炙烤着一切生灵。

(10a) ＊老师圆圆地画了一个方形。

例 (9a) 和例 (10a) 在正常情况下是不合格的句子。指名性状语的句位实现依赖于它与语义联系的主体拥有共同的语义特征，即指名性状语要描写主语或宾语所表事物的属性。在人们的认识中，月亮是温和、皎洁的，不具备"火辣辣"的特征，所以两者在语义上不匹配；同样，方形是有棱角的，与"圆圆"这种属性是背道而驰的。可见，主体与属性必须要保持语义上的和谐。

　　指名性状语的所表的事物属性不只辖制着主语或宾语本身的选择，同时也限制了主语或宾语等对其修饰语的语义选择，将其限制在一定的语义范围内，从而达到整个句子语义的内在一致性。反之，句子就不能成立。

　　　　（9b）　＊温和的太阳火辣辣地炙烤着一切生灵。

　　　　（10b）　＊老师圆圆地画了一个扁扁的圈。

例（9b）中定语"温和"和状语"火辣辣"同样是描写主语"太阳"的属性，却在语义上自相矛盾，因为温和的太阳和火辣辣的太阳在同一个时间点上本身是不能共存的，因此例（9b）是个不合格的句子。例（10b）中定语"扁扁"和状语"圆圆"同样是描写宾语"圈"的形状，却是两种不能共现的性状。一般说来，一个圈要么圆，要么扁或不圆，不可能存在又圆又扁的情况，所以例（10b）的不合格是因为违背了修饰语间语义相容性原则。

（二）指名性状语与谓词性词语的语义联系

　　指名性状语在句法结构上与谓词性词语组成状心短语。单指的指名性状语语义上直接指向名词性词语，但不等于它和中心语（谓词性词语）没有任何联系。事实上，它与它所修饰的谓词性词语在句子里还是有某种语义联系的。

　　1. 指名性状语与动作行为"动态性"相关联

　　每个句法位置都有着其句法规约性，定位具有恒定义，状位则被赋予临时义，所以同样的词语进入定位和状位，会表现出不同的语义。

　　　　（11）　她的面纱长长地在微风中飘动。（翻译作品：《简爱》）

　　　　（11a）　她的长长的面纱在微风中飘动。

例（11）和例（11a）两句的命题真值相等，但是例（11a）中"长长"处于定位，表示面纱的本质属性就是长的，属于静态的性状。例（11）中"长长"处于状位，表示面纱在飘动时给人的感觉是长的，属于动态的性状，同时这种性状伴随"飘动"这个行为相始终，体现出 [+ 共时动态性]，这就与谓语动词典型的临时性、变化性等语义特征相一致。

　　动词行为作为一个陈述性成分，有一个随时间展开的内部过程。动词的过程结构与动态的时体有着密切的联系。一般来说，一个动词若能自由地与时体成分组合，则时间性强；若是有条件地与时体成分组合，则时间性次强或弱；若不能与时体成分组合，则表现出零时间性。在本章考察指名性状语句谓语动词句法特点时，发现谓语动词后面多带有"了"、"着"、"过"等时体成分，或带有趋向补语和方位处所补语。带趋向补语和方位处所补语的谓语动词，表现出行为延伸的方向性和运动变化后依附的处所，也隐含着一个动态的时间过程。由此可知，指名性状语句法上修饰的谓语动词具有强时间特征，显出一定时间的持续性过程，这就需要指名性状语所描写的事物性状的持续时段与行为展开的时段相符合，如图 2—1 所示：

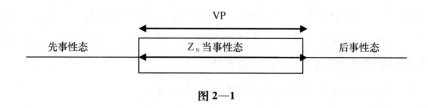

图 2—1

由图 2—1 所示，可以清晰地知道指名性状语与谓语动词在时间上的共时性。其实，指名性状语呈现的事物性状除了具有与动词共时的当事性态外，有时也表现出先事性态或后事性态。龚千炎（1995）认为汉语常以另一参照时间为相对基点观察事件发生的时间，因而得出"先事"、"当事"、"后事"等时间概念。如果以谓语动作为相对基点，可以将主语或宾语等指称成分居于不同时间的状态分为"先事性态"、"当事性态"和"后事性态"。"先事性态"是指指称性成分在行为未发生时即已具有的性状；"当事性态"是指指称性成分在行为发生过程中才具有的性状；"后事性态"是指指称性成分在行为完成后才具有的性状。例如：

（12）泪咸咸地流进嘴里。（百合：《哭泣的色彩》）

（12a）咸咸的泪流进嘴里。

（13）她们依依不舍地告了别。（铁凝：《大浴女》）

（13a）依依不舍的她们告了别。

（14）花儿也不多，圆圆地排成一个圈。（鲁迅：《药》）

（14a）花儿也不多，排成一个圆圆的圈。

例（12）—（14）句的指名性状语与谓语动词保持一致的 [＋共时动态性]，泪在流进嘴里时是咸咸的，她们告别时是依依不舍的，花儿排圈时是在圆圆的标准下进行的，但从时间轴上考量这三个指名性状语却又得出不同的时间状态。例（12）"咸咸"本身就是眼泪的本质味觉，属于"先事性态",不管它是否实施"流"这一行为,它的这种状态是不会改变的,因此,例(12)和例(12a)两句语义真值一样。例(13)"依依不舍"是她们告别时的心情,属于"当事性态",一旦脱离"告别"这一行为,这一性状本身就无所依附,所以例(13)和例(13a)两句语义真值不同。例(14)"圆圆"是主体排圈时已设立的标准和动作努力的方向,当圈在行为实施后成形时,它的状态"圆圆"在没有其他外力破坏下将一直保持下去,属于"后事性态",这也是例(14)和例(14a)两句语义真值等同的缘由。

不管某个修饰语指称的事物状态在行为的参照下是"先事性态"、"当事性态"或"后事性态",只要它处于状位成为指名性状语,"先事性态"和"后事性态"都会在状位句法规约下隐身,凸显出"当事性态",从而展现与谓语动作相伴随的[+共时动态性]。

2. 指名性状语与动作行为"有界性"相匹配

石毓智(2000)指出古今汉语最重要的一个差别是谓语结构的不同,在古代汉语中单独一个动词或形容词能够作谓语,而现代汉语里的句子往往需要一个体标记,如数量词、时间词、介词短语、结果补语、程度词等,使谓语动词或形容词有界化,否则就不是一个完整独立的句子,换言之,现代汉语中的一个完整独立的句子要求一个有界成分充当其谓语。①谓语的有界性则必然要求在句法上修饰其的指名性状语表现出[+有界性]的特征。

"有界"和"无界"的对立是人类体验世界时表现出的认知上的对立,这必然会反映在语法结构中。事物存在空间上的"有界"和"无界",动作存在时间上的"有界"和"无界",性状则在程度或量上存在"有界"和"无界"。②性质形容词和状态形容词的区分正是性状的"有界"和"无界"在汉语语法中的表现。典型的性质形容词是如"白"、"薄"等一类,这些单音节形式的性质形容词在量上有无限延伸的特点,是"无界"的。状态形容词则代表一定的量,如"薄薄"就不是不受限制的量,它是具有一定程度量的"薄",在感知中具有"有界"的心理现实性。指名性状语多由状

---

① 参看石毓智《现代汉语谓语结构的有界性及其历史成因》,《面临新世纪挑战的现代汉语语法研究——'98现代汉语语法学国际学术会议论文集》,山东教育出版社2000年版。

② 参看沈家煊《"有界"与"无界"》,《中国语文》1995年第5期,第367—378页。

态形容词等复杂形式形容词组成，而不能由单音节性质形容词担任，就是其所要求的有界性的句法反映。

判断指名性状语的"有界"或"无界"，可以采用性状的程度量赋值和离散性感知来确认指名性状语的［＋有界性］。

1）程度量

指名性状语常常通过前加或后附程度词、数量词、形容词等来显化量的意义，使得在程度量上与典型的谓语动词的语义特征相适应。

（15）她对他说，并<u>有些失态地</u>站起来。（铁凝：《大浴女》）

（16）尹小跳<u>像个小疯子似的</u>跺着脚说。（同上）

（17）他们<u>情绪激烈地</u>指责唐老师隐瞒自己生活的严重问题。（同上）

（18）她还是<u>一把鼻涕一把眼泪地</u>哭泣着。（周而复：《上海的早晨》）

例（15）"有些"限制了"失态"的程度，例（16）"像个……似的"本身就框定了"疯子"的表现，尽管边界模糊，但还是能觉察出界线的存在，例（17）主谓短语"情绪激烈"中"激烈"一词限定了"情绪"的反应状况，整个结构具有有界性，例（18）中用数量词"一把"量化了"鼻涕"和"眼泪"，成为了具体的个体事物，显然在程度量上存在边界。

2）离散性

刘顺（2005）将离散性定义为"具有明确边界、可分离的性质"[①]，借用"离散性"概念表示指名性状语指称的事物性状与行为动作相伴随时呈现的状态，可以从性状的整条时间轴来看，入状位的修饰语表现出的状态有了"一定的度和关节点，其连续性的损害导致了离散性的产生"[②]。

（19）一静下来脑子里就<u>一幕一幕地</u>过电影。（王朔：《过把瘾就死》）

（20）老大人正可以<u>慷慨地</u>答应他们。（田汉：《关汉卿》）

例（19）"一幕一幕"将本该连续的"电影"离散化，突出有界性。例（20）

---

① 刘顺：《现代汉语语法的多维研究》，社会科学文献出版社2005年版，第73页。

② 李君、朱怀：《定状可易位形容词的语义特征》，《黑龙江教育学院学报》2007年第7期。

的"老大人"从"不慷慨"到"慷慨"之间存在过渡的离散点，赋予了"慷慨"离散性的语义特征，从而得以与谓语动词的［＋有界性］匹配。

3. 指名性状语与动作行为的事理相符合

指名性状语与谓语动词的语义有某种事理上的相通之处。例如：

（21）鲁贵<u>得意地</u>微笑。（曹禺：《雷雨》）
（22）周萍<u>苦恼地</u>皱着眉。（同上）

例（21）"得意"通常是一个人在开心时的表现，与"微笑"这一行为发生时的心理状态有相符的一面，即指名性状语与谓语动词存在事理上的某种联系，所以这个句子是合理、合用的。同样，一个人"苦恼"时有个倾向性很大的脸部表情就是"皱眉"，可见谓语语义与指名性状语指称的人物神貌是有很大的相容性的。

（21a）＊鲁贵得意地皱着眉。
（22a）＊周萍苦恼地微笑。

例（21a）和例（22a）两个句子是不合理的，因为谓语动词的语义越出了指名性状语的语义辖域。一般来讲，一个人"得意"时，就不可能"皱着眉"，"苦恼"时就不应该"微笑"。显然，这两个句子的指名性状语与谓语动词的语义相去甚远。然而，在人们的交际中，有时为了打破常规的语义搭配，实现特定的言语效果，确实会出现"得意"与"皱眉"或"苦恼"与"微笑"的搭配，鉴于这属于个别现象，自当别论。

由于指名性状语与动作行为的事理相符合，所以它同样影响了谓语动词对其他状语的选择，状语间语义的和谐选择是句子合格的前提条件。例如：

（21b）＊鲁贵得意地苦恼地微笑。
（22b）＊周萍苦恼地得意地皱着眉。

显而易见，例（21b）和例（22b）两个句子的不合理，是因为通常情况下，"得意"和"苦恼"两种心情不可能同时存在于一个人的心理意识中。

四　指名性状语与句式

（一）句式理论和指名性状语句

1. 句式理论概说

句式研究是汉语语法系统中不可忽视的一环，因此，许多学者都很重视具体句式的研究。关于句式的定义，朱德熙（1980）认为："句式本身是通过词类来表示，因此不同的词类序列本来就是不同的句式"，朱德熙（1986）更确定为：句式"指代表这个句子的有一定的层次构造和内部结构关系的抽象的词类序列"。范晓（2010a）详尽地论述了句式的含义，认为朱德熙关于句式的定义是最狭义的。他对句式作了如下释义："句式是句子的语法结构格式，即指由一定语法形式显示的表示一定语法意义的句子的结构格式（'结构格式'也可简称'构式'），具体可表述为：由词类序列、特定词（或特征字）、固定格式、语调（句调）等形式显示的包含句法结构和语义结构并具有语用功能的句子的结构格式。"应该说范晓关于句式的定义更加适合于辨析句子，确认句式的身份。范晓（2010b）将句式分为句干句式和完句句式，相应地，句式义也分为句干句式义和完句句式义，而一个完整的句式义则是"句干句式义"与"完句句式义"的结合体。此外，此文还详细论述了句式义的成因，即它"是由三方面因素互动互制决定的：反映客观现实的思维（包括感知图式和思维形式）是形成句式义的基底因素；言语的表达需求（'语用需求'）是形成句式义的调控因素；句内成分及词语配置是形成句式义的载体因素。某个特定句式的句式义是反映客观事件的思维活动（包括感性的和理性的）和言语表达需求跟某种族语的句法、语义、语用机制调适匹配的结果或产物。"本章主要根据范晓的句式理论来论述指名性状语句的句式。

2. 指名性状语句的句式

通过上面关于指名性状语在句法及语义方面的描写和分析，可以了解到指名性状语尽管在句法层面与谓语动词保持着联系，但在语义层面却是与主语或宾语等名词性成分紧密联系着。在语义深层结构，指名性状语可以变换为主语或宾语的定语或谓语，显化其与名词性成分的语义关系。由此可见，指名性状语不同于一般性的指动性状语，它是句法与语义相背的形义扭曲的结构成分。

指名性状语句是有着一定句法语义结构并包含特定语用功能的一类句式。范晓（2012）指出：句干句式有基干的句干句式和扩展的句干句式之别。如果"S + VP"是句干的基干句式，那么指名性状语句实质上属于句干的扩展句式（因为指名性的"状语"是附加在 VP 上的成分）。指名性状语句的基本的句干句式形式化为：$S + Z_N + VP$。指名性状语句基本句干的句式义可概括表达为为：凸显某动作行为过程中事物的情状。

　　如果根据 VP 的词语类别，$S + Z_N + VP$ 是指名性状语句的基本句式可以进行下位分类，如"$S + Z_N + V$"句式（"他开心地笑了"之类）、"$S + V + O$"句式（"他酽酽地喝了几碗茶"、"她在聚精会神地看电影"之类）、"$S + V + R$"（"她蓬头垢面地爬了出来"、"那些人高高矮矮的跑得飞快"）等。如果依据指名性状语句的句式意义，$S + Z_N + VP$ 是指名性状语句的基本句式还可以进行下位分为五类：

　　1）描人式状语句句式，可码化为：$S + Z_R + VP$（描人式状语记作 Z_R）

　　2）描物式状语句句式，可码化为：$S + Z_W + VP$（描物式状语记作 Z_W）

　　3）使成式状语句句式，可码化为：$S + Z_S + VP$（使成式状语记作 Z_S）

　　4）存现式状语句句式，可码化为：$S + Z_C + VP$（存现式状语记作 Z_C）

　　5）本体式状语句句式，可码化为：$S + Z_B + VP$（本体式状语记作 Z_B）

指名性状语句句式里状语所修饰的中心语 VP 是谓词性词语，它包括单个动词和动词性短语。所以 $S + Z_N + VP$ 基本句式也还可以下位分类，比如有的中心语 VP 只是单个动词，句式可以形式化为：$S + Z_N + V$；有的中心语 VP 是个动宾短语 VO，则句式可以形式化为：$S + Z_N + V + O$。

　　下文将以指名性状语句 $S + Z_N + VP$ 句式（其中重点是 $S + Z_N + V + O$ 句式）为纲，以上面依据指名性状语句的句式意义分出来的五类句式为目，对五小类句式中主语、宾语、状语的表现及与谓语动词在语义上的选择限制等作具体考察，从而充分认识指名性状语句的生成机制。

（二）指名性状语句句式里的句模

1. 指名性状语的双重语义身份

　　指名性状语句显然是扩展的动核结构，它由动核、动元、状元三者构成。指名性状语作为动核结构中的状元，是非强制性成分，它的去除不会影响动核结构的成立。指名性状语尽管有着状元的语义身份，但它不同于一般性的状元，一般性的状元对动核进行修饰和限制，有着紧密的语义联系。指名性状语在语言线性序列上虽然作为直接性的状元，却也与名核之间存在着一定的语义关系。指名性状语语义上表述名核，表现为名核非强制性的定元，这定元投射在句法结构中是间接性的。由此，可以认定指名性状语在语义结构中担任着双重语义身份，它是动核结构和名核结构相连的桥梁，既是显性状元，又是隐性定元。

　　"根据状元和动核的语义关系，状元可分为凭事、因事、境事三类。……

根据定元和名核的语义关系，定元可分为限事和饰事两类。"① 范晓（2003）对状元的分类并不包括指名性状语这类特殊状元，因为指名性状语在语义上对名核起修饰性描写作用，所以不妨采用"饰事状元"这个名称来称呼指名性状语在动核结构中担当的语义角色，从而使动核结构中的状元系统更完整。

2. 指名性状语句句模的描写

指名性状语句句式的句干是由表层的句型句模的结合体。动核结构②是形成句模的基础，指名性状语句句式的基本句模是由动核结构构成的，这有三种情形：一种是由单动核结构构成的，如某些名词性词语作指名性状语的句式；另一种是由两个动核结构组成的：其中一个是句式中谓语动词作动核构成的动核结构，另一个是充当指名性状语的谓词作动核构成的动核结构；还有一种是由两个以上动核结构构成的，如由"动补宾"构成的述宾短语或连动短语充当谓语的指名性状语句里，就有三个甚至三个以上的动核结构。动核结构里面的动核核以动作核为主，其次是性状核，少见经验核与关系核③。本章通过语料考察句式里的动核结构，举例性地描写由两个或两个以上动核结构构成的指名性状语句句式的句模。大致如下：

1）"（施事＋动作核）＋（系事＋性状核）"句模

　　（1）他们心虚胆怯地站着。（刘恒：《苍河白日梦》）

例（1）的指名性状语句句式的基本句型为"主状动"构成的主谓句；基本句模为"（施事＋动作核）＋（系事＋性状核）"，其中"他们＋站"为"施事＋动作核"，"他们＋心虚胆怯"为"系事＋性状核"。

2）"（施事＋动作核＋位事）＋（系事＋性状核）"句模

　　（2）皇帝面色惨白地躺在他华丽的大床上，冷冰冰的。（安徒生：《皇帝的新装》）

---

① 参看范晓《说语义成分》，《汉语学习》2003 年第 1 期。

② 动核结构是语法中最基本的语义结构，也称谓核结构，如"狗咬猫"（[施事＋动核＋受事]）、"鸟飞"（[施事＋动核]）、"他给我礼物"（[施事＋动核＋与事＋受事]）。参看范晓《论"动核结构"》，《语言研究集刊》第八辑，上海辞书出版社2011 年版。

③ 关于谓核的分类以及主事、客事的具体类别，参看范晓等著《语法理论纲要》（修订版），上海译文出版社 2008 年版，第 183—193 页。

例（2）的指名性状语句句式的基本句型为"主状动位"构成的主谓句；基本句模为"（施事+动作核）+（系事+性状核）"，其中"皇帝+躺"为"施事+动作核"，"脸色+惨白"为"系事+性状核"。

3）"（施事+动作核+与事+受事）+（系事+性状核）"句模

（3）他恭恭敬敬地送给她一件礼物。（《中国北漂艺人生存实录》）

例（3）的指名性状语句句式的基本句型为"主状动与宾宾"构成的动词带"双宾"主谓句；基本句模为"（施事+动作核+与事+受事）+（系事+性状核）"，其中"他+送+她+礼物"为"施事+动作核+与事+受事"，"他+恭恭敬敬"为"系事+性状核"。

4）"（施事+动作核+受事）+（系事+性状核）"句模

（4）他干巴巴地吃了一锅锅巴。（周美玲［2005］用例）

例（4）的指名性状语句句式的基本句型为"主状动宾"构成的主谓句；基本句模为"（施事+动作核+受事）+（系事+性状核）"，其中"他+吃+锅巴"为"施事+动作核+受事"，"他+干巴巴"为"系事+性状核"。

5）"（施事+动作核+成事）+（系事+性状核）"句模

（5）村民辛辛苦苦地挖了一口井。（《人民日报》1993年9月）

例（5）的指名性状语句句式的基本句型为"主状动宾"构成的主谓句；基本句模为"（施事+动作核+成事）+（系事+性状核）"，其中"村民+挖+井"为"施事+动作核+成事"，"村民+辛辛苦苦"为"系事+性状核"。

6）"（施事+动作核+位事）+（施事+动作核+受事）+（系事+性状核）"句模

（6）几个人可怜巴巴地爬在地上啜那泥浆。（孔厥、袁静：《新儿女英雄传》）

例（6）的指名性状语句句式的基本句型为"主状动宾动宾"构成的"连动短语"作谓语中心的主谓句；基本句模由三个动核结构组成，即"（施事+动作核+位事）+（施事+动作核+受事）+（系事+性状核）"，其中"几个人+爬在+地上"为"施事+动作核+位事"，"几个人+啜+泥浆"为"施事+动作核+受事"，"几个人+可怜巴巴"为"系事+性状核"。

7)"（施事＋受事＋动作核＋补事）＋（系事＋性状核）"句模

（7）香港人将看书而不买书的人风趣地称为"打书钉"。（新华社 2004 年新闻稿_ 003）

例（7）的指名性状语句句式的基本句型为"主（将）宾状动补"构成的主谓句；基本句模为"（施事＋受事＋动作核＋补事）＋（系事＋性状核）"，其中"香港人＋看书而不买书的人＋称为＋打书钉"为"施事＋受事＋动作核＋补事"，"香港人＋风趣"为"系事＋性状核"。

8)"（系事＋性状核）＋（系事＋性状核）"句模

（8）一堆堆包包坟墓似的拱起。（张勤：《旅途匆匆》）

例（8）的指名性状语句句式的基本句型为"主状动"构成的主谓句；基本句模为"（系事＋性状核）＋（系事＋性状核）"，其中"包包＋拱起"为"系事＋性状核"，"包包＋坟墓似的"也是"系事＋性状核"。

9)"（系事＋性状核＋位事）＋（系事＋性状核）"句模

（9）听着瑶民款款的民谣，人们情不自禁地醉倒在瑶山老寨浓浓的春节气息里了。（《人民日报》1998 年 1 月）

例（9）的指名性状语句句式的基本句型为"主状动宾"构成的主谓句；基本句模为"（系事＋性状核＋位事）＋（系事＋性状核）"，其中"人们＋醉倒＋春节气息里"为"系事＋性状核＋位事"，"人们＋情不自禁"为"系事＋性状核"。

10)"（系事＋经验核＋涉事）＋（系事＋性状核）"句模

（10）山洪爆发了，山体天崩地裂地遭到山洪的冲击。（《作家文摘》1997 年）

例（10）的指名性状语句句式的基本句型为"主状动宾"构成的主谓句；基本句模为"（系事＋经验核＋涉事）＋（系事＋性状核）"，其中"山体＋遭到＋山洪的冲击"为"系事＋经验核＋涉事"，"山体＋天崩地裂"为"系事＋性状核"。

11)（起事＋关系核＋止事）＋（系事＋性状核）句模

（11）她的脸灰蒙蒙的犹如这座灰砖楼房的一个角落里长出的霉菌。（张贤亮：《绿化树》）

例（11）的指名性状语句句式的基本句型为"主状动宾"构成的主谓句；

基本句模为"（起事＋关系核＋止事）＋（系事＋性状核）"，其中"她的脸＋犹如＋霉菌"为"起事＋关系核＋止事"，"她的脸＋灰蒙蒙"为"系事＋性状核"。

(三) 指名性状语句中相关成分的互动制约表现

句式的整体意义与其构成部分是一种互动关系，一方面构成部分对结构整体意义的形成有积极的贡献，另一方面句式及其句式意义一旦形成又会反过来赋予某些句子的构成部分以临时意义。指名性状语句式的形成也说明了这点。

1. 描人式状语句中相关成分的互动制约表现

（12）周繁漪无表情地望着他。（曹禺：《雷雨》）

（13）凌力高高大大地走在她身边，让她越发觉得自己的渺小。（百合：《哭泣的色彩》）

（14）矿工健康地出院，她是满脸的笑容。（《侯宝林表演相声精品集》）

（15）孙子、孙女也都每天异常可爱地围在他身边。（阎连科：《我与父辈》）

（16）他很得意地应用出来。（老舍：《骆驼祥子》）

（17）那水手被水淋淋地扔在甲板上。（张力军［1990］用例）

（18）老李被孤零零地冷落在一旁。（张力军［1990］用例）

以上七个例句都属于描人式状语句句式。它们所表述的事件充分地演绎了其句式意义：施动者或受动者在发出某一动作或受某一动作作用时，凸显伴随着的人的某种情状。

描人式状语句句式中的主语都表示具有高生命度有意志性的人，但在句式里，有的主语是施事为主体，如例（12）——（16）中的"周繁漪"、"凌力"、"矿工"、"孙子、孙女"、"他"，他们都是行为的发出者；有的主语是受事，如例（17）和例（18）的"那水手"、"老李"在句中是作为受事客体存在。在语料中发现主语为施事的占多数；而主语为受事的仅占很小一部分，通常出现在有"被"、"给"、"让"等含被动意义词语的语句中。

描人式状语句中的宾语因为不是状语语义联系的成分，同时，其句式意义的构成关键在于主语、状语与谓语动作之间的语义制约，所以宾语可以是受事宾语、处所宾语，如例（12）中的"他"、例（14）中的"院"，也可以省略或隐含宾语，即"零形式"，如例（16）等。

描人式状语句中的 Z_R 主要与具有［＋述人性］的"品性"、"神貌"类等表物修饰语相匹配，如例（15）"异常可爱"描写了人的品性特征，例（12）"无表情"、例（13）"高高大大"、例（14）"健康"、例（16）"很得意"、例（17）"水淋淋"、例（18）"孤零零"等形容了人的神貌。

描人式状语句中的 VP 相对于其他指名性状语中的 VP 来讲，对动词类型的适应面是最广的，对动作性、自主性、持续性、完成性和及物性等语义特征没有强制性的要求，但数量上动作动词占了绝大比例，如例（13）"走"和例（14）"出"等。从 V 与 Z_R 的语义关系来看，Z_R 表现的人物情状一般是主语所表人物伴随动作体现出来的，而非由动作使成，如例（12）中的"无表情"不是"望"发生而使成的脸部样貌，而是"繁漪"伴随"望"这一动作而呈现出来的临时的情貌。然而也存在例外，如例（18）"孤零零"是由"冷落"使成的主体情状，但这只出现于含被动意义的极个别描人式状语句中。

2. 描物式状语句中相关成分的互动制约表现

（19）那剪短了的头发蓬蓬松松地竖在头上。（欧阳山：《苦斗》）

（20）结婚证书鲜红艳艳地落在一边。（阎连科：《我与父辈》）

（21）围堤高高地挡住了洪水。（《人民日报》1993 年 10 月）

（22）嘴中的玉米叶清香热热地扑到我的脸颊上。（陈染：《私人生活》）

（23）早点的票子皱巴巴地握在各个小手掌里。（彭见明：《如水的季节》）

（24）毛巾湿淋淋地浸在盆里。（张力军［1990］用例）

（25）毛巾湿淋淋地扔给了他。（同上）

以上七个例句就是描物式状语句。其句式侧重于事物静态性状的呈现，可以这样表述：某事物通过某一相对静态持续性的行为，凸显了某种伴随着的事物状态。

描物式状语句中的主语表示的是生命值低或不具有生命度的事物，因此是非意志性主体。通过语料分析，它们可作施事主语，如例（21）"围堤"、例（22）"玉米叶清香"等，少数可作受事主语，如例（23）"票子"、例（25）"毛巾"等，但更多的不能以施事或受事这样的语义角色去概括，因为句式本身更侧重于事物静态性状的展现，所以不妨用状态的被描写者

"系事"来称呼描物式状语句中典型的主语所表的事物。

描物式状语句中的 Z_w 与具有［＋摹物性］的"颜色"、"形状"、"感知"、"空间"类等表物修饰语相匹配，如例（19）"蓬蓬松松"描写了主语所表事物的形状，例（20）"鲜红艳艳"描写了主语所表事物的颜色，例（21）"高高"表现了主语所表事物的空间特点，例（22）"热热"形容了主语所表事物给予人的温度感知。可见，具有［＋摹物性］的词语一般可以进入指物状语句句式中充当指物状语。

描物式状语句中的状语所修饰的动词既可以是表状态的静态动词，如例（19）"竖"、例（20）"落"，也可以是动作动词，如例（21）"挡"、例（22）"扑"等。当 VP 为动作动词时，它基本上显现出持续性、完成性等语义特征。如例（23）"握"、例（24）"浸"本身既可表示一种达成的瞬间动作，也可表示动作达成后的一种状态的持续，事实上，当这类动词进入"S＋Z_w＋VP"这一句式后，在句式静态意义的强力制约下，其瞬间动态动作一旦终结，就会转化成一种静态的状态，所以例（23）"握"、例（24）"浸"等都侧重于表示一种动作完成后的持续静态状态。又如，例（21）"挡"完成后，静态意义得到释放，使读者关注的不再是围堤如何阻止洪水的行为方式，而是洪水已然被围堤控制住的状态。同样例（22）中当玉米叶清香完成了"扑"这个动作后，我的脸颊感受到的只能是"热热"这一温度，又如例（25）中毛巾从某处通过"扔"移位到他处时，就开始了一种静态位置的延续，而读者所关心的也只是"湿淋淋"这一性态的持续呈现。其实，像"挡"、"扑"、"扔"等动作动词出现在"S＋Z_w＋VP"句式中只是少数，"S＋Z_w＋VP"句式中的 VP 里的 V 主体仍是句式意义构成必须的状态类动词，依据收集到的语料，大致是如下一些动词：粘、环绕、铺、照耀、夯拉、纠结、排列、挂、悬、摆、附、悬挂、堆、前行、流、耸、伸、卡、绽放、蹲、盛、放置、缀、立、浮、飘、矗立、倾泻等。

从 V 与 Z_w 的语义关系来看，Z_w 表现的主体性状在行为发生持续性的过程中凸显出来，而一般非由 V 使成，如例（20）结婚证书的"鲜红艳艳"是其固有颜色，并不是由"落"这一行为使成的性态。同时，V 也很难对 O 施加处置性的动作行为，因为"S＋Z_w＋V＋O"句式中 O 常常隐去，就算出现，O 也是一种客观存在，不会随 V 的影响而改变。如例（21）中"洪水"只是"挡"的一个对象，而不是动作产生的客观结果。

在某些隐含被动意义的句子中，Z_w 指称事物的性状是由 V 致使下产生的，如例（23）中票子的"皱巴巴"是因为"握"这一行为完成后而使成的形状，例（24）中毛巾的"湿淋淋"是由"浸"这一行为达成后而使成的状态。VP 的处置性可以通过"把"的引进而明朗化，例如：

（23a）把早点的票子皱巴巴地握在各个小手掌里。

（24a）把毛巾湿淋淋地浸在盆里。

3. 使成式状语句中相关成分的互动制约表现

（26）老孙头矮矮地盖了两间草房。（高元石［1985］用例）

（27）韩秋云脆脆亮亮地在空中打了个响鞭。（电视电影：《历史的天空》）

（28）那和尚酽酽地沏了壶茶。（卢建［2003a］用例）

（29）大师傅辣辣地做了碗担担面。（同上）

（30）老师圆圆地画了个圈。（同上）

（31）他就嘎七马八的买回一大堆事物。（老舍：《骆驼祥子》）

（32）陈明珠就照这个意思短短地写了份辞职申请书。（吴思：《陈永贵沉浮中南海》）

以上七个例句使成式状语句，属于"S + Z_s + V + O"句式。它们所表述的事件充分地演绎了其句式意义：施动者有意识地对受动者施加某种行为，使其达成某种在动作过程中逐渐实现的状态。①

使成式状语句"S + Z_s + V + O"句式的句型是"主语—状语—及物动作动词—宾语"，句模"施事—状元—动作核—成事"，两者相对应，S 表现为一种典型意义上的施事主语，其句法外在表现就是高生命度的表人专有名词、亲属称谓名词或人称代词，如例（26）"老孙头"、例（27）"韩秋云"、例（31）"他"等。道蒂（Dowty, 1991）总结了原型施事②的五个特征，即意志性、感知性、使动性、移位性、自主性。"S + Z_s + V + O"中的S 突出了意志性和使动性的特征。如以"老师圆圆地画了个圈"为例，可以了解到 S 作为施事的典型性，在整个事件中，S"老师"是事件的主宰，他自由地控制着事件的发生、发展及终结，他的意志性行为"画"致使"圈"产生预期的状态。S 的意志性和使动性可以通过添加意愿动词来验证，例如：

①　参看卢建《可换位摹物状语的句位实现》，《语言研究》2003 年第 1 期。

②　关于原型施事，参看沈园《句法语义界面研究》，上海教育出版社 2007 年版，第 36—40 页。

（28a）　那和尚想/要/想要<u>酽酽地</u>沏壶茶。

（30a）　老师想/要/想要<u>圆圆地</u>画个圈。

例（28a）通过添加意愿动词"想"或"要"，就能更清楚地了解"酽酽的茶"是 S"那和尚"意志性行为下要使成的客观结果，例（30a）也是同理。

使成式状语句"$S + Z_s + V + O$"句式中的 O 是典型的成事宾语，是在行为动作作用下而成就的新物体或客观结果。道蒂（Dowty, 1991）总结了原型受事①的五个特征，即变化性、渐成性、受动性、静态性、附属性。"$S + Z_s + V + O$"中的 O 突出了变化性、受动性、渐成性和附属性。成事宾语不仅承受了动作行为，同时在动作行为的作用下发生了变化，具有受动性和变化性。同时，成事宾语并不是瞬间出现的，而是渐成的，经历了一个量变的生成过程，如例（26）"两间草房"是通过分步骤的"盖"而成的，例（32）的"辞职申请"尽管简短，但也是由一个一个字所组成的。也就是说，成事宾语在量变过程中的每一个时段表现出来的性状都是异质的，具有渐成性。附庸性指的是事物后于行为而存在，是行为作用下的结果或是因为行为的影响而形成的脱胎于旧事物的全新物体。如例（28）"茶"本身没有自立性，它是因为"沏"而逐渐成为现实的后生事物。又如例（31）中的"事物"虽然本身就是一种客观存在，但相对于 S"他"来说，只有通过行为动作"买"才使得"事物"有了"嘎七马八"的状态，才成了他生活中的一个现实。所以理解附庸与否不能脱离事件，要放在动态句子所表达的整个事件中去辨认。例如：

（33）　女巫<u>干干净净地</u>洗过脸。（张悦然：《葵花走失在 1890》）

例（33）也是一个使成式状语句。宾语"脸"很显然是本身存在的，但是放在"女巫洗脸"这一事件中去考察，仍然可以认为"脸"在事件中经历了"洗"这一行为而焕然一新，有了脱胎于"脏脸"而后生的"干干净净的脸"。从这个意义上来说，此句中的宾语 O 可以算一个不太典型的成事宾语。在收集的语料中，类似例（33）这样的使成式状语句毕竟是少数。因此不影响"$S + Z_s + V + O$"中的 O 作为成事宾语的典型性。

"$S + Z_s + V + O$"中的 O 是一种典型的成事宾语，此外，这些成事宾语

---

①　关于原型施事，参看沈园《句法语义界面研究》，上海教育出版社 2007 年版，第 36—40 页。

在句法形式上通常表现为数量名短语，如例（26）"两间草房"，例（27）"（一）个响鞭"等。卢建（2003）指出数量名短语"是个体化和具指性程度较高的成分，同时也是比较容易受具体动作作用的成分，是受动性语义特征的句法表现"。可见 O 由数量名结构担任，这是由其作为成事宾语服务于整个句式意义的语法需要。

"S + Z_s + V + O"中的 Z_s 多与具有［＋摹物性］的"形状"、"感知"、"空间"、"颜色"类等表物修饰语相匹配。如例（26）"矮矮"描写了草房在空间高度上的特点，例（29）"辣辣"形容了担担面的味觉，例（30）"圆圆"则修饰了圈的形状，又如"我红红地染了一匹布"中 Z_s 由颜色词充当。可见，具有［＋摹物性］的修饰语一般可进入"S + Z_s + V + O"句式充当 Z_s。

"S + Z_s + V + O"这种使成式状语句句式是一种意志性动作句，因此为了与句式意义相符，V 必然具有自主义和及物义，此外，进入句式的自主动词必须要与 Z_s 存在一种事理上的因果联系，如例（27）中"脆脆亮亮"是"打"可达成的结果，例（32）"短短"是"写"可控制的结果，由此可知，V 与 Z_s 之间存在使成关系。从 V 和 O 的语义关系看，V 具有处置性，即 O 是 V 处置下的结果或产物，前文 O 的附属性特征就是 V 具有处置性的有力证明。如例（29）中"担担面"是通过处置类动词"做"而达成的结果事物，所以可以说"担担面是大师傅做出来的"。

通过语料的考察，发现"S + Z_s + V + O"这种使成式状语句中的 V 主要由以下动词担任：划、片、画、染、煮、沏、烧、炖、写、抄、做、打、包、涂、盖、造、修、挖、筑。这些动词基本含有制作义，这也是与句式中的成事宾语意义相符的。另外，这些动词都具有完成义，它们都具有一个动作的内在持续性过程，同时又有时间上的自然终结点。这些语义特征也都与"施动者有意识地对受动者施加某种行为，使其达成某种在动作过程中逐渐实现的状态"这一句式意义相匹配。因为只有动作具备过程性，O 才可表现出不同时间段的异质性并随着动作的完成而成为一个客观结果。V 的完成义可以通过其动词后缀"了"彰显出来。

可见，在"S + Z_s + VP + O"中，S 典型语义表现为［＋施事性，＋意志性，＋使动性］，典型的 O 表现为成事宾语，突出了变化性、受动性、渐成性、附庸性等语义特征，并在语法形式上集中表现为数量名短语。也有 O 表现为受事宾语，则 Z_s 表现为［＋摹物性］。使成式状语句中的 V 是含有制作义为主的自主完成类动词，其语义特征可概括为［＋动作性，＋完成性，＋

及物性，＋持续性，＋使成性，＋处置性]。

4. 存现式状语句中相关成分的互动制约表现

（34）地下<u>明晃晃的</u>撒着十几枚银针。（金庸：《神雕侠侣》）

（35）林外<u>高高矮矮地</u>站着百余人。（同上）

（36）额上却<u>深深地</u>犁开了道道皱纹。（《报刊精选》1994 年 3 月）

（37）办公桌上已<u>薄薄地</u>蒙上了一层灰了。（陆天明：《苍天在上》）

（38）正自胡思，只见<u>黑黢黢地</u>进来一个人。（曹雪芹：《红楼梦》）

（39）娴的嘴唇也<u>浅浅地</u>涂了口红。（苏童：《妇女生活》）

（40）黑板上<u>圆圆地</u>画了一个圈。（卢建［2003b］用例）

以上七个例句就是典型的存现式状语句，它们都属于"$S_{处} + Z_C + V + O$"句式。它们所表述的事件充分地演绎了其句式意义：某处出现或存在着某人或某物，并凸显人或物的某种存现的情状。

存现式状语句"$S_{处} + Z_C + V + O$"句式中的 S 都是处所词语表示的，并非严格意义上的主语（注：在这里只是为了与其他指名性状语句式取得形式上的一致，所以将句首的处所词用 S 代替），而 O 多是事物名词，在形式上大都为无定的数量名短语，在语义上，可以是施事，如例（35）"百余人"，也可以是受事，如例（34）"十几枚银针"。不管是施事宾语还是受事宾语，其施事性和受事性都表现得十分微弱，这主要受偏重于句式及其句式意义的制约。因此也不妨将存现式状语句中的 O 称为"系事"。

存现式状语句"$S_{处} + Z_C + V + O$"句式中的 Z_C 对表物修饰语的类型适应面比较广，可以是具有［＋述人性］的"神貌"类，如例（35）"高高矮矮"；也可以是具有［＋摹物性］的"感知类"，如例（34）"明晃晃"；或"空间"类，如例（36）"深深"、例（37）"薄薄"；或"形状"类，如例（40）"圆圆"；或"颜色"类，如例（38）"黑黢黢"。

存现句不是动作过程句，句中动词在句中实现的是具体的动作义，而是表示事物存在的状态。有的表示以何种状态"出现"，如例（38），有的表示以何种状态"消失"；有的表示以何种状态"存在"。我们考察了收集到的存现式状语句，发现以何种状态"存在"的最多，如"长、放、堆、铺、悬、挂、塞、写、丛生、排列、蒙"等在句中皆表示持续性的存在状态。

存现式状语句中出现的动作动词在句式的制约下都"状态化"了，如例（39）"涂"和例（40）"画"虽具有动作义，但在进入存现句后，在句式的影响下，这类动词的动作义都变成状态义，动作造成的持续性状态会得到突出，从而与句式意义保持一致。V 的状态义可以通过某些句子里动词后面的"了"与"着"的互换来证明：

（35a）林外高高矮矮地站了百余人。

（40a）黑板上圆圆地画着一个圈。

"着"表示一种状态的持续，"了"表示动作的实现，一般来讲，这两个时体成分语法意义上的对立使得它们不能互换，然而例（35）与（35a），例（40）与例（40a）的基本句义仍然相同。任鹰（2007）把"着"与"了"在存现句中可以互换的句法现象的决定性因素归结于动词所具有的表义特点，即"句中的动词既可以表示动作，也可以表示状态，而且动作的完成同状态的开始是相重合的，动作的完成的直接结果便是状态的引发"。由此就能明确句式对句式核心动词的制约作用。

"$S_处 + Z_C + V + O$"中的 V 依据语义特征，主要有以下三类：存在类、出现类、附着类。

1）存在类

"存在"类的 V 主要是指"布满、排列、粘、挂、点缀、附、躺"等表示相对静止状态的动词，这些动词的动作意义微弱，动作行为不会产生任何新的事物，所以对 O 不具有处置性，同时动作行为也无法致使新的状态的产生，因此在"$S_处 + Z_C + V + O$"中 V 与 Z_C 之间没有使成的关系。如例（34）"地下明晃晃的撒着十几枚银针"中 V "撒"只是 O "十几枚银针"存在于"地下"的一个状态陈述，而"明晃晃"是"十几枚银针"本身给予人的视觉感知，不是由"撒"使成的，但可以说是由"撒"这个 VP 状态方式呈现的。同理，例（35）"林外高高矮矮地站了百余人"这个句式凸显的是一种状态的静态存在义，"百余人"不是"站"出来的，"高高矮矮"也不是"站"使成的状态，而是"百余人"的身高通过"站"得到凸显。

"存在"类状语句的静态句式义是三类存现式状语句中最突出的，所以它可以变换成描物式状语句，而基本意义不变，例如：

（34a）十几枚银针明晃晃地撒在地下。

（35a）百余人高高矮矮地站在林外。

2）出现类

这一类 VP 主要是非自主的状态动词，如"长、裂、冒、蒙、结、盖"等。"出现"类 V 没有真正意义上的施动者，O 的出现不是意志行为的产物，而是纯自然的客观呈现，因此，也在"$S_处 + Z_C + V + O$"句式里不能说 V 与 Z_C 之间存在使成关系或 V 对 O 存在处置性。

(36a)　＊把道道皱纹深深地犁开在额上。

(37a)　＊办公桌上已薄薄地把一层灰蒙上了。

例（36a）和例（37a）的不成立，已经说明了 VP 的非处置性。因为皱纹的产生或蒙上一层灰都不是人为控制的，而是事件的自然结果。

3）附着类

这一类 V 通常是含有自主义的及物动作动词，如"画、涂、铺、敷、写、贴、堆"等，它们会对受动者有意识地施加某种行为，在时间上具有自然终结点，在"$S_处 + Z_C + V + O$"句式中，它们动作的完成也可以产生新的事物，并有意识地致使了某种事物状态的变化或产生。如例（40）"黑板上圆圆地画了一个圈"中"圈"的"圆圆"形状是"画"这个行为使成的有意识的结果，而 O"一个圈"是受到了 V"画"的处置作用而生成的结果事物。又如例（39）"娴的嘴唇也浅浅地涂了口红"中，口红颜色的"浅浅"是 V"涂"控制的结果状态，但是"口红"不是由 V 处置下产生的新事物，而是改变了附着的处所而已。

含有"附着"类的"$S_处 + Z_C + V + O$"句式使成式状语句有着密切的联系，它们的 V 都具有［＋使成性］［＋处置性］。这种动词 V 可以出现在使成式状语句里，则是一种动作谓语句，V 的动作义明显；而存现式状语句是一种侧重状态呈现的句子，所以"附着"类 V 的动作义会在句式的制约下隐藏在状态义的背后，静态的"附着义"在句中发挥作用。

5. 本体式状语句中相关成分的互动制约表现

(41) 他酸酸地喝了一碗梅子汤。（周美玲［2005］用例）

(42) 薛林二人也吃完了饭，又酽酽地喝了几碗茶。（曹雪芹：《红楼梦》）

(43) 炜炜清清凉凉地喝了一杯矿泉水。（侯友兰［1998］用例）

(44) 他辣乎儿乎儿地吃了一盘川菜。（郑贵友［1999］用例）

(45) 妇女们正红红绿绿地洗着衣服。（《人民日报》1994 年 4 月）

(46) 这时候孩子们把蛋热热地捡起。（丰子恺：《白鹅》）

（47）（我）买上车，省下钱，然后<u>一清二白的</u>娶个老婆。（老舍：《骆驼祥子》）

以上七个例句就是本体式状语句，它们都属于"S + Z$_B$ + VP + O"句式。它们所表述的事件充分地演绎了其句式意义：施动者有意识地对受动者施加某种行为，并通过施动者的某种行为凸显受动者的一种本体状态。

本体式状语句"S + Z$_B$ + VP + O"句式中的 S 和使成式状语句中的 S 一样是典型的施事主语，所以语法外在表现为高生命度的人称代词，如例（41）"他"，集体名词，如例（45）"妇女们"，专有名词，如例（43）"炜炜"。S 在本体式状语句中有很强的意志性，他是一个事件的主宰，可以凭着自己的意志自由地控制事情的发生、发展与终结，如例（43）"炜炜"喝矿泉水是他自己的主观选择，是自己控制中的事。S 的意志性可以通过添加意愿词来验证：

（44a）他想/要/想要辣乎儿乎儿地吃一盘川菜。

（47a）（我）买上车，省下钱，然后想/要/想要一清二白的娶个老婆。

例（44a）和例（47a）是添加了意愿词的合格句子，读起来比原句更流畅，可接受度也更高，足见 S 的意志性是本体式状语句句式意义所必要的一个条件。然而 S 的意志性不能促使 O 的本体状态的改变，而只能按照自己意愿从已有的状态中进行选择。

在某些本体式状语句中，S 的意志性会相对淡化，但整个事件仍是 S 可以选择的，例如：

（48）小明<u>苦苦地</u>喝了一碗药。（口语）

例（48）中表达的事件"喝药"通常不会是人主动想做的事，但 S"小明"在"喝药"时仍然是意志性的主体，药的苦是他主动感知，而且是可预知的。

本体式状语句"S + Z$_B$ + VP + O"句式中的 O 是典型的受事宾语，是动作行为作用的对象，它突出了受动性和自立性的语义特征。如例（45）"衣服"是受"洗"作用的对象，例（46）"蛋"是"捡"作用的对象，但这些对象本身就是一种客观存在的事物，而不是动作作用而生成的。O 的受动性也通过其以数量名结构为主的句法形式表现出来，如例（41）"一碗梅子汤"，例（42）"几碗茶"。

　　本体式状语句"S + Z_B + VP + O"句式中 Z_B 表现的是 O 的本体状态，是施动者有意识地对受动者施加某种行为而意欲凸显的一种性状，一般也是 O 符合 S 或言者期待的一种本体性状。如例（44）"辣乎儿乎儿"是一种川菜可被感知的正宗味觉、例（46）"热热"是把刚孵出的蛋捡起时手可感知的温度。当然，"颜色"类、"品性"类也可充当 Z_B，但在本体式状语句中突出了它们可期待的一面，如例（45）"红红绿绿"是妇女们洗着的衣服的缤纷颜色，而例（47）"一清二白"是祥子对要娶的老婆的美好期待。可见，只要符合 S 愿望或言者主体期待的企望性状，都可进入"S + Z_B + V + O"中充当 Z_B，但以"感知"类动词居多。

　　本体式状语句"S + Z_B + VP + O"句式也是一种意志性动作句，因此为了与句式意义相符，V 必然是具有自主义和及物义的动作动词，此外，进入句式的自主动词可以对 O 有处置性，但不会对 O 的先事本体状态产生影响，如例（45）"洗"处置对象"衣服"，改变的只是它们的洁净度，对衣服的花样、颜色、大小等性状是无法改变的，所以 V 与 Z_B 之间没有使成关系。

　　通过语料的考察，发现本体式状语句"S + Z_B + VP + O"句式中的 V 主要由以下一些动词担任：吃、喝、看、望、洗、搓、找、发现、拿、捡、端、捧、抱、揣、扔、买、娶等，其中"吃喝"类感知动词是"S + Z_B + VP + O"句式中 V 的优选动词。因为本体式状语句的句式意义侧重的是凸显 O 在动作过程中或完成后被选择性感知到的某种性状，所以 V 应具有完成义，但对时间过程的持续性没有强制性要求，如例（46）"捡"是非持续的动作动词。

（四）指名性状语移位作定语的条件

　　指名性状语它在深层语义结构中指向名词性词语，因此在语言线性层面，可以对指名性状语进行结构性的移位，移位后语义上会表现出两种情况，一是指名性状语句和移位后的句子的语义在真值上保持一致，另一种则是指名性状语句与移位后的句子在语义出现偏差。因此有必要针对不同的指名性状语句对其移位的条件作细致的考察，从而明确指名性状语与移位后的句法成分的关系。在具体分析前，需要明确下文用到的几个概念：

　　使成性态：指指名性状语所表示的性状是通过谓语动词的作用而使成的结果，如"奶奶嫩嫩地炖了一个蛋"中"嫩嫩"即是一种使成性态。

　　呈现性态：指存现式状语所表示的性状通过存现状态方式得以呈现的一种持续性性状，如"山上红红地开着杜鹃花"，"红红"即是一种存现性态。

实然性态：即指能反映事物个体不需要其他对照而显现出的本身某种特性，如火辣辣是太阳的实然性态，冰凉是冷水的实然性态。本体性态是实然性态的一种，区别在于本体性态是一种先事性态，而实然性态有可能是先事或后事性态。

1. 描人式状语移位作定语的条件

1）原义移位

在 "$S + Z_R + V + O$" 句式中，当 Z_R 不仅是伴随 V 而出现的人物的当事性态，也是在 V 发生之前就已具有的先事性态时，那么句法上能构成主谓短语的 "$S + Z_R$" 可变换成定心短语 "$Z_R + S$"，两者语义真值与相当。例如：

　　（49）确实不是马锐惹的事，准确地说，马锐无辜地被人欺负了。（王朔：《我是你爸爸》）

　　（49a）确实不是马锐惹的事，准确地说，无辜的马锐被人欺负了。

例（49）中 "马锐无辜" 不是在被欺负时才显现的境况，而是在被欺负前已然具有的性态，是先事性态与当事性态的结合，所以，它可以变化成例（49a），而保持意义不变。当事性态是所有指名性状语的共同表现，因此先事性态是描人式状语实现原义移位的关键条件。可以依据以下几种方法来判断 Z_R 是否具备先事性态。

　　第一，常识性判断。在熟知的一些背景性知识里，人们总是将一些性状与特定身份的人相联系，如残忍的歹徒、可爱的孩子等在一般情况下总是能形成事理上的搭配。

　　（50）没娘的匪子可怜地只有把一切闷在心里。（贾平凹：《废都》）
　　（50a）没娘的可怜的匪子只有把一切闷在心里。

在一般人看来，可怜是没娘的孩子的固有评价，所以根据常识就可判断出例（50）"可怜" 是匪子的先事性态。句法上主谓短语的 "匪子可怜" 可变换成定心短语 "可怜的匪子"，当 "可怜" 移位作主语的定语时，不发生意义上的改变。

　　第二，前后语境提示。即可以通过上下文的相关信息的暗示去了解它是否是一种先事性态。

　　（51）马林生像往常一样粗鲁地吼了一声。（王朔：《我是你爸

爸》）

(51a) 粗鲁的马林生像往常一样吼了一声。

例（51）句法上主谓短语的"匡子可怜"可变换成定心短语"可怜的匡子"。通过"像往常一样"这个状语的提示，可以了解到"粗鲁"是"马林生"经常表现出来的相对恒定的情状，所以它表现为"先事性态"。除了如"常常"、"像往常一样"、"仍旧"、"总是"和"一直"等词语能指明指名性状语指向的人物有着先事性态外，在一些句子中，只要理解句内相关词语的意义透示出的逻辑关系，也能帮助确认 Z_R 表示的情状是否为先事性态。

(52) 为了拯救人类，普罗米修斯机智地从奥林波斯山盗取圣火，藏在芦苇管里带到人间。（《中国儿童百科全书》）

(52a) 为了拯救人类，机智的普罗米修斯从奥林波斯山盗取圣火，藏在芦苇管里带到人间。

例（52）句法上主谓短语的"普罗米修斯机智"可变换成定心短语"机智的普罗米修斯"。句中"盗取圣火"反映出来的"机智"不可能是普罗米修斯的一时表现，而是他的一种恒时品性，因此，例（52）变换成例（52a）而意义不变。

2）变义移位

在"$S + Z_R + V + O$"中，当 Z_R 表示的情状只是一种伴随 V 而出现的当事性态时，则 Z_R 移位至定位时真值语义与原状语句不一致。Z_R 发生变义移位的情况可归结为以下三种：

2a）除了上下文语境的提示外，一些位于 Z_R 前的标记限制性词语，如"才、就、要、应当、却、得、然而、便、只、会、可以、马上、立即"等能够表示出 Z_R 所表示的人物情状只是主体在伴随某种动作或心理时才出现的临时的当事性态。

(53) 见匡子问他干什么，程顺便立即眉开眼笑地说道。（贾平凹：《废都》）

(53a) 见匡子问他干什么，眉开眼笑的程顺便立即说道。

例（53）句法上主谓短语的"程顺眉开眼笑"可变换成定心短语"眉开眼笑的程顺"。句中副词"便"和"立即"都明显地表示出主语在"说"这个动作展开时才出现了"眉开眼笑"的神情，这种神情是临时的，体现的是一种当事性态。当"眉开眼笑"移至"程顺"前的定语位置，则就转变成主语在说之前就已经显现出来的神情，其意义与例（53）显然不同。

　　第二，当由"谁"、"某人"、"一些人"等不定代词或"的字结构"充当主语时，Z_R表示的情状也属于当事性态，移位后句义发生变化或移位后句子难以成立。

　　（54）<u>有些人</u>总是自鸣得意地说。（鄢烈山：《2007中国杂文年选》）
　　（54a）<u>自鸣得意的有些人</u>总是说。

例（54）句法上主谓短语的"有些人自鸣得意"可变换成定心短语"自鸣得意的有些人"。主语为不定代词"有些人"，所以即使Z_R之前有"总是"等标记词语也不能实现原义移位，因为不定代词表现出来的情状本身具有不定性。

　　（55）<u>看病的</u>规规矩矩地救死扶伤。（同上）
　　（55a）＊规规矩矩的看病的救死扶伤。

例（55）中主语为"的字短语"，Z_R不能移位到主语之前作"看病的"定语，所以例（55a）这样的句子就不能成立。

　　第三，当Z_R表现出来的情状是由VP使成的结果时，即表现出使成性态时，Z_R也不能实现原义移位。

　　（56）老太太干干净净地洗了澡。（《读书》第122卷）
　　（56a）干干净净的老太太洗了澡。

例（56）中Z_R"干干净净"是洗澡这个行为发生过程中产生的，并在行为结束后持续的一种性状，是一种使成性态。当它移位至主语名词前作定语时，它表现的性状在时间上先于洗澡这个动作，显然与原句的语义不一致。

　　2. 描物式状语移位作定语的条件

　　1）原义移位

　　在"S + Z_W + V + O"句式中，由于主语是没有生命的事物，那就不会受到V的处置作用，Z_W表现出的事物性状多是相对持久性的，只是通过某种行为状态展现出来。可见，Z_W在表现当事性态的同时也具有先事性态，因此大多数"S + Z_W + V + O"都可以变换成语义真值相等的"Z_W + S + VP + O"。

　　（57）这位妇女由于一头疏于整理完全变形的<u>电烫短发</u>参差不齐地

悬垂于脑前，脑后显得有些邋遢。（王朔：《我是你爸爸》）

（57a）这位妇女由于一头疏于整理完全变形<u>参差不齐</u>的电烫短发悬垂于脑前，脑后显得有些<u>邋遢</u>。

（58）马林生生气得浑身哆嗦，<u>手颤巍巍</u>地扬起来。（同上）

（58a）马林生生气得浑身哆嗦，<u>颤巍巍的手</u>扬起来。

例（57）"参差不齐"是头发垂于脑前的状态，通过主语前定语"完全变形"，就可知道这头发本身的性状就是"参差不齐"的，是一种先事性态，所以例（57a）命题真值等同于例（57）。同样，例（58）中手在扬起来前就已经有着"颤巍巍"的表现，Z_w 表现了一种先事性态，可以实现原义移位。

2）变义移位

在"$S + Z_w + V + O$"句式中，当 V 与 Z_w 间存在使成性关系时，即 Z_w 表现出使成性态，Z_w 若移到 S 前定位，句式的真值语义会发生变化。例如：

毛巾<u>湿淋淋</u>地浸在盆里。→<u>湿淋淋的</u>毛巾浸在盆里。

变换后，句子真值发生了微妙的变化。"毛巾湿淋淋"是因为"浸"这个动作行为才产生的，在动作过程中凸显出使成性态，而"湿淋淋的毛巾"是"毛巾"在"浸"之前已有的属性，可见，两句中 S 的属性在变化时间上存在先后之别。

在"$S + Z_w + V + O$"中，当 Z_w 表现出的事物性状不是一种实然性态时，Z_w 移位作定语时句子也会变义。例如：

（59）月牙儿<u>低低</u>地挂在天边。（邹平：《田汉的初恋》）

（59a）<u>低低的</u>月牙儿挂在天边。

例（59）中"低低"是月牙儿挂在天上表现出来的距离感，是非本体性态，月牙儿之所以给人一种高低的感觉是以人与天之间的距离为参照的，如果没有了参照物，月牙儿就无所谓高低了。所以当"低低"在例（59a）移至定位时，句子就显得别扭，同时语义也发生变化。

3. 使成式状语移位作定语的条件

在"$S + Z_s + V + O$"中，V 对 O 具有处置性，而 Z_s 表现的是 V 使成的企望性状，在动作完成后依然存在，可见 Z_s 表现了一种后事性态和使成性态。通过语料的分析，发现典型的"$S + Z_s + V + O$"都可作语义真值不变的句式变换。例如：

陈明珠就照这个意思<u>短短地</u>写了份辞职申请书。

→陈明珠就照这个意思写了份<u>短短的</u>辞职申请书。

"短短地写了份辞职申请书"里，Z_S"短短地"表现出的是使成的后事性态，因此当它移位至宾前定位时就显得自然。因为作定语的"短短"表示的就是一种结果性状，这与在状位的它表现出的后事性态是一致的，因此参与变换的两个句式语义真值相当。

当 Z_S 表现的后事性态处于一种不确定的情况下，则移位作定语后句子会有歧义。例如：

（60）她<u>红红</u>地涂了<u>唇</u>。（冯庆宏［2007］用例）

（60a）她涂了<u>红红的唇</u>。

例（60）状位"红红"语义明确，表示的是主语意欲通过动作"涂"而使成的企望颜色，但当"红红"出现在宾前定位时，产生了两种意义。一种理解为："红红"是动作"涂"使成的结果颜色，这与状语句意义相符；另一种理解为："红红"是宾语"唇"的本体性态，是"涂"这个动作发生前就已存在的性态，这与原句语义相悖。

4. 存现式状语移位作定语的条件

在"$S_处 + Z_C + V + O$"句式中，Z_C 主要表示通过某种动作而存现的持续性状态，或表现出先事性态，或表现出后事性态，可以将其归结为一种"呈现性态"。由此可知，一般情况下，当 Z_C 反映一种呈现性态和实然性态时，"$S_处 + Z_C + V + O$"就可以变换成等值的"$S_处 + V + Z_C + O$"。

（61）客厅沙发上<u>直挺挺</u>地躺着<u>一个毫无知觉、素不相识的男人</u>。（俊鸣：《谁是陌生人的女友》）

（61a）客厅沙发上躺着<u>一个直挺挺的毫无知觉、素不相识的男人</u>。

（62）上面<u>歪歪</u>地涂了<u>四行字</u>。（曹禺：《日出》）

（62a）上面涂了<u>四行歪歪的字</u>。

例（61）"躺"是存在类的动词，"直挺挺"表示男人通过"躺"这个状态而得以呈现的姿势，是一种呈现性态和实然性态，因此可变化成句义不变的例（61a）。例（62）"涂"有附着义，在句中也是表示一种静态的呈现义，Z_C"歪歪"就是通过"涂"而得以呈现的实然性态，所以，当例（62a）中"歪歪"处于定语位置时，也表达了例（62）的意义。

当 Z_C 表现的呈现性态是一种非实然性态时，Z_C 移位作定语的句义将改变，例如：

　　　　（63）正房正墙上端端正正地挂着我送给他的<u>挂历</u>。（新华网：《涑水情》）

　　　　（63a）正房正墙上挂着我送给他的端端正正的<u>挂历</u>。

例（63）中"端端正正"虽是"挂历"通过"挂"这一状态而反映出来的呈现性态，但它却不是挂历本身独立的特性，而是通过参照背景"墙"得以表现的性态，一旦依托的参照物消失，这种非实然性态也会消失。因此，例（63a）句义不同于例（63）。

　　5. 本体式状语移位作定语的条件

　　在"$S + Z_B + V + O$"句式中，尽管意志主语对宾语施加了处置性动作，然而 Z_B 表现出一种本体性态，独立于 V 而存在，不随 V 改变，与事物紧密联系。由此可见，一般情况下，典型的"$S + Z_B + V + O$"都可以变换成命题真值相同的"$S + VP + Z_B + O$"。例如：

　　　　薛林二人也吃完了饭，又<u>酽酽</u>的喝了几碗<u>茶</u>。

　　　　→薛林二人也吃完了饭，又喝了几碗<u>酽酽</u>的茶。

上例中"酽酽"是"茶"存在着本身的特性，它不受"喝"的使成和处置，只是通过"喝"而感知到的事物的一种本体性态，因此当它后移到宾语前定位时，句式的意义和原句句式的意义仍然保持一致性。

　　当 Z_B 反映的本体性态存在不确定性时，状语句会存在歧义，而移位作定语后句子的意义会单一化，例如：

　　　　（64）他<u>香喷喷</u>地吃了一碗<u>饭</u>。（口语）

　　　　（64a）他吃了一碗<u>香喷喷</u>的饭。

例（64）"香喷喷"存在两种理解，"香喷喷"可能是"饭"的本体性态，也可能只是 个很饿的人吃出来的主观滋味，而非饭本身的口感，所以例（64）存在歧义，但当（64a）"香喷喷"移位作"饭"的定语时，就只有一种语义，即"香喷喷"就是饭的一种性态。

五　指名性状语状位实现的多层解释

（一）指名性状语状位实现的语用动因

词类序列可以代表不同的句式，所以"老师圆圆地画了一个圈"和

"老师画了一个圆圆的圈"这两个句子属于两种不同的句式，说话者在现实的交际环境中，具体采用何种句式，反映了说话者组织话语活动时的一种语用策略。指名性状语的状位实现的语用动因主要表现在两个方面：第一，指名性状语是一种明示行为语，明示了话语组织者所传信息的临时性、意志性和主观性；第二，指名性状语是动态句中语用表达焦点的载体，是言语主体在语用上最想传达给听话者的信息。

1. 指名性状语是一种明示行为语

关联理论（Relevance Theory）是由法国认知心理学家斯波伯（Dan Sperber）和英国著名语言学家威尔逊（Deirdre Wilson）在其合著的《关联：交际与认知》一书中被系统地提出来的。该理论基于认知科学将语言交际活动视为一种"明示—推理"的动态过程（ostensive-inferential coZZunication），即说话者通过明示行为向听话者表明自己的信息意图和交际意图，为推理提供足够的信息和理据，听话者则依据说话人的明示行为去激活有关的认知语境，努力寻找关联，并进行推理，以明白对方的交际意图，获得语境效果。依据关联理论的最佳关联原则，说话者有必要将所要强调的部分用某种直示手段凸显出来，以便听话者付出较少的认知努力就可以进行有效地推理。因此，在一个指名性状语句中，听者通过判断指名性状语的语义异指，明白它是言者表达的一种明示行为语，是说话者为了突出性状时间的临时性、主体的意志性和言者主观性而采取的一种语法手段。

1）明示"临时"语

"恒久"和"临时"是人类感知时间的最基本的认知概念，无论行为、事物或性状都无法脱离时间而被感知。事物因为强空间性的支撑并在时间中存在而具有恒久性，行为总是随着一个事件的发生、发展直至终结，表现出临时性，性状必须依赖于事物主体或行为动作，因此，它既不如事物那么恒久，也不如行为那么临时，而是游移在事物与行为的中间地带。性状的这种时间上的特性可以通过形容词的次范畴来表现：性质形容词比状态形容词在时间轴上延伸得更长，反映在句法位置则表现为：状位的性状临时性更突出，定位的性状恒久性更明显。例如：

（1）孤独的刁小华热热闹闹地度过了一生中最难忘的春节。（张国宪［2005］用例）

（2）今天一大早，我们王副省长就很幸福地穿上了新囚衣。（同上）

例（1）和例（2）定语与状语在时间上的对立很能说明问题。例（1）中的定语"孤独"是主人公"刁小华"恒久的心理表现，所以即使"刁小华"在过春节时感受到了热闹的气氛，然而这仍然无法改变他的"孤独"特性。例（2）中的状语"很幸福"表现出了在狱中本该不幸福的"王副省长"可能因为脱下又臭又脏的旧囚衣、穿上新囚衣而体会到片刻的愉悦，这种幸福感对于一个在狱中的人来说是坚持不了多久的，所以"很幸福"只是"王副省长"在"今天一大早"的一个临时性的心理感受。由此，可以认识到了定语的典型语义特性是静止性，状语的典型语义特性是变化性。①

指名性状语表示的事物性状都在伴随行为的过程中表现出临时性。卢建（2003a）将摹物状语（注：即是本文讨论的使成式状语）的语义内涵提炼为："主观意志性"、"动作伴随性"、"状态临时性"；郑贵友（1995）把动·主双系形容词状语（注：即是本章讨论的指主式状语）的语义内涵提炼为："原生性态"和"暂生性态"。卢建总结的"动作伴随性"、"状态临时性"及郑贵友提出的"暂生性态"反映的就是指名性状语的临时性问题。由此有理由认为，指名性状语是一种明示临时性状态的行为语，是言者为了听者对其话语意图进行有效推理的语言有力昭示。

先来看指主式状语明示的临时性，例如：

（3）邢利民的老婆恰好拎着半篮新下的鸡蛋<u>蓬头垢面</u>地从鸡舍出来。（迟子建：《青草如歌的正午》）

（3a）<u>蓬头垢面邢利民的老婆</u>恰好拎着半篮新下的鸡蛋从鸡舍出来。

（4）两大条蛇肉<u>亮晶晶</u>地盘在碗里。（阿城：《棋王》）

（4a）两大条<u>亮晶晶</u>的蛇肉盘在碗里。

例（3）表述的事件表明"邢利民的老婆"从鸡舍出来时是"蓬头垢面"的，这一情貌表现出特定场景下的临时性，不能确定"蓬头垢面"是"邢利民的老婆"的惯常外貌，然而例（3a）却使人们觉得"蓬头垢面"就是邢利民的老婆在人们面前表现出来的恒久模样。同样，"亮晶晶"在例（4）中表现出"蛇肉"盘在碗里时的临时性状，而在例（4a）里则表现为"蛇肉"的惯有色泽。可见，两种句式不同语用价值可从言者明示性状的时间

---

① 张国宪：《现代汉语形容词的典型特征》，《中国语文》2000 年第 5 期。

性特征这一行为中反映出来。

再来看指宾式状语明示的临时性，例如：

（5）福尔摩斯在他的笔记本的一张纸上<u>潦潦草草地</u>写了<u>收条</u>。（翻译作品：《福尔摩斯探案集》）

（5a）福尔摩斯在他的笔记本的一张纸上写了<u>潦潦草草的收条</u>。

（6）每粒沙子都被<u>薄薄地</u>涂上<u>一层水</u>。（《读者》合订本）

（6a）每粒沙子都被涂上<u>一层薄薄的水</u>。

（7）他<u>酸酸地</u>喝了<u>一碗梅子汤</u>。（周美玲［2005］用例）

（7a）他喝了<u>一碗酸酸的梅子汤</u>。

例（5）表明收条的"潦潦草草"是由施事者发出的行为动作所决定的，是伴随"写"而渐成的临时性状，例（5a）中收条的"潦潦草草"则是其固有的性状，是一种恒久属性。同理，例（6）"薄薄"与例（7）"酸酸"在状位实现也是言者为了强调某种状态的临时性而采取的明示行为策略。

2）明示"意志"语

语言是人类"知、情、意"等心智活动的体现，承载了对象世界中的客体信息和主体信息。语言中的主体信息的表达手段主要是对应于情感表达，如感叹词和感叹句式等，及意志、意图、意识等表达。主体的意志、意图和意识的表达属于一种"有意"式主体表现范畴。张黎（2003）指出"有意"作为一种主体表现，不是用词汇性手段表达的有标记范畴，而是以核心动词前后的镜像对照反映出来的无标记范畴。"有意"即指主体对事件或动作本身以及动作所涉及的场所、性状、可能、方式等语义范畴的自觉性观照，如"他嫩嫩地炖了碗鸡蛋"就是一个有意样式；"无意"是指上述语义范畴在经过动作后，超越主体意识而形成的客观态势，如"他炖了碗嫩嫩的鸡蛋"就是一个无意样式。该文在考察了动作、方所、性状、可能等范畴的"有意"和"无意"表现后，得出了这样的结论："汉语以核心动词为界，动词前的成分是有意的，动词后的成分是无意的"。张国宪（2005）认为就意图而言，性状的达成有有意与无意之别。有意性状代表了句子主语的意愿，是一种可控和希冀的性状，而无意性状则是事物呈现的自然性状或者句子主语无法控制和不希望出现的性状。根据张黎（2003）和张国宪（2005）关于"有意"性状的阐述，可以认为指名性状语指称的是一种"意志性状"，是言者向听者明示施事者意志表现的句法手段。所谓"意志性状"代表了句子主语的主观意愿，施事者有意识地发出某种行为，伴随或实现的性状具有可控性和能动性。

先来看描主式状语明示的意志性，例如：

（8）老爷太太<u>装模作样</u>地跟我尽打官话，好东西，明天见。（曹禺：《雷雨》）

（8a）<u>装模作样</u>的老爷太太跟我尽打官话，好东西，明天见。

例（8）中状位的"装模作样"是老爷太太和下人打官话时的一个可控的意志性情貌，也就是他们故意表现出来的模样；例（8a）中定位的"装模作样"的意志性显然弱于状位时的表现，表明的是老爷太太对待下人时无意识的一种惯常态度。可见，句法位置对意志性状的实现有不同的影响，同时，在很大程度上，言者组织语言时，究竟是选择状语还是定语，是出于明示意志性强弱的考虑。

再来看使成式状语和本体式状语的意志性表现，例如：

（9）大娘<u>薄薄</u>地烙了张<u>饼</u>。（卢建［2003a］用例）

（9a）大娘烙了张<u>薄薄</u>的饼。

（10）炜炜<u>清清凉凉</u>地喝了一杯<u>矿泉水</u>。（侯友兰［1998］用例）

（10a）炜炜喝了一杯<u>清清凉凉</u>的矿泉水。

在指名性状语中，使成式状语反映出来的主语意志性是最强的。王立弟、顾阳（1999）指出"宾语指向"的状语所表达的动作结果状态是动作的主体有意识、有目的的控制下产生的，此外，卢建（2003a）关于摹物状语的"主观意志性"语义内涵的概括等也都说明了使成式状语的强意志性问题。使成式状语是施事主语在发出处置性行为时，自身意欲受处置事物实现的性状。如例（9）"薄薄"在烙饼之前就是存在于大娘意识中的一个意志性状，是施事打算让"饼"达成的性状，同时这种性状可以通过施事的愿望和意志进行调节，具有可控性和意志性，是言者明示主语意志性的行为语。例（9a）定位的"薄薄"只是饼烙成后的客观性状，基本感觉不出它的主观意志性。本体式状语虽然指称的是事物的本体性态，不会随行为动作而改变，但它的凸现多是施事主语期待的一种性状，是可以通过行为进行选择的意志性状。如例（10）状位的"清清凉凉"表现了施事主语对矿泉水的一种味觉期待，是主语愿意选择并加以"明示"的一种性状。例（10a）定位的"清清凉凉"只是主语在"喝"这个行为发生后感受到的关于矿泉水的一种客观性状，具有非意志性。

描物式状语和存现式状语因为本身所在句式静态意义的约束，表述的多是事物的状态，所以意志性的表现非常弱。描人式状语和本体式状语在不同具体的句子中会表现出意志性有强有弱的内部差异，不如使成式状语整体上的强意志性表现，由此，可以对指名性状语意志性的强弱作个大致的排序（">"表示"强于"）：

使成式状语 > 描人式状语、本体式状语 > 描物式状语、存现式状语

3）明示"主观"语

语言不仅要客观地表达命题式的思想，还要表达言语主体即说话人的观点、感情和态度，后者突出地表现为语言的"主观性"。"'主观性'（subjectivity）是指语言中的这样一种特性，即在话语中多多少少总是含有说话人'自我'的表现成分，也就是说，说话人在说出一段话的同时表明自己对这段话的立场、态度和感情，从而在话语中留下自我的印记。"① 本章认为指名性状语是表现说话人主观性的句法手段之一，亦是话者向听者明示"主观性"的行为语。

依据现有研究，"主观性"主要集中表现在三个方面：说话人的视角、说话人的情感和说话人的认识。"视角"就是说话人对客观情状的观察角度，或是对客观情状加以叙说的出发点。"情感"包括感情、情绪、意向、态度等，体现了语言的表情功能。"认识"主要跟情态动词和情态副词有关。

先来看描人式状语明示的"主观性"，例如：

（11）邱老康就<u>死心眼</u>往林青云家去了。（贾平凹：《废都》）

（11a）<u>死心眼的</u>邱老康就往林青云家去了。

（12）她举着一张汇款单，<u>喜滋滋地</u>奔向我。（迟子建：《草原》）

（12a）<u>喜滋滋的</u>她举着一张汇款单，奔向我。

描人式状语主要是由表示品性、神貌等表物修饰语充任。"品性"类指人物的品质、性格，或在行为、作风上表现出来的思想、认识等，"神貌"类指人物的神情、态度和外貌、心理感受、言者对主体的评价等。从这两类状位的表物修饰语都可以感受出言者的主观感情和态度或句子主语的主观情状。例（11）中的"死心眼"是评价人品性的表物修饰语，在状位的实现是言者"主观性"的明示策略使然，凸显了言者主体对"邱老康"品性的主观

---

① 关于语言的"主观性"和"主观化"，请参看沈家煊《语言的"主观性"和"主观化"》，《外语教学与研究》2001年第4期。

认识；例（11a）"死心眼"处于定位，只是作为"邱老康"品性的一种客观描述，言语主体的情感和态度得不到明示。同理，例（12）状位上的"喜滋滋"表达了言语主体对句子主语"她"神貌的主观感受和认识，同时也明示了句子主语的主观情状；例（12a）实现为定位的"喜滋滋"只是句子主语的客观情状，句子的主观意义减弱，客观性则增强。

再来看使成式状语和本体式状语明示的"主观性"，例如：

(13) 小王脆脆地炸了一盘花生米。（卢建［2003a］）

(13a) 小王炸了一盘脆脆的花生米。

(14) 妇女们正红红绿绿地洗着衣服。（《人民日报》1994 年 4 月）

(14a) 妇女们正洗着红红绿绿的衣服。

例（13）是言者主观性的明示句，言者主体认为"脆脆"是句子主语"小王"主观意欲致使的性状，表现了言者主体的认识，而例（13a）"脆脆"仅是"炸"这个行为完成后"花生米"客观结果，所以例（13）在主观性程度等级上明显高于例（13a）。本体式状语不是谓语动词致使的结果性状，但是它的状位实现也表现出了明显的主体主观性。例（14）中言者主体向受话人明示了自己主观上关于衣服颜色的认识，表现了言者的主观感情，而例（14a）"红红绿绿"只是衣服颜色的客观呈现，因此在主观性程度等级上，例（14）也显然高于（14a）。

最后来看存现式状语和描物式状语明示的"主观性"，例如：

(15) 水泥地上只是薄薄地铺了一层稻草。（蒋星煜：《"棚友"黄佐临》）

(15a) 水泥地上只是铺了一层薄薄的稻草。

(16) 虽说还没出九，小风却暖融融地吹起来。（冯至：《敌后武工队》）

(16a) 虽说还没出九，暖融融的小风却吹起来。

存现式状语和描物式状语与谓语动词之间存在不确定的致使关系，同时所在小句多不存在施事主语，无法确定主语的意欲情状。如例（15）中"薄薄"也许是"铺"所致使的性状，但是却不是处所主语"水泥地上"主观上使成的。又如例（16）"暖融融"不仅不是"吹"使成的，也不是"小风"本身主观上意欲实现的性状。尽管例（15）和例（16）看上去是对某种事物状态的客观描述，其实不然，例（15）和例（16）是言者对场景的主观"识解"（construal），即指说话人或听话人对一个客观场景加以认识而形成的某种概念。"识解"① 本身的主观性体现了说话人的情感和态度，是话者明示"主观性"的手段。然而例（15a）定位的"薄薄"和例（16a）定位的"暖融融"只是对"一层稻草"和"小风"客观情状的客观报道，在主观性程度等级上远远不如例（15）和例（16）。

从上述可知，指名性状语作为言者传递信息所明示的句法成分，凸显了其临时性、意志性和主观性，从这个意义上说，指名性状语的句位实现也是说话人为了适应题旨和语境的需要而提炼的修辞用法，从而达到与众不同的偏离零度的表达效果。

2. 指名性状语是动态句的语用表达焦点

库诺（Kuno，1987）指出"当一种语言中存在两种或两种以上的可选语序时，在具体语境中选择哪一种语序往往是出于信息表达的需要"②。方梅、张伯江（1996）也认为易位现象的实质不是句法成分互换位置，而是信息成分根据交际需要的有序安排。本章认为，指名性状语作为语义异指成分，在句子深层结构里本该为名词性词语的定语或表述成分，但在表层形式易位就转化为状语，它在具体动态现实语句中的状位实现正是为了强调作者的意图，突出其信息地位，是语用表达的焦点。

具体的句子有两种类型，一种是孤立句，一种是语境句。前者是指脱离语境跟现实不相联系的孤立存在的句子，它是以静态面貌出现的，也可称作静态句。后者是跟一定语境或某种现实相联系的句子，它是以动态面貌出现的，是在言语表达中实际使用着的，也可称作动态句。焦点在孤立句和语境句中的表现不尽相同。孤立句由于不与现实相联系，它的信息安排常遵循族语的普遍编排原则，在此基础上形成的焦点是自然焦点（也称"常规焦点"或"尾焦点"），即静态焦点；语境句由于与现实紧密联系，句中的词语在现实中都有明确的指称或陈述的内容，充分体现了发话人的主观意图，发话人可以根据表达的需要着意强调某一成分，在此基础上形成的焦点是对比焦点，即动态焦点。③

---

① 关于"识解"，请参看沈家煊《语言的"主观性"和"主观化"》，《外语教学与研究》2001 年第 4 期。

② 转引自董秀芳《无标记焦点和有标记焦点的确定原则》，《汉语学习》2003 年第 1 期。

③ 参看范晓、张豫峰等著《语法理论纲要》，上海译文出版社 2003 年版，第 340 页。

1）指名性状语在动态句里可表示语用的对比焦点

动态语境句里的对比焦点是言语主体出于对比目的引进的语义重点，它的对比项可以是句中的某个成分，也可以是上下文语境中存在的某个成分，还可以是交际双方背景知识里共有的内容。句末提供新信息的成分是自然焦点或常规焦点，但却不一定是动态句子里的对比焦点。作为动态的语境句中句法与语义相悖的指名性状语通常表现为一种动态的表达重点，即对比焦点。

动态句子里的对比焦点可以用指名性状语表示，也可以由焦点标记或特指疑问代词提示。例如：

（17）是尹小跳坦率地告诉了她：我不喜欢尹小荃。（铁凝：《大浴女》）

（18）咱们现在生活每人都提高，连我都提高了。（《1982年北京话调查资料》）

（19）空中小姐笑着问："送给谁的？"（哈佛管理培训系列全集\第10单元）

（20）他们在寒冷里聚精会神地看着电影。（阎连科：《我与父辈》）

（21）张菊花有些眼泪汪汪的。张菊花一直落寞地在大门口站着。（高远：《香草回家》）

例（17）"尹小跳"、例（18）"我"分别受到"是"、"连"等焦点标记提示，显然是所在小句的对比焦点，是说话人最想突出强调的信息。同样，例（19）疑问句中特指疑问代词"谁"，不管依据语感，还是它的不可省略性，都毫无疑问是句中的对比焦点。相较于例（17）—（19），例（20）和例（21）中的焦点并不存在明显的焦点标记，但是仍然可以判断出对比焦点。例（20）指名性状语"聚精会神"在深层结构上形容的是主语"他们"的神情，在线性序列上却偏离了深层语义配置的正常轨道，成为指名性状语。句法与语义之间的扭曲使得指名性状语在言者传递信息过程中受到了比一般性状语更强的心理重视，"聚精会神"就成了所在句子的对比焦点。推及例（21），很容易就能知道"落寞"也是对比焦点。

焦点标记（如"是、连"等）后面部分比较能显示句子的对比焦点，指名性状语前没有焦点标记，为什么也能表示对比焦点呢？徐杰（2001）认为与中心成分比较，句子中的修饰成分容易成为焦点成分，因为修饰成分在线性结构上常常是可有可无的，用与不用在很大程度上取决于表达功能上的需要与否。状语是状心结构中的修饰成分，不是句法结构的中心，但却可以是句子语义表达的重心。指名性状语最常出现在语境句中，它在现实语句中承载的主观性和意志性又使它的表达强度高于一般性状语，因此指名性状语一般是句子里凸显的强调的表达重点，它表达了主体的观点、感情、态度和意志，它是说话人最想让听话人注意的部分，充分强调和显现了句中主语和宾语所表示的事物的情貌和性状，也就显示出它是对比焦点。再举些例子加以说明。

（22）马林生*脸红脖子粗*地趴在碗上，瞪着一双大眼口齿不清地问。（王朔：《我是你爸爸》）

（23）薛林二人也吃完了饭，又*酽酽*地喝了几碗茶。（曹雪芹：《红楼梦》）

例（22）中状位"脸红脖子粗"把"马林生"吃饭时的情貌充分地展现出来，并使其得到凸显，更直接地抢占了读者或听话人的注意点。同样，例（23）中状位"酽酽"不仅描写了薛林二人喝茶时的情貌，更是凸显了所喝的"茶"的性状。指名性状语是区别于常规焦点的对比焦点，它与现实紧密联系，在现实中都有明确的说明或指向的内容，是发话人主观意图在语句中的显现，是表达的需要。所以指名性状语是说话人在动态言语中最想传达给听话人或读者关于行为主体或客体的情状信息。再比较：

（24）男主人*一歪一斜*地叼着烟出来了，他瘦极了，是个跛子。（迟子建：《草原》）

（24a）*男主人一歪一斜*的，叼着烟出来了，他瘦极了，是个跛子。

（24b）*一歪一斜的男主人*叼着烟出来了，他瘦极了，是个跛子。

（25）她*长长*地吐出一口气，告诫自己，仇富心理要不得。（张萍：《房子啊，房子》）

（25a）她吐出*长长的*一口气，告诫自己，仇富心理要不得。

从例（24a）、例（24b）和例（25a），可以很清楚地知道指名性状语在语义结构上原是主语或宾语位置上名词性词语的修饰成分和陈述成分。当"一歪一斜"和"长长"分别由深层结构里的名词性词语的修饰成分和陈述成分实现为表层结构中的状语时，它获得了动态对比焦点的特征。邹立志、肖永华（2004）认为制作义和存现义这类定居状位的共同特点是焦点化和动态化，这种观点和我们关于指名性状语作为动态的对比焦点的认定不谋而合。指名性状语在提取状态对比焦点的同时也保证了尾焦点的存在，使得句子的新信息和动态中的强调性的对比焦点得以同现，互不冲突。

2）指名性状语是凸显对比焦点的手段

除了焦点标记"是、连"等提示对比焦点外，在动态的指名性状语句里，指名性状语本身可以是凸显对比焦点。这是因为表达的主观性的赋予，它的信息强度超过了句中的其他句法成分。凸显指名性状语成为对比焦点的手段是语音手段和句法手段的综合运用。

2a）语音手段：强调重音

一个具体的动态句，在口语朗读时根据表达的要求可以有多个重音，其中有的是一般的正常重音，有的是强调重音。重音既然能显示焦点，这说明在句里有几个动态焦点的可能。徐杰（2001）指出：一个简单句可以有两个或多个焦点成分，但是这些不同的焦点所受到的强调程度是不均匀的，因此焦点有主次之分。主焦点指受强调程度高的焦点，次焦点则指受强调程度低的焦点，同一个简单句中的焦点彼此之间的强度级差是相对而言的，并不存在某种绝对的"值"。事实也确实如此。指名性状语相对于其他句法成分上使用一般的正常心理重音来说，是强调性的心理重音的载体。如果说句中有几个焦点，那么指名性状语就是主焦点（也称"强式焦点"），句中其他一般重音表示次焦点（也称"弱式焦点"）。例如（下面例句中用"∈"表示其后句法成分使用强调的心理重音，用"#"表示其后句法成分使用一般正常心理重音）。例如：

（26）花儿也不多，∈圆圆地排成#一个圈。（鲁迅：《药》）

（27）马林生抬起头犹如立于倾盆大雨中，头发∈湿淋淋地#贴在脑门上，眼睛被水打得睁不开……那样子格外可怜。（王朔：《我是你爸爸》）

（28）虽然岁月∈无情地改变了#你，使你颜面蒙尘，眼中含垢。（同上）

通过朗读例（26）、例（27）、例（28）这三个句子，可以认为句中正常的心理重音落在宾语上或谓语中心语上，而指名性状语则使用了强调的心理重音，承载的信息在言语主体意识中的重要性显然更大，也就成为句中的主焦点（强式焦点）。

2b）句法手段：非常规配位

句法手段主要是指语义的非常规配位。方梅（1995）认为除了语音手段之外，汉语里凸显焦点可以通过语义成分的超常配位，使被强调成分处于"非常规"位置上。由此，也可以认为指名性状语是因为受到语序的强制力量，离开了原始的定语或谓语位置，而与谓语动词发生直接的句法联系，从而使语义上指向名词的成分定位于状语这一"非常规"位置而受到强调和凸显。指名性状语有很强的描写性，在语义上本该是名词性成分的修饰语或表述成分。从句法理论上来讲，它不该作状语，但具体的语句在于用上打破了语法中的常规匹配，将其放在状位上，从而形成了似乎不合句法但却合语用的语句，从而带有特殊的表达功能。

（29）天边起云，白白的云<u>大朵大朵</u>地飘过。（张慧谋：《南窗笔记》）

（29a）天边起云，白白的<u>大朵大朵</u>的云飘过。

（30）四个月里几乎走遍全国所有较有名气的铝制品厂，<u>沉甸甸</u>地背回来一皮箱照片和资料。（《人民日报》1994年）

（30a）四个月里几乎走遍全国所有较有名气的铝制品厂，背回来一皮箱<u>沉甸甸</u>的照片和资料。

（31）小城狭窄的土道上灰尘滚滚，太阳<u>火辣辣</u>地晒在人们的头上、身上。（杨沫：《青春之歌》）

（31a）小城狭窄的土道上灰尘滚滚，<u>太阳火辣辣的</u>，晒在人们的头上、身上。

（31b）小城狭窄的土道上灰尘滚滚，<u>火辣辣的太阳</u>晒在人们的头上、身上。

例（29a）中的"大朵大朵"，例（30a）中的"沉甸甸"，例（31a）、例（31b）中的"火辣辣"都是语义的常规配位，它们或作名词性词语的定语，或作谓语中心陈述名词性词语，它们只是静态地描写了"云"、"照片和资料"、"太阳"的特征，没有更多的蕴含。例（29）、例（30）、例（31）中的"大朵大朵"、"沉甸甸"、"火辣辣"则是通过（29a）、例（30a）、例（31a）、例（31b）中画线部分的移位而实现的语法结构成分。它们除表述"云"、"照片和资料"、"太阳"的特点之外，还与行为动作相伴随，展现了言语主体的情感态度。由此可知，指名性成分所在的语法结构由常规的定心或主谓结构转化为"非常规"的状心结构，指名性成分移位前后的信息含量改变了，状位的指名性成分因为语义的非常规配位而使信息含量大大强化了，成为了句子中被强调的部分和主观性的言语载体，获得了强调表达重点的地位。

3）指名性状语焦点功能测试

在汉语事实中，指名性状语是可以被提问和强调的，它是所在动态语句的对比焦点，其焦点功能可以通过否定和焦点移位等方式进行形式验证。

3a）用焦点标记词"是"测试

指名性状语是动态语境句中的对比焦点，它承载的信息强度是说话人主观意图的反映。在同一个句子中，对比焦点可以随说话人的主观意图而转移，焦点标记词"是"能确认其后紧连成分为对比焦点。例如：

（32）唐菲在尹小跳家里理直气壮地要求吸烟。（铁凝：《大浴女》）

焦点标记词"是"可以置于例（32）这一个句子中的三个不同位置，从而指示出不同的对比焦点。例如：

（32a）是唐菲在尹小跳家里理直气壮地要求吸烟。

（32b）唐菲是在尹小跳家里理直气壮地要求吸烟。

（32c）唐菲在尹小跳家里是理直气壮地要求吸烟。

例（32a）中主语"唐菲"在"是"的指示下成为本句的对比焦点，例（32b）中"在尹小跳家里"和例（32c）中"理直气壮"也在"是"的标记下成为对比焦点。既然"是"可以根据表达的需要标记同一句子不同的语义成分成为焦点，那么用它来标记指名性状语的焦点功能似乎就显得没有区别性了。通过前文分析，可以认识到指名性状语在动态交际的语境句中是通过承载了强调重音以及语义成分的超常配置而成为所在句子的最受强调的成分的，也就是说，指名性状语即使没有"是"来标记，它本身就是对比焦点了。然而焦点标记词"是"具有使焦点信息传递手段强化的功效，它不但可以显性地、无歧义地测试出指名性状语是对比焦点，还可以凸显和加强指名性状语的焦点功能。例如：

（33）陈文治渐渐软瘫在楼顶，他的神情衰弱而绝望，下人赶来扶拥他时发现那白锦缎裤子亮晶晶地湿了一片。（苏童：《1934 年的逃亡》）

（33a）陈文治渐渐软瘫在楼顶，他的神情衰弱而绝望，下人赶来扶拥他时发现那白锦缎裤子是亮晶晶地湿了一片。

（34）大家一跃而上，戈壁滩一大片一大片往下掉，跟踏烂的席子一样。（红柯：《跃马天山》）

（34a）大家一跃而上，戈壁滩是<u>一大片一大片</u>往下掉，跟踏烂的席子一样。

（35）本来不大的水面<u>密密麻麻</u>布满了各式游船，就像一脸盆水里飘着过多的香皂盒子。（王朔：《我是你爸爸》）

（35a）本来不大的水面是<u>密密麻麻</u>布满了各式游船，就像一脸盆水里飘着过多的香皂盒子。

（36）他有意示威似地举着一本打开的字典远远地指给老师看。（同上）

（36a）他是<u>有意示威似地</u>举着一本打开的字典远远地指给老师看。

例（33a）——（36a）中的指名性状语在"是"的焦点指示下，显得直观，成为显性有标焦点。"亮晶晶"、"一大片一大片"、"密密麻麻"和"有意示威似地"等信息传递更直接了，让读者对言语主体的表达重点一目了然。

3b）用否定词测试

徐杰、李英哲（1993）认为句子否定的中心就是句子的焦点。如果比较否定句和相应的肯定句，它们的焦点应该完全统一。他们还指出否定词有"否定"和"强调"两个功能。在有些指名状语句中，通过否定词"没有/没"或"不是"测试，的确可以看出否定词除了有实现否定的功用外，还有指示和强化焦点的作用。例如：

（32c）唐菲在尹小跳家里没有<u>理直气壮地</u>要求吸烟。

（36b）他没有/不是<u>有意示威似地</u>举着一本打开的字典远远地指给老师看。

例（33b）——（36b）中指名性状语，如"亮晶晶"、"一大片一大片"、"密密麻麻"和"有意示威似地"等在"没有"或"不是"等否定词的否定下，焦点身份受到了指示，同时焦点也得到了强化。

4）用特指提问测试

在疑问句中疑问点和对比焦点是统一的。徐杰（2001）认为在特指问句中，句子的焦点特征必须指派给疑问代词或者包含疑问代词的语法单位，而不能指派给特指问句中的其他部分。本章通过测试，发现在特指问句中，疑问点和焦点的重合表现得最为明显。在以下例句中，可以用疑问代词"怎么样"来对指名性状语进行提问，回答时可以直接用"Z_N+地"形式，由此可知指名性状语确是对比焦点。

（33c）陈文治渐渐软瘫在楼顶，他的神情衰弱而绝望，下人赶来扶拥他时发现那白锦缎裤子怎么样湿了一片？<u>亮晶晶地</u>。

（36c）他怎么样举着一本打开的字典远远地指给老师看？<u>有意示威似地</u>。

例（33c）和例（36c）中用"怎么样"来进行特指提问，分别可以直接用指名性状语加"地"，即"亮晶晶地"、和"有意示威似地"等来回答，由此可以清楚认识到指名性状语在主体传达信息过程中是对比焦点的载体。

5）用移位测试

徐杰（2001）提出的"焦点成分的移位"就是"焦点前置"（Focus-Fronting）。焦点成分的移位是属于语用层面的语序表现。本章认为不论是焦点前置还是后置，都能起到强化焦点的效果。焦点前移，能直接抓住读者的视点或听者的重要信息听觉点；焦点后移，虽然在句法语义层面是一种意义的追加补充，有弱化表达的假象，但是从语用上来讲，它在主体意识中应是有着重要位置的，强化了表达功能。可见，焦点前后移位确实能测试指名性状语的焦点功能，例如：

（35d）本来不大的水面布满了各式游船，<u>密密麻麻地</u>就像一脸盆水里飘着过多的香皂盒子。

（35e）<u>密密麻麻地</u>，本来不大的水面布满了各式游船，就像一脸盆水里飘着过多的香皂盒子。

（36d）他举着一本打开的字典远远地指给老师看，<u>有意示威似地</u>。

（36e）<u>有意示威似地</u>，他举着一本打开的字典远远地指给老师看。

例（35d）和例（35e）及例（36d）和例（36e）等句子中将指名性状语"密密麻麻"和"有意示威似地"等进行了前置和后移，从而确认了指名性状语的对比焦点身份，强化了指名性状语在动态句子里作为焦点信息的表达功能。

（二）指名性状语状位实现的认知动因

认知语言学认为，言语交际中选用的语言表达式反映了人们对于事物或事件的感知，是基于对事物不同程度或侧面，如图形、背景、前景等，加以突显部分的认识，其中，谓语动词是连接不同部分的纽带。指名性状语句法上直接修饰谓语动词，这在线性结构上貌似割裂了指名性状语与其语义所指成分的关系。事实上，指名性状语的状位实现于语义上扩大了辐射范围，是人们在对客观世界的知觉和认知的基础上形成的概念和概念结构，因此，指名性状语结构本身作为一个对应于人的概念结构的完整的认知图式，也在一定程度上表现出了语言的象似性。

1. 距离象似性

距离象似性，指线性结构中两个成分之间的距离对应于概念上两个成分在意义上的距离远近，也就是说，句法成分在表层形式连接越密切，其语义联系也就越密切，指名性状语的状位实现也是形式关系对意义关系在距离上的临摹表现。

（37）张菊花一直落寞地在大门口站着。（高远:《香草回家》）

（37a）落寞的张菊花一直在大门口站着。

（38）那个毫无用处的手榴弹在他的口袋里沉甸甸地摇晃着。（翻译作品:《这里的黎明静悄悄》）

（38a）那个毫无用处的沉甸甸的手榴弹在他的口袋里摇晃着。

例（37）与例（37a）、例（38）与例（38a）是两种不同的句式，形成不同的"意象"。从时态上来看，例（37）中的"落寞"、例（38）中的"沉甸甸"在线性结构上分别与谓语动词"站"、"摇晃"紧邻，对应于概念结构则体现为与行为的紧密联系，它们伴随着行为动作而相始终，凸显出的是事物在某种行为实施下的"当事性态"。例（37a）中的"落寞"、例（38a）中的"沉甸甸"指向事物，与名词紧邻而远离谓语动词，表现的是与行为无关的事物的"先事性态"，即事件发生之前本就存在的事物状态。卢建（2003a）指出先存态（即本章的"先事态"）的事物状态并不能变换成共时态的动作状态，并举了这样两个例子:

（39a）扔过来一个红红的苹果。→（39b）＊红红地扔过来一个苹果。

（40a）斟了一杯酽酽的酒。→（40b）＊酽酽地斟了一杯酒。

该文认为"红红"、"酽酽"是事物的先存态属性，并不能表示行为性状态，所以也就不能位于动词之前与动词紧邻。刘大为（1992）认为"红红地扔过来一个苹果"在文学领域语言中使用是合理的，并指出选用这种句式很大程度上是为了突破常识去传递一些真实、新鲜而强烈的感受。本章不赞同卢建（2003a）的观点，因为在我们所收集的语料中确实存在指称事物先事性态属性的指名性状语，主要是描物式状语，如例（38），以及和本体式状语。

前文例（14）中"红红绿绿"形容的是"衣服"的先事态颜色，例（23）中"酽酽"也是"酒"的先事态属性，它们虽然不是由行为动作所使成的状态，却也可以在句法中实现为状语，与谓语动词紧密相连，从而在动作中凸显事物的共时态化的先事态属性。当事物的先事态属性占据状位，它就应该是表示动作的状态，这样才能与状语的结构意义相符合，尽管本体式状语指称的事物属性无法由行为动作控制，但从受众或解码者这个角度看，这种先事态属性本身的存在原先是不在读者视野中或是一种模糊化了的感受，它通过动作的施行才被人清晰地超前地乃至程度扩大化地感知，这时它表现出来的就是动作的共时态，或者说整个句子强调的就是它共时态化的事物属性。

使成式状语指称的事物状态虽隐含了后事性态，它的状位实现也依赖于它对谓语动词的共时状态描写的成立，例如：

（41）铁匠<u>尖尖</u>地打了<u>一把刀子</u>。（高元石［1985］用例）

（41a）铁匠打了一把<u>尖尖的刀子</u>。

例（41）中"尖尖"所指称的状态伴随着整个动作过程，它在动作过程的不同时段中表现出的"尖尖"的特性是不同的，换言之，在时段的任意点上所呈现的状态具有异质性，在最后一个动作时段完成了后事性态属性，可见"尖尖"实现为状语，在线性距离上与谓语动词"打"相邻，受其影响，表现出状态的共时性和离散性。例（41a）"尖尖"作为定语，与名词"刀子"相邻，呈现的是事物在动作完成后的后事性态，其指称的事物状态具有同质性和非离散性。由例（41）和例（41a）可知，现实语句中采用哪一种句式，反映言语主体不同的思维和经验结构，指名性修饰语与动词或名词的距离远近也是主体概念结构上状态共时伴随性的镜像映照。

2. 顺序象似性

顺序象似性，指语言线性组合结构中成分的排列顺序对应于其所表达概念或事件展开的时间顺序。戴浩一（1988）概括出一条时间顺序原则，并以此对汉语中一大批过去被认为互不相关的语序现象进行统一而合理的解释。① 使成式状语的句位实现是顺序象似性在语言中的典型体现，例如：

（42）他<u>长长</u>地搓了<u>一条绳子</u>。（高元石［1985］用例）

---

① 参看戴浩一《时间顺序和汉语的语序》，黄河译，《国外语言学》1998 年第 1 期。

　　（42a）他搓了<u>一条长长的绳子</u>。

　　（43）老孙头<u>矮矮</u>地盖了<u>两间草房</u>。（同上）

　　（43a）老孙头盖了<u>两间矮矮的草房</u>。

一般而言，施事者在实施某种处置性行为可产生结果事物时，总是事先设定标准，然后循着标准去努力成就自身关于处置性结果事物的性状期待，因此依据顺序象似性原则，标准性状应该位于动作之前，而结果性状应该位于动作之后。因为标准性状是施事主体主观意欲上想达成的目标，具有很强的意志性和主观性，而结果性状则基本上不具有意志性和主观性，它表现的是一种事物的客观状态。例（42）中的"长长"是一种在行为发生前就已设立的标准，因此位于动词"搓"之前，反映了施事主语的主观意愿，例（43）"矮矮"也是一种标准性状，所以自然地也处于动词"盖"之前。例（42a）中的"长长"和例（43a）中的"矮矮"只是动作完成后的自然的结果性状，所以位于动词之后。

　　吉冯（Givon，转引卢建，2003a）指出，"词序较特殊的句子，如将对比成分、疑问成分、强调成分置于句首，也是遵循'将说话人急于表达的，对听话人而言预测度较低的信息首先说出'的顺序象似原则。"① 指宾式状语句就属于一种词序特殊的句式，指名修饰语从宾语前定位前移到谓语动词前状位，是说话者出于强调这种指名修饰语的目的，而采取的表现为顺序象似的认知策略。

　　（44）林外<u>高高矮矮</u>地站着<u>百余人</u>。（金庸：《神雕侠侣》）

　　（44a）林外站着<u>高高矮矮的百余人</u>。

·（45）他<u>辣乎儿乎儿</u>地吃了<u>一盘川菜</u>。（郑贵友［1999］用例）

　　（45a）他吃了<u>一盘辣乎儿乎儿的川菜</u>。

例（44）与例（44a）的"高高矮矮"，一个在动词之前，一个在动词之后，它们的位置安排反映了言语主体或施事者主观意志性的差异。例（44）"高高矮矮"状位的实现是言语主体为了向听话人强调自身急于表达的信息的有意安排，而例（44a）"高高矮矮"的位序是自然的，它表达的是一种纯客观的事物性状。同理，例（45）与例（45a）中"辣乎儿乎儿"的位序先后主要也是体现了概念结构上主体主观性与意志性的区别。

---

　　① 转引自卢建《可换位摹物状语的句位实现及功能分析》，《语言研究》2003年第1期，第105页。

张敏（1998）认为在诸多语言中，语言成分的次序与语义辖域的大小是相应的。受到他的启发，可以认为在现实交际中指名性修饰语的状位实现，很有可能也是为了扩大它的语义辖域。一般而言，定语语义涵盖其修饰的中心语（名词性词语），状语语义统辖其修饰的中心语（动词性词语），而指名性状语作为形式与意义不相一致的句法成分，其语义基础可以同时辖制其指向的名词和句法上紧邻的谓语动词，完成了前后大范围的语义辐射。可见指名性状语的语义辖域大于定语和指动性状语的语义辖域，它在语言中的运用可从"顺序象似性"原则上得到认知上的解释。

3. 经济动因

语言是具有象似性的，这不容置疑，但多维的概念投射到线性语言格局中所表达的意义在形式上不可能面面俱到，因为要受到经济动因的制约。人们总是希望在语言交际中以最省力的方式或简洁的表达得到最大程度上的意义输出，这就与"复杂象似性"相悖了，也就是说，经济原则会导致象似性的减损。指名性状语是临时性、意志性和主观性的明示行为语，表现了人们认知上的距离象似性和顺序象似性，同时指名性状语丰富的意义又远非处于定语位置或谓语位置可比的，但语言结构的表达并未遵照"复杂象似性"，而是受了经济动因的促动。

（46）在古粮仓守夜，我翻来覆去地胡想。（刘恒:《苍河白日梦》）

（46a）在古粮仓守夜，我胡想时的我是翻来覆去的。

（46b）在古粮仓守夜，翻来覆去的我翻来覆去地胡想。

（47）宋庆龄还用笔粗粗地划了两条线。（汤雄:《宋庆龄二"骗"钟保姆》）

（47a）宋庆龄还用笔划了两条线，这两条线是粗粗的。

（47b）宋庆龄还用笔粗粗地划了两条粗粗的线。

很显然，例（46）在命题真值上与例（46a）和例（46b）两句是对等的，例（47）的命题真值也与例（47a）和例（47b）相同。然而，例（46）的线性长度却短于例（46a）和例（46b），例（47）的线性长度也短于例（47a）和例（47b），同时简洁的表达凸显了更多的语用意义，满足了话语主体交际的需求。邢福义（1999）提出了汉语语法结构中一个很值得注意的事实，就是语义蕴含上的兼容性和形式选用上的趋简性。例（46）就是例（46a）和例（46b）两句的简化形式，而例（47）也是例（47a）和例（47b）两句的简化形式，但在语力上又表现出多重语义蕴含，如例

（47）中状语"粗粗"同时也隐含了线是粗的意思，反之，处于定语或谓语位置的"粗粗"在语义上并不蕴含"划"这个动作的状态或主体的主观意志性。

指名性状语句在形式上比表达同样真值语义的其他句子简单，但解码者在理解上并不会显得费劲，这说明"语义同指和语义异指都只是人类一般的认知和思维方式"①。在可供选用的几种真值同等的句式中，人们倾向于通过经济的表达来凸显不同的语用意义，从这个意义上来讲，指名性状语随着高频率的运用完成了"语用法的语法化"②。

（三）指名性状语状位实现的篇章动因

依据语料考察，发现指名性状语多是出现在叙述性和描写性的语句中，以书面语体中的文学作品为其典型书面载体，较少出现在对话语体中。指名性状语作为句法与语义相悖的结构成分，能够实现指名性状语句并被经常应用在篇章中，应该表现出一些服务于篇章的特性。

指名性状语状位实现的篇章动因主要表现在两方面。第一，指名性状语在篇章中的应用服务于篇章句子本身或句与句之间的匀整化；第二，指名性状语在篇章中表现出篇章衔接的功能，使回指更自然和显著，语义表达更明确，从而使主题链的延续更清晰。

1. 结构的匀整化

指名性状语在篇章的句子中状位的实现，有着使句子内部结构和谐的功能，可避免句子出现头重脚轻或头轻脚重的情况。例如：

（48）林立的大烟囱黑魃魃地耸入清晨或夜晚的天空。（翻译作品：《天才》）

（48a）林立的黑魃魃的大烟囱耸入清晨或夜晚的天空。

（49）他们披挂着全副武装——机关枪、步枪捎在肩上，明晃晃地发着耀眼寒光的刺刀握在手里。（杨沫：《青春之歌》）

（49a）他们披挂着全副武装——机关枪、步枪捎在肩上，发着明晃晃的耀眼寒光的刺刀握在手里。

---

① 张国宪：《性状的语义指向规则及句法异位的语用动机》，《中国语文》2005年第1期。

② 关于"语用法的语法化"，请参看沈家煊《语用法的语法化》,《福建外语》（季刊）1998年第2期。

假如一个"主动宾"句三个句法成分里其中一个成分字数过多，另一个成分字数过少，那么整个结构就会给人一种失衡的感觉。例（48a）整个句子的结构呈现"10＋2＋8"的字数分布，显而易见，谓语动词部分分量太轻，不如例（48）中将"黑魆魆"实现为指名性状语后那么和谐，因为其结构呈现的是"6＋6＋8"的字数分布。同理，"明晃晃"作状语的例（49）比"明晃晃"作定语的例（49a）在句子各部分的安排上显得更合理，前后显得更整齐。

篇章里几个句子表达同个主题时，有时候同样的指名性状语在不同句子的同个句法位置出现，不仅有加强表达和补足语义的作用，也使篇章里句子彼此之间在结构上整饬化。例如：

（50）赵诗人和刘作家不敢再说文学方面的话了，他们揪着李光头的衣领，<u>威风凛凛地</u>控诉着李光头的流氓行径，<u>威风凛凛地</u>向前走去。（余华：《兄弟·上》）

（50a）赵诗人和刘作家不敢再说文学方面的话了，他们揪着李光头的衣领，威风凛凛的他们控诉着李光头的流氓行径，威风凛凛的他们向前走去。

例（50）四个句子表达的是同一个话题，即赵诗人和刘作家在对待李光头时的行为表现。后两个句子在句首应用了"威风凛凛"充当指名性状语，不仅使整个话题的语义更饱满，也使两个篇章小句在结构上显得整齐，这比例（50a）的表达要简洁有力。

2. 回指显著化

廖秋忠（1986）界定了现代汉语篇章中的连接成分："从功能上来看，连接成分是用来明确表达语言片段之间在语义上的种种转承关系。从位置上来说，篇章中绝大多数连接成分位于句首，在主语之前，只有少数位于句中，在谓语之前。"尽管语义外指的指名性状语不是诸如连词和副词等典型的篇章连接成分，但在篇章中指名性状语的存在确实起到了篇章衔接的作用，通过篇章回指的显著化，使得篇章中的语义链更牢固。例如：

（51）胡亦洗漱完，梳好头，<u>新鲜干净地</u>出来，忘了李子，跳上写字台坐着，手扶着桌沿晃荡着长腿问我今天干什么。（王朔：《一半是火焰，一半是海水》）

（52）他痛极，却不敢吱声，<u>龇牙咧嘴地</u>缩下去用手将大脚趾安抚

一番，两耳没忘捕捉那边的动静。(廉声:《月色狰狞》)

例(51)指名性状语"新鲜干净"语义指向的成分蒙上省略，其在语义上表现的是一种清爽模样，这使得读者很容易就将这种情状与前面小句的主语"胡亦"相联系，从而使其所在小句零形式回指更显著。同理，例(52)因为语义外指的"龇牙咧嘴"的存在，使得其所在小句主语零形式回指显著化，并使前后几个表达同一个主题的句子形成的语义链更自然。

在汉语篇章中，也存在小句中宾语的零形式回指，而指名性状语的使用也使得这种回指在语义上更明确。例如:

(53) 野菜也是，绿汪汪的一片，像泻了的春水，叫人不忍践踏。乡下人当此季总是去田埂地头采来，新新鲜鲜地做了端上来。我生在城市，吃到的野菜都已经不野了，是成品，也不懂得认野菜挖野菜。(安意如:《思无邪》)

(54) 泡萝卜染成淡红色，标本一样浸在玻璃缸里，两分钱一片，两片则只要三分。院长夫人买菜过身，总要放下箩筐一样大的菜篮，仔仔细细拣出两片来。这时做她帮手的女疯子，就想水滴滴地抢过去吃。(高万云 [1993] 用例)

例(53)中"新新鲜鲜"语义指向与它相隔5个小句的主语"野菜"，而"采来"和"做了"之后都存在一个句法空位，即小句的宾语，其零形回指的是前面句首的"野菜"。"新新鲜鲜"位于"做了"之前，"采来"之后，在语义上指向和说明"野菜"的性状，读者可通过它很容易就明确它前后的句法空位回指何种成分。同样，例(54)中指名性状语"水滴滴"远距离指向前面句首的"泡萝卜"，但由于"水滴滴"的存在就能使"抢"和"吃"后的空位零形回指的成分更显著而利于句义的理解。

在汉语篇章中，还存在指名性状语虽位于主语之后，却在语义上指向前面某个句子的宾语的情况，从而使两个句子在语义上相勾连，示现一种因果关系。例如:

(55) 从校门里急急地奔出我们的老师……平下气息后她又说:"等你们毕业，这树就成了林荫道。那时正是大热天，你们阴阴凉凉地走到县城去考中学。"(余秋雨:《庙宇》)

例(55)"阴阴凉凉"在语义上与前面句子的宾语"林荫道"紧密联系，"林荫道"的"阴阴凉凉"是"你们"主观感觉凉快的缘由，前后的两个句子因为指名性状语的存在而相连，并使篇章中句子表达得清楚且合理。

六　结语

从 20 世纪 70 年代开始，汉语学界在探讨现代汉语句法成分的语义指向时就已注意到指名性状语这种典型的语义异指句法成分，随后涌现了诸多相关论著和论文，但基本局限于相对零散的探讨。由于对指名性状语、指名性的状心短语、指名性状语句等的研究缺乏完整的论著，所以有了进一步阐明此论题的空间。本书在前人研究的基础上，以句法、语义、语用三个平面为研究框架，把指名性状语放在动态的指名性状语句里对其作了具体描写和较全面、细致的考察，并结合认知、篇章等方面的理论对指名性状语状位实现作了一定的阐释。对于指名性状语在句式中的表现、指名性状语的焦点功能分析及指名性状语状位实现的认知和篇章动因等方面的阐述是一种较新的尝试。

本章从变换分析的形式标准和语义相配的意义标准及两相验证的办法出发来划定指名性状语的范围，将它与指动性状语区别开来。总结了指名性状语的八类语义指向，并对这八类语义指向的结构模式进行了归类。经过语料的统计，发现指名性状语典型的语义指向为指主式状语和指宾式状语。依据指名性状语本身语义中蕴涵生命义的差别，又将指名性状语分为有生状语和无生状语，依据句式意义的不同，得出指名性状语的五小类：描人式状语、描物式状语、使成式状语、存现式状语、本体式状语。

在句法层面上，本章通过语料考察发现指名性状语可由描写性强的形容词性词语、动词性词语、名词性词语、主谓短语、表示比况或比喻的短语以及固定短语担任。对于结构助词"地"，本章不仅仅是指名性状心短语里状语的句法标记，也是摹状标记、语义倾向性认知和指示语义距离的标记，同时也有着和谐音节的修辞作用。指名性状语语义指向的主语位置上的词语，主要是名词、人称代词、定心短语、同位短语以及名词性的并列短语等；指名性状语语义指向的宾语位置上的词语，主要是名词、定心短语、名词性的并列短语以及数量名短语等；指名性状语句法上修饰的中心语主要是动词（典型的是动作词），而指名性状心短语的句法分布以谓语位置为主，但相比指动性状心短语，句法分布面则相对狭窄。

在语义层面上，指名性状语是以其显著表示"事物性状"为语义基础的，指名性状语的"事物性状"决定了充当指名性状语的修饰语的表物性，并管辖着其所依附的事物以及其他描写事物修饰语的语义。表物修饰语依据搭配意义的不同，可以分为品性、神貌、颜色、空间、形状、感知等六大类，并将前两类的语义特征归为［＋述人性］，将后四类的语义特征归为［＋摹物性］。指名性状语与动词的联系主要表现在"共时动态性"和"有界性"这两个方面，也决定了谓语动词的语义不能与其相背离。

本章还考察了指名性状语与句式的关系，将指名性状语句的总体句式意义概括为：凸显行为过程中参与的"人"或"物"的情状。此外，通过考察指名性状语句句式的句模，并分析了指名性状语所形成的动核结构在指名性状语句句式的语义结构中担任着双重语义身份，是动核结构和名核结构相连的桥梁，可视其为显性状元与隐性定元的综合体。指名性状语句依据句式意义的不同，可分为描人式状语句、描物式状语句、使成式状语句、存现式状语句和本体式状语句。还较详尽地分别分析了各不同的句式中主语、宾语、指名性状语及谓语动词之间的不相同的互动制约表现。

对指名性状语移位作定语的条件，本章也作了一定的考察。在指主式状语句中，当指主式状语表现为［＋先事性态］和［＋实然性态］时则实现原义移位，当其只表现为［＋当事性态］或［＋使成性态］时则实现变义移位；在使成式状语中，当使成式状语表现为［＋使成性态］时实现原义移位，当［＋使成性态］不明确时则移位会出现歧义；在存现式状语句中，当存现式状语表现为［＋存现性态］和［＋实然性态］时，实现为原义移位，反之为变义移位；在本体式状语句中，当本体式状语表现为［＋本体性态］时能够进行原义移位，此时要注意［＋本体性态］的确定性，否则移位后与原义不符。

在探讨指名性状语状位实现的动因时，本章得出了以下一些结论：第一，指名性状语是一种明示"主观"、"意志"、"临时"等意义的行为语，也是其小句中的最受强调的部分，表现为一种动态对比焦点；第二，指名性状语的状位实现是形式关系对意义关系在距离上的临摹表现，也是顺序象似性在语言中的具体体现，还是一种受了经济动因促动的句法结果；第三，指名性状语在状位实现也表现出了一定的篇章动因，即指名性状语在篇章中的应用服务于篇章内句子本身结构或句子和句子之间的匀整化，同时指名性状语在篇章中表现出篇章衔接的功能，使回指更自然和显著，语义表达更明确，从而使主题链的延续更清晰。

总体来看，本章以指名性状语为研究对象，以句法、语义、语用三个平面为研究框架对其作了具体描写和较全面、细致的考察，并结合认知、篇章等方面的理论对指名性状语状位实现作了一定的阐释。本章对于指名性状语在句式中的表现、指名性状语的焦点功能分析及指名性状语状位实现的认知和篇章动因等方面的阐述是一种较新的尝试，有着一定的新意。

参考文献

艾彦：《形容词作状语的语义指向研究》，北京大学，2005 年。

陈昌来：《现代汉语动词的句法语义属性研究》，学林出版社 2002 年版。

戴浩一：《时间顺序和汉语的语序》，黄河译，《国外语言学》1998 年第 1 期。

冯庆宏：《汉语状定异位结构研究》，首都师范大学，2007 年。

方梅：《汉语对比焦点的句法表现手段》，《中国语文》1995 年第 4 期。

方梅、张伯江：《汉语功能语法研究》，江西教育出版社 1996 年版。

范晓：《汉语的句子类型》，书海出版社 1998 年版。

范晓：《汉语的短语》，商务印书馆 1991 年版。

范晓：《论名词在语义平面的"兼格"》，《语法研究和探索》（十），商务印书馆 2002 年版。

范晓：《说语义成分》，《汉语学习》2003 年第 1 期。

范晓、张豫峰等著：《语法理论纲要》（修订版），上海译文出版社 2008 年版。

范晓：《汉语句子的多角度研究》，商务印书馆 2009 年版。

范晓：《关于句式问题》，《语文研究》2010a 年第 4 期。

范晓：《关于句式义的成因》，《汉语学习》2010b 年第 4 期。

范晓：《略论句干及其句式》，《山西大学学报》2012 年第 3 期。

范开泰：《语用分析说略》，《中国语文》1985 年第 6 期。

曹志彪：《非副词的指名性状语浅析》，《汉语学习》1996 年第 2 期。

董金环：《形容词状语的语义指向》，《吉林大学社会科学学报》1991 年第 1 期。

董秀芳：《无标记焦点和有标记焦点的确定原则》，《汉语学习》2003 年第 1 期。

龚千炎：《汉语的时相 时制 时态》，商务印书馆 1995 年版。

郭锐：《汉语动词的过程结构》，《中国语文》1993 年第 6 期。

高万云：《指名性状语的句法、语义、语用分析》，《汉语学习》1993 年第 3 期。

高元石：《论一种定状互转的同义句》，《鞍山师专学报》1985 年第 1 期。

谷孝龙：《描写性状语的语用分析》，《沈阳师范大学学报》2006 年第 2 期。

黄伯荣、廖序东：《现代汉语》（增订三版），高等教育出版社 2004 年版。

何洪峰：《论现代汉语的方式状语与定语的变换》,《江汉大学学报》2006 年第 6 期。

何洪峰：《汉语方式状语研究》, 华中师范大学, 2006 年。

何洪峰、朱怀：《论句管控下的状位主谓结构》,《汉语学报》2006 年第 1 期。

侯友兰：《双系状语的移位考察》,《绍兴文理学院学报》1998 年第 2 期。

侯友兰：《定语在句中移位作状语的情况考察》,《保定师专学报》1999 年第 1 期。

胡裕树：《现代汉语》, 上海教育出版社 1995 年版。

胡裕树、范晓：《动词研究》, 河南大学出版社 1993 年版。

廖秋忠：《现代汉语篇章中的连接成分》,《中国语文》1986 年第 6 期。

刘大为：《语义蕴涵与修饰性成分的移动》,《世界汉语教学》1992 年第 1 期。

刘丹青、徐烈炯：《焦点与背景、话题及汉语"连"字句》,《中国语文》1998 年第 4 期。

刘芳：《状语语义指向分析》,《桂林师范高等专科学校学报》2003 年第 2 期。

刘顺：《现代汉语语法的多维研究》, 社会科学文献出版社 2005 年版。

刘鑫民：《焦点、焦点的分布和焦点化》,《宁夏大学学报》1995 年第 1 期。

刘月华：《状语的分类和多项状语的顺序》,《汉语语法论集》, 现代出版社 1989 年版。

刘月华、潘文娱等：《实用现代汉语语法》, 外语教学与研究出版社 1983 年版。

卢建（2003a）：《可换位摹物状语的句位实现及功能分析》,《语言研究》2003 年第 1 期。

卢建（2003b）：《摹物状语的引申及主观化渠道》,《中国语学》2003 年第 250 号。

卢英顺：《语义指向研究漫谈》,《世界汉语教学》1995 年第 3 期。

凌珊珊：《状语的单指分析》, 华中科技大学, 2007 年。

李杰：《现代汉语状语的多角度研究》, 上海三联出版社 2008 年版。

李劲荣：《指宾状语句的功能透视》,《中国语文》2007 年第 4 期。

李子云：《状语的语义指向》,《安徽教育学院学报》1993 年第 4 期。

陆俭明：《汉语口语句法里的移位现象》,《中国语文》1980 年第 1 期。

陆俭明：《变换分析在汉语语法研究中的运用》,《湖北大学学报》1990 年第 3 期。

陆俭明：《关于语义指向分析》,《中国语言学论丛》第 1 辑, 北京语言文化大学出版社 1999 年版。

陆俭明：《句式语法理论与汉语研究》,《中国语文》2004 年第 5 期。

吕叔湘：《汉语语法分析问题》, 商务印书馆 1979 年版。

吕叔湘：《汉语句法的灵活性》,《中国语文》1986 年第 1 期。

潘晓东：《浅谈定语的易位现象》,《中国语文》1981 年第 4 期。

齐沪扬：《现代汉语短语》, 华东师范大学出版社 2000 年版。

青野英美：《现代汉语描写性状语研究》, 华东师范大学, 2005 年。

青野英美：《现代汉语描写性状语的类型》,《中文自学指导》2006 年第 4 期。

任鹰：《存现句的句式特征及其语序原则》，《日本现代汉语语法研究论文选》，北京语言大学出版社 2007 年版。

邵敬敏：《从语序的三个平面看定语的移位》，《华东师范大学学报》1987 年第 4 期。

邵敬敏、任芝锳、李家树等：《汉语语法专题研究》（增订本），北京大学出版社 2003 年版。

石毓智：《现代汉语谓语结构的有界性及其历史成因》，《面临新世纪挑战的现代汉语语法研究——'98 现代汉语语法学国际学术会议论文集》，山东教育出版社 2000 年版。

税昌锡：《简论隐性语法关系和语义指向分析》，《广州师范大学学报》2002 年第 1 期。

税昌锡：《语义表达的多维性与语义指向分析》，《河南师范大学学报》2004 年第 1 期。

税昌锡：《语义指向多维结构的考察》，《浙江大学学报》2004 年第 3 期。

沈家煊：《句法的象似性问题》，《外语教学与研究》1993 年第 1 期。

沈家煊：《语用法的语法化》，《福建外语》（季刊）1998 年第 2 期。

沈家煊：《"有界"与"无界"》，《中国语文》1995 年第 5 期。

沈家煊：《语言的"主观性"和"主观化"》，《外语教学与研究》2001 年第 4 期。

沈园：《句法语义界面研究》，上海教育出版社 2007 年版。

王立弟、顾阳：《"宾语指向"的状语修饰语》，《面临新世纪挑战的现代汉语语法研究》，山东教育出版社 1999 年版。

王珏：《汉语生命范畴初论》，华东师范大学出版社 2004 年版。

王建国：《关联理论与翻译研究》，中国对外翻译出版公司 2009 年版。

温锁林、贺桂兰：《有关焦点问题的一些理论思考》，《语文研究》2006 年第 2 期。

邢福义：《汉语语法结构的兼容性和趋简性》，《汉语语法特点面面观》，北京语言文化大学出版社 1999 年版。

徐杰：《普遍语法原则和汉语语法现象》，北京大学出版社 2001 年版。

徐杰、李英哲：《焦点和两个非线性语法范畴："否定""疑问"》，《中国语文》1993 年第 2 期。

徐山：《状语形容词句式的两种源句》，《安顺师范高等专科学校学报》2006 年第 1 期。

袁毓林：《从焦点理论看句尾"的"的句法语义功能》，《中国语文》2003 年第 1 期。

张伯江：《施事角色的语用属性》，《中国语文》2002 年第 6 期。

张国宪：《谓词状语语义指向浅说》，《汉语学习》1991 年第 2 期。

张国宪：《现代汉语形容词的典型特征》，《中国语文》2000 年第 5 期。

张国宪：《现代汉语形容词功能与认知研究》，商务印书馆 2006 年版。

张国宪：《性状的语义指向规则及语法异位的语用动机》，《中国语文》2005 年第 1 期。

张虹：《谈谈状语和定语的转换》，《汉语学习》1993 年第 6 期。

张黎：《"有意"和"无意"——汉语"镜像"表达中的意合范畴》，《世界汉语教学》2003 年第 1 期。

张力军：《论"NP$_1$＋A＋VP＋NP$_2$"格式中 A 的语义指向》，《烟台大学学报》1990 年第 3 期。

张敏：《认知语言学与汉语名词短语》，中国社会科学出版社 1998 年版。

张世才：《形容词作状语的语义指向与在句中的位置》，《喀什师范学院学报》1999 年第 1 期。

赵艳芳：《认知语言学概论》，上海外语教育出版社 2001 年版。

赵元任：《汉语口语语法》，商务印书馆 1979 年版。

郑贵友：《动主双系的形容词状语》，《汉语学习》1995 年第 3 期。

郑贵友：《"制作类"句子中的动宾双系形容词状语》，《汉语学习》1995 年第 6 期。

郑贵友：《"视觉感知类"句子中动宾双系形容词状语》，《汉语学习》1998 年第 1 期。

郑贵友：《"味觉感知"类句子中的动宾双系形容词状语》，《东方论坛》1999 年第 4 期。

郑贵友：《现代汉语状位形容词和"系"研究》，华中师范大学出版社 2000 年版。

周国光：《句法变化和语义兼容》，《汉语学习》1999 年第 1 期。

周国光：《试论语义指向分析的原则和方法》，《语言科学》2006 年第 4 期。

周隽：《指宾状位形容词句法语义研究及功能浅析》，上海师范大学，2009 年。

周利娟：《明示—推理交际理解的机制》，《北方工业大学学报》2003 年第 2 期。

周丽颖：《现代汉语语序研究》，上海辞书出版社 2008 年版。

周美玲：《可换位的描摹性定语句和状语句的比较》，《新余高专学报》2005 年第 1 期。

周韧：《论韵律制约句法移位的动因和手段》，《世界汉语教学》2010 年第 1 期。

邹立志、肖永华：《间接性偏正结构诸现象的语义语用考察》，《修辞学习》2004 年第 4 期。

朱德熙：《语法讲义》，商务印书馆 1982 年版。

朱德熙：《现代汉语形容词研究》，《语言研究》1956 年第 1 期。

朱德熙：《汉语句法里的歧义现象》，《中国语文》1980 年第 2 期。

朱德熙：《语法答问》，商务印书馆 1985 年版。

朱德熙：《变换分析中的平行性原则》，《中国语文》1986 年第 2 期。

中国社会科学院语言研究所现代汉语研究室编：《句型和动词》，语文出版社 1987 年版。

夸克:《英语语法大全》(中译本),华东师范大学出版社 1985 年版。

丹·斯珀波 (Dan Sperber)、迪埃珏·威尔逊 (Deirdre Wilson):《关联:交际与认知》,蒋严译,中国社会科学出版社 2008 年版。

Langacker, R. W. Subjectification [J]. Cognitive Linguistics, 1990 (1), pp. 5 – 38.

第 三 章

"N 的 V"短语

"N 的 V"是名词作定语修饰动词的偏正结构，它是一种比较特殊的定心短语。它的特殊之处主要在于中心语 V 的动词性质和短语整体名词性质之间的矛盾。在表层语法形式上，V 是个动词；在深层的语义内容上，V 又具有名物化的性质，用胡裕树、范晓的话来说，中心语 V 在语义平面动元化了，也就是事物化、名物化了。① 而定心短语是个名核结构，整个短语属于名词性短语，充当中心语的主流应该是名词。正如施关淦（1981）指出，中心语 V 身居核心而不能规定整个儿偏正短语的性质，倒为其修饰所规定，这是个矛盾的问题。也正因为这些矛盾和特殊，"N 的 V"短语的定性成为汉语语法学界讨论的热点之一。本章拟在讨论"N 的 V"定性的基础上，重点研究短语"N 的 V"的语义和语用问题。

一 "N 的 V"的定性

（一）有关"N 的 V"短语定性的争议

20 世纪以来，国内汉语语法学界对"N 的 V"短语的句法结构性质，看法不一，争论不断，至今没有定论。本章列举主要几种说法。

1. 名词性偏正结构说

国内语法学界对"N 的 V"这一短语，一般认为是名词性的偏正结构。朱德熙、卢甲文、马真（1961）认为，"这本书的出版"之类的结构是名词性的偏正结构，并指出"说'这本书的出版'是名词性词组，绝不是因为它在主语（或宾语）的位置上，而是因为这个结构本身就是名词性：'的'

---

① 胡裕树、范晓：《动词形容词的"名物化"和"名词化"》，《中国语文》1994年第 2 期。

既不能作谓语，也不受副词修饰"。① 胡裕树主编《现代汉语》（1981）也说，"有些以动词或形容词为中心的偏正词组，它们以名词或人称代词作定语，这样的词组也是名词性的，如'会议的召开'、'动作的敏捷'、'他的到来'"。黄伯荣、廖序东《现代汉语》（1991）根据"用法同名词，经常充当主语、宾语的，叫名词性词组"的标准，认为"NP＋的＋VP"是名词性短语，如"经济的逐步发展"、"灯火的辉煌"等。范晓（1992）认为：在句法平面，"N 的 V"是属于名词性的短语，即"定心短语"或"名词性的偏正短语"。沈家煊、王冬梅的《"N 的 V"和"参照体—目标"构式》（2000）一文虽然没有明确指出"N 的 V"结构是偏正结构，但是从"中心语"等术语来看，也可推断他们同意这类结构是偏正结构。

2. 主谓结构说

认为"N 的 V"是主谓结构的也有相当一部分声音，且近年来这部分声音有所增强。吕叔湘、朱德熙（1952）认为："一个主语加上一个谓语，中间用'的'字连接，如'中国的解放、态度的坦白'"是主谓短语，这种主谓短语"在形式上跟主从短语很相像……"姚振武（1995）认为现代汉语的"N 的 V"和上古汉语的"N 之 V"二者性质基本一样，"都不是名词性的偏正结构，而是某种主谓结构处于非独立的、指称的状态下的一个变体"；"的"不是名词性偏正结构的形式标志，而是"这种主谓结构处于非独立的、指称状态下的一个非强制性的形式标记"。周国光（2004）认为"'N 的 P'结构不是名词性的定中短语，因为它不符合名词性的定中结构（名词性向心结构）的条件；它是由功能助词'的'嵌入主谓结构而形成的指称性的主谓结构，功能助词'的'在结构中的作用就是把陈述性的主谓结构转化为指称性的主谓结构"，并指出"可以把主谓结构中的中心语定为谓词型的，而主谓结构中的附加语则可以定为引导性的，可以称为引导语"。章也、任晓彤（2004）通过分析"N 的 V"结构和"N 之 V"两者的联系和比较，认为"N 的 V"结构中的"的"是一个起结构作用的结构助词，而不是标志偏正结构的助词；"N 的 V"是特殊的主谓结构，而非名词性的偏正结构；N 与 V 之间的关系不是修饰与被修饰或限制与被限制的关系，它们之间的关系是多种多样的。

---

① 朱德熙、卢甲文、马真：《关于动词形容词"名物化"的问题》，《北京大学学报》1961 年第 4 期。

3. 其他结构说

除了偏正结构说和主谓结构说，汉语语法学界对"N 的 V"还有其他一些主张。一是谓词性的偏正结构说。如董晓敏（1987）从语法结构的内部关系和外部功能论证了"N 的 V"结构是谓词性的向心结构。"从语法结构的内部关系看，'N 的 V'结构中，'V'是中心语（核心），'N 的'是限制语，二者是一正一偏、一主一从的关系。作为向心结构的'N 的 V'是以'V'为核心的单核心谓词性向心结构"。"从语法结构的外部功能看，'N 的 V'同其他谓词成分一样，可以作主语、宾语；它同其他谓词性成分不同的是，它以带定语的固定格式出现在句子的主语宾语的语法位置上，不充当句子的谓语或其他成分，是一种较有个性的谓词性向心结构"。持这种观点的还有孟琮、郑怀德等，在他们编写的《动词用法词典》中就把这类结构作为动词性短语来处理，但未见到有关论述。二是名词性的"的"字结构说。陆俭明（2003）运用以乔姆斯基为代表的形式语法学理论中的"中心词理论"，对"NP + 的 + VP"结构进行了再分析，认为"这类结构是一种名词性的'的'字结构，这种'的'字结构是由结构助词'的'插入一个主谓结构中间构成的"。同时他还指出，"这类结构的'心'是作为名词性功能标记的结构助词'的'"。三是中间结构说（或称过渡结构说）。如陈建君（2006）《"N 的 V"结构的考察与研究》一文认为，"因为'N 的 V'结构总体上具有指称性，但是其中的'V'保留了动词的部分功能特征，所以更准确地说，'N 的 V'既不是完全意义的体词性结构，也不是完全意义的谓词性结构，而是介于体词性和谓词性结构之间的一种结构"。

由上可知，"N 的 V"确是一个有争议的短语，有鉴于此，笔者认为有必要分析定心短语"N 的 V"与相似结构的区别。

（二）定心短语"N 的 V"与相似短语的区别

1. 与主谓短语的区别

丁声树等《现代汉语语法讲话》认为，"N 的 V"这种格式"在形式上是一种偏正结构，可是论意思却是一种主谓关系，所以说它是一种特殊的偏正结构"。① 从前辈学者认为"N 的 V"是主谓短语的观点中，也足见"N 的 V"结构与主谓结构存在密切的联系，但是，它们的区别也是明显的，主

---

① 丁声树等：《现代汉语语法讲话》，商务印书馆 1961 年版，第 14 页。

要表现在以下方面。

1）句法结构不同。"N 的 V"短语在形式上有主谓短语所不具有的形式标志"的"。"的"在现代汉语中的基本功能是充当定语标志的结构助词，它同"得"、"地"一样，是用在修饰语和中心语之间的一个辅助性连接成分，不同的是"的"用在定心短语中，"地"用在状心短语中，"得"用在补心短语中。可以通过定心短语中不用"的"和主谓短语中加"的"来比较"N 的 V"短语和主谓短语的不同。

一方面，"N 的 V"去掉中间的"的"，就会变成典型的主谓短语，而变成主谓短语后，语用上表述的意义跟原先的明显不一样。如：

中国的觉醒（指称义）——中国觉醒（陈述义）
水土的流失（指称义）——水土流失（陈述义）
职业的选择（指称义）——职业选择（陈述义）

"指称"和"陈述"是语用范畴的概念。"指称"是对名物而言，指称性成分一般由名词性词语表示。"陈述"是对述谓而言的，陈述性成分一般由谓词性词语表示。"中国的觉醒"表指称义，指称与中国的觉醒相关的所有事件，"中国"起的是区别、限制作用，"觉醒"的动词性质明显弱化，具有名物化性质；而"中国觉醒"表陈述义，陈述的是"中国觉醒"这一动作行为，中国是陈述的对象，"觉醒"凸显的是其作为谓词的动作义。"水土的流失——水土流失"、"职业的选择——职业选择"都是同样的区别。

另一方面，某些非偏正短语中间加上"的"，会改变该短语的结构关系，使其变为定心短语。

打印资料（动宾）——打印的资料（定心）
学校商店（联合）——学校的商店（定心）
体积缩小（主谓）——体积的缩小（定心）

由此可见，结构助词"的"一旦用于其他短语（包括主谓短语）中间，不仅会改变整个短语的结构，还会改变其原有的性质。因此，"的"字的语法功能不可忽视。

2）语义关系不同。"N 的 V"短语在语义上不一定都是"施事—动作"关系（即所谓潜在的主谓关系）。当 N 是 V 的施事时，N 与 V 在语义上确实存在"施事—动作"关系（潜在的主谓关系）。例如：

他的退学——他退学

妈妈的唠叨——妈妈唠叨

祖国的召唤——祖国召唤

母亲的回忆——母亲回忆

事故的发生——事故发生

但是，当 N 是 V 的受事时，N 与 V 之间在语义上不是"施事—动作"关系，而是"受事—动作"关系（潜在关系是动宾关系）。例如：

设施的破坏——破坏设施

思想的解放——解放思想

汉语的学习——学习汉语

古旧字画的修复——修复古旧字画

还有的时候，N 与 V 之间在语义上不是"施事—动作"关系，也不是"受事—动作"关系，即 N 既不是 V 的施事，也不是 V 的受事，而是 V 所联系的其他的语义成分或语义角色（如"系事、工具、处所、时间、关涉"等）。例如：

水土的流失（N 是 V 的系事）

电视的转播（N 是 V 的工具）

机场的巧遇（N 是 V 的处所）

午夜的狂欢（N 是 V 的时间）

人数的限制（N 是 V 的关涉）

在这种情况下，"N 的 V"短语内部也不存在"潜在的主谓关系"。

3）句法功能不同。"N 的 V"短语在句法功能上也明显有别于主谓短语。主谓短语能独立成句（即加上完整的语气语调往往可以造成一个具有表属性的句子），主谓短语在句子中还可以充当各种成分（尽管会受一定的条件限制）。例如：

（1）天气冷了。（独立成句）

（2）宝宝笑了就好了。（主语）

（3）这个人身体很棒。（谓语）

（4）大家都觉得他俩和好了。（宾语）

（5）流星滑落的那一刻，她许了个愿。（定语）

（6）他脸色阴沉地走出会议室。（状语）

（7）我紧张得心怦怦跳。（补语）

"N 的 V"结构是粘着的，在能否独立成句上，它跟主谓结构不同，不能独立成句。而且，"N 的 V"结构充当句子成分的能力是有限的，主要充当主语、宾语，一般不能充当其他成分。例如：

（8）"做饭技术革新运动"的出现并不是偶然的，有着复杂的历史背景。（主语）（三年困难时期的"做饭技术革新运动"，《百年潮》2006 年第 12 期）

（9）我们的反抗在权力和金钱的面前无异于以卵击石，纯粹是自找没趣。（主语）（王国信：回老家买房论背后是权力对民生的嘲讽，凤凰网，2010 年 3 月 8 日）

（10）与之相配套的，还有一系列社会保障制度的出台。（宾语）（《2010 年后危机时代消费如何引领增长》，凤凰网，2009 年 12 月 29 日）

（11）他依依惜别，感谢司大人、贝大人的"布施"。（宾语）（余秋雨《文化苦旅》）

基于以上三点分析，笔者认为定心短语"N 的 V"与主谓短语有本质上的区别，将"N 的 V"短语归属为主谓短语是不合适的。

2. 与"的"字短语的区别

"的"字短语是现代汉语所特有的常用短语，是指结构助词"的"附着在别的词语后面构成的名词性短语，用来指称人或事物，一般充当句子的主语和宾语，在一定的条件下还可以充当谓语。①

"N 的 V"短语与"的"字短语的共同点有：两者都是名词性短语，在句法形式上都有结构助词"的"，主要的句法功能都是充当句子的主语或宾语，语用上都表示指称。有的学者提出"N 的 V"短语是"的"字短语的观点，首先是认同"N 的 V"是名词性短语，然后又为了符合"中心词"理论，认为"N 的 V"的"心"不是谓词"V"，而是作为名词性功能标记的"的"，这样就可以解决整个结构的性质与中心语的性质之间的矛盾。而事实上，这又带来了新的问题。

首先，有些"N 的 V"结构中的"的"字去掉后，其句法结构和语义功能都没有改变，那么这类结构又该如何定性？试比较：

---

① "的"字短语一般不能直接作谓语，但在特定的条件下可以充当谓语，如"这本书你的，那本书我的"。

肌肉的训练——肌肉训练

学术的交流——学术交流

日程的安排——日程安排

身体的检查——身体检查

左右两组短语除了外部形式上有无"的"这个标记外，它们的内部结构关系和外部功能都应该是一致的。如果要进一步追究两者的区别，那就是没有"的"的那组结构更紧密，形式相对固定，使用频率更高。但是，人们不会因为其没有名词性功能标记"的"，而否定它是个偏正短语。既然去掉"的"这个心并没有影响"N 的 V"作为名词性短语的性质，那又有什么理由将这个可有可无的标记词"的"作为结构重要担当的"心"呢？

其次，虽然"N 的 V"短语和"的"字短语都具有指称功能，但其中的指称义却不同。"'的'字短语是用来指称人或事物的"，"语义功能主要是替代功能和指别功能"，① "的"的作用是附着的；而"N 的 V"短语指称的是事件，"的"的作用是表示连接。比较：

"的"字短语	"N 的 V"短语
（12）模仿的是校长。	校长的模仿让人捧腹。
（13）迟到的是小明。	小明的迟到是有原因的。
（14）功劳是大家的。	谢谢大家的鼓励。
（15）需要转变的是观念。	观念的转变需要时间。

从上面的例子可以看出，"的"字短语与"N 的 V"短语的内部结构和语义关系都不具同一性，具体指称的对象也明显不同：前者指称的是人或事物，后者指称的是事件。

3. 与谓词性偏正短语的区别

汉语语法学界中认为"N 的 V"是谓词性短语的主要依据是布龙菲尔德（L. Bloomfield）的向心结构理论。按照向心结构理论，短语可以由几个结构组成，如果这个短语是向心结构，那么与短语的类别相同的那个词或结构就是该短语的中心语（center）。② 也就是说，向心结构中跟整体语法功能相同的直接成分是这个向心结构的核心。后来，朱德熙从汉语的实

---

① 参看齐沪扬《现代汉语短语》，华东师范大学出版社 2000 年版，第 167 页。

② Bloomfield, Leonard. 1933. Language. New York：Holt. 转引自石定栩《向心结构及相关概念》，《汉语语法研究的新拓展》（四），北京大学出版社 2009 年版。

际出发，对向心结构的定义进行了修订。他认为向心结构的核心，除了与整体在语法上功能相同以外，还应该和整体在语义上受到相同的语义选择限制。① 董晓敏（1987）认为"N 的 V""是一种较有个性的谓词性向心结构"，理由是：V 与整体的语法功能基本一致，符合布龙菲尔德提出的关于向心结构核心的条件，也符合朱德熙提出的有关向心结构的语义方面的要求，即在"N 的 V"中，跟整体受到相同语义选择限制的不是"N的"而是"V"。

笔者认为，"N 的 V"短语不是谓词性短语，理由如下：

首先，"N 的 V"短语和谓词性短语的语法功能不同。谓词性短语是按短语的外部功能分出的类别，与之相对的概念是体词性短语。体词性短语的主要语法功能是充当句子的主语和宾语，一般不作谓语；谓词性短语的语法功能主要是作谓语，在一定的条件下有时也能作主语和宾语。"N 的 V"短语的语法功能与体词性短语基本一致，而且它还能作介词的宾语。如：

（16）由此看，<u>对中美之间的磕磕绊绊</u>实在是无需太悲观。（《联合早报》：《对中美关系无需太悲观》，凤凰网，2010 年 3 月 1 日）

（17）中国敦促美国<u>为中美关系改善和发展</u>创造条件。（《中国敦促美国为中美关系改善和发展创造条件》，新华网，2010 年 2 月 23 日）

（18）<u>对我们的反抗</u>，他们置若罔闻。（自拟）

（19）<u>面对美国贸易保护主义的升温</u>，中国谨慎应对，尽力避免贸易战。（《全球贸易保护主义波澜再起》，《人民日报》海外版，2010 年3 月 16 日）

（20）尽管大行对有关消息有不同的看法，但可以肯定的是，因新铁矿地理上靠近鞍钢，<u>对其未来的发展</u>百利无一害。（《红筹国企/窝轮：首国回稳可趁低吸》，腾讯网，2009 年 6 月 25 日）

其次，"N 的 V"短语和谓词性短语的语用功能不同。谓词性短语一般用来表达"陈述"义，旨在描述事件的过程，通常表现出时间特征和情态特征，如："我吃了一个苹果"、"太阳升起来了"。而"N 的 V"短语表示的却是"指称"义，只是一般的名词性短语指称的是事物，而它指称的是事件。如："校长的模仿让人捧腹"是对"校长模仿这件事"的指称，而不是对"校长模仿"这个行为动作的陈述。事实上，任何"NV"的形式中间加上

---

① 朱德熙：《关于向心结构的定义》，《中国语文》1984 年第 6 期。

结构助词"的"（只要语法和语义上能成立），语用上就表指称了，只是这种短语的指称义相对一般名词性短语的指称义在强度上稍弱一些。

再次，向心结构理论是否适用于所有汉语现象的解释，还有待进一步的论证。向心结构理论本是针对西方的形态语言提出的理论。汉语缺乏那种狭义的形态变化，一词多义现象普遍存在，词类和句法成分的对应关系也错综复杂，所以向心结构的理论是否适用于汉语还有待考证。方光焘（1990）指出："汉语中的偏正结构往往与中心词不同类"，所以他认为汉语"不能盲目照搬"向心结构理论。[①] 胡裕树、范晓（1994）也认为，"布龙菲尔德关于向心结构的理论用于汉语是有困难的"。如果还不能确定这个理论是否适用于汉语现象的解释，或者说在不少现象的解释上还存在问题，那么根据这个理论推导出来的"N 的 V"短语是谓词性偏正短语的观点也是难以让人信服的。

综上所述，我们认为，"N 的 V"短语是定心关系的偏正短语。从句法结构上来看，它是体词性的偏正短语，整体功能上相当于名词；但是中心语"V"仍然保留其动词属性，所以它是动词性中心词和名词性整体功能交融的一类特殊的定心短语。

二 "N 的 V"短语语义、语用的研究概述

本文对"N 的 V"短语的语义、语用已有研究成果的概述涵盖语言学界对"N 的 V"结构、"N 的 V"短语、"N 的 V"词组的相关研究，因为不同的语法论著往往用不同的术语，或者研究的侧重角度不同，所以在讨论前人研究时会出现上述三个（短语、词组、结构）不同名称的术语（作为结构体，本章以"短语"为正名，"词组、结构"为别名）。

（一）"N 的 V"短语语义研究概述

前人对"N 的 V"短语的语义研究，主要集中在"N 的 V"短语内部的语义关系、"N 的 V"短语的语义特征、中心语 V 的语义特征及语义容量等方面。

1. "N 的 V"短语内部的语义关系

有关定心短语"N 的 V"语义方面的研究，讨论最多的是"N"与

---

① 方光焘：《语法论稿》，江苏教育出版社 1990 年版，第 34 页。

"V"之间的语义关系。讨论"N 的 V"内部语义关系的，又多是从动词与名词之间的语义关系来进行分析的。范晓（1992）认为：从 N 与 V 之间的语义关系来看，大体上可分为三类：第一类，N 是 V 的施事；第二类，N 是 V 的受事；第三类，N 是 V 的系事。张伯江（1993）认为 N 与 V 之间的语义关系可分为：N 是 V 的施事（如"某些人的暗中鼓动"）、N 是 V 的受事（如"张树旭的被害"）、N 很难说是 V 的施事或是受事（如"人和人的相识"、"十大建筑的同时出现"）。而杨亦鸣、李大勤（1994）根据 N 与 V 间的隐性语法关系又将三大语义关系中的系事进行了细化，指出 N 可以是施事、受事、处所、时间、工具、客体等语义类别。① 范晓（1996）又进行了修正，认为 N 与 V 之间的语义关系大体上可分为五类：第一类，N 是 V 的施事，如：他的来 | 你的批评；第二类，N 是 V 的受事，如：这本书的出版 | 中国的解放；第三类，N 是 V 的系事，如：他的幽默 | 狐狸的狡猾；第四类，N 是 V 的处所，如：台上的演出 | 南京路上的巧遇；第五类，N 是 V 的时间，如：晚上的演出 | 昨天的考试。② 这些观点代表了定心短语"N 的 V"内部语义关系的主体分类。

20 世纪 90 年代末以来，张伯江、方梅、沈家煊、王冬梅、詹卫东等一些学者借鉴西方语言学理论，将认知语法、配价语法的有关理论运用到定心短语"N 的 V"的研究中，取得了新的进展。沈家煊、王冬梅（2000）认为"N 的 V"是一种"参照体—目标"构式，其内部语义关系有三种：第一种，主体 + 的 + 动词；第二种，宾体 + 的 + 动词；第三种，主体/宾体 + 的 + 动词。在"N 的 V"这个"参照体—目标"构式中，V 作为目标，是一个受到凸显的部分。换句话说，V 是人们注意力的焦点，"的"起到一种心理上的聚焦作用。詹卫东（1998）指出"N 的 V"中"V"为一价动词时，"N"是动词的施事，当"V"是二价或三价动词时，"N"有三种情况：第一种情况"N"只能是施事，第二种情况"N"只能是受事，第三种情况"N"可以选择是施事，也可以选择是受事。齐沪扬等（2004）把 V 限定在二价、三价动词范围内，考察其对不同语义角色的选择，得出的结构类型与詹卫东（1998）相同。

陈建君（2006）认为，根据不同的语义关系，可以把"N 的 V"结构

---

① 杨亦鸣、李大勤：《试析主语槽中的"NP 的 VP"结构》，《语法研究与语法应用》，语言学院出版社 1994 年版。

② 范晓：《三个平面的语法观》，北京语言学院出版社 1996 年版，第 476 页。

分为两类：一类是"N（施）的 V"，如"他的走"、"语法学的诞生"、"老师的微笑"等，N（施）指施事定语，是中心语所代表的动作行为的主体，N 与 V 之间的语义关系是施事和动作的关系，是"的"字插在主谓短语"NV"之间形成的；另一类是"N（非施）的 V"，如"词典、字典的编纂和出版"、"新中国的成立"、"知识的缺乏"等，N（非施）指非施事定语，表示中心语动词关涉的事物，N 与 V 之间的语义关系是除施事以外的语义角色与动作之间的关系，明确地说，是动宾短语"V + N"改变排列顺序并插入"的"形成的。

2. "N 的 V"短语的语义特征

范晓（1992）指出"N 的 V"出现在句子里时，从"N 的 V"跟句中谓语动词 VP 的语义关系来看，"N 的 V"是句中谓语动词的"动元"，而且"N 的 V"作为动元时都具有事物性，因此在语义平面说"N 的 V"中"V"是"名物化"或动元化了，"N 的 V"是"动元"，具有事物性。张伯江（1993）认为任何一个"NV"（主谓短语）中间加上"的"，语义上就是一个陈述的概念化。

3. 中心语 V 的语义特征

胡裕树、范晓（1994）认为中心语 V 在语义平面动元化了，也就是事物化、名物化了。詹卫东（1998）认为，由于"N 的 V"指称的是"事件"，因而要求进入这一格式的动词，其语义构成中要包含"事件性"，或者说其指称事件的侧面（profile）要被突显（salience）；只有动作性很弱、事件性很强的动词才能充当中心语 V，动作性很强、事件性很弱和动作性、事件性都很弱的动词不能进入"N 的 V"格式。

沈家煊、王冬梅（2000）指出，"N 的 V"格式中的 V 已经指称化和事物化。他们还从认知角度对此作了分析，认为按照兰盖克（Langacker，1987）认知语法的观点，名词指称"事物"，动词陈述事物与事物之间的"关系"。但是在指称"关系"时，可以把"关系"视作抽象的"事物"。从这个意义上讲，动词的指称化也就是事物化。

4. 中心语 V 的语义容量

李大勤（1992）对中心语 V 的语义容量作了分析。他认为中心语 V_b 指称了前提句中关于 V_a 的整个事件，不仅包含了 V_a 表示的动作行为，也包含了动作关涉的内容及隐含于语境之中的时空因素。例如：

（1）他<u>诉说</u>着自己一路上的辛辛苦苦。……阿红对他的诉说洒下了同情的泪水。（转引自麻铭《介词机构"对于 + N 的 V"的考察》，河南大学，中国优秀硕士学位论文全文数据库，2010 年）

例中加下划线的"诉说"就是 V_a，表示具体动作行为；加着重号的"诉说"则是中心语 V_b，指称了"他诉说着自己一路上的辛辛苦苦"整个前提句的所有语义内容。所以，V_b 的内容远远大于前提句中的 V_a 的语义。

（二）"N 的 V"短语语用研究概述

前人对"N 的 V"短语的语用研究，主要是讨论了"N 的 V"短语的信息特点、表达功能和语体色彩。

1. "N 的 V"短语的信息特点

张伯江（1993）指出任何一个"NV"（主谓结构）中间一旦加上"的"字，从语用上来看就是由新信息转化成了旧信息。因而"N 的 V"是汉语里标志已知信息的一种手段。詹卫东（1998）指出，"NP + 的 + VP"偏正结构不同于一般的名词性结构，它主要用来指称事件，并且多数是已发生的事件，在篇章中表现出明显的回指特点。在某些语境中，这一格式虽明确不回指上文内容，但其所指事件也是已然事件（如"一位英雄的牺牲"），或泛述性事件（如"时代的变迁"）。因此他认为这种格式不表述严格意义的新信息。

2. "N 的 V"短语的表达功能

范晓（1992）对"N 的 V"的表达重心作了分析。他指出："从语用上分析，'N 的 V'由于是个定心短语，'的'作为定语的标志对后边的中心语有强调作用，因此'N 的 V'的表达重心一般是在 N 上。"张伯江（1993），杨亦鸣、李大勤（1994），姚振武（1995），郭锐（2000）都曾指出，"N 的 V"格式具有把陈述转化为指称这一功能。詹卫东（1998）也认为"NP + 的 + VP"整体具有指称性，并且还指出"NP + 的 + VP"偏正结构，虽然一般都可指称已然事件，但因其终究不是具有主客体性质的事物，因而不容易跟其他动词性成分发生直接的语义关联，这样"NP + 的 + VP"偏正结构在语篇中充当话题成分就受限制；如果要使"N 的 V"作话题，就需要在它的前边加上介词"对"这一话题标记。

3. "N 的 V"短语的语体色彩

尹世超（1993）指出"N 的 V"常常被用来作文章的标题，具有鲜明的书面语色彩。姚振武（1995）指出"N 的 V"只出现在书面语，一般不用于口语。詹卫东（1998）认为，"NP + 的 + VP"偏正结构多用在书面语体，少用在口语中，并指出这一格式大都在陈述句中出现，也有用于疑问、感叹和祈使句的。

三 定心短语"N 的 V"的语义分析

语义分析研究语法中的隐性结构，是词语和词语组合后形成的隐层的关系意义。下文将对定心短语"N 的 V"中的定语 N、中心语 V、N 与 V 之间和"N 的 V"整体的语义分别进行探讨，并对定心短语"N 的 V"的歧义现象进行分析。

（一）定心短语"N 的 V"中的"N"

1. 定语 N 与中心语 V 的语义关系

根据对实际语料的考察，在定心短语"N 的 V"中，N 与 V 之间的语义关系大体有如下 12 种情形：

1）N 为施事。例如：老师的指点、蚊子的哀鸣。

2）N 为受事。例如：细节的推敲、环境的改变。

3）N 为系事。例如：水土的流失、身体的瘫痪。

4）N 为关涉。例如：人数的限制、语文课的考试。

5）N 为结果。例如：著作的出版、矛盾的产生。

6）N 为工具。例如：互联网的传播、钢琴的伴奏。

7）N 为依据。例如：良心的责难、法律的制裁。

8）N 为范围。例如：局部的影响、家庭的聚会。

9）N 为方面。例如：思想的解放、学术上的交流。

10）N 为目的。例如：花纹的雕刻、理想的实现。

11）N 为时间。例如：明天的出行、四年的等待。

12）N 为处所。例如：婚礼上的碰面、礼堂的演讲。

由上面各例可知，定心短语"N 的 V"中的定语 N 与中心语 V 的语义关系多种多样。当然，这里列举出的 N 与 V 之间的 12 种关系在实际的语料中并非平均分布。从收集到的语料发现，这些不同的语义角色充当定语 N 的优势有强弱，不同角色的 N 进入定心短语"N 的 V"的优势按从强到弱顺序大致可以分为三个层次：施事、受事、系事＞关涉、结果、工具、依据、范围、方面、目的＞时间、处所。

2. 定语 N 在名核结构中担当的角色

讨论这个问题之前，需要先讨论"N 的 V"究竟是动核结构还是名核结构。

语法中的语义结构最基本的有两种：一种是动核结构，一种是名核结构。动核结构（也称谓核结构）主要由动核和动元组成，是生成句子的基干语义结构。汉语的名核结构在生成句子常出现于动元的位置上（在句子的表层，表现名核结构的定心短语常常作句子的主语和宾语）。动核结构是以动核为核心构成的语义结构，名核结构是以名核为核心构成的语义结构。动核结构主要通过静态的主谓短语来表示。名核结构中最重要的是具有领属关系的领属结构。名核结构中的领属结构主要通过静态的定心短语来表示。① 一般定心短语的中心语是名词，名核是由名词充当的，是典型的名核结构。所以，在静态语法结构中，定心短语不与动核结构发生关联。但是定心短语"N 的 V"是个特殊的定心短语，它的特殊之处在于它是以谓词为核心的定心结构。中心语 V 在句法平面形式上是个动词，在语义平面又名物化了，这就使得"N 的 V"这个短语既跟名核结构有关又跟动核结构有关。一方面，"N 的 V"作为定心短语对应着语义平面的名核结构：V 是名物化或称动元化了的名核，N 是 V 的名元；但另一方面，定心短语"N 的 V"的名核却由谓词充当，所以又隐含着一个动核结构：其动核是 V，N 是 V 的动元。因为这种矛盾的存在，汉语语法学界至今对"N 的 V"结构是名核结构还是动核结构没有达成一致的看法。我们认为，既然把"N 的 V"归属为定心短语，那么定心短语"N 的 V"在本质上就应该是一个名核结构，V 是动元化了的名核，N 是 V 的名元。

在名核结构中，"表示名物的语义成分是'核心成分'，称为'名核'；名核所联系的语义成分是'非核成分'，概括起来也有两种：名元（名核所联系的'论元'，也称名物元）和定元（也称'属性元'）。② 其中，名元是名核所联系着的强制性语义成分，是组成名核结构必不可少的语义成分。定元是名核联系的非强制性的语义成分，简单一点说，"名元是名核结构的

---

① 参看范晓《论名核结构》，《语言问题再认识》，上海教育出版社 2001 年版；《关于汉语的语序问题》，《汉语学习》2001 年第 6 期。

② 参看范晓《说语义成分》，《汉语学习》2003 年第 1 期。

必有成分，定元是非必有成分"。① 如在"我的衣服"这一语法结构中，"衣服"是名核，"我"是其联系的强制性的语义成分，是名元，是这一结构的必有成分。而在"漂亮的衣服"这一结构中，"衣服"依然是名核，"漂亮"则是名核所联系的非强制性语义成分，是定元，是非必有成分。所谓"强制性"或"必有"，是指名核必须联系的语义成分，如表归属、范围等的语义成分，缺少它们，语义将不充分；而"非强制性"或"非必有"，指的是名核不一定非要联系某语义成分，即可语义自足。比如"我的衣服"，"我"是必有成分，其他人的衣服都不算，对象明确，是确指；"漂亮的衣服"中的"漂亮"是非必有成分，因为对"漂亮"的理解每个人都不相同，对象不明确。

在定心短语"N 的 V"这个名核结构中，定语"N"的名词性质决定了它在这一结构中担当着名元的语义角色。例如：

（1）在世界经济尚未从金融危机中走出的今天，中国人的消费似乎成了一根救命稻草。（《2010 年后危机时代消费如何引领增长》，凤凰网，2009 年 12 月 29 日）

（2）从中国自身的角度出发，也需要加快转型的步伐，即经济更多地依赖内需的增长，而不是外需。（《中国经济总量或升至世界第二 人均 GDP 仍有较大差距》，凤凰网，2009 年 12 月 29 日）

（3）卫生部在 1979 年组织了全国第一次肝炎的流行病学调查。（《对"乙肝"由宽容到排斥 强制筛查两对半成拐点》，凤凰网，2009 年 12 月 24 日）

（4）马鞍山市认真抓好中央 17 号文件的贯彻落实。（安徽省民政厅网站，2010 年 9 月 2 日）

（5）我们的反抗在权力和金钱的面前无异于以卵击石，纯粹是自找没趣。（王国信：《回老家买房论背后是权力对民生的嘲讽》，凤凰网，2010 年 3 月 8 日）

以上例子中的定心短语"N 的 V"，N 均为名词、名词性短语或代词，表示范围或归属，其指称的对象都是明确的。如例（1）"中国人的消费"中的"中国人"明确指出消费者的国别属性；例（2）"内需的增长"中的

---

① 参看范晓、张豫峰等著《语法理论纲要》，上海译文出版社 2003 年版，第 172 页。

"内需"区别于相对的"外需",表示增长的范畴;例(3)"肝炎的流行病学调查"中的"肝炎的流行病学"本身就是个限制性的名词性短语,规定了调查的范围;例(4)"中央 17 号文件的贯彻落实"中的"中央 17 号文件"是唯一的;例(5)"我们的反抗"中的"我们"明确了作出反抗举动的范围。这些"N"都是"N 的 V"名核结构中不可或缺的成分,因此,"N"在定心短语"N 的 V"这一名核结构中担当着"V"的名元的角色。

3. 定语 N 的语义分类

根据我们收集的语料,构成定心短语"N 的 V"的定语 N,都是名词性词语,包括名词、人称代词和名词性短语等,下面分别分析它们的语义。

一是名词类 N。包括八小类,具体细分为:

1)表示称谓的名词(如"父亲、母亲、爸爸、妈妈、丈夫、妻子、兄长、姐姐、上级、下级、老师、小姐、孩子、老板"等)。例如:

丈夫的醒悟　　　　妈妈的惦记

老师的批评　　　　兄长的帮衬

上级的信任　　　　老板的剥削

这类名词在语义上是单向的,它隐含着一个相对的对象,他们之间的关系是不可逆的。比如"小李的妈妈是我表姨"这句话不能反推为"我表姨的妈妈是小李"。所以,这类名词一般都有一个相对的称呼构成对应的关系,如:丈夫—妻子,老师—学生,上级—下级,兄长—弟弟(妹妹)。它与 V 可能构成的关系一般是"施事—动作",但也不排除一些歧义的存在,如"妈妈的惦记",妈妈可以是"施事",也可以是"受事"。

2)表示人际关系的名词(如"朋友、老乡、同学、同事、亲戚、邻居、战友、对手、敌人"等)。例如:

朋友的帮助　　　　同事的招待

战友的牺牲　　　　邻居的羡慕

敌人的突袭　　　　亲戚的理解

这类名词在语义上是双向的,它与隐含着的另一个对象之间的关系是可逆的。比如"我的朋友是小李"这句话可以推导出"小李的朋友是我","我"和"小李"的朋友关系是双向的、相互的。这里的 N 与 V 的语义关系一般是"施事—动作",也有少部分是"受事—动作"。

3)物质类名词(如"机器、桌子、棋盘、景物、衣服、河流、著作、

刊物"等)。例如:

新机器的发明	景物的描写
河流的疏通	叶子的颤动
货物的囤积	刊物的出版

这类名词多为生命度较低的名词,所以大多扮演受动角色,与后面的 V 构成"受事—动作"、"系事—动作"、"结果—动作"、"工具—动作"等语义关系。

4)抽象类名词(如"精神、心情、体积、规模、竞争力、文化、思想、生活"等)。例如:

竞争力的削弱	文化的普及
仪式的举行	生活的继续
形势的发展	知识的积累
思想的解放	规模的扩大

这类名词因为意义抽象,有些 N 要有所依附"N 的 V"语义上才能自足,即定心短语"N 的 V"在语句中出现时要在 N 前添加区别性、限制性词,其语义才是完整的。如"结婚仪式的举行"、"生产规模的扩大"。N 与 V 可构成"系事—动作"、"范围—动作"、"结果—动作"、"方面—动作"、"依据—动作"、"目的—动作"等关系。

5)集体名词(如"大家、男女、群众、家庭、班级、团队"等)。例如:

大家的关心	男女的结合
团队的合作	群众的抗议
家庭的出游	班级的聚会

这类名词的共同点是有一定的社会性或组织性,所以大多作为施动者存在,与 V 构成"施事—动作"或"范围—动作"的关系。

6)专有名词(如"北京、美国、鲁迅、圆明园、中文系、文艺界、卫生部"等)。例如:

北京的比赛	鲁迅的研究
美国的道歉	圆明园的修缮
文艺界的募捐	卫生部的答复

这类名词因为其专有性,所以语义指向明确,可与后面的动词构成"施事—动作"、"受事—动作"、"方面—动作"、"关涉—动作"等语义关系。但当这个专有名词是指代一个有行为能力的生命体时,就有可能产生歧义。如"鲁迅的研究",鲁迅可能是研究的主体,也可能是研究的受体。这类歧义在具体的语言环境中会自行消解。

7)表示时间的名词(如"今天、昨晚、明年、八年、长时间、两点、周末、上周、星期三"等)。例如:

八年的挣扎　　　　　　　　昨晚的聚会
长时间的劳作　　　　　　　两点的会谈
周末的约会　　　　　　　　上周的谈判

显然,这类名词与后面的动词构成的语义关系为"时间—动作"。

8)表示处所的名词(如"商场、校内、公园、法庭上、大街上、办公室、菜市场、房间里"等)。例如:

菜市场的偶遇　　　　　　　校内的演讲
法庭上的宣判　　　　　　　公园里的谈情说爱
大街上的游行　　　　　　　商场的叫卖

这类名词指一个处所或方位的存在,与后面的动词构成的语义关系为"处所—动作"。

二是"人称代词N(一般是指人,如"你、我、他、你们、我们、他们、咱们"等)。例如:

我的思念　　　　　　　　　他的陷害
你的隐瞒　　　　　　　　　我们的研究
他们的称赞　　　　　　　　咱们的交流

进入"N的V"结构的人称代词,构成"施事—动作"、"受事—动作"等语义关系。

三是名词性短语类N(包括名词性的偏正短语、联合短语、同位短语)。例如:

资本概念的确立　　　　　　服务意识的改善
"三个代表"要求的提出　　　文件精神的落实
优良传统的继承　　　　　　花木盆景的摆放
学生和老师的普遍欢迎　　　温家宝总理的出访

名词类短语作定语 N 的语义多种多样。这里值得注意的是,有些定心短语
"N 的 V"中的"N"必须是偏正结构的名词性短语,只有这样这个定心短
语"N 的 V"的语义才是自足、完整的。比如"优良传统的继承"、"文件
精神的落实"、"服务意识的改善"等,若去掉修饰语,变成"传统的继
承"、"精神的落实"、"意识的改善",语义就不完整了,其原因是因为这些
N 都是抽象名词,其语义指向不明确,只有加上具体的修饰语,才能够给读
者足够的信息去解读语义所指。

但是,并不是所有的抽象名词都要加上修饰语构成偏正结构的名词短语
才能够进入定心短语"N 的 V",比如在 N 为抽象类名词中提到的"文化的
普及"、"生活的继续"、"知识的积累"等,这些短语的语义可以算是完整
的,也可以在 N 前添加修饰语使其语义指向更明确。那么,这类抽象名词
跟"传统"、"精神"、"意识"、"概念"这些抽象名词有何区别呢?我们尝
试用更精细的方法来划分具体名词和抽象名词之间的界限,发现两者之间存
在着一类介乎具体和抽象之间的名词,当定心短语"N 的 V"中的 N 为介
乎具体和抽象之间的名词时,是否在其前添加具体的修饰语是两可的。如表
3—1 所示:

表 3—1

N 为具体名词	N 为介乎具体和抽象之间的名词	N 为抽象名词
班级的聚会	(美好)生活的继续	文件精神的落实
朋友的帮助	(科学)文化的普及	服务意识的改善
刊物的出版	(健康)知识的积累	优良传统的继承

介乎具体和抽象之间的名词,与现实中的具体事物保持着一定的联系,
在平时生活中的使用频率也比抽象名词高一些,因此,当其进入定心短语
"N 的 V"充当定语 N 时,人们可以理解和接受其中的模糊语义。

(二) 定心短语"N 的 V"中的"V"

1. 中心语 V 的语义特征

语法学界对"N 的 V"结构中"V"性质的认识存在较大分歧。大致说
来,有转类说、活用说、名词化说、动名词说、漂移说、典型范畴说、具体

分析说和词性不变说等多种说法。① 转类说、活用说、名词化说、动名词说、漂移说等说法实际上都认为中心语 "V" 已经转变为名词。实际上，能进入 "N 的 V" 的动词不是少数几个，若承认这几种学说，判定中心语 "V" 是名词，那动词和名词的界限更是难以界定，汉语语法教学也将受到冲击。

过去还有 "名物化" 的说法和 "零形式名词化" 的说法，本质上也认为主语和宾语位置上的动词、形容词已经转化为名词。朱德熙等（1961）对名物化的说法作过评论，指出了其中的纰漏和自相矛盾之处，认为 "N 的 V" 的中心语 V 仍是动词。胡裕树、范晓（1994）认为朱德熙对名物化的否定是正确的，并运用语法研究三个平面的理论，对 "名物化"、"名词化" 这两个术语进行了重新分工："名物化" 专指动词形容词的 "述谓义" 在语义平面转化为 "名物"（或 "事物"）义，"名词化" 则专指动词形容词在句法平面转化成名词的现象。在没有形态的汉语里，"名物化和名词化没有对应关系，二者既有联系又有区别。这表现在：动词形容词在句法平面的 '名词化'，在语义平面上必然表现为 '名词化'。但动词形容词在语义平面上的 '名物化'，在句法平面却不一定全都 '名词化'，有的是 '名词化' 了，即动词形容词性词语转化成名词性词语；有的还没有 '名词化'，即动词形容词性词语未变成名词性词语"。基于动词在句法平面的名词化和它在语义平面的名物化是两个不同的概念这样的认识，他们认为 "他的笑"、"这本书的出版"、"态度的坦白" 之类短语在动谓句中作主宾语时，其中的 "笑"、"出版"、"坦白" 等，说它们在语义平面名物化了是可以的，而在句法平面它们并没有转成名词，不是名词化。

胡裕树、范晓的观点从理论上很好地解释了定心短语 "N 的 V" 中 "V" 的句法特点和语义性质，所以本章认为可以把 "N 的 V" 中的 "V" 分析为谓词 "名物化"，或说是 "动元化"、"指称化"。这样的观点也符合思维认知规律，人们对事物的认识总是从现象到本质，从表层到隐层，从浅层到深层。对 "N 的 V" 这个短语的认识，首先看到的是它在句法平面所呈现的 "名词＋的＋动词" 这样一个结构，那么对 "V" 的第一个反映就是它是个 "动词"；然后根据 "N 的 V" 在句子里跟句中谓语动词的语义关系，就可以看到 "N 的 V" 是个名词性短语，是句中谓语动词的动元；在这

---

① 参看陈庆汉《"N 的 V" 短语中心语 "V" 语法性质研究述评》，《汉语学习》2002 年第 5 期。

样一个概念的基础上再进一步去分析这个 "V" 的语义性质,就认识到这个名词短语中心的 "V" 是个名核,所以是动元化、指称化、名物化(或事物化)了。

结合定心短语 "N 的 V" 的实例,可以进一步来认识 "N 的 V" 里的中心语 "V" 的语义特征。

(6)过了一会儿书记又说,脚卵的调动大约不成问题,到地区文教部门找个位置,跟下面打个招呼,办起来也快,让脚卵写信回家讲一讲。(阿城《棋王》)

(7)有很长一段时间,我和他是写信的,最初的信很长,什么都写,细致到吃喝,信的逐渐简短是和时间的推移同步的,写一些一般的情况,还有每封信必用的结尾"想你",都变成了定式。(安顿《绝对隐私》)

(8)他也翻过手来还答觉慧的紧握。(巴金《家》)

(9)在高家,在这个大公馆里,鸣凤的死和婉儿的嫁很快地就被人忘记了,这两件同时发生的事情并没有给高家的生活带来什么影响。(巴金《家》)

(10)邻家的窗口映出缓缓舞动的身影,传来韩国人醉意朦胧的浅吟低唱。(白帆《寂寞的太太们》)

从以上例子可见,中心语 "V" 的动作性都较弱,其语义特征是非动作性的,准确地说是表达"事件性"的名物。例(6)"脚卵的调动"整个短语在句法分析上是主语,指称的是一个事件,符合名词性短语的所有功能;中心语"调动"在语义上动元化、名物化了,指的是"调动"这个事件,而不是具体行为。例(7)"时间的推移"强调的是和前文"信的逐渐简短"这一事实的关系,"推移"和"简短"都动元化了。例(8)"觉慧的紧握"中的"紧握"其动性没那么强,整个 "N 的 V" 短语作为句中谓语"答"的宾语,其语义上也是表示一个事件性的名物。同样,例(9)"鸣凤的死"和"婉儿的嫁"指称事件的意味更加明确。单音节动词的动性很强,能进入 "N 的 V" 结构的很少。詹卫东(1998)考察了《动词用法词典》收录的 1316 个单音节动词,认为只有"爱、哭、死、笑"四个动词可以进入这一结构(这部词典中未收入"嫁"这一词条)。"死"和"嫁"的词性是毋庸置疑的,但进入到 "N 的 V" 格式后,就包含了动作所关涉的事件。人们忘记的是"死"和"嫁"这一事件,而不仅仅是动作发生的那一刹那。

例（10）"韩国人醉意朦胧的浅吟低唱"，其主干是"韩国人的浅吟低唱"，因为结构助词"的"的存在，"浅吟低唱"动元成了整个短语的名核，"韩国人"是"浅吟低唱"的名元。

2. 中心语 V 的语义与词汇意义的关系

语义平面所说的语义，跟词的词汇意义不同。词的词汇意义是词所具有的个别意义，是可以在词典里查找到的意思。语义是指"词在句法结构中获得的意义，离开了句法结构，一个词孤立起来也就不存在这种语义"。①比如在"老师表扬了小明"这句话中，从词汇角度分析，"老师"是称谓名词，"表扬"指对好人好事公开赞美，"小明"是人名，这些意义属于词汇义；从语义平面分析，"老师"是"表扬"的施事，"小明"是"表扬"的受事，这些意义属于语义平面的语义。独立于句法结构之外的孤立的"老师"或"小明"，是无法分析语义关系的；只有当它们与动词发生关系、处在一定的句法结构之中，才能知道它们之间的语义关系。

那么，定心短语"N 的 V"的中心语 V 的语义和词汇义有什么关系呢？如前文所述，"V"的动词词性不变，其词汇意义仍是词典上的解释，表示动作行为的意义；而"V"的语义已经"动元化"，指称的是包含这个动作的事件或现实。例如：

（11）后面是汽艇和它的响声和人的叫喊。（巴金《家》）

（12）这一次十几个青年的茶会，简直是一个友爱的家庭的聚会。（巴金《家》）

（13）帐子内响着一只蚊子的哀鸣。（巴金《家》）

（14）也许有人会想，有塔的地方总该有点文明的遗留吧，怎么会这样？（余秋雨《一个王朝的背影》）

（15）怎样从秘书长办公室出来的，又怎样参加每天对他的批评，秦辉已经不记得了。（白帆《迷途的羔羊》）

例（11）"人的叫喊"中"叫喊"的词汇义是"大声呼喊"的意思，语义上是指称"叫喊"这些行为的存在，可以想象各种各样的叫喊声混杂在一起的场景。例（12）"家庭的聚会"中"聚会"的词汇义是"（人）的会合"，语义上指称"聚会"这一事件，包含着聚在一起活动的各种场景，

---

① 参看胡裕树、范晓《试论语法研究的三个平面》，《新疆师范大学学报》1985年第 2 期；《语言教学与研究》1993 年第 2 期（重刊）。

并将青年间的相聚用以"家庭"的命名，从情感上进一步建立了亲密关系。例（13）"蚊子的哀鸣"中的"哀鸣"的词汇义是"悲哀的鸣叫"之意，其语义包括着"哀鸣"的背景，比如可以联想到静默的环境下蚊子嗡嗡飞来飞去的动态画面，也从另一层面表达了主人公的心境。例（14）"文明的遗留"中"遗留"的词汇义是"'以前的事物或现象'继续存在"的意思，而在短语中语义已动元化，指称历史上留下来的精神或物质财富。例（15）"对他的批评"中的"批评"指的是提出优缺点或专指对缺点错误提出意见，而其语义上不仅包含着提意见这一行为，还隐含着批评的内容和场景。

基于以上分析，本书认为，词汇意义是语法结构里语义的基础，语义相对词汇义有更高的抽象性和更丰厚的涵义，它不仅包含着词汇义，还隐含着 V 这个动作行为在具体语言环境中涉及的事件、背景、场面等方方面面，而在文学作品中，往往以此完成对审美意味的表达。

3. 中心语 V 的配价问题

关于这个问题，前人作过一些研究，比较有代表性的是詹卫东和齐沪扬。詹卫东（1998）以孟琮《动词用法词典》的全部动词为调查对象，考察了"NP + 的 + VP"格式的配价问题，其结果是：二价或三价动词在施事和受事中只选择施事的占词典中能以光杆形式进入"NP + 的 + VP"格式的动词的 60%；只选择受事的只有少部分，约占 7%；既可以选择施事又可以选择受事的，占 32% 左右。齐沪扬等（2004）也以同本词典为调查对象，考察了 V 对施事、受事或当事的选择。他们的结论是一价动词只能选择施事或当事，二价动词只选施事或受事，或既可选施事也可以选受事，三价动词或只选施事（集中在"安慰"、"答复"等给予类动词上），或只选受事（集中在"印刷"、"制造"等制作类动词上），或既可以选施事，又可以选受事。其中二价动词在施事和受事中只选择施事的约占整个二价动词的 60%，只选择受事的约占 30%，既可选施事也可选受事的约占 4%。这跟詹卫东的考察结果有较大出入。虽然两者考察对象不太一致，但一价、三价动词毕竟只占少数，若按统一标准，后两类的差别不会那么大。

本书尝试从另一个角度去考察能进入定心短语"N 的 V"中"V"的配价问题。根据前人研究的结果和我们对语料的考察，发现生命度高的 N 进入"N 的 V"结构具有优势，生命度低的 N 进入"N 的 V"结构相对弱势。显然，生命度越高的名词，其作为施事的可能性越大；反之，生命度越低的名词，其作为受事的可能性越大。由此可以作出如下判断：能进入定心短语"N 的 V"的二价、三价动词中，只选施事的二价、三价动词占绝大多数，其次是既可以选择施事又可以选择受事的二价、三价动词，只选受事的二价、三价动词应当是少数。为了验证这个判断，我们选取了余秋雨的《文化苦旅》作为封闭式范围，考察了定心短语"N 的 V"中的二价、三价动词对施事、受事的选择情况，得出的结果如下：

1）只选择施事的二价、三价动词有：

韩先生的指点　　　孩子们的想象　　　我们的谈话

他们的申请　　　日本妓女的先来　　　日本军人的后到

笑的忏悔　　　江南春闺的遥望　　　墓碑的包围

叹息的吹拂　　　两代间的争论　　　日军和英澳联军的激战

司大人、贝大人的"布施"

2）只选择受事的二价、三价动词有：

善的堆垒　　　宗教艺术的产生　　　他的被贬

学业的中断　　　橡胶和锡矿的开采　　　一生履历的终结

学识文章、自然游观与政事的统一

3）既可以选择施事，又可以选择受事的二价、三价动词有：

新世纪的突破　　　它的洗礼和熏陶　　　天气预报的影响

谈资的聚合　　　造化的安排　　　色的笼罩

他的粉刷　　　前代艺术家的遗留　　　北魏的遗存

艺术与功利的重重抵牾

总共 30 个"N 的 V"定心短语，其中的二价、三价动词只选施事的 13 个，既可以选择施事又可以选择受事的 10 个，只选受事的 7 个。这个结果支撑了我们的推断。当然，要得出更可靠的、权威的结论，仅以这点有限的语料作分析是不够的。

（三）定心短语"N 的 V"在句子中的语义功能

有关"N 的 V"结构的争论，主要集中在"V"的词性与结构整体性质和功能的矛盾上。我们认为，"N 的 V"短语的名词性质，并不像施关淦（1981）所说是"为其修饰所规定"，而是整个短语在句子里的句法功能规定的。短语和组成短语的词之间不完全是非此即彼的规定关系。"N 的 V"这个短语的名词性质是由这个组合的整体决定的，正如一个乐队的组合一样，它的演奏特质和演出效果不是某个人演奏的某种乐器起了决定作用，而是每个乐队成员共同演奏所有乐器的结果，每件乐器发挥什么作用和多大作用，都要服从于曲目和乐队整体表现的需要，不能与其独奏时相提并论。定心短语"N 的 V"从整体功能上看是名词性的，其中的 V 与其他动词相比或与其本身用作典型谓词相比，失去了陈述性，突出了指称性。

指称和陈述是语言交际最主要的两种语用功能，两者在一定条件下是可以相互转化的。功能不同跟所反映的意义不同有密切关系，而同一个词的不同意义之间大多是有联系的。在能够转化的词里，表示动作的意义和表示事物的意义在人的意识和心理上有自然的联系，这为功能的转化提供了条件。比如说到"指挥"这个动作，自然会想到动作的施事；说到"赞美"这个动作，自然会联想起动作的受事；说到"发明"这个动作，就会想到动作的结果。因此，在现代汉语里，"指挥"、"赞美"、"发明"等这类词就有了两种相互区别又相互联系的意义，同时具有了陈述和指称两种功能。因此，一个词的功能是指称还是陈述要结合具体语境来判断，或者联系相应的句子成分来确定。

"N 的 V"结构作为名词性短语，具有指称性，因此，出现在具体的句子里时，语义上必然受句中谓语动词的制约，或是做 V 的主事动元，或是作 V 的客事动元；句法上也就可以充当谓语动词所联系的主语或宾语。例如：

（16）队伍的移动十分缓慢，所有的人都有一种人在江湖见怪不怪的耐心。（安顿《绝对隐私》）

（17）她觉得他的接吻还在她的唇上燃烧，他的面颜还在她的眼前荡漾。（巴金《家》）

（18）她几乎不认识这个风流的女人了，不但因为郁容秋容颜枯槁，更因为她的打扮：破烂不堪的衣服，脚下穿着"牟臭"……（毕淑敏《女人之约》）

（19）医疗、教育、养老等负担严重制约了我国农村消费潜力的释放和城市化进程的推进。（《2010 年后危机时代消费如何引领增长》，凤凰网，2009 年 12 月 29 日）

定心短语"N 的 V"名核结构的性质决定了其在句子中的主、宾语地位，并通过这一结构使其在句子中的语义动元化或事物化，从而形成表述上的指称化。例（16）"队伍的移动"作句子的主语，指称"队伍移动"这一现象，引导的表述是队伍移动的情况。例（17）"他的接吻"作为句子谓语"觉得"的宾语,同时又是宾语中的主语,指称已发生的事件,其名词性语义特征表现明显。例(18)"她的打扮"作为递进复句中分句的宾语,指称她的穿着呈现的一种状态,其后还对这种状态进行了描述。例(19)"农村消费力的释放"和"城市化进程的推进"充当句子的宾语,指称释放农村消费力和推进城市化进程的事实和举措。

(四) 定心短语"N 的 V"的歧义分析

1. 定心短语"N 的 V"的歧义现象

歧义指句法结构在语义平面上的多义现象。定心短语"N 的 V"中的歧义现象也是汉语语法学界关注的热点之一。比如"母亲的回忆"中的"母亲"可以是"回忆"的施事,也可以是"回忆"的受事;"对朱自清的研究"中的"朱自清"可以是研究这一动作行为的主体,也可以是研究的对象。吕叔湘认为,歧义的产生,或者是由于"同一片段可以分析成几种结构",或者是由于"这个片段之中有一个多义成分"。① 结合定心短语"N的 V",我们分别进行了对照,发现在"N 的 V"定心短语中,这两类引起歧义的原因实质上是相通的,属于同一语义问题的两个不同角度。

一是如"母亲的回忆"这类歧义短语。"母亲的回忆"是定心短语"N的 V"中比较有代表性的歧义结构,从结构分析的角度讲,这个短语的显层句法结构是偏正结构,造成歧义的原因,在于它还暗含着两个隐层的语义结构,比较:

母亲的回忆—母亲回忆(隐层语义平面是"施事—动作"结构,表层句法平面是主谓结构)

母亲的回忆—回忆母亲(隐层语义平面是"动作—受事"结构,表层句法平面是动宾结构)

如果暗含"母亲"是"回忆"的主体(施事),则表层是主谓结构;如果暗含"母亲"是"回忆"的客体对象(受事),则表层是动宾结构。所以"母亲的回忆"就可以有两种理解,即有了歧义。而造成"母亲的回忆"歧义的原因,也可解释为"母亲"蕴涵着"施事"和"受事"两种语义。

二是如"对 N 的 V"这类结构的歧义,例如:

---

① 吕叔湘:《歧义类例》,《中国语文》1984 年第 5 期。

对她的羡慕和期望

对他的爱

对朱自清的研究

对那两个警察的调查

对父亲的关心

定心短语"N 的 V"在日常交际或实际使用过程中经常作为句中介宾短语的宾语，因此"对 N 的 V"这一结构也有歧义现象。引起歧义的原因是：一方面，从语义成分的角度分析，这些"对 N 的 V"定心短语中的 N 既可以分析为 V 的施事，也可以分析为 V 的受事。另一方面，"对"是一个多义成分，既可以表示关涉对象，也可以表示关涉内容，在"对 N 的 V"中若"对"是表示关涉对象，则 N 是 V 的施事；若"对"是表示关涉内容，则 N 是 V 的受事。如"对他的爱"如果理解为"爱他"，语义上就是"动作—受事"结构（相应地句法上表现为动宾结构）；如果理解为"他爱"，语义上就是"施事—动作"结构（相应地句法上表现为主谓结构）。

不过也有一些"对 N 的 V"格式是没有歧义的。例如：

对文学的研究　　　　　对违章的处理

对历史的明证　　　　　对理想的追求

对处分的撤销　　　　　对现实的讽刺

对今后工作的建议　　　对民间传说的整理

通过比较，可以发现，这些例子中的"N"是事物名词或抽象名词，而不是人称代词或指人名词。由此我们可以得出结论：在"对 N 的 V"格式中，当"N"是人称代词或指人名词时比较容易产生歧义。但是，当"N"为人称代词或指人名词时，也并不是所有的"对 N 的 V"格式都会产生歧义。比如：

对敌人的挑衅

对孩子的绑架

对灾区人民的援助

为什么上面的"对 N 的 V"实例没有歧义：这是动词的词汇意义和结构里和名词的语义关系在起作用了。如"挑衅"是贬义词，在施事的选择中，自然是指向"敌人"；"孩子"与"绑架"的关系，"孩子"自然是受事；而"援助"的对象必是弱势群体，"灾区人民"当然就是受事了。

2. 定心短语"N 的 V"的消歧

　　某些定心短语"N 的 V"产生歧义的原因很明显，都是因为在该结构里 N 可能是 V 的施事，也可能是 V 的受事，所以只要使 N 跟 V 形成唯一的语义关系，其歧义就会消除。

　　比如对于"母亲的回忆"这类定心短语，若"母亲"为回忆的"受事"，有两种方法可消除歧义：一是通过补足必要的语义成分来消除，如在"母亲的回忆"前加上"对"、"对于"、"关于"等介词，以此明确回忆的对象；二是通过变换语序，去掉结构助词"的"变成动宾结构来消除，如"回忆母亲"就没有歧义了。若"母亲"是回忆的"施事"，也有两种方法可消除歧义：一是去掉结构助词"的"，变成主谓结构"母亲回忆"；二是通过添加必要的语义成分使语义指向更明确，如"母亲对童年生活的回忆"，也不会产生歧义了。

　　又比如对于"对 N 的 V"这类歧义，可以通过替换的方法来消除歧义。比较：

A 对她的羡慕	B 对于她的羡慕
对他的爱	对于他的爱
对朱自清的研究	对于朱自清的研究
对那两个警察的调查	对于那两个警察的调查
对父亲的关心	对于父亲的关心

以上例子，A 组"对 N 的 V"结构，N 可以是 V 的施事，也可以是 V 的受事；用"对于"替换"对"变成 B 组"对于 N 的 V"格式后，N 就只能是 V 的施事了。这是介词"对"和"对于"在语义和语法功能上的不同决定的。如前文所述，"对"既可以表示关涉对象，也可以表示关涉内容；而"对于"只表示关涉内容。如果用"对于"的定心短语"N 的 V"就不易出现歧义。因此，当"对 N 的 V"出现歧义时，可以尝试用介词"对于"替换其中的"对"。若替换后句子语义成立，N 就是 V 的施事；若不成立，N 就是 V 的受事。

　　介词"对"和"对于"在许多场合可以通用，能用"对于"的地方往往也能用"对"。例如：

　　（20）对于妻子的抱怨，他充耳不闻。

例（20）"妻子"是"抱怨"的施事，这例中用"对于"，但也可以用

"对"。但用"对"的地方,不一定都能用"对于"。例如:

(21) 母亲<u>对妻子的抱怨</u>,他充耳不闻。

例 (21)"妻子"显然是"抱怨"的受事,这例中的"对"不能用"对于"。但在特定的上下文里,"对妻子的抱怨"有歧义。例如:

(22) <u>对妻子的抱怨</u>,他已经习以为常了。

例 (22) 的"妻子"既可以理解为"抱怨"的施事,也可以理解为"抱怨"的受事,如果把"对"改为"对于",那就只能把"妻子"理解为"抱怨"的施事。可见,上下文语境对理解"妻子"是"施事"还是"受事"以及用"对"还是用"对于"是至关重要的。

要说明的是,歧义大多数是在语言材料处于静态条件下形成的,静态的歧义进入与之相联系的动态的交际使用过程中,一般会自然排除,即歧义结构进入一定的语境会自动消歧。在交际中能自动消歧的结构不会妨碍到人们的有效交际,严格意义上不算真正的歧义(或歧解),而是多义。定心短语"N 的 V"中的歧义结构进入交际过程后大多能排除歧义,因此,真正有歧义的定心短语"N 的 V"并不多见。

四 定心短语"N 的 V"的语用分析

研究语用,就是研究语言符号与人之间的关系,也就是研究人怎样运用语言组成句子来相互进行交际。语用分析与句法、语义分析最大的区别在于语用分析须结合具体语境在句子或篇章中进行。我们认为,定心短语"N 的 V"在交际中具有较强的预设功能、焦点功能和充当句子主题的功能,并对其在话语中的表达功能、在篇章中的衔接功能和在文学作品中的修辞功能等进行分析。

(一) 定心短语"N 的 V"的预设功能

这里的预设专指语用上的预设,指句子中隐含的前提,也就是交际双方预先设定的已知信息。预设不在句子中表达出来,是以句子的句法结构和语义结构为基础,结合语境推导出来的。定心短语"N 的 V"在句子和篇章中的预设功能非常明显。例如:

(1) 在高家,在这个大公馆里,<u>鸣凤的死和婉儿的嫁</u>很快地就被

人忘记了，这两件同时发生的事情并没有给高家的生活带来什么影响。（巴金《家》）

　　（2）"那太好了，我一定参加。谢谢你的邀请。我等你的电话。"（白帆《寂寞的太太们》）

　　（3）要知道，人吃饭，不但是肚子的需要，而且是一种精神需要。（阿城《棋王》）

　　（4）记得很小的时候，历史老师讲到"扬州十日"、"嘉定三屠"时眼含泪花，这是清代的开始。（余秋雨《一个王朝的背影》）

　　（5）一路走去，终于可以有把握地说，山庄的营造完全出自一代政治家在精神上的强健。（余秋雨《一个王朝的背影》）

例（1）"鸣凤的死和婉儿的嫁"隐含的前提分别是鸣凤已死，婉儿已嫁。例（2）"你的邀请"作为说话人"谢谢"的宾语，说明对方已经对说话人发出了邀请。例（3）中"肚子的需要"的预设是肚子饿了，肚子饿了需要吃饭这是常识，至于肚子需要的是饭而不是其他东西，那是上文的交代，也是句子的主体所规定的。例（4）"清代的开始"其前提是存在清代这个历史时期。例（5）"山庄的营造"其预设是有山庄这个实体的存在。

定心短语"N 的 V"语用上的预设功能是由结构助词"的"制约决定的。假如去掉"的"变成"NV"，结构的性质也发生了根本变化，即从定心短语变成了主谓短语，而主谓短语就没有这种预设功能。如"鸣凤死和婉儿嫁"、"你邀请"、"肚子需要"、"清代开始"、"山庄营造"等，表述的就不是已然的事实，而是一种现时的情况，如此一来也就没有预设可言了。

（二）定心短语"N 的 V"的焦点分析

焦点（focus）本是光学上的一个概念，现在已成为语用学上的重要概念。语用平面的焦点指的是述题（也称"评论"或"说明"，是与"主题"相对的概念）中的重点，也就是述题所表新信息里要着重说明的内容。焦点与表达重点、语句重音、语序都有密切的关系。

焦点是信息交流的重点，是交际双方的兴趣中心，也是说话人在表达中想特别突出的内容。"由于句子的信息编码往往是遵循从旧到新的原则，越靠近句末信息内容就越新"，① 所以一般情况下，如果没有特别的强调，一

---

① 张伯江、方梅：《汉语功能语法研究》，江西教育出版社 1996 年版，第 73 页。

个句子的自然焦点（或称常规焦点）出现在句末，这也符合心理学上的注意规律。当定心短语"N 的 V"作句子宾语成分的时候，也就成为句子的焦点。例如：

（6）刘风的眼光躲开<u>我的注视</u>。（安顿《绝对隐私》）

（7）他也翻过手来还答<u>觉慧的紧握</u>。（巴金《家》）

（8）与对乙肝科普宣传的不足相对应的，是<u>医疗广告的刻意误导</u>。（《对"乙肝"由宽容到排斥 强制筛查两对半成拐点》，凤凰网，2009年12月24日）

（9）他认为，教育改革的关键点是<u>教师队伍的建设</u>。（《教师质量是教育公平的重要保证》，人民网，2010年3月11日）

（10）中国国务院总理温家宝5日在十一届全国人大三次会议上作政府工作报告时表示，要把反腐倡廉建设摆在重要位置，这直接关系<u>政权的巩固</u>。（温家宝：《创造条件让人民批评和监督政府》，凤凰网，2010年3月5日）

以上例子中句末的定心短语"N 的 V"都是作为自然焦点存在的，是句子信息结构中重点突出的对象，也是说话人赋予信息强度最高的部分。自然焦点往往是句子重音的所在，单就定心短语"N 的 V"而言，短语的自然焦点一般为中心语 V，也即 V 是重点强调的部分。

焦点不是一个句法结构成分，从理论上来讲，动态句子里的焦点可以出现在句子的任何位置。这是因为，由于说话人态度有主观性，同时在具体的语言环境中又有上下文或对话双方共享知识（尤其是听话人预设）中存在的特定对象需要突出或其他交际因素的影响，焦点出现在句子的哪个部位是不固定的，需要具体分析。这类焦点在语用上称作动态焦点或对比焦点。例如：

（11）我需要<u>你的支持</u>，孩子也时时刻刻离不开一个慈爱的母亲。（白帆《寂寞的太太们》）

（12）她几乎不认识这个风流的女人了，不但因为郁容秋容颜枯槁，更因为<u>她的打扮</u>：破烂不堪的衣服，脚下穿着"军臭"……（毕淑敏《女人之约》）

（13）"你没觉得<u>我们的教育</u>与现实离得太远吗？从小学到中学大学，从来都是只说好的，不说坏的，似乎只要有崇高的理想，肯努力学习，就一定是未来的主宰了。"（白帆《寂寞的太太们》）

例（11）是丈夫对妻子说的一句话，说话人要达到诉求的目的，听话人也有心理期待。对话双方的关系决定了"你的支持"成为焦点，而这恰恰又在这个单句的句尾。例（12）中的主题是"她几乎不认识这个风流的女人了"，后面递进关系的复句就是对主题的说明，而这个递进复句的焦点就落在"她的打扮"上。同时，为了进一步突出这个焦点，"我的打扮"又成为了复句后一分句的主题，其述题又对"打扮"这一信息进行了具体描述。例（13）中"我们的教育与现实离得太远"里，"我们的教育"在句中焦点地位的确定，不但是因为与"现实"的比较将其突出，而且接续句又将其作为主题进行描述，也反过来增强了"我们的教育"这一信息的强度。

（三）定心短语"N 的 V"充当句子主题的能力

主题（topic）是语用平面上的一个重要概念，是交谈双方共同的话题，是句子叙述的起点，常代表已知的旧信息，它是与述题相对而言的，是一种语用成分。主题是述题所关涉的对象，可以是一个完整意思的词语，也可以是一个简单的名词短语；它是一个指称性成分，一般是定指的，表示旧信息。旧信息就是"信息结构中发话人认为受话人已知的部分"，而相对的新信息就是"信息结构中发话人认为受话人未知的部分"。①

在汉语的句子中，主语经常充当句子的主题，这时候的主题和句子中的主语是重合的。如"张三是个诗人"中，"张三"既是句子的主语，又是句子的主题。当定心短语"N 的 V"在句子中作主语的时候，它就充当了句子的主题。例如：

（14）于凌的叙述稍微有一些犹豫，她定定地看着我，声音放低下一些。（安顿《绝对隐私》）

（15）舒云有点明白了，八年的生活磨练，已经使这位部长千金走出了昔日的保护伞，开始真正地面对现实，重新估计自己的价值。（白帆《寂寞的太太们》）

（16）但是，这种愚蠢和聪明的划分本来就属于"术"的范畴而无关乎"道"，也可以说本来就属于高贵的领域之外的存在。（余秋雨《一个王朝的背影》）

---

① 吴中伟：《现代汉语句子的主题研究》，北京大学出版社 2004 年版，第 77 页。

（17）<u>雷锋的出现</u>，对于我们辨认生活道路，是一个有力的援助。（转引自靳古隆《说"动词＋时量补语＋'的'＋宾语"》，《焦作大学学报》2007 年 1 月）

（18）我忽然就觉得在很多事情上，<u>女人和男人的差别</u>并不像想象的那么大。（安顿《绝对隐私》）

（19）<u>超级大国的争夺</u>日益加剧。（自拟）

例（14）"于凌的叙述"是小句的主语，也是句子的主题，指称的是"于凌的叙述"这个已然的事件，因此是旧信息；在指称上属于定指，因为"于凌"是人名，是确定的，唯一的。例（15）更明显，因为"八年的生活磨练"是致使句的主语，所以整个述题表述的就是"八年的生活磨练"这段经历致使或造成的某种结果，主题性很明确。例（16）"愚蠢和聪明的划分"是句子叙述的起点，后面的叙述是对其归属范围的讨论。例（17）、例（18）、例（19）中"雷锋的出现"、"男人和女人的差别"、"超级大国的争夺"作为句子的主题也是显而易见的。

因为主题是述题关涉的对象，所以主题大都跟后续句中的述题成分存在语义关联。定心短语"N 的 V"虽然一般都是指称已然事件，但因其指称的是事件而不是事物，所以不会经常跟其他谓词性成分直接发生语义关系，这样，定心短语"N 的 V"充当句子主题的能力自然就会受到限制。如某些带有"对"、"对于"或"关于"等主题标记的句子，句子的主题就不一定是句子的主语。例如：

（20）<u>对外界的疑问</u>她一律回答："我是个孤儿，我只有笔名。"（池莉《你是一条河》）

（21）<u>对于她的帮助</u>，我心存感激。（自拟）

（22）中国古代列朝<u>对犯人的惩罚</u>，条例繁杂，但粗粗说来无外乎打、杀、流放三种。（余秋雨《文明的碎片》）

（23）<u>关于小虎队的解散</u>，歌迷们都觉得可惜。（自拟）

关涉义的介词"对"、"对于"或"关于"等在上述句子里就是主题标记，它们加在定心短语"N 的 V"前构成介宾短语，充当句子或语篇中的主题或称话题。而这些介词能加在"N 的 V"结构前构成介宾短语，并且成为一种普遍现象，也间接证明了"N 的 V"是名词性短语的观点。

（四）定心短语"N的V"在话语中的表达功能

语言最主要的功能就是"人类最重要的交际工具"，一个语言系统中词、短语、句子等各级语法单位的存在，其目的（至少其主要目的）都是为了实现这个交际功能，而交际的实现依赖于表达，可见表达在语言研究中起举足轻重的作用。

定心短语"N的V"在表达功能上表现出了较强的共性。首先，定心短语"N的V"语用上的指称功能就是其表达上最大的共性；其次，定心短语"N的V"经常潜藏着主谓结构或动宾结构的语义内容，因此相对一般的定心短语，其蕴涵的表达内容更为丰富；再次，定心短语"N的V"隐含了一定的前提，在句子中可以省略多余的信息，使表达简洁凝练，因此也多用于书面语。下面，结合实例对这些功能进行简要阐释。

（24）然而现在，听着梅芯谈他们夫妻旅美八年的挣扎和苦斗的情形，想起这些天来，看到和听到的各种各样的人和事，真正感到变幻莫测。（白帆《寂寞的太太们》）

（25）那么大一个餐馆，就她一个人做跑堂，收入虽然是多点，可一个人马不停蹄地忙十来个小时，常常是同时管二十多张桌子，要接菜单，上菜上水，还要应付客人各种各样的要求，也真够受的。（白帆《寂寞的太太们》）

（26）而当时的南洋，由于橡胶和锡矿的开采，经济颇为繁荣，大批在国内不易谋生的日本少女就不远千里，给南洋带来了屈辱的笑颜。（余秋雨《文化苦旅》）

例（24）"旅美八年的挣扎和苦斗"，指称的是在美国挣扎和苦斗八年的生活经历，潜藏的主谓结构是"梅芯夫妻在美国挣扎和苦斗八年"，凸显时间很长，隐含的前提是这八年都在美国艰难打拼，生活上不容易，思想上更有斗争，而倾听这一段不寻常的经历又使作者联想到当下的人和事，两相对比，感慨万千。这么多的内容包含在一个"N的V"定心短语中，充分显现了其表述凝练和涵义丰富兼善的表达功能。例（25）"客人各种各样的要求"，指称的是客人提出要求的各个事件，潜藏的主谓结构是"客人要求"，隐含的前提是客人向她提出过各种各样或合理或不合理的要求，内涵丰厚。例（26）"橡胶和锡矿的开采"同样包含了广阔的表述空间：潜藏着动宾结构"开采橡胶和锡矿"，指称当时南洋开采橡胶和锡矿的繁荣景象，隐含的前提是橡胶和锡矿资源丰富，吸引了各地商人前来开采，促进了当地经济的发展。

此外，还值得一提的是，定心短语"N 的 V"的中心语 V 多为双音节，有较好的语音节奏基础，而中间的结构助词"的"又是组建声韵和谐最佳格式的"添加剂"或"润滑剂"，既使得句子凝练，又突显了中心语，增强了节奏感，容易让读者、听者加深印象。例如：

（27）她自己也说不清这是一种什么样的情绪，是对于过去的留恋，还是对于未来的憧憬和自己能否适应新生活的担心，一切都是那样强烈地骚扰着她，使她久久地久久地心绪不宁。（白帆《寂寞的太太们》）

（28）有时候，这种焦渴，简直就像对失落的故乡的寻找，对离散的亲人的查访。（余秋雨《文化苦旅》）

（29）中原慈母的白发，江南春闺的遥望，湖湘稚儿的夜哭。（余秋雨《文化苦旅》）

（30）国民经济的发展，国民收入的增加，人民生活水平的提高，国防相应地得到巩固和加强，都要靠搞四个现代化。（《邓小平文选》第二卷）

从以上例子发现，定心短语"N 的 V"在句子中通过并列结构或包含定心短语"N 的 V"的分句的排比，语义深化、语气加强、情感提升，文字整齐对称，读来朗朗上口，表达更为充分、丰富。

（五）定心短语"N 的 V"在篇章中的衔接功能

由于定心短语"N 的 V"指称的是已知信息，其在篇章中还表现出一定的衔接功能，起到承前启后的作用，例如：

（31）于是，他发心编一部初级小百科，列述一般中国文化常识，使士子们不要在类似于夜航船这样的场合频频露丑。他把这部小百科名之曰《夜航船》，当然只是一个潇洒幽默的举动，此书的实际效用远在闲谈场合之上。但是，张岱的劳作，还是让我们看到了一种有趣的"夜航船文化"。这又是中国文化的一个可感叹之处。（余秋雨《文化苦旅》）

（32）工匠中隐潜着许多真正的艺术家。前代艺术家的遗留，又给后代艺术家以默默的滋养。于是，这个沙漠深处的陡坡，浓浓地吸纳了

无量度的才情，空灵灵又胀鼓鼓地站着，变得神秘而又安详。（余秋雨《文化苦旅》）

（33）昨日，全国人大代表、北京市人大常委会副主任赵凤山表示，选举法的修改，是发展社会主义民主制度的重大举措。城乡按相同人口比例选举人大代表，条件已经完全具备。（光明网：《北京人大代表名额将"洗牌"》，大众网，2010 年 3 月 9 日）

（34）"做饭技术革新运动"的出现并不是偶然的，有着复杂的历史背景。（《三年困难时期的"做饭技术革新运动"》，《百年潮》2006 年第 12 期）

（35）从这个意义上说，这些高贵者确实是愚蠢的，而聪明的却是那些卑贱者。但是，这种愚蠢和聪明的划分本来就属于"术"的范畴而无关乎"道"，也可以说本来就属于高贵的领域之外的存在。由此我又想到，东北这块土地，为什么总是显得坦坦荡荡而不遮遮盖盖？（余秋雨《一个王朝的背影》）

短语在篇章中的衔接功能须在具体句子中结合上下文分析。例（31）"张岱的劳作"承前启后，前文交代张岱的劳作成果——编了一部名曰《夜航船》的初级小百科，后接后人从劳作成果中悟到一种有趣的"夜航船文化"——这是下文论述的起点。这样，"张岱的劳作"这一定心短语，既有总结前文所述内容的功能，又有开启下文叙述对象的功能，并在语义上保持了完整性。这充分体现定心短语"N 的 V"的衔接功能，同时也决定了这个句子成为篇章的衔接句。例（32）"前代艺术家的遗留"衔接的是前文对前代艺术家遗留作品的描述和下文后代艺术家站在前人肩膀上再创造的新作品，在延续前文内容的基础上过渡到新的主题，起到连贯作用。例（33）"选举法的修改"这一定心短语，首先包含了修改选举法这一事实，而在此句中，它又明确了其修改的理由及意义。因而，此句的要义即为点出作出修改的决定和实施修改的举措的重要意义和背景条件，衔接的是"已修改"和"为何而修改"。例（34）"做饭技术革新运动"作为三年困难时期出现的一种新的社会现象，前文已有具体描述，而文章论述的重点是分析其出现的历史背景，定心短语"'做饭技术革新运动'的出现"衔接的就是"已出现"和"为何出现"，而这个句子也在全文中起到承前启后的作用。例（35）"愚蠢和聪明的划分"是句子的主语或主题（谓语或述题是"本来就属于'术'的范畴而无关乎'道'"），明确了这句话的表述对象。同时，它的具体内容又是对前一句话"这些高贵者确实是愚蠢的，而聪明的却是那些卑贱者"的概述。显然，这个定心短语"N 的 V"既对前文语义作结，又开启了新的语义表述空间，起到承上启下的作用。

（六）定心短语"N 的 V"在文学作品中的修辞功能

语言运用于文学作品中，将以其独特的修辞特征完成对文学意味的传达。就定心短语"N 的 V"而言，正如上文所言，由于其"的"字结构和指称功能包含的内容的扩展，使其整个结构的蕴涵变得更为丰富了，这也直接创造了文学语言表达意旨的丰厚性及多层次性。例如：

（36）既然日妓南下与日本经济萧条有密切关系，而经济萧条又是日本必须向外扩张的根本动因，那么，不妨说，日本妓女的先来和日本军人的后到，确实存在着某种因果关系。（余秋雨《文化苦旅》）

（37）在高家，在这个大公馆里，鸣凤的死和婉儿的嫁很快地就被人忘记了，这两件同时发生的事情并没有给高家的生活带来什么影响。（巴金《家》）

（38）他怔怔地站着，天地间没有一点声息，只有光的流溢，色的笼罩。（余秋雨《文化苦旅》）

（39）舒云有点明白了，八年的生活磨练，已经使这位部长丁金走出了昔日的保护伞，开始真正地面对现实，重新估计自己的价值。（白帆《寂寞的太太们》）

在上面四个例子中，定心短语"N 的 V"结构，本身就呈现了某个事实或现象，而其作为句子的一部分，又有助于实现语义表达的丰富化。例（36）"日本妓女的先来"和"日本军人的后到"传达了日本妓女和日本军人来到南洋的事实及时间顺序，而这两个事件又反过来印证了日本国内面临的处境以及扩张的事实。因而，这两个"N 的 V"定心短语在语义容量上实现了表达的最大化，在修辞效果上达到了表述简洁和内涵丰厚的高度凝练。例（37）"鸣凤的死"和"婉儿的嫁"作为被人遗忘的对象以并列结构出现在一个句子中，无疑具有加强两个事件自身的悲惨性，以及指责高家对其的冷漠性的修辞功效。"的"字的使用，使"鸣凤"与"死"、"婉儿"与"嫁"之间的关系虽然是一种简单的事实陈述，却表达出强烈的情感色彩，从而使"死"与"嫁"成为了两个受强调的词汇，加上"很快被人忘记"，又进一步增强了这两个事件的控诉性意味。例（38）"光"与"色"本身是名词，指代一种现象，但是，在这里，分别与"流溢"与"笼罩"构成了定心短语"N 的 V"结构，使词语本身带有了修饰语的特征，从而在读者面前呈示了一幅不同寻常的图景。在这幅图景中，"光"与"色"本身的丰富性，展开了图景的丰富性，"光的流溢"与"色的笼罩"，与作品描述的天地间的声息相联，增添了天地间的寂静与神奇。例（39）"八年的生活磨练"这一定心短语中的定语"八年"，为生活磨练作出了时间性的修饰。就"八年"的时间跨度而言，不长也不短，但作为"生活磨练"的修饰语，便有了强调磨练这一过程时间之长以及程度之重的意味。并且，这一定心短语，与后文出现的"部长千金"这样的词汇，再一次形成了鲜明的映衬，以突显其经历磨练的程度，增强了后文所表达的"走出昔日的保护伞"、"面对现实"、"估计自己的价值"等举动的意义。从以上例子中，我们也可以看出，定心短语"N 的 V"在文学作品中，既有增强语义容量的作用，又有加强语气、提升意旨的作用。

"N 的 V"定心短语的预设、焦点、主题、表达、衔接和修辞等语用功能都是相互联系、相互作用、相互影响的，因而具体分析也是相互交叉、互为补充的。至于定心短语"N 的 V"在句子或话语中凸显了哪些语用功能，跟具体语境和表达实际有关。

五　结语

本章主要围绕以下问题对定心短语"N 的 V"展开了讨论：

1. 力证定心短语"N 的 V"的属性问题。学术需要争鸣，只有在不同观点的不断争辩中，研究才会越来越深入，答案才会越来越清晰。本章在列举语法学界对该短语定性的几种说法后，进行了必要的评论。通过正反两方面的分析，论证该短语的性质："N 的 V"是以动词为中心语的定心短语，它跟名词为中心语的定心短语不同的是，前者指称的是事件，后者指称的是事物。

2. 分析了定心短语"N 的 V"包含的语义问题。这部分重点探讨了四个问题：

一是关于定心短语"N 的 V"中的"N"。列举了定语 N 与中心语 V 的 12 种语义关系，指出了 N 在定心短语"N 的 V"这一名核结构中担当着 V 的名元的角色，分析了定语 N 的语义分类及每一类与 V 可能发生的语义关系，并探析了有些定心短语"N 的 V"中的 N 必须是偏正结构的名词性短语（如"优良传统的继承"、"文件精神的贯彻落实"、"服务意识的改善"）

的原因。

二是关于定心短语"N 的 V"中的"V"。首先，分析了 V 的语义特征，认为胡裕树、范晓提出的名物化不一定就是名词化观点能很好地解释定心短语"N 的 V"中 V 句法平面和语义平面上的矛盾，同时指出中心语 V 的动作性语义特征较弱，并结合认知心理规律，可以看做是"名物化"（或事物化）、"动元化"、"指称化"。其次，讨论了 V 的语义与其词汇义的关系，认为词汇义是语义的基础。最后，讨论了"N 的 V"里"V"的配价问题，在前人研究的基础上，判断二价、三价动词只选施事、只选受事和既可选施事又可选受事三者的比例，并在封闭式的考察范围内选取语料论证了这个推断。

三是关于定心短语"N 的 V"整体的语义功能。认为定心短语"N 的V"名核结构的性质决定了其在句子中的主、宾语地位，并通过这一结构使其在句子中的语义动元化和名物化，从而形成表述上的指称化。

四是关于定心短语"N 的 V"的歧义问题。分析了定心短语"N 的 V"中的歧义现象和引起歧义的原因，并提出相应的消歧方法。

3. 分析了定心短语"N 的 V"的语用功能。认为定心短语"N 的 V"在语言交际中具有较强的预设功能、焦点功能和充当句子主题的功能，分析了其在话语中的表达功能、在篇章中的衔接功能和在文学作品中的修辞功能，并指出这些功能都是相互联系、相互作用、相互影响的，因而具体分析也是相互交叉、互为补充的。

本章在以往研究的基础上，对"N 的 V"这一短语进行了尽可能全面、深入的分析，尤其是对该短语的主要争论和疑难问题，如"N 的 V"短语的定性问题，有些"N 的 V"短语其中的"N"前必须有修饰语其语义才能自足的问题，中心语 V 的配价问题、定心短语"N 的 V"中的歧义现象及消歧问题，以及该短语包含的预设、焦点、主题、表达、衔接、修辞等语用功能等，作了一些探究和思考。

参考文献

车竞：《试论"N + V"式定心结构》，《汉语学习》1994 年第 1 期。

陈建君：《"N 的 V"结构的考察与研究》，苏州大学，2006 年。

陈庆汉：《"N 的 V"研究综述》，《河南大学学报》1991 年第 2 期。

陈庆汉：《"N 的 V"短语的句法分析》，《河南大学学报》1996 年第 4 期。

陈庆汉：《"N 的 V"短语中心语"V"语法性质研究述评》，《汉语学习》2002 年第

5 期。

　　董晓敏：《"N 的 V"功能类别质疑》，《九江师专学报》1987 年第 3 期。

　　董秀英：《定中矛盾结构的构成理据》，《修辞学习》2006 年第 1 期。

　　丁声树等：《现代汉语语法讲话》，商务印书馆 1961 年版。

　　范晓：《汉语的短语》，商务印书馆 1991 年版。

　　范晓：《VP 主语句—兼论"N 的 V"作主语》，《语法研究和探索》（六），语文出版社 1992 年版。

　　范晓：《三个平面的语法观》，北京语言学院出版社 1996 年版。

　　范晓等著：《语法理论纲要》，上海译文出版社 2003 年版。

　　范晓：《汉语句子的多角度研究》，商务印书馆 2009 年版。

　　方光焘：《语法论稿》，江苏教育出版社 1990 年版。

　　胡明扬主编：《词类问题考察》，北京语言学院出版社 1996 年版。

　　胡裕树主编：《现代汉语》（增订本），上海教育出版社 1981 年版。

　　胡裕树、范晓：《试论语法研究的三个平面》，《新疆师范大学学报》1985 年第 2 期，《语言教学与研究》1993 年第 2 期重刊。

　　胡裕树、范晓：《动词形容词的"名物化"和"名词化"》，《中国语文》1994 年第 2 期。

　　胡裕树、范晓主编：《动词研究》，河南大学出版社 1995 年版。

　　黄伯荣、廖序东：《现代汉语》（增订二版），高等教育出版社 1991 年版。

　　李大勤：《"对（NP$_A$ 的 VP）"中"V"的性质》，《徐州师范学院学报》1992 年第 4 期。

　　李临定：《现代汉语动词》，中国社会科学出版社 1990 年版。

　　李敏：《"N＋的＋V"结构的性质》，《河南大学学报》2005 年第 3 期。

　　李咏梅：《具有特殊语义关系的定中结构分析》，《学术交流》1999 年第 3 期。

　　李宇明：《所谓的"名物化"新解》，《华中师范大学学报》1986 年第 3 期。

　　李子云：《动名组合序列中的定中结构》，《安徽教育学院学报》1998 年第 4 期。

　　刘丹青：《名词短语句法结构的调查研究框架》，《汉语学习》2006 年第 1 期。

　　陆俭明：《对"NP＋的＋VP"结构的重新认识》，《中国语文》2003 年第 5 期。

　　陆俭明：《现代汉语语法研究教程》（第三版），北京大学出版社 2005 年版。

　　吕叔湘、朱德熙：《语法修辞讲话》，中国青年出版社 1979 年版。

　　吕叔湘：《歧义类例》，《中国语文》1984 年第 5 期。

　　马庆株：《结合语义表达的语法研究》，《汉语学习》2000 年第 2 期。

　　马清华：《语义的多维研究》，语文出版社 2006 年版。

　　孟燕：《定语的语义、语用研究》，山东大学，2004 年。

　　彭增安：《语用、修辞、文化》，学林出版社 1998 年版。

　　任鹰：《"这本书的出版"分析中的几个疑点》，《当代语言学》2008 年第 4 期。

齐沪扬：《现代汉语短语》，华东师范大学出版社 2000 年版。

齐沪扬等著：《与名词动词相关的短语研究》，北京语言大学出版社 2004 年版。

邵敬敏、谷晓恒主编：《汉语语法研究的新拓展》（四），北京大学出版社 2009 年版。

邵敬敏主编：《语法研究与语法应用》，北京语言学院出版社 1994 年版。

沈家煊、王冬梅：《"N 的 V"和"参照体—目标"构式》，《世界汉语教学》2000 年第 4 期。

沈家煊：《现代汉语语法的功能、语用、认知研究》，商务印书馆 2005 年版。

施关淦：《"这本书的出版"中"出版"的词性——从向心结构理论说起》，《中国语文通讯》1981 年第 4 期。

索振羽：《语用学教程》，北京大学出版社 2000 年版。

石安石：《语义研究》，语文出版社 1994 年版。

王冬梅：《"N 的 V"结构中 V 的性质》，《语言教学与研究》2002 年第 4 期。

王景丹：《现代汉语名词性词及名词性短语的语用功能分析》，《通化师范学院学报》2006 年第 1 期。

王霜梅：《汉语隐喻式定中结构的隐喻映射及功能》，《学术交流》2009 年第 5 期。

王霜梅：《汉语定中短语转喻探微》，《北方论丛》2005 年第 5 期。

王跃平：《语义预设的表达功能》，《徐州师范大学学报》2004 年第 6 期。

吴中伟：《现代汉语句子的主题研究》，北京大学出版社 2004 年版。

项梦冰：《论"这本书的出版"中"出版"的词性——对汉语动词、形容词"名物化"问题的再认识》，《天津师大学报》1991 年第 4 期。

邢福义：《汉语语法学》，东北师范大学出版社 1996 年版。

姚振武：《现代汉语的"N 的 V"与上古汉语的"N 之 V"》（上），《语文研究》1995 年第 2 期。

姚振武：《现代汉语的"N 的 V"与上古汉语的"N 之 V"》（下），《语文研究》1995 年第 3 期。

尹世超：《说标题动词及相关标题格式》，《中国语文》1993 年第 4 期。

袁毓林：《汉语动词的配价研究》，江西教育出版社 1998 年版。

詹卫东：《"NP + 的 + VP"偏正结构在组句谋篇中的特点》，《语文研究》1998 年第 1 期。

詹卫东：《关于"NP 的 VP"偏正结构》，《汉语学习》1998 年第 4 期。

张伯江：《"N 的 V"结构的构成》，《中国语文》1993 年第 4 期。

张伯江、方梅：《汉语功能语法研究》，江西教育出版社 1996 年版。

张敏：《认知语言学与汉语名词短语》，中国社会科学出版社 1998 年版。

张先亮：《谈谈形容词与动词的划界标准》，《浙江师范大学学报》1996 年第 5 期。

张先亮：《理论语法研究与比较》，浙江教育出版社 1998 年版。

张先亮、范晓等：《汉语句式在篇章中的适用性研究》，中国社会科学出版社 2008 年版。

章也、任晓彤：《试论汉语中的"N＋的＋V"结构和"N＋之＋V"结构》，《内蒙古师范大学学报》2004 年第 1 期。

赵元任：《语言问题》，商务印书馆 1999 年版。

郑尔宁：《汉语中的"N 的 V"结构》，《河北理工大学学报》2006 年第 2 期。

周国光：《关于"N 的 V"结构的思考》，《阜阳师范学院学报》2004 年第 4 期。

朱德熙、卢甲文、马真：《关于动词形容词"名物化"的问题》，《北京大学学报》1961 年第 4 期。

朱德熙：《现代汉语语法研究》，商务印书馆 1980 年版。

朱德熙：《关于向心结构的定义》，《中国语文》1984 年第 6 期。

朱德熙：《语法答问》，商务印书馆 1985 年版。

索尔·克里普克（Kripke, S.）：《命名与必然性》，梅文译，上海译文出版社 2001 年版。

McCarthy, M. Issues in Applied Linguistics, 世界图书出版公司北京公司 2006 年版。

Qullian, M. R. 1968. Semantic Memory, In Semantic Information Processing, the MIT Press.

Qullian, M. R. 1968. Semant MIT Press.

第 四 章

"别 X"与"别 X 了"短语

　　"别 X"与"别 X 了"（"X"指能与"别"组合的词语，下文中"V"代表动词，"A"代表形容词，"N"代表名词）短语备受语法学界关注，学者们对"别 X"短语做了较深入的研究，形成了不少共识，但更多是涉及"X"为动词或形容词的研究，对"别 X"短语中"X"是名词的研究和"别 X"与"别 X 了"的比较研究涉及较少。本章将在前人研究的基础上，通过语料分析，考察能进入"别 X"与"别 X 了"格式的动词、形容词、名词的语义特征、语法意义及两者之间的异同。

一　"别 V"和"别 V 了"短语

（一）"别 V"短语中"V"的性质

1. "V"是可控动词

　　关于进入"别 X"格式的动词语义特征的研究，袁毓林（1993）得出结论：单独接受"别"的否定，只能够是可控动词，而不能是非可控动词。这一结论在学界得到普遍认同。我们考察了孟琮、郑怀德等人编著的《动词用法词典》① 中 1328 个常用动词，发现在没有语境的情况下，能接受"别"否定的动词，都具有［可控］的语义特征，但同时也发现有些及物动词，虽然具有［可控］的语义特征，后面如果不带宾语，就不能单独接受"别"的否定。也就是说，有些可控的及物动词必须带上宾语才能接受"别"的否定。如"骗、丧失、轻视、探望、提拔"等，没有具体的语境，这些动词不能单独接受"别"的否定，必须连带宾语一起进入。因此并非

────────────

　　① 　孟琮、郑怀德等：《动词用法词典》，上海辞书出版社 1987 年版。

所有的可控动词都能单独接受"别"的否定。通过考察分析，得出如下数据：

表 4—1　　　　　　　　　　单独接受"别"否定的可控动词数量

能进入"别 X"格式 的可控动词	必须带宾语的 可控动词	单独接受"别"否定 的可控动词
594	153	441
	25.76%	74.24%

据统计，在孟琮、郑怀德等人编著的《动词用法词典》中，在没有任何语境的情况下，能进入"别 X"的可控动词共计 594 个，其中能独立接受"别"否定的可控动词有 441 个，占总数的 74.24%。这些动词中有及物动词，如"同意、买、卖、担心、怀疑、反对、打、烧、说"等，可以单独进入"别 X"格式，独立接受"别"的否定，也可以连带宾语一起接受"别"的否定，带与不带宾语视具体语境而定。不及物可控动词，一般都能独立接受"别"否定，如"妥协、恋爱、停下"等。在能进入"别 X"格式的可控动词中，不能独立接受"别"的否定，必须连带宾语一起接受"别"修饰的可控动词有 153 个，占总数的 25.76%。这个数据表明：并不是所有的可控动词都能够独立接受"别"的否定，有些虽然是可控动词，但必须连带宾语一起才能接受"别"的否定。如"违背、抬举、蒙蔽、表扬、采购、处罚、鼓励、派遣、欺骗、提供、责备"等。这些动词都是及物动词，在进入句法结构时必须带上宾语语义才能完整。

为什么有些及物可控动词不带宾语可以单独接受"别"的否定，如"同意、买、卖、担心、怀疑、反对、打、烧、说"等。因为这些动词在和"别"组合时，动作行为所支配的对象在说者或听者心中都已经明确并固定，如当说出"别同意"时，不论是说话者还是听话者，他们都明白"别同意"的对象是什么。"别同意"这个组合无论是在具体语境还是在没有语境的情况下，其隐含的宾语都是确定的，语义是自足的，因此"同意"能够单独接受"别"的否定。其他能独立接受"别"否定的及物动词也是一样，它们带不带宾语，语义都是自足的。据统计，25.76%的可控及物动词必须带上宾语才能接受"别"的否定，这些动词在与"别"组合时，动作行为所支配的对象在说话者或听话者心中都是模糊不定的，说话者或听话者心中没有一致认同的对象，所以必须带上宾语才能使语义明确完整。如

"别蒙蔽"，要是"蒙蔽"后面没有固定的宾语，"别蒙蔽"的对象在说话者或听话者心中都是不明确的，会造成语义不完整，给听者留下语义空位。如果"蒙蔽"不带上宾语就不能接受"别"的否定，虽然它是一个可控动词，仍不能独立接受"别"的否定。

语义是第一位的，语义决定句法结构。可控及物动词能否独立接受"别"否定，关键是语义是否完整，如果不带宾语语义是完整的，那么这些动词就可以独立与"别"组合。反之，则不能。

能愿动词是不能进入"别 X"格式的，如"能、敢、应该、能够、愿意"等，这些主观可控性很强的能愿动词为什么不能被"别"否定，只能用"不"或者"没"否定？"别"表示"劝阻或禁止"的语义，能愿动词是表示"主观意愿"的，根据词语组合的语义双向选择性，"别"与能愿动词的语义没有交集，不相匹配，因此"别"不能与能愿动词组合。

在考察中，诸如"觉得、舍得、显得、晓得、认得、取得、省得"等"V 得"的动词，无论是可控还是非可控，都是不能单独接受"别"的否定的。有些"V 得"后面带上一定的宾语，就能接受"别"的否定。这些"别 V 得"语义上不自足，只有在"得"后面加上一定的宾语，使语义完整才能运用。如：

（1）作为妻子，要避免在孩子或外人面前数落丈夫，"就算在家里可以当'大女人'，出了家门还是要给丈夫留足面子，也别显得自己太能干。"（《生命时报》2007 年 10 月 30 日）

（2）赵旭日号称"赵一脚"，但这两年在联赛和国家队，他都未曾收获进球，在对抗训练中赵旭日专门练习了远射，若今晚他突施冷箭，大家可别觉得奇怪。（华商网 2011 年 9 月 2 日）

（3）我是个不良少女，您还是别认得我了，本小姐今天晚上算是爽透了。（网络小说《我是侠》）

有些"V 得"形式的动词，不管是否带上宾语，都不能接受"别"的否定，如"取得、晓得、省得"等，这些动词是非可控动词，"别"表示"劝阻或禁止"，要求所修饰的动词具有主观可控性，这些动词不符合"别"的语义匹配要求，因此"V 得"形式的动词，具有［非可控］的语义特征，无论其后是否有宾语，都不能接受"别"的否定。

2. "V"是非可控动词

在考察的过程中，发现有少数非可控动词也能进入"别 X"格式。"别非可控动词”一般表示说话人的主观愿望，这里的“别”已不再表示“劝阻或禁止”意义。如：

（4）这时我已是个哑巴，我不但希望我的耳朵聋掉，还希望我的眼睛也瞎掉，什么也别看见什么也别听见。（中华心理教育网《我把初夜给了喜欢我的人》）

（5）邓西华说，事发后，两个穿警服的中年男子下来，一个打急救电话，一个让女儿别昏迷。（《华商报》2011年3月28日）

（6）可能他强化自己失败的经验，第一次他考试没有理想，所以他害怕第二次再出现，所以总担心千万别失败，把第二次看得更加重。（中国经济文化网《一个健康的我》2011年12月15日）

（7）如果你把孩子送出去，你希望所有的人都别知道，千万别知道，这是家丑，那么，首先最重要的事情就没做好。（凤凰资讯《46名被外国家庭收养孩子回国寻根访问》2009年11月25日）

“看见、听见、昏迷、失败、知道”等动词都是非可控动词，这些非可控动词还有一个共同的语义特征——与人相关。“别＋非可控动词”，一般表示说话人的主观愿望。“看见、听见”是表示一种客观结果，不能由人的主观意志控制，是一个非可控动词，在例（4）中，“什么也别看见什么也别听见”是说话人的主观愿望，客观上是否能看见或听见，不是由说话人能够控制的，这里的“别看见、别听见”不是表示劝阻或禁止，而是表示说话人的主观期望，这种主观期望在一定条件下是可以实现可控的，此时“听见、看见”实现了非可控动词的“可控化”，因此能被“别”修饰。“昏迷”也是一个非可控动词，在例（5）中的“别昏迷”希望通过主观努力使“女儿”避免出现“昏迷”，表示一种主观愿望，最终是否昏迷不是他人的努力能够决定的，当“别昏迷”表示一种主观愿望时，其中的“昏迷”实现了非可控动词的“可控化”。“失败”是一个表示客观结果的动词，不能由人的主观意志控制，但可以通过主观努力使其避免。在例（6）中，“别失败”表示一种主观愿望，此时的“失败”实际上是非可控动词的“可控化”。“知道”是一个非可控动词，是不能与表示“劝阻或禁止”的“别”组合，但是当“别”表示主观愿望或希望时，可以与非可控动词“知道”组合，表示人的主观希望。例（7）中“如果你把孩子送出去，你希望所有的人都别知道”，这里的“别知道”是“你”所希望的内容，表达一种主观愿望。

从上面的实例分析中，得出"别 V"表示"主观愿望或希望"时，"V"可以是非可控动词。在具体的语境下，当"别非可控动词"中"别"表示"主观愿望"时，"别"所修饰的"非可控动词"在"别"语义的影响下，实现了非可控动词的"可控化"。

（二）"别 V 了"短语中"V"的性质

1. "V" 是可控动词

在考察孟琮、郑怀德等人编著的《动词用法词典》过程中，发现进入"别 X"格式的动词与进入"别 X 了"格式有不同之处。能单独进入"别 X"的动词一般也能进入"别 X 了"格式，不能单独进入需要连带一定的补语或宾语才能进入"别 X"格式的动词，一般能单独进入"别 X 了"格式，如：不能说"别感谢"、"别欺骗"，但可以说"别感谢了"、"别欺骗了"。"别 X 了"格式对进入该格式的动词的限制较宽松，不仅可控动词能单独进入，一部分非可控动词也能单独进入该格式。经统计，如表 4—2 所示：

表 4—2　　　能进入"别 X 了"格式的可控与非可控动词的数量

能进入"别 X 了"格式的动词	可控动词	非可控动词
707	671	36
	94.9%	5.1%

如表 4—2 所示，能进入"别 X 了"格式的动词中，大部分是可控动词，有 671 个，占总数的 94.9%，还有小部分是非可控动词，有 36 个，占总数的 5.1%。上述数据表明，不能进入"别 X"格式的非可控动词，一部分却能进入"别 X 了"格式，说明"别 X 了"格式对动词的限制比"别 X"格式更宽松。导致这种现象产生的原因是："别 X 了"的格式意义与"别 X"格式意义的区别。

在没有语境的情况下，"别 V 了"格式意义有四种：1）劝阻听话人中止已经发生的动作；2）猜测怀疑动作已经发生；3）劝阻对方不要进行未发生的动作；4）主观希望不要发生该动作或主观希望不要继续该动词维持的状态。"别 V 了"格式中的"了"有两种语法意义：一种是"了"作为语气助词，仅表示说话人的语气，记作"了₁"；一种是"了"作为一个动态助词，表示动作的完成，记作"了₂"。当"别 V 了"的格式意义是 1)、3) 种时，这时"了"是一个语气助词，记作"别 V 了₁"；当"别 V 了"的格式意义是 2)、4) 种时，这时"了"是一个助动词，表示动作的完成，记作"别 V 了₂"。"别 X 了"在没有语境的情况下，是一个歧义格式，消除歧义的主要方法是把其放在一定的语境下，使语义明确，下面我们将结合具体语境确定其含义。

根据能进入"别 X 了"格式的动词的种类的不同，"别 X 了"的格式意义也不同。我们发现当动词具有［可控］［短暂性］语义特征时，"别 V 了"表示猜测怀疑该动作已经发生或劝阻对方不要使未发生的动作发生。例如"结婚"是一个可控短暂性动词，"别结婚了"，在没有语境的情况下有两种语义：一表示说话人猜测怀疑第三方已经结婚了，暗含不确定的语气，与"别是结婚了"语义没有区别；二表示说话人劝阻听话人不要结婚，暗含听话人还没有结婚。语言结构在没有语境的情况下一般是有歧义的，消除歧义的主要方法是把语言结构放在一定的语境下，使语义明确。我们来看下面例子：

（8）他们的答案是，你遇不到西施（或潘安）你就终身别结婚了。（《中国证券报》2011 年 3 月 5 日）

（9）一个网友以做室内隔断为业，月收入在 2000 元左右，自己跑业务"很累，不敢成家，养不起老婆孩子"。一个在酒店做会计的 28 岁女孩月收入 1500 元，与人对比后说："别结婚了，拖累别人。"（《80 后网上晒工资 职场"万金油"多是"月光族"》，《重庆晚报》2010 年 7 月 30 日）

（10）他们从小青梅竹马，在一起很多年了，很久没听到他们的消息了，别（是）结婚了？（自拟）

（11）此处已人去楼空，他们别（是）溜了？（自拟）

（12）我气得差不多想哭了，眼睁睁瞧着小王把我那块又白又亮的光洋塞进他荷包里去。我赶忙跳下来揪住小王道："你等着，可别溜了，我去跟玉卿嫂拿了钱，再来捞本！"（白先勇《玉卿嫂》）

（13）休屠王太子金日磾感到族人的害怕，咬住嘴唇也异常犹豫。"听说军臣单于太子於单投降汉国就被毒死了，咱们草原上的雄鹰成不了南方的燕子！大王，咱们别投降了！"一时间休屠王部落哄闹起来。（淹死的鱼《袅袅秋风》）

（14）他们纷纷放下手中的武器，举起双手，面对如此强大的阵势，别投降了？

例（8）表示说话人劝阻听话人如果没有达到自己的择偶标准就不要结婚，暗含听话人还没有结婚。例（9）表示收入不高的群体不想结婚，说话人说服自己不要结婚，怕拖累了别人。在例（8）、例（9）"别结婚了"中的"了"是一个语气助词，"别结婚了₁"可以用"别结婚"代替，意思不改变。例（10）是表示说话人猜测怀疑别人已经结婚。在语境"他们从小青梅竹马，在一起很多年了，很久没听到他们的消息了"下，"别结婚了"表示猜测怀疑他们已经结婚。这里"别结婚了"中的"了"是一个动态助词，表示动作的完成，"结婚了"表示"结婚"这个动作行为已经完成，"别结婚了"在这种语境下表示猜测"结婚"这个动作已经完成。"溜"是一个［可控］、［短暂性］动词，"别溜了"在没有语境的情况下有两种含义：一是表示猜测怀疑对方已经溜走，二是表示劝阻对方不要溜走。在例（11）中，语境"此处人去楼空"下，"他们别（是）溜了？"表示说话人猜测怀疑对方已经溜走。在例（12）中的"别溜了"表示劝阻对方不要"溜"。"投降"也是一个［可控］、［短暂性］动词，"别投降了"在没有语境的情况下有两种含义：一是表示说话人猜测怀疑对方已经投降，二是表示劝阻对方不要投降。在例（13）中，"别投降了"表示劝阻大王不要投降了。在例（14）中，"别投降了"表示猜测怀疑"他们"已经投降。再如"别批准了"、"别提拔了"、"别结束了"、"别原谅了"、"别回去了"、"别来了"等等，这些"别"修饰的动词都具有［可控］［短暂性］语义特征，在没有语境的情况下，"别"和这些动词组合都有两种含义：一是猜测怀疑该动作已经发生，二是劝阻对方不要使未发生的动作发生，这里不再具体举例。

当动词具有［可控］、［持续性］语义特征时，"别 V 了"表示劝阻听话人中止已经发生的动作或劝阻对方不要进行未发生的动作。例如"表演"是一个可控持续性动词，"别表演了"，在没有语境的情况下有两种语义：一种是表示在说话前，对方已经在"表演"，"别表演了"表示说话人希望对方中止正在进行的动作——表演；另一种是表示说话时，对方还没有进行"表演"，"表演"这个动作还没有发生，"别表演了"表示劝阻对方不要实行未进行的动作——表演，如：

（15）……气得不行了，说要离家出走，结果对方却说"那你就走吧"，"我就走了，回头看他追不追出来。发现他没追就更愤怒，打电话给他。他说'我太了解你了，肯定在院子里转呢，得瑟完了就进来吧，我困了'，或者说'行了，你别表演了，老公知道了，你委屈可怜……'根本把我当个孩子。"（《信息时报》2010 年 9 月 3 日）

（16）江苏卫视《非诚勿扰》，别表演了！你毁灭不了中国人的爱情，毁灭的只能是自己这个栏目！（人民网，2010 年 4 月 12 日）

（17）今天突然下大雨了，我们还是别表演了。（自拟）

（18）对于早恋问题，师兄师姐们口径一致："三年内还是别恋爱了，这不代表你的感情生活不丰富，相反广范围结交异性朋友会对你以后保持良好的人际关系网络非常有好处。"（《羊城晚报》2008 年 8 月 15 日）

（19）"得饶人处且饶人"是中国人的美德，但中国式"宽容"的结果是：召回车主估计很难拿到补偿，更别说赔偿了；断轴及气囊打不开的事故车主维权仍然艰难；召回就比美国慢，处理就跟美国不一样，就别埋怨了——而且以后还会是这样。（《中国经济时报》2010 年 3 月 18 日）

（20）当受到伤害的时候，你应该尽量向生命靠拢，而不是瞬移满天飞，如果你飞的太远，而导致生命距离不够，那么死了也就别埋怨了。（新浪博客《八大职业我对你们有话说》）

当动词具有［可控］、［持续性］的语义特征时，"别 V 了"中的"了"是一个语气助词，此时"别 V 了"格式与"别 V"所表示的意义没有明显区别。在上述的例子中，"表演、恋爱、埋怨"都具有［可控］、［持续性］的语义特征，这些词语进入"别 X 了"格式，在一定的语境中，它们的含义是明确的。例（15）、例（16）中，"别表演了"都是表示在说话前，对方已经在进行"表演"这个动作，说话人劝阻对方中止正在进行的动作。例（15）中，"行了，你别表演了，老公知道了，你委屈可怜……"说话人希望妻子不要假装委屈了，也就是要妻子不要再"表演了"，从前文的语境可以明白妻子在吵架时就爱耍性子，这些在丈夫眼里是在"表演"，所以丈夫说"别表演了"，劝阻妻子不要继续"表演"下去。例（16）中，在说话之前，江苏卫视的《非诚勿扰》节目已经播出，在说话者眼里《非诚勿扰》就是"表演"，"江苏卫视《非诚勿扰》，别表演了！"是说话者劝阻对方不要将"表演"继续进行下去。例（17）中，根据语境"今天突然下起大雨"，"别表演了"是表示在说话前，动作"表演"并没有进行，在此

"别表演了"是表示劝阻或建议对方不要"表演"了。例（18）中，对于早恋的问题，师兄师姐对即将进入高中的学生说"三年内还是别恋爱了"，意思是说话人心中认为这些即将进入高中的学生还没有恋爱，并劝说他们在三年内不要恋爱。例（19）中，语境表明当事人对现状不满意，曾埋怨过，"别埋怨了"表示说话人分析现状并劝说当事人不要再埋怨了。在例（20）中，语境"如果你飞得太远，而导致生命距离不够"，是一种假设的情形，如果这个情形实现了，"那么死了也就别埋怨了"，这里的"别埋怨了"则表示在说话前，对方并没有"埋怨"，说话人假设如果出现"你飞得太远"情况下，劝说对方就不要埋怨。

2. "V"是非可控动词

当动词是具有［非可控］语义特征时，无论是具有［短暂性］还是具有［持续性］语义特征，"别 V 了"有以下几种意义：1）表示猜测怀疑该动作已经发生，2）主观希望不要发生该动作，3）主观希望不要持续该动词维持的状态，4）提醒对方避免出现"V"所表示的结果。当表示猜测怀疑该动作行为已经发生时，"别 V 了"可以说成"别是 V 了"，意思不变。

（21）就在法警把卢秋艳带出法庭时，坐在原告席上的李林大喊一声："卢秋艳你可别死了！你死了我的钱没法要了！"（《人民法院报》2011 年 8 月 15 日）

（22）这只猫痛苦地挣扎了一阵，现在一动也不动了，别死了？（自拟）

（23）老天爷，别晴了，再一直晴下去我们连水都没得喝了。（自拟）

（24）她刚才就在门外，我们说的话，别听见了？（自拟）

（25）最后人家两次投篮都没进，否则，咱也完了。可是，别忘了，今天，我们不谈实力，只谈运气。（《重庆晚报》2011 年 9 月 28 日）

（26）他们现在都在同一个超市，在那里别碰见了？冤家路窄啊，赶快打电话叫他回来。（自拟）

（27）昨夜刮了一晚上的大风，那零星的树叶别落了？（自拟）

（28）看到在最后几分钟里很可能被飞象队破门，造成首场失利的被动局面，坐在主席台上的市长史方明坐不住了，他赶紧把俱乐部的董事长覃仲乙和总经理胡天叫过来，让他们立马去找教练，想办法一定顶住，千万别输了。（《晶报·赌球》2009 年 12 月 16 日）

在例（21）中，"别死了"中的"了"是一个动态助词"了"，表示完成，"死"是一个非可控动词，它与"了"组合在一起，表示"死"这个动作已发生并完成。在例（21）的语境中，"别死了"是表示说话人的主观愿望，希望对方不要死。在例（22）的语境中，"别死了"表示猜测怀疑这只猫已经死了，这里的"了"也是一个动态助词"了"，"死了"表示动作已经完成并处于死的状态中，"猫一动也不动"表示可能处于"死"的状态，"别死了"表示猜测怀疑这一状态已经发生存在。在例（23）中，"晴"是一个非可控动词，"晴"和"了"组合在一起表示晴朗干燥的状态，"别晴了"在例（23）中表示说话人主观希望不要继续出现该动词维持的状态。例（24）中的"听见"是一个非可控动词，"别听见了"在此语境中表示说话人猜测怀疑对方已经听见他们说的话。"听见了"表示动作"听见"已经完成。例（25）中"忘"是一个非可控动词，"了"是一个动态助词，"忘了"表示一种状态结果，"别忘了"是说话人提醒对方避免这种状态结果出现。例（26）中"碰见"是一个非可控动词，在语境"他们现在都在同一个超市"中，"别碰见了"表示说话人的猜测怀疑。例（27）中，"落"在这里是表示一种自然规律，是不由人的意志控制的，是一个非可控动词，在语境"昨夜刮了一晚上的大风"中，"别落了"中的"了"同样是一个动态助词，"落了"表示动作已经完成，"别落了"表示说话人的猜测怀疑。例（28）中，"输"是一个非可控动词，在语境"让他们立马去找教练，想办法一定顶住"中，"别输了"表示说话人一种强烈的主观愿望。

　　大部分的动词是多义动词，有些动词还是多音字，并不是每个义项都是同一性质的，有些义项是可控义，有些义项是非可控义。如"倒"，它是一个多义动词也是一个多音字，不同的义项性质是不同的，句法分布也不同。当"倒"表示"竖立的东西躺下来"时，读"dǎo"，它是一个非可控动词，如"电线杆子倒了"这里的"倒"是一个非可控动词，如果"别"表示劝阻或禁止，"倒"不能与"别"组合，如果"别"表示说话人的主观愿望，"倒"可以与"别"组合。如"电线杆子，你可别倒啊，倒了我们就要摸黑了"，在这里"别倒"是表示一种主观愿望。当"倒"表示"把容器反转或倾斜使里面的东西出来"，读"dào"，是一个可控动词，如"给我倒一杯水"，这时"倒"可以与表示"劝阻或禁止"的"别"组合，如"别倒杯子里的水"。动词的多义性致使我们不能绝对地判定它的可控与非可控性，要根据具体的语境以及其在语境中的含义来判断。

（三）"别 V"与"别 V 了"短语的异同

在没有语境的情况下，对比"别 V 了"和"别 V"的格式意义，我们可以发现："别 V"的格式意义，"别 V 了"同样具有。当"了"是一个语气助词时，"别 V 了"的格式意义与"别 V"一致，都可以表示"劝阻中止已经发生的动作或劝阻不要进行未发生的动作"。当"了"是一个动态助词时，"别 V 了"所具有的某些格式意义，"别 V"不具有，如"别 V 了"可以表示"猜测怀疑该动作已经发生或主观希望不要继续出现该动词维持的状态或主观希望不要发生该动作"。正因为这些区别，一部分非可控动词不能进入"别 X"格式，但是能进入"别 X 了"格式。如：

别结婚了	别结婚
别看了	别看
别哭了	别哭
别投降了	别投降
别坚持了	别坚持
别听见了	*别听见
别晴了	*别晴
别落了	*别落
别知道了	*别知道

当"别"表示"劝阻或禁止"义时，能受"别"否定的大部分是可控动词，如"结婚、看、哭、投降"等，这些可控动词不仅能进入"别 X"格式，也能进入"别 X 了"格式，但它们之间还是有细微的区别。

"别 V"（V 是可控动词）有两种含义：一种是劝阻或禁止未发生的动作发生，另一种是劝阻中止已经发生的动作；如"别看"，可以表示对方还没有看，劝阻或禁止对方不要看；也可以表示对方已经在看，劝阻对方中止"看"这个动作。

"别 V 了"（V 是可控动词）表示"V"这个动作已经发生，劝阻对方中止这个动作，如"别看了"表示"看"这个动作已经发生，劝阻对方不要继续看了。也可以表示对方想去看，但没有看时，劝阻对方不要去看了。这里的"了"是一个语气助词。

当 V 是可控动词时，"别 V"与"别 V 了"所表示的含义没有很大区别，关键的区别是："别 V"的语气强硬，"别 V 了"的语气更多偏向商量或委婉地劝阻。

当 V 是非可控动词时，"别 V 了"不再表示劝阻或禁止该动作发生，一般表示猜测怀疑该动作已经发生，或者表示主观希望不要出现该动作行为。在没有具体语境的情况下，"别"是不能单独否定非可控动词，不能说"别听见、别死、别晴、别知道、别落"等，但可以说"别听见了、别死了、别晴了、别知道了、别落了"。原因在于"别 V"不具有"猜测怀疑该动作已经发生或者表示主观希望不出现该动作行为"的格式意义，"别 V 了"具有这两种格式意义，所以 V 可以是非可控动词。

二　"别 A"与"别 A 了"短语

（一）"别 A"短语中"A"的性质

1. 关于"A"的感情色彩

姜慧英（2008）指出："形容词的感情色彩是其进入'别 X'格式的重要条件。当'X'是褒义或中性形容词时，通常不能进入'别 X'格式；具有贬义色彩的形容词，能够进入'别 X'这一格式。"① 笔者通过考察发现此观点并非完全客观，很多中性甚至褒义形容词都能进入该格式，如"羡慕、引人注目、与众不同、认真、天真、幼稚、激动、高兴、瘦、胖、老实"，等等。因此，形容词的感情色彩是其进入"别 X"格式的重要条件，这一观点还值得进一步探讨。请看例句：

（1）纳克多深表同情："女王陛下，别哀伤！我们定为您争个公道！您要我们把尼罗河的女儿……"（《尼罗河女儿》）

（2）中国记协党组书记：两会上领导别傲慢，记者少追星。（《中国青年报》2010 年 3 月 14 日）

（3）尽管创造地球要花 45 亿年或仅仅是 7 天，要毁灭它则远远不要那么长的时间，我在这里推荐一些热门的方法来"消灭"地球，当然，还有它上面的生灵。噢，您别认真，我是开玩笑的！——萨姆·海格（新浪博客《七天毁灭地球的十种方法》）

---

① 姜慧英：《"别"祈使句研究》，东北师范大学，2008 年。

（4）但是，现在这个大众传媒的社会，明星的一举一动都是媒体的焦点，名人的名气大小跟社会责任可是成正比的。没有这个准备，趁早别出名。（《钱江晚报》2009年8月16日）

（5）"她当年弃你而去，有负于你。我姐可没做对不起你的事，你现在为了她冷落我姐，她一伤心去了美国就不会回来了。你想好了，别崇高一次，痛苦一生。"（林夕《爱情不在服务区》）

（6）RMB道具、神器装备、哈斯币……玩家们，别慌乱，hold住了这些奖品就是属于你的！（人民网—游戏频道，2011年9月1日）

（7）店员忙解释："您别激动，不只是我们店，药店、医院都在涨价，现在每一批货都在涨，从产地就开始涨了。"（《北京日报》2011年8月22日）

（8）10月6日，这个中秋别寂寞，咱们一起过，在京外地单身邻居们看过来！"（《北京晚报》2006年10月6日）

在上面的例子中，从感情色彩的角度来分析，有褒义形容词，如"认真、出名"，也有中性形容词"激动、寂寞"，贬义形容词"哀伤、慌乱"；从语义特征的角度来看，这些形容词都是与人相关的，但不一定是人固有的属性；从可控与非可控的角度看，[可控]的形容词有"哀伤、傲慢、认真、慌乱、激动、寂寞"，[－可控]形容词有"出名、崇高"。从这些语料中我们可以发现，无论是贬义、褒义还是中性形容词都能进入"别X"格式，形容词的感情色彩与其能否进入"别X"格式没有很大关系。

表4—3　　　　　　　能与不能进入"别X"格式的形容词的数量

与人相关的形容词	能进入"别X"格式的形容词	不能进入"别X"格式的形容词
582	185	397
	31.8%	68.2%

笔者的观点是形容词的感情色彩与其能否进入"别X"格式没有很大关系。为了进一步论证该观点，将考察安磐如、赵玉玲编著的《形容词应用词典》①，并统计能进入"别X"格式的贬义、褒义、中性形容词的数量，

① 安如磐、赵玉玲：《形容词应用词典》，金盾出版社2009年版。

如表4—4所示：

表4—4　　　　进入"别 X"格式的贬义、褒义、中性形容词的数量

能进入"别 X"格式的形容词	褒义形容词	贬义形容词	中性形容词
185	21	98	66
	11.3%	53%	35.7%

　　如表4—4所示，在能进入"别 X"格式的形容词中，有11.3%是褒义形容词，35.7%是中性形容词，两者的比率之和将近一半。由此可见，能否进入"别 X"格式的形容词与其感情色彩没有必然联系。从考察的形容词和语料看，很多中性形容词是表示不如意或消极的状态的形容词，如"悲伤、空虚、恐惧、绝望、气愤、顽皮、严肃、忧伤、郁闷、着急"等。如：

　　（9）然而，幸福不可能是永恒的。爱情中有天堂，也有地狱。别悲伤、别绝望，这是懦弱的表现。也别为我担忧，我能够经受住一切。（北大语料库）

　　（10）"别顽皮了，去吧！"他笑一笑。（北大语料库）

　　（11）孩子别迷茫，这只是一节课，一节生存体验课。（人民网，2008年5月23日）

　　（12）他认为投资者在心态上，应对创业老板不要狂热也别恐惧。（《证券时报》2009年9月21日）

　　（13）但是，情绪这东西不好调。情绪怎么调？说"你别恐惧了"、"你振作点儿"，有用吗？没有用。（新浪博客《人为什么要放屁》）

　　（14）"不是，很久没有见陌生人了，见到你们我紧张。你别严肃，一严肃我更紧张。"其实这一段时间张元最常见到的就是陌生人。（《南都周刊》）

　　（15）何开荫确实领悟透了毛泽东说过的那句至理名言：中国的事情别着急，慢慢来。（北大语料库）

　　（16）小陶劝他说："别忧伤吧，中国江山大着哩，人生的道路长着哩！……"（北大语料库）

"褒义：指字句里含有的意义带有赞许等肯定的感情色彩，贬义：指字句里含有的意义带有贬斥等否定的感情色彩。"① 以上例句中"别"修饰的形容词语义虽然表示不如意、消极状态的形容词，但它们并没有带上贬斥等否定的感情色彩，它们的感情色彩是中性的。不能因为它们表示不如意或消极的意义，就把它们归为贬义词，以致误将它们以贬义词的身份进入"别 X"格式，不是以它们真实身份——中性形容词进入"别 X"格式，最终得出中性形容词不能进入"别 X"格式，这种观点不够客观。据表 4—4 的统计数据，有 35.7% 是中性形容词，达到总数的三分之一以上，说明中性形容词是可以进入"别 X"格式。

在统计过程中，能进入"别 X"格式的 185 个形容词中，11.3% 是褒义形容词，如"客气、谦虚、俏皮、认真、天真、主动、安逸、老实、热心、温柔、大方"等。褒义词是带有赞许、肯定感情的词，但进入"别 X"格式之后，这里的褒义形容词的感情色彩临时发生了变化，说话人并不赞同或肯定该词所表达的褒扬含义，甚至有时在他心中该褒义词是一个带有否定感情色彩的形容词了。在具体语境中，"别 A"格式中的褒义词，在说话人心中已不再是表示赞扬肯定的感情色彩，临时地演变成中性或贬义词。例如：

(17) 康伟业说："哪里哪里，你们是稀客，平日请都请不到的，别客气，吃一点水果，吃一点水果。"（北大语料库）

(18) 老院长再次助阵："李丁，别紧张，别谦虚，看过什么就说，实事求是，啊！"（北大语料库）

(19) "别俏皮，老赵！你几时回来的？"莫大年问。"回来有些天了，想不到公寓的朋友会闹得七零八落！"（北大语料库）

(20) 他解嘲地咳了几声，然后缓声向女人道："好了好了，你别认真，前头是我开了个玩笑，你不要当真。请坐请坐。"（北大语料库）

(21) 锦昌曾经向我提示过："你别天真，这个世界有百亿家财的人绝对不会把五十亿的放在眼内。（北大语料库）

(22) 可是我对他这个始终如一的坚定立场十分钦佩。他忠告过我，"千万别主动采取种族隔离的立场"。（北大语料库）

① 中国语言文字系列辞书编委会：《中华现代汉语词典》，中国大百科全书出版社 2007 年版，第 30、50 页。

（23）曾几何时，我们努力工作就是为了获得安逸的生活，但是现在的社会让我们觉得，要工作就别安逸，要安逸就离开工作。（自拟）

（24）父母们大都教育孩子别老实，老实了吃亏，多长个心眼谁也别怕，你打不过了找你老爸。（人民网，2007年3月1日）

（25）希望以民众愿望为重要的待解决问题，每两年检测完成情况，别热心什么千年计划。（人民网—强国论坛，2010年9月29日）

（26）"我丑温柔还有用吗"——哥们，丑就丑吧，就你这头像也别温柔了，温柔了更容易遭人群殴。（天涯社区，2007年5月23日）

（27）挺大方地说："这些东西我没用，送你啦。"交换时，一剑给了我钱，"你以后要钱买血的，留着！别大方。"嘿嘿，我一下子就对他有了好感。（新浪游戏网，2008年8月22日）

"客气"是指"对人谦让有礼貌"，带有赞扬的感情色彩，是一个褒义词，在例（17）中，在说话人看来，如果对方真的"客气"就是表示他们之间的关系不够密切，表示客人是跟他见外。此时，"别客气"中的"客气"有"见外分生"的言外之意，褒义词"客气"在说话人心中已不具有赞许肯定的褒扬义，临时具有了中性或贬义的感情色彩。"谦虚"是指"不自满，能虚心接受别人的意见或批评"，带有肯定的感情色彩，在例（18）中，"老院长"认为如果"李丁"谦虚，他就是不求实际，带有自卑的情绪，因此"老院长"要他"别谦虚"，就是要他肯定自己，对自己有信心。"俏皮"指"容貌装饰好看"或"举止活泼或谈话有风趣"，在例（19）中"俏皮"不再是原来的本意，而是引申为讥讽挖苦的意义。"认真"是指"严肃对待，不马虎"，表示肯定赞许的感情色彩，在例（20）中，说话人希望对方不要严肃，不要放在心上，这里的"认真"临时具有了中性感情色彩。在例（21）至例（27）中"天真、主动、安逸、老实、热心、温柔、大方"在说话人心理认为这些词语所表达的状态或情况是不值得肯定和赞许的，甚至是持否定贬斥的态度，"别褒义形容词"格式中，"别"很大程度上不是否定褒义词本身的赞许的含义，而是否定褒义词在特殊语境中所包含的临时义，"别褒义形容词"格式表示说话人对褒义形容词的临时义持否定态度。如例（27）中的"大方"词典义是指"慷慨不吝啬"，但在这句话的语境中，该词的临时义有"浪费"的意义，并带有贬义色彩。"别大方"的意思是说话人希望听话人不要浪费，这些东西现在留着以后能用得着，"别"否定的是"大方"的临时义"浪费"。

2. 关于"A"可控与非可控性的探讨

邵敬敏（2004）指出："能进入'别 X'的形容词有个明显的特征，就是跟人的属性有密切关系，可以描写为〔人类属性〕；而且这一属性同样也必须具有〔可控〕的特点。"① 笔者考察了安磐如、赵玉玲编著的《形容词应用词典》，该词典共收录了 2000 余个常用形容词，通过对这些常用形容词一一考察并通过语料考证，发现并不是只有表示跟人的属性相关的可控形容词才能进入"别 X"格式，有些〔-可控〕的跟人属性相关的形容词也能进入该格式，比如"崇高，出名、魁梧"等。

笔者的观点是不仅与人相关的〔可控〕形容词能进入"别 X"格式，少数〔-可控〕形容词也能进入该格式。为了进一步论证这个观点，笔者考察了安磐如、赵玉玲编著的《形容词应用词典》2000 余个形容词，考察数据如表 4—5 所示：

表 4—5　　　　　　　　能与不能进入"别 X"格式的形容词的数量

与人相关的形容词	能进入"别 X"格式的形容词	不能进入"别 X"格式的形容词
582	185	397
	31.8%	68.2%

从表 4—5 中我们得知：与人相关的形容词有 582 个，这些形容词主要是表示人的性格特征、外貌、态度、情绪、做事的方式等；其中能进入"别 X"格式的有 185 个，占总数的 31.8%，这些形容词主要是表示人的情绪、态度或做事的方式等；不能进入"别 X"格式的形容词有 397 个，占总数的 68.2%，这些形容词大都表示人的性格或外貌等，这些是人不能自主控制或改变的。

从表 4—6 中我们发现，在 185 个能进入"别 X"格式的形容词中，〔可控〕形容词占了绝大多数，达到 97.8%，从词语的语义角度看，这 185 个"别 X"格式的形容词大都表示人的情绪、态度或做事的方式等，这些都是可以通过人的主观努力得到控制或调节的，因此能进入"别 X"格式的形

① 邵敬敏、罗晓英：《"别"字句语法意义及其对否定项的选择》，《世界汉语教学》2004 年第 4 期。

容词大都是［可控］形容词。

表4—6　　　　能进入"别 X"格式的可控与非可控形容词的数量

能进入"别 X"格式的形容词	［可控］形容词	［－可控］形容词
185	181	4
	97.8%	2.2%

在这 185 个能进入"别 X"格式的形容词中，［－可控］形容词有 4个，占总数的 2.2%。它们是"出名、崇高、聪明、健忘"，在收集语料时，发现这 4 个［－可控］形容词出现在"别"后面的情况北大语料库出现的情况很少，在网络语言中如人民网、新浪网，这种用法较多，如：

（28）说话得爽直，来几句骂人的口头禅没关系，但不能骗人。别聪明得不是地方。（北大语料库）

（29）一些自以为精明的持卡人，在大额消费时，会打上信用卡"免息"的主意，想多办几张信用卡，分期还款。专家提醒，千万别聪明反被聪明误。（《燕赵晚报》2011 年 4 月 26 日）

（30）现在这个大众传媒的社会，明星的一举一动都是媒体的焦点，名人的名气大小跟社会责任可是成正比的。没有这个准备，趁早别出名。（《钱江晚报》2009 年 8 月 16 日）

（31）在西方国家里，官员、公众人物除了家里和住宅之外，几乎是没有隐私权的，要隐私你先辞去官职，或压根儿就别出名。（《讽刺与幽默》2008 年 9 月 19 日）

（32）……于是莞尔一笑，故意嗔他，但愿以后别健忘到见了孙宝儿仍是，我不认识你，你是谁啊？（新浪网《鹤顶红之杜十娘》）

（33）"她当年弃你而去，有负于你。我姐可没做对不起你的事，你现在为了她冷落我姐，她一伤心去了美国就不会回来了。你想好了，别崇高一次，痛苦一生。"（林夕《爱情不在服务区》）

这些［－可控］形容词也能进入该格式，原因在于，"别 X"格式中的"别"不仅仅只表示"劝阻或禁止"的语义，"别 X"格式还隐含"说话人的某种心理期待或提醒"义。就是说只要是说话人心理所期待的，并且只要"别形容词"所期待的意义能够实现，不管其中的形容词是可控还是非可控都是能进入"别 X"格式。例（30）、例（31）和例（33）中的"出名、崇高"都是［－可控］形容词，"出名"不是个人主观意识能够控制的，它是一个［－可控］形容词，但是也能与"别"组合构成"别 X"格式。例（30）中，说话人希望或提醒听话人没有做好心理准备前，不要让"出名"这种情况发生。说话人希望对方"别出名"这种愿望，听话人能够做到，此时"出名"与"不出名"只是作为说话人的一种主观愿望，已经演变成一个可控形容词，实现非可控形容词的"可控化"。这种"主观愿望"与"别"表示的"心理期待"义相匹配，根据语义的双向性选择原则，非可控形容词只要语义能与"别"的语义相匹配，是可以进入"别 X"格式。

"别［－可控］形容词"中的"别"隐含"说话人的某种心理期待或提醒"义，在这种情况下，［－可控］形容词在说话人心中实际上已经演变成一个可控的形容词，实现了非可控形容词的"可控化"，即说话人主观认为［－可控］形容词所表达的意义是可以控制的，通过人的主观努力是可以改变的。

从语料搜集的出处看，"别［－可控］形容词"这种用法在经典文学作品出现得较少，但在网络语言中这种用法较多。这种用法在网络语言中出现，体现了随着社会的发展，语言也在发展。在随机统计的数据中，能进入"别 X"格式的［－可控］形容词占能进入"别 X"格式形容词总数的 2.2%，这种用法在网络语言中出现的概率比在经典文学作品中要高。这与网络语言的口语化以及超越语法化的特点有密切关系。网络语言是语言中的新生代，它是在信息时代中产生的，它具有强大的生命力和创造力。现代汉语的发展，离不开这些新的语言现象的出现。"别［－可控］形容词"在网络语言中的流行与发展将会丰富与发展现代汉语，促进现代汉语语法研究。

"别［－可控］形容词"的用法还不很独立，有些必须在"别"前有修饰的成分，或在［－可控］形容词后有补充说明的成分，如例（28）、例（29）、例（32）和例（33），表明这种用法存在但还不够成熟，这是语言发展的一个必要阶段，随着这种用法的逐渐普遍并被大众接受，"别［－可控］形容词"格式也将会趋于成熟与稳定。

"别［－可控］形容词"格式中的"别"不是表示"劝阻和禁止"，"别［－可控］形容词"表示"说话人希望或提醒某种状态不要出现，表示主观愿望"，在这种情况下，不管该形容词是否可控，都能接受"别"的否定，该形容词所表达的状态是说话人心里实际上已经演化出一个可控形容词，实现了非可控形容词的"可控化"。"别 [－可控] 形容词"格式意义不是"说话人劝阻或禁止听话人实现形容词所表达的状态"，而是表示"说话人心里希望形容词所表达的状态不要出现"。"聪明、出名、健忘、崇高"这些形容词不是个人主观努力能控制的，但也能出现在"别"之后。在上述例子中，"别聪明"、"别健忘"、"别崇高"的前面或者后面都有修饰成分，都表示说话人主观上希望听话人不要使该形容词所表达的状态发生，例如"出名"并不是个人通过主观努力就一定能够实现的，作为一个非可控形容词，和"别"组合出现在一定的语境中，表示说话人不希望听话人"出名"。"别聪明"在上述例子中表示说话人不希望听话人"聪明得不是地方"或"聪明反被聪明误"。"别健忘"、"别崇高"表示说话人不希望听话人"健忘"、"崇高"。

（二）"别 A 了"短语中 "A" 的性质

能进入"别 X"中的"A"，一般也能进入"别 X 了"格式，有些不能进入"别 X"格式的形容词也能进入"别 X 了"格式，在考察统计安磐如、赵玉玲编著的《形容词应用词典》之后，得出如下数据：

表 4—7

能进入"别 X"格式的形容词	能进入"别 X 了"格式的形容词	能进入"别 X"和"别 X 了"格式的形容词	不能进入"别 X"格式但能进入"别 X 了"格式的形容词
185	215	178	37

如表 4—7 所示，能进入"别 X 了"格式的形容词有 215 个，能进入"别 X"格式的形容词有 185 个，能进入"别 X 了"格式的形容词的数量比能进入"别 X"格式的形容词的数量多。由此可以看出，"别 X 了"格式较"别 X"格式对形容词的限制要宽松。

"别 A 了"格式，在没有语境的情况下，有三种句式含义：一种是表示猜测怀疑说话人心中不期待的情状发生了；一种是提醒对方避免成为形容词所表达的状态；一种是说话前对方已处于形容词所表示的状态，"别 A 了"是说话人劝说对方不要将这种状态持续下去。

当"A"是一个 [非可控] 形容词时，"别非可控形容词了"在没有语境的情况下，单看这个短语，它具有歧义：一种表示猜测怀疑，一种表示提醒。区分歧义的关键因素是这个短语末尾的语气语调和它所处的语境,即形式标记是"别非可控形容词了"后面所带的标点符号。当其后面是问号时,"别非可控形容词了"表示猜测怀疑形容词所表达的状态已经存在,此时"了"是一个动态助词,表示"完成或存在","A 了"表示形容词这种状态已经存在,"别 A 了"与"别是 A 了"的格式义是一致的。当其后面是句号或感叹号时,"别非可控形容词了"表示提醒对方避免出现形容词所表达的状态,此时"了"是一个语气助词。如在"别胖了"这个短语中,"胖"是一个非可控形容词,当"别胖了"末尾所带的是问号时,"别胖了"表示猜测怀疑说话人心中不期待的事情(胖了)已经存在,此时"了"是一个动态助词,"胖了"表示肥胖这种状态已经存在;当"别胖了"末尾所带的是叹号或句号时,"别胖了"表示提醒对方避免出现"胖"这一状态,此时"了"是一个语气助词。具体例句如下:

(34) 我现在穿的裤子要比以前大一号了,别(是)胖了?(自拟)

(35) 晚上吃那么多,别胖了!(自拟)

(36) 他现在总是沉默寡言,别(是)抑郁了?(自拟)

(37) 这种损己的事情他也答应了,别(是)糊涂了?(自拟)

"胖"是一个非可控形容词,在例(34)中,"别(是)胖了"后是问号,在语境"我现在穿的裤子要比以前大一号了"下,"别胖了?"是猜测怀疑自己已经处于"胖"的状态。在例(35)中,"别胖了"后是感叹号,在语境说话人看到对方"晚上吃那么多","别胖了!"表示提醒对方避免出现"胖"的状态。例(36),"别抑郁了"后是问号,在"他现在总是沉默寡言"这一语境中,"别抑郁了?"表示说话人猜测怀疑"他"已经处于"抑郁"这一状态了。在例(37)中,"别糊涂了"后是问号,在语境"这种损己的事情他也答应了"下,"别糊涂了?"是表示说话人的猜测怀疑。

当"A"是一个[可控]形容词时,"别 A 了"格式中的"了"是一个语气助词时,"别 A 了"表示说话人劝说对方不要将这种状态持续下去,与"别 A"可以互换,语义不变。如"别忧伤了"与"别忧伤",这两者的语言预设是"说话时,对方已经处于忧伤的情绪","别忧伤了"与"别忧伤"都表示劝说对方不要将"忧伤"这种状态持续下去。它们之间可以互换,语义不变。唯一的区别在于语言的口气上,"别忧伤了"较"别忧伤"口气更舒缓、柔和。如:

（38）以后的我，一定会感谢今天拼命努力的我！努力才能被爱慕！加油！别消极了。（自拟）

（39）——"以前的印度片都很好看啊，可现在的一点都不好看，太失望了。"——"好了，别失望了，下次要听我的了。"（《爱在寂寞时》）

（40）他说："我跟某某再怎么打，那也是大牲口之间的对话，各位就别兴奋了。"（《中国经营报》2009 年 10 月 31 日）

（41）我想起来了，你别自卑了，我觉得最该去做削骨的应该是冬日娜。（鲁西西作客奥运美女夜话实录）

例（38）中，当说话人说出"别消极了"时，在说话人心中认为对方已经处于"消极"的状态，"别消极了"是说话人劝说对方不要继续"消极"下去，希望他通过自己的努力改变现状。例（39）中，前者说"以前的印度片都很好看啊，可现在的一点都不好看，太失望了"，表明前者已经处于"失望"的状态，后者说"别失望了，下次听我的了"，后者在前者处于"失望"的状态下，劝说对方不要持续"失望"的状态。例（40）中，这句话的语言预设是"说话时对方正处于兴奋状态"，"各位就别兴奋了"是说话人劝阻对方中止"兴奋"的情绪。例（41）中，"你别自卑了"是说话人劝说对方不要一直处于"自卑"的状态，希望她自信起来。

以上例句中的"别 A 了"都可以用相应的"别 A"来代替，语义不变。当"A"是一个［可控］形容词时，"别 A 了"的语言预设是"说话时对方已经或正处于 A 所表达的状态中"，"别 A 了"表示说话人劝说对方中止 A 所表达的状态。

根据"别 A 了"句式意义，通过考察分析，发现表示静态或事物属性的形容词，一般不能进入"别 X 了"格式，如"红、业余、蔚蓝、稳定、细腻"等。如果形容词所表达的状态有一个动态"消长"过程，就能进入"别 X 了"格式。比如"嚣张、着急、烦恼"等，这些词语都隐含"无——有——无"的循环消长过程。如"嚣张"，在出现"嚣张"这种状态前，肯定存在一个"非嚣张"状态，在出现"嚣张"这种状态之后，也有可能这种状态会慢慢消失，又达到"非嚣张"的状态，这就是"无——有——无"的循环消长过程，具有这一特征的形容词都能进入"别 X 了"格式，如：

（42）油又涨价了，中国效率最高的部门就是厉害！别和谐了。

（猫扑大杂烩网，2011 年 2 月 20 日）

（43）有用的资料共享下吧，朋友，别吝啬了。（自拟）

（44）整天空虚无聊，游荡鬼混，你啊，别空虚了，找点事情做做。（自拟）

（45）他略一沉吟，有了主意，便掏出手绢，轻轻擦掉朱光英嘴边的血迹，温和地说："老弟，别固执了，我看你还是说了的好。（张长怀、郝敏：《金箭行动》，1982 年）

（46）"你还年轻！"——"年轻？女人 30 岁了，还年轻？珊珊，别幽默了。"（阿牛、白瑜编：《留学生小说选》，1998 年）

（47）匡例刀，行了，别刚强了，在家休息一天吧，累一天了。（许皓光、张大鸣：《简明东北方言词典》，1988 年）

（48）别紧张了，你们晋级了。（自拟）

"别 A 了"存在语言预设，即在说"别 A 了"之前，形容词所表示的状语已经存在，"别 A 了"是说话人希望这种状态不要继续存在。例（42）中，中国油价连连上涨，这对百姓的生活水平造成影响，这种现状与中国一直所提倡和努力的目标——和谐社会有冲突。如果和谐社会的目标已经实现，那么"别和谐了"是指这种"和谐"将不再延续下去，假如没有实现和谐社会，"别和谐了"是指不要再不切实际地倡导"和谐"。例（43）在"有用的资料"没有被共享前，在说话人眼中对方是吝啬的，"朋友，别吝啬了"是希望对方不要继续"吝啬"，一起共享资源。例（44）中，"整天空虚无聊，游荡鬼混"指对方已经处于"空虚"的状态，"你啊，别空虚了"是说话人希望对方不要继续"空虚"下去。例（45）中，朱光英面对严刑拷打一言不发，这在"他"看来是很"固执"，"老弟，别固执了，我看你还是说了的好"，说话人希望朱光英不要再"固执"，把知道的秘密都说出来。例（46）中，当对方说"你还年轻！"时，在听话人认为她在开玩笑，是幽默，于是就回应说"女人 30 岁了，还年轻？珊珊，别幽默了。"希望对方不要再"幽默"。例（47）中，在说话人说"别刚强了"之前，说话人认为对方处于"刚强"的状态，"别刚强了"是希望对方不要继续"刚强下去"。例（48）中，在没有得知"晋级"的消息前，对方一直处于"紧张"状态，说话人告诉他们晋级了，希望他们中止"紧张"状态。

（三）"别 A"与"别 A 了"短语的异同

在没有语境的情况下，"别 A"的格式意义有如下几种：一种是提醒对方不要出现 A 所表示的状态，且此状态在说话前未存在。如"别粗心"、"别大意"、"别马虎"等。"别粗心"不管有没有语境，它都存在语言预设，即在说话人心中对方还没有出现"粗心"的状态，"别粗心"是说话人提醒对方避免形成"粗心"的局面。一种是劝阻对方不要继续保持 A 所表示的状态，说话时对方已经或正处于此状态中。如"别慌张"、"别焦躁"、"别沉默"、"别愁闷"、"别得意"等。这些组合即使没有语境，它们都已经具有固定的语言预设，即说话时，对方已经或正处于"A"所表示的状态，此时的"别 A"是劝阻对方不要将此状态蔓延下去。

在没有语境的情况下，"别 A 了"有三种格式含义：一种是表示猜测怀疑说话人"A"所表示的状态已经出现了，与"别是 A 了"的意义一致，此时的形容词一般为非可控形容词，如"别（是）胖了"、"别（是）糊涂了"等；一种是提醒对方避免成为形容词所表达的状态，或主观希望"A"所表示的状态不要出现，说话时还未出现此状态，如"别胖了"、"别瘦了"等；一种是说话前对方已处于形容词所表示的状态，"别 A 了"是说话人劝阻对方不要将这种状态持续下去，如"别幽默了"、"别恼火了"、"别内疚了"等。

"别 A"与"别 A 了"的格式意义，既有相同之处，也有不同之处。这与"别 A 了"中的"了"有着密切关系。"了"既可以作为一个语气助词，没有实际的词汇义，也可以作为一个动态助词，表示"完成或存在"的语法意义。当"了"是一个语气助词时，"别 A"与"别 A 了"的语义一致，可以互换。当"了"是一个动态助词时，有些不能被"别"修饰的"A"却能进入"别 X 了"格式，构成"别 A 了"。我们对比如下实例：

别愤怒	别愤怒了
别懊恼	别懊恼了
别自卑	别自卑了
别沉默	别沉默了
别多疑	别多疑了
别霸道	别霸道了
别淘气	别淘气了
别粗心	别粗心了
别大意	别大意了
别马虎	别马虎了

＊别胖	别胖了
＊别凉	别凉了
＊别瘦	别瘦了

"别 A"与"别 A 了"的格式意义在没有语境的情况下，有相同之处，也有不同之处。当"A"是形容人的情绪、心理状态时，"别 A"与"别 A 了"的格式意义是相同的，表示"劝阻对方不要继续保持 A 所表示的状态，说话时对方已经或正处于此状态中"。如：

别愤怒	别愤怒了
别懊恼	别懊恼了
别自卑	别自卑了
别沉默	别沉默了

这四组例子中，"愤怒、懊恼、自卑、沉默"都是表示情绪或心理状态的形容词，在没有语境的情况下，此时"别 A"与"别 A 了"的意思是一样的，这里的"了"是一个语气助词。如"别愤怒"，在说话人说出"别愤怒"时，受话人已经处于或正处于"愤怒"的状态中，或者说话人认为受话人是"愤怒"的状态，"别愤怒"是劝阻受话人不要继续处于"愤怒"的状态。"别愤怒了"与"别愤怒"的意思是一样的，这里的"了"是语气助词，没有实际词汇义，"别愤怒了"较"别愤怒"的口气更加舒缓、温和，没有"别愤怒"那么生硬。"别懊恼"在没有语境的情况下，是表示"说话人劝阻受话人不要继续处于'懊恼'的状态"，"别懊恼了"也是表示"说话人劝阻受话人不要继续处于'懊恼'的状态"。它们之间可以互换，意思不变。同样的，"别自卑"与"别自卑了"、"别沉默"与"别沉默了"的意思是一致的，都是表示"说话人劝阻受话人不要继续处于'自卑或沉默'的状态"。

再看如下三组：

别多疑	别多疑了
别霸道	别霸道了
别淘气	别淘气了

"多疑"是指"形容过分疑心或疑虑过多"[1]，"霸道"是指"蛮横不讲

---

① 安如磐、赵玉玲：《形容词应用词典》，金盾出版社 2009 年版，第 166 页。

道理。"①，"淘气"是指"爱玩爱闹，不听劝导"②。从它们的解释看，"疑虑"、"不讲道理"、"爱玩爱闹"语义成分都是带有动性，当它们进入"别A"格式与进入"别A了"格式意义是不一致的。在没有语境的情况下，"别A"格式有两种含义：一种是提醒对方不要出现A所表示的状态，且此状态在说话前未存在；一种是劝阻对方不要继续处于A所表示的状态，说话时对方已经或正处于此状态中。而"别A了"格式只有一种含义：劝阻对方不要继续处于A所表示的状态，说话时对方已经或正处于此状态中。如"别多疑"，既可以表示"在受话人未出现'多疑'的状况时，希望或提醒对方不要'多疑'"，也可以表示"在受话人处于'多疑'状态时，劝阻其不要继续'多疑'下去"。在没有语境的情况下，"别多疑了"只有一种含义：说话人劝阻受话人不要继续处于"多疑"的状态。"别霸道"、"别淘气"与"别霸道了"、"别淘气了"也有同样的区别，在此不再赘述。

再看如下三组例子：

别粗心	别粗心了
别大意	别大意了
别马虎	别马虎了

在没有语境的情况下，"别粗心"、"别大意"、"别马虎"表示说话时受话人并未出现"粗心、大意、马虎"的状况，说话人提醒受话人不要出现"粗心"、"大意"、"马虎"的状态。"别粗心了"、"别大意了"、"别马虎了"则表示说话时受话人已经出现"粗心、大意、马虎"的状态，说话人劝阻受话人不要继续出现以上状态。这里的"了"是一个动态助词，表示"完成或存在"，"A了"表示"A"所表示的状态已经存在。如"别粗心了"是"别"和"粗心了"的组合，"粗心了"表示"粗心"这种状态已经存在，"别粗心了"是说话人劝阻受话人不要继续"粗心"下去。"别大意了"是"别"和"大意了"的组合，"大意了"表示已经出现"大意"这种状态，"别大意了"是劝阻受话人不要继续保持这种状态。"别马虎了"是"别"和"马虎了"的组合，"马虎了"是表示已经处于"马虎"这种状态，"别马虎了"表示说话人劝阻受话人不要继续处于"马虎"的状态中。

---

① 安如磐、赵玉玲：《形容词应用词典》，金盾出版社2009年版，第22页。
② 同上书，第691页。

再看如下三组例子：

*别胖	别胖了
*别凉	别凉了
*别瘦	别瘦了

形容词"胖"、"凉"、"瘦"有一个共性即［非可控］，不管有没有语境，"别"都不能单独修饰［非可控］形容词，不能说"别胖"、"别凉"、"别瘦"。但在一定的语境下，"别胖了"、"别凉了"、"别瘦了"是可以说的，在这里"了"也是一个动态助词，表示"完成或存在"，"胖了"、"凉了"、"瘦了"表示"胖、凉、瘦"这几中状态已经生成并存在。此时的"别"不是表示"禁止或劝阻"，而是表示"猜测怀疑或主观希望或提醒"。"别胖了"是"别"和"胖了"的组合，"胖了"表示"胖"这种状态已经存在，"别"表示"猜测怀疑或提醒或主观希望"，"别胖了"表示猜测怀疑"胖"这种状态已经存在，或表示提醒或主观希望不要再出现这种状况。"别凉了"表示猜测怀疑"凉"这种状态已经存在，或表示提醒或主观希望不要再出现这种状况。"别瘦了"表示猜测怀疑"瘦"这种状态已经存在，或表示提醒或主观希望不要再"瘦"下去。看如下例句：

（49）让我多吃点，但别胖了！（自拟）

（50）吃高热量的食物好像真的很容易胖啊，我以为我应该不怎么会胖的，结果真重了 3 斤了，春节买的 155 码的裙子，本来刚好的，现在觉得有点紧了，哎，我别胖了？（自拟）

（51）天气这么冷，炒好的菜放在桌上，别凉了？（自拟）

（52）等吧，但愿黄花菜别凉了。（自拟）

（53）7 点 50 叫我起床，没起之前把吃的抱怀里别凉了。（自拟）

（54）这几天你千万别瘦了，不然我会自卑的。（自拟）

（55）很瘦了，别瘦了……（自拟）

（56）你以前穿 M 码的裤子刚好合适，现在穿 M 码的太大了，你别瘦了？（自拟）

在例（49）中，说话人想多吃点，但是主观希望不要胖。例（50）中，在语境"春节买的 155 码的裙子，本来刚好的，现在觉得有点紧了"下，"我别胖了？"表示说话人猜测怀疑自己已经"胖"了。例（51）中，在语境"天气这么冷，炒好的菜放在桌上"下，说话人猜测怀疑菜已经"凉"了。例（52）、例（53）中，"别凉了"都是表示说话人主观希望某物不要凉了，是一种主观愿望。例（54）中，说话人希望受话人不要瘦了。例（55）中，短短的几个字"很瘦了，别瘦了……"而意境全出，"别瘦了"表示说话人希望受话人不要再瘦，因为他已经"很瘦了"。例（56）中，在语境"你以前穿 M 码的裤子刚好合适，现在穿 M 码的太大了"下，说话人猜测怀疑受话人已经瘦了。

三　"别 N"和"别 N 了"短语

"别 X"中"X"是名词的语言现象，在现代汉语经典文学作品中不常见，一般出现在口语或网络语言中。邵敬敏（2004）① 认为这里的名词可以是活用为动词。施春宏（2001）对"副名"结构中名词的语义成分的内部组成进行了定性分析，并且划分出两类语义成分："关涉性语义成分和描述性语义成分。关涉性语义成分指对名词的内涵起到说明、限制等介绍作用的客观性内容，它显现出名词的关涉性，因而是名词语义特征中表示'要素'的部分，如类属（领属）、构造、原料、用途、数量、时间、方所等。描述性语义成分指对名词内涵起到描写、修饰等形容作用的评价性内容，它显现出名词的描述性语义特征，因而是名词语义特征中表示性质的部分，如属性、特征、关系、特定表现等"②。她认为名词的描述性语义成分是名词进入"副名"结构的语义条件。姜慧英（2008）借鉴施春宏的研究成果，认为具有关涉性语义成分或描述性语义成分的名词，可以进入"别 X"格式。

我们对《现代汉语词典》③ 中的名词进行了考察，能进入"别 N"或"别 N 了"格式的名词有如下一些，并附以从北大语料库、新浪网、人民网以及一些报刊文学中搜集的语料，如：

1. 阿斗、阿 Q、傲气

电信别曹操，移动联通别**阿斗**。（嘉善生活网社区）

别**阿 Q**，高房价不会因为国企退出而降下来。（贡立华新浪博客，

① 邵敬敏、罗晓英：《"别"字句语法意义及其对否定项的选择》，《世界汉语教学》2004 年第 4 期。

② 施春宏：《名词的描述性语义特征与副名组合的可能性》，《中国语文》2001 年第 3 期。

③ 中国社会科学院语言研究所词典编辑室：《现代汉语词典》，商务印书馆 2002 年版。

2010 年 3 月 21 日)

别"阿 Q"了！——李光耀是大国平衡术最高明玩家？（乌有之乡）

"你们不要以为自己有一技之长，就傲气十足，其实那点技巧都是平平而已，基本功都不行，不够上专业水平，所以别**傲气**了。"（新浪微博）

2. 八卦、白痴、暴力、暴政、本本主义、本位主义

当作不知道吧，毕竟是人家的隐私，你不是狗子队，所以就别**八卦**了，大家都是成年人，当事人知道自己在干嘛，不需要别人在拯救。（http：//bbs.hlgnet.com/info/u1_13286813/）

别**白痴**了，大股东会自己定增 900 倍市盈的股票吗？（股吧网，2011 年 3 月 21 日）

别**暴力**，学李阳不好。（腾讯微博）

老是换中卫人选肯定没法培养起默契 你说的那个是古铁雷斯吧……无脑肌肉男一个……不适合我们别**暴政**就行。（百度贴吧，2011 年 8 月 26 日）

你呀，别**本本主义**、教条主义！我看：科学技术不是第一生产力！科技人才才好象是第一生产力！（先锋论坛，2007 年 7 月 2 日）

3. 财迷、菜瓜、草包、长篇大论、陈词滥调、诚意、丑态、臭名、传统、醋坛子

香雪海，你注意点形象，别给我们二十一世纪人丢脸。你可是神仙啊，肿么可以这么舍婪呢，是不。所以说，你要 hold 住啊，可别**财迷**去咯。（小说阅读网《扰城之魔妃不可侵》）

听姐夫一说，他更加如入五里雾中："我比过去强多了，你就别'**菜瓜**'我了。""你的事我早听说了，烟也会抽了，酒也会喝了，钱也会赌了，还……"（《青海日报》2010 年 6 月 18 日）

我看你还是别**草包**的很，不然哪天被人打死都不知道啊！（黔西四中吧）

坛里的精英们，别**长篇大论**了。静下心，好好地向这样的人学习吧！（广东发展论坛，2008 年 1 月 26 日）

你们别**诚意**了，他是不会答应你们的。（自拟）

现在都什么年代了，别**传统**了。（自拟）

4. 大丈夫、刀子嘴、低调、地方主义

别**刀子嘴**了，不然别人还真以为你这人凶恶呢。（自拟）

优点是很容易被人发现的，别**低调**了。（家居微博，2011 年 8 月 4 日）

别**地方主义**了，这样下去对经济发展有负面影响。（新浪微博，2011 年 6 月 11 日）

5. 恶霸、恶作剧、二百五、二流子

还是别**恶霸**了，反正淘宝上 sabrina 和 leah 都有假的了。抓住最新时尚信息，不再让美丽从身旁错过。（北美华人网，2009 年 7 月 2 日）

都叫你别**恶作剧**了，这下惨了吧！（搞笑视频标题，2011 年 3 月 25 日）

甲：好家伙，一百五都出来了，你可别**二百五**就行。

乙：我有数，油门离底下还有那么一段距离呢。我不踩到底，这要踩到底，我掌握不了。（相声《酒驾》）

妈在跟你说正经的，你别**二流子**似的不当回事。他当即拍胸脯保证说："老娘你放心，这回我保证给你争气露脸，到时候给全家一个天大的惊喜。"（网络小说《股民赵宝乐》）

6. 法西斯、法西斯主义、饭桶、封建、封建主义、风花雪月、废话

如没才华就不要那么不厚道。人家有人家的自由，别**法西斯**了。哈哈！（天涯论坛）

骗子、该抓了、警察童鞋麻烦您勤快点别**饭桶**了。（就要投诉网）

你们思想别**封建**了，每个人都有自己的想法。（百度贴吧）

别**风花雪月**了，帮我看看考研准备吧！

都别**风花雪月**了，俺给哥们姐们推荐两本书。（梦溪论坛）

哄鬼呀？吴大水那个鬼精，我还怀疑他给钱没给钱呢！别**废话**了，这事你去办吧。（北大语料库）

这回，那个矮一点的人开了口："别**废话**！日本人要拿他，我们不晓得为什么！快去烧开水！"（北大语料库）

7. 感性、高调、高姿态、国际主义、公式化、功利、狗腿子、古典、

古董、官腔、管家婆、光棍、个人主义

求你们了，**别感性**了，都活跃点吧。（百度贴吧，2012 年 4 月 18 日）

不管你炫富还是仇富都**别高调**了。（新浪微博）

既然来到这个学校，就**别高姿态**了，懂么？（百度贴吧）

地方论坛得有地方特点！**别国际主义**！（响水论坛）

关于隔离霜，跪求高手。**别公式化**，要有自己见解。（百度知道）

信佛**别功利**，生活喂给你的苦，不能指着佛替你消化。（凤凰网）

官是框架按界进退，兵就流动点让更多的人有机会就业，**别狗腿子**趾高气扬有道理，吃狗屎的也神气十足。（人民网强国论坛）

别古典了，弄点现代的文化看看。

"哥，你可**别古董**了。这年头谁刚开始处对象就告诉家长的?""可是……"我还想说。"好了，我的老哥，只要你不生气就好了，家里不是还有你给你妹妹顶着呢……"（网络小说《灰色月光下》）

跟学生说话**别官腔**。（自拟）

你也**别管家婆**了，我会找时间处理一下。（神马小说网）

光棍节，**别光棍**了吧！（杂谈生活）

别个人主义行吗？要多考虑别人的感受。（自拟）

8. 君子、骄气、教条主义、京腔、贱骨头

你也可以随心所欲地骂，**别君子**，不然你吃亏。（股吧）

别人都叫他骄气、胆小的裴云翀；自然他的外号也是骄气、胆小。我跟裴云翀说："你以后**别骄气**、胆小了，要不然你就跟小女生似的。"（新浪微博，2011 年 3 月 5 日）

对的要往前走，错的立即回头！**别教条主义**了。（人民网强国论坛）

你个小忧伤的瘦下来的胖子，身上香水别太重，**别京腔**。（新浪博客）

谁说骨头软就不是好事，人活着适当时候就得软骨头些，**别贱骨头**就成！（网易微博）

9. 卡通、阔气

介绍给我大量 2D 游戏吧，最好**别卡通**。（搜搜问问）

　　洪老师，你家也紧巴，别**阔气**了！再怎么紧巴也得给别人的劳动钱。这样吧，我给 200 块，少是少了点，对你也可以接受，对我也算是补偿。（《山河壮丽》）

10. 赖皮、浪漫主义、老粗、利己主义、例外、冷场、老顽固、老爷们儿、老一套

　　测测你的智商，自己控制好时间，别**赖皮**哦。（杂谈生活）

　　"我是他妈个大**老粗**，这伙青年，一个个文化水儿喝到嗓子眼……"书记又截断他："别**老粗**老细的，先说事实，有这些事儿没有？""好！"拳头一声不吭了。（林斤澜《拳头》）

　　既然是规定，那就谁也别**例外**，不是香山车不能过青龙桥，就是不能过，说破天也不能过。（新浪读书网）

　　大家接着聊，别**冷场**，我先出去一下。

　　人家的暑期作业不能不交，你别**老顽固**墨守成规，用一根绳子绑死一家子人。（网络小说《爱我别牛步》）

　　同学聚会的时候应该有什么样的活动？别**老一套**！（自拟）

11. 木头、马屁精

　　"琪英，你别**木头**一样站着了，倒茶。"苏三指着琪英，又往边上的茶炉指了指，完全把琪英当成自己的下人来使了。（网络小说《定国》）

　　别**马屁精**了，做出点实事来。（自拟）

12　牛脾气、牛气、脓包

　　牛年，可别**牛脾气**。（天涯论坛）

　　做人别**牛气**，说话要三思，小心祸从口出。（阿里巴巴商人论坛）

　　古烈拿眼一瞪赛特："要打架吗？要打就生死决斗，别**脓包**！"（网络小说《红袍》）

13. 痞子、泼妇

　　别**痞子**了，正经点行不？（自拟）

　　不要人云亦云，随心随缘，开心就好！别**泼妇**了，你不是钞票，人人爱你。（自拟）

14. 俗套、神经病、神经质、绅士、守财奴、书生气、死脑筋、傻瓜、傻帽

作文,要写自己身边的小事,千万别**俗套**。(百度知道,2010 年 12 月 25 日)

比尔还在美国呢,别**神经病**乱说,发假消息要定罪的。(股吧)

业主们,别**绅士**了,直接捣毁他们。(口水杭州论坛,2010 年 6 月 6 日)

别**书生气**了,他们不会给你留下文字东西的。(自拟)

别**死脑筋**,回家可以变通一下。(自拟)

别**傻瓜**了,有点常识的人都知道,这种软件是不可能的,纯粹是某个垃圾搞的骗人的东西。(百度贴吧)

别**傻帽**了,领路和带路不是一回事。(人民网,强国社区,2011 年 8 月 22 日)

15. 唯物主义、唯心主义、伪君子、无赖、无政府主义

别**唯心主义**了,要实事求是。(自拟)

大家都别**伪君子**了,巴萨打得就是比阿森纳强,这就是为什么我们会晋级的原因。(新华网)

别**无赖**了,怨不得别人,机会给你没把握住。(股吧,2012 年 1 月 4 日)

16. 闲话、乡巴佬儿、小白脸儿、笑面虎

湖人输了,你们也别**闲话**。(直播吧论坛)

"这怎么可能?咱们又不是小姐。"英子看了方敏一眼:"别**乡巴佬**了好不好。这个人是我老乡,现在开厂发了,所以,一起去吃吃饭而已。""那行,那我就去呗。"(网络小说《红袖添香》)

只是女的别拷大款,男的别**小白脸**就行了,目的摆正,管别人怎么说呢。(百度贴吧)

得得,别尽捡好听的说了,村长大人,你想咋办就咋办吧,别**笑面虎**,拿软刀子捅人了。(小品《村官情》)

17. 左派、纸老虎、主观主义

千万别**左派**了,要一步一个脚印的做好眼前事。(自拟)

中国到底谁的球迷多，证据拿来，别**主观主义**。（百度贴吧，2008年3月5日）

从上面列举的名词及其语料中，我们发现"别 N"或"别 N 了"中的名词的语义不再是字典中的意思或是指某种具体的事物，而是指隐藏在该名词背后的引申义，或是在语用过程中被大众附加上的新的含义，或是名词所指事物具有的性质特征，即名词的描述性语义成分。"别 N"或"别 N 了"格式中"别"表示"劝阻或希望或提醒"，例如：

电信别曹操，移动联通别**阿斗**。（嘉善生活网社区）

别**阿 Q**，高房价不会因为国企退出而降下来。（贡立华新浪博客，2010年3月21日）

别**阿 Q** 了！——李光耀是大国平衡术最高明玩家？（乌有之乡）

"你们不要以为自己有一技之长，就傲气十足，其实那点技巧都是平平而已，基本功都不行，不够上专业水平，所以别**傲气**了。"（新浪微博）

当作不知道吧，毕竟是人家的隐私，你不是狗仔队，所以就别**八卦**了，大家都是成年人，当事人知道自己在干嘛，不需要别人在拯救。（http：//bbs. hlgnet. com/info/u1_ 13286813/）

"阿斗"在《现代汉语词典》中的解释是"三国蜀汉后主刘禅的小名。阿斗为人庸碌，后来多比喻懦弱无能的人"。在语境"电信别曹操，移动联通别阿斗。"中，"阿斗"不再是表示三国蜀汉后主刘禅，这里指的是"像阿斗那样懦弱无能的人"，"别阿斗"中"别"否定的是"阿斗"引申义中描述性语义成分，即"懦弱无能"。在这里"别阿斗"指劝阻对方不要懦弱无能。

"阿 Q"在《现代汉语词典》中的意思是"鲁迅著名小说《阿 Q 正传》的主人公，是'精神胜利者'的典型，受了委屈，不敢正视，反而用自我安慰的办法，说自己是'胜利者'"。在例句中，"阿 Q"不再是指鲁迅小说中的主人公阿 Q，"别阿 Q"中的"阿 Q"是指鲁迅小说中阿 Q 所具有的典型性格特征，即"受了委屈，不敢正视，反而用自我安慰的办法，说自己是'胜利者'"。这里的名词"阿 Q"所表示的是"阿 Q"这个人物所具有的性质特征。"别阿 Q"意思是希望对方不要表现出"阿 Q"那样的性格特征或行为。

"傲气"在《现代汉语词典》中的意思是"自高自大的作风"，虽然

"傲气"的意思的中心语是名词"作风",但在"别傲气"中,"别"侧重点落在其描述性成分"自高自大",即"别"否定的是"傲气"的描述性成分"自高自大"。"别傲气"在例句中的意思是"劝阻或提醒对方不要为自己有一技之长就自高自大"。

"八卦"在《现代汉语词典》中的意思是"我国古代的一套有象征意义的符号。用'一'代表阳,用'- -'代表阴,用三个这样的符号组成八种形式,叫做八卦"。例句中的"八卦"意思与字典中的解释是没有联系的,这里的"八卦"是指"到处说是非,谈论别人的私生活",这个意思是在大众运用的过程中附加上的新含义,虽然没有被字典载录,但这种用法十分普遍并被大众接受认可。这里的"八卦"从名词演变成动词。"别八卦"意思就是"劝阻对方不要到处说是非或谈论别人的私生活"。以上所举的例句在此就不再一一分析说明。

"别 X"中"X"是名词时,邵敬敏(2004)认为这里的名词可以认为是活用为动词。在上述例子中,其中"别废话,别闲话,别赖皮",这些名词似乎具有了动词的用法,邵敬敏认为是名词活用为动词,我们认为"别废话,别闲话,别赖皮"是"别说废话,别讲闲话,别耍赖皮"的省略形式,省略了相应的动词,在语义明确的情况下,是语言经济原则的体现。

"别 N"与"别 N 了"的意义没有太多区别,一般可以互换,且二者对名词的限制条件也差不多,主要的区别在语用上,"别 N"的语气较强硬,"别 N 了"的语气比较委婉。

参考文献

安如磐、赵玉玲:《形容词应用词典》,金盾出版社 2009 年版。

北大中文 1955、1957 级语言班编:《现代汉语虚词例释》,商务印书馆 1982 年版。

陈立民:《汉语的时态和时态成分》,《语言研究》2002 年第 3 期。

丁声树:《现代汉语语法讲话》,商务印书馆 1980 年版。

丁力:《反逼"别说"句》,《语言研究》1999 年第 1 期。

范晓:《汉语的句子类型》,书海出版社 1987 年版。

范晓等:《汉语动词概述》,上海教育出版社 1987 年版。

范晓:《汉语的短语》,商务印书馆 1991 年版。

范晓:《三个平面的语法观》,语言学院出版社 1996 年版。

范晓、张豫峰等:《语法理论纲要》,上海译文出版社 2003 年版。

范晓、张豫峰等:《语法理论纲要》,上海译文出版社 2008 年版。

顾倩：《现代汉语否定副词"不""没""别"的对比研究》，辽宁师范大学，2010 年。

胡裕树主编：《现代汉语（重订本）》，上海教育出版社 1995 年版。

黄伯荣、廖序东：《现代汉语》，高等教育出版社 2002 年版。

郝红雷：《现代汉语否定副词研究》，首都师范大学，2003 年。

竟成：《关于动态助词"了"的语法意义问题》，《语文研究》1993 年第 1 期。

金立鑫：《试论"了"的时体特征》，《语言教学与研究》1998 年第 1 期。

姜慧英：《"别"祈使句研究》，东北师范大学，2008 年。

黎锦熙：《新著国语文法》，商务印书馆 1998 年版。

李敏：《形容词与否定副词"不"组合的语义、句法制约》，《南京师大学报》1999 年第 2 期。

刘永华、高建平：《汉语口语中的话语标记"别说"》，《语言与翻译（汉文）》2007 年第 2 期。

刘勋宁：《现代汉语的句子构造与词尾"了"的句法位置》，《语言教学与研究》1999 年第 3 期。

刘勋宁：《现代汉语句尾"了"的语法意义及其与词尾"了"的联系》，《世界汉语教学》1990 年第 2 期。

陆俭明：《汉语与汉语研究十五讲》，北京大学出版社 2004 年版。

陆俭明、马真：《现代汉语虚词散论》，北京大学出版社 1985 年版。

吕叔湘：《中国文法要略》，商务印书馆 1944 年版。

吕叔湘：《汉语语法分析问题》，商务印书馆 1979 年版。

吕叔湘：《疑问·否定·肯定》，《中国语文》1985 年第 4 期。

吕叔湘：《吕叔湘自选集》，上海教育出版社 1989 年版。

吕叔湘：《现代汉语八百词》，商务印书馆 1992 年版。

吕叔湘、朱德熙：《语法修辞讲话》，辽宁教育出版社 2002 年版。

马庆株：《汉语动词和动词性结构》，北京语言学院出版社 1992 年版。

马清华：《语义的多维研究》，语文出版社 2006 年版。

马希文：《关于动词"了"的弱化形式》，《中国语言学报》1987 年第 1 期。

马真：《现代汉语虚词研究方法论》，商务印书馆 2004 年版。

孟琮等：《动词用法词典》，上海辞书出版社 1987 年版。

彭可君：《副词"别"在祈使句里的用法》，《汉语学习》1990 年第 2 期。

邵敬敏主编：《语法研究与语法应用》，北京语言学院出版社 1994 年版。

邵敬敏、罗晓英：《"别"字句语法意义及其对否定项的选择》，《世界汉语教学》2004 年第 4 期。

沈家煊：《现代汉语语法的功能、语用、认知研究》，商务印书馆 2005 年版。

施春宏：《名词的描述性语义特征与副名组合的可能性》，《中国语文》2001 年第

3 期。

宋春阳、李琳：《"别 V 了 NP"句式及相关问题》，《汉语学习》2006 年第 3 期。

石安石：《语义研究》，语文出版社 1994 年版。

石毓智：《肯定和否定的对称与不对称》，北京语言文化大学出版社 2001 年版。

王红旗：《"别 V 了"的意义是什么——兼论句子格式意义的概括》，《汉语学习》1996 年第 4 期。

王红旗：《"别 V 了₁"中的动词特征》，《汉语学习》1997 年第 5 期。

王红旗：《动词的特征与"别 V 了₁"的歧义指数》，《语文研究》1999 年第 3 期。

王健：《说"别说"》，《语言教学与研究》2008 年第 2 期。

王燕：《从"别 V（了）"来看否定副词"别"的用法和意义》，《安徽文学》2008 年第 10 期。

王微微：《汉语否定副词及泰国学生使用汉语否定副词偏误》，扬州大学，2010 年。

项开喜：《"制止"与"防止"："别 VP"格式的句式语义》，《语言教学与研究》2006 年第 2 期。

邢福义：《语法问题思索集》，北京语言学院出版社 1995 年版。

杨德峰：《面对对外汉语教学的副词定量研究》，北京大学出版社 2008 年版。

袁毓林：《祈使句式和动词的类》，《中国语文》1991 年第 1 期。

袁毓林：《现代汉语祈使句研究》，北京大学出版社 1993 年版。

赵金冠：《现代汉语否定副词研究》，西北师范大学，2008 年。

赵元任：《汉语口语语法》，商务印书馆 1979 年版。

赵元任：《语言问题》，商务印书馆 1999 年版。

张先亮、范晓等：《汉语句式在篇章中的适用性研究》，中国社会科学出版社 2008 年版。

张谊生：《现代汉语副词研究》，学林出版社 2000 年版。

张谊生：《现代汉语副词探索》，学林出版社 2004 年版。

张谊生：《现代汉语副词分析》，上海三联书店 2010 年版。

中国社会科学院语言研究所词典编辑室：《现代汉语词典》，商务印书馆 2002 年版。

中国语言文字系列辞书编委会：《中华现代汉语词典》，中国大百科全书出版社 2007 年版。

朱德熙：《语法讲义》，商务印书馆 1982 年版。

朱德熙：《语法问答》，商务印书馆 1985 年版。

左思民：《现代汉语中"体"的研究》，《语文研究》1999 年第 1 期。

第 五 章

"V 得/不 C"短语

一 引言

（一）问题提出

大量的语言调查表明，世界上大多数语言都是用能愿动词（也称"情态动词"、"助动词"）来表示"能否"范畴的，汉语除了用"能"、"可以"、"会"等能愿动词表示动作或事件的范畴外，还可以在"动结式"和"动趋式"述补结构里插入"得/不"，即用"V 得/不 C"的形式来表达动作的结果或趋向"能否"范畴，这种短语结构形式是汉语特有的。由于"V得/不 C"表示"能/不能"的意义，所以本书称它为能否式"V 得/不 C"。由于汉语里这种能否式"V 得/不 C"短语语式与其他族语比较具有独特性，也使其成为对外汉语教学的重点和外国留学生学习的难点。目前常用的对外汉语教材如《博雅汉语》、《汉语教程》、《汉语精读课本》等在说明能否式"V 得/不 C"这一语法点的形式特点时，都采用"动词 + 得/不 + 结果补语或趋向补语"的说法，侧重能否式与动结式和动趋式的关联性。但是这种说法不能解释很多能否式"V 得/不 C"结构没有对应的"VC"式的情况。关于能否式"V 得/不 C"的语义，一般教材或者采用"主客观条件能否允许进行某种动作或实现某种结果和变化"的说法，或者直接用"能/不能VC"解释，但是并没有交代主客观条件具体包括哪些方面，也没有介绍能否式"V 得/不 C"与"能/不能 VC"的区别，因此给教师讲解和学生习得造成了一定困难，导致留学生在习得能否式述补结构"V 得/不 C"的过程中常常出现各种偏误。以下五例均为留学生的偏误句子：

（1）＊黑板上的字，我不看得清楚。

（2）＊这个桌子太大，我一个人不能搬得出去。

（3）＊对方电话一直很忙，我打了好长时间才打得通。

（4）＊我把这件事办得好。

（5）＊敌人被我们打得败。

本书认为，在对外汉语教学中，留学生对能否式"V 得/不 C"的理解和运用存在一定缺陷，更难以把握能否式"V 得/不 C"与"能/不能 VC"在用法上的具体差异，而现行对外汉语教材中都没有对这两种结构辨析的内容。基于上述情况，本书运用三个平面、对比分析、偏误分析等理论对能否式"V 得/不 C"进行多视角研究。

（二）研究现状

能否式"V 得/不 C"是汉语语法系统中一种相当重要的短语结构，引起了语言学界的广泛关注。这不仅因为其使用频率高、结构复杂，更在于它是汉语表达能否范畴的重要的、特有的结构。国内外不少专家学者都对此进行了广泛而深入的研究和讨论，现将从名称、句法、语义、语用以及教学五个方面对这些文献进行梳理回顾。

1. "V 得/不 C"的名称

表示能否意义的述补结构，语法学界一般称之为"可能补语"，也称"补语的可能式"、表示"能否"的述补结构、"能性述补结构"或"能性补语"等，不同的名称反映了人们对能否式"V 得/不 C"在汉语语法系统中的地位有不同的认识。范晓（1984，1986）不主张把"动结"、"动趋"等结构体里插入"得/不"表示"可能"或"不可能"称作"可能补语"，认为"V 得/不 C"是一种表示"能否式"的述补结构。张旺熹（1999）、黄晓琴（2005）等认为，"补语的可能式"的说法不同于"可能补语"，说明这种结构并不是与动结式和动趋式并列的一种补语，它与动结式和动趋式二者之间是有层次差异的，是后两者的下位概念。对外汉语学界目前基本上都采用"可能补语"的说法，这种统一的名称方便了留学生学习。但是李晓琪（1985）认为，这种述补结构表示的不是"可能"，而是"能够、可以"，用"可能"来描述这类述补结构不够准确、全面，因此他主张用"能性补语式"。吴福祥（2002）也认为"V 得/不 C"在能性范畴的表达上具有独特的价值，因此把它称为"能性述补结构"。李剑影（2007）也赞同吴福祥的观点，在与能性助动词的比较下，将这种结构称为"能性补语"。孙娅爱（2009）认为，从"结果补语

和趋向补语的可能式”简略来的“补语的可能式”的说法就容易产生
“结果补语和趋向补语都能扩展为可能补语”的误解。这尤其在对外汉语
教学上会造成不利的一面。“能性述补结构”的说法则能避免这种误导，
能有效地凸显这种结构独特的地位。本书采用范晓（1984，1986）的说
法，用能否式“V 得/不 C”来表示这种述补短语。

2. “V 得/不 C”的句法问题

1）能否式的类型

关于能否式的形式类型，目前有三种说法。黄伯荣、廖序东（1997）
把补语的能否式分为“V 得/不 C”（例如“爬得/不上”）和“V 得/不得”
（例如“动得/不得”）两种形式。丁声树（1961）、刘月华（1980）认为补
语的能否式有“V 得/不 C”、“V 得/不了”（例如“来得/不了”）和“V
得/不得”三种形式。赵元任（1979）补语的能否式分为四种：“V 得/不
C”、“V 得/不了（来）”（例如“吃得不了、做得/不来”）、“V 得/不得”
和词汇性的能否式（例如“来得/不及、用得/不着”）。三种分类方法总的
来说标准是比较一致的，现在学术界一般采用“三类”的说法。

2）关于“V”和“C”词性的研究

黎锦熙（1924）认为，“得”字所引出的是副词。范晓（1986）认为
“V 得/不 C”中的“V”多数是动词，其中主要是动作动词，少数是形容
词；C 是形容词或动词（其中形容词数量较多）。黄伯荣、廖序东等
（1997）认为，“V 得/不 C”中的“V”主要是动词，也可以是形容词。张
旺熹（1999）认为，“V 不 C”结构中的“V”是动词或形容词，动词绝大
多数是自主性动词，也有极少数是不自主的；“C”是趋向动词、一般动词
和形容词，具有目标性，“C”为趋向动词和积极形容词时进入“V 不 C”
结构比较自由。高增霞（1999）认为，“V”是动性强的自由动词，表示动
作的方向；“C”为形容词时，应是动态性性质形容词，贬义形容词受到
限制。

3）关于“得”和“不”词性的研究

关于“得”的词性，众说纷纭。黎锦熙（1924）认为是特别介词。赵
元任（1979）认为，插在动词和补语中间的“得”是中缀，“V 得/不得”
中的“得”是不纯粹的后缀或最小的补语。朱德熙（1982）认为，“V 得
C”里的“得”是助词，“V 得/不得”里的“得”是动词。李晓琪（1985）
认为，肯定式中的“得”和否定式中的“得”不是同一个“得”，“V 得 C”
中的“得”是动词，表示完成，它是“得 V”；“V 不 C”中的“不”是助

词"不得"的省略，其中所包含的"得"是"得 a"。吕叔湘等（1999）认为是助词或结构助词。

关于"不"的词性，陆志韦（1957）、杨建国（1959）、郭志良（1980）认为，"不"是否定副词。赵元任（1979）把"V 不 C"中的"不"看作是插在动词和补语中间的中缀，加在动词之后的"不得"是不纯粹的后缀。李晓琪（1985）、吕叔湘等（1999）认为，"不"是助词。吴福祥（2002）从重新分析的角度分析，认为能性述补结构"V 不 C"中"不"的性质仍然是否定副词。

4）关于"V 得/不 C"结构的层次分析

目前对"V 得/不 C"结构的层次划分主要有以下三种说法：二分法把"V 得/不 C"结构分析为："V 得/C"、"V/不 C"。马真（1988）认为，可能补语的肯定形式应分析为"看得/完、走得/进去"，"得"是属于述语部分的；否定形式应分析为"看/不完、走/不进去"，"不"是属于补语部分的。三分法把"V 得/不 C"结构分析为"V/得/C"、"V/不/C"。吕叔湘（1999）、朱德熙（1982）都主张表示能否性的述补结构应该三分为"看/得/出"、"看/不/出"。范继淹（1986）、李宇哲（1996）将"V 得/不 C"结构看作是一个双层结构，即"VC"先组合，然后再和"得/不"组合。

3. "V 得/不 C"的语义问题

1）能否式"V 得/不 C"表达的意义

关于能否式"V 得/不 C"的"能否"意义是由什么成分来表达的，存在两种看法。一种流行的看法是该格式的能否意义是由其中的"得/不"表达的。林焘（1957）、赵元任（1979）、黎锦熙（1992）、房玉清（1992）、汪国胜（1998）、吕叔湘（1999）等认为，"得"表示"可能性"，"不"表示"不可能性"。另一种观点认为能否式"V 得/不 C"的能否意义是由整个结构表达，而不是其中的"得/不"表达的。陆志韦等（1957）在谈到述补结构"V 不 C"（如"吃不饱"）时就已经强调，"不"表示它的词汇意义"否定"，而能否的意思是这种格式赋予的。吴福祥（2002）认为表能否性的"V 得/不 C"这一句法语义结构导源于表实现的述补结构"V 得/不 C"的语法化。能否式"V 得/不 C"应该是被作为一个已经"组装"好的结构式来加以使用的，因而具有完型效应，其能性意义是由整体结构在语境中派生出来的意义，后来随着整个形式的"标记化"而逐渐摆脱了对特定语境的依赖，完成了"语法化"。

2）能否式"V 得/不 C"的句法语义限制

很多学者探讨过能否式"V 得/不 C"其语义表达功能和句法语义限制条件。张旺熹（1999）指出"愿而不能"是能否式"V 不 C"整个结构所表达的语义，并对其中的"V"和"C"进行了语义特征分析，他认为能进入"V 不 C"结构的"V"和"C"绝大部分都具有十分明确的自主性和目标性，一个"VC"结构的"V"和"C"是否具有这两个语义特征或部分具有某一语义特征，决定了这个"VC"结构能否扩展为"V 不 C"结构以及扩展以后的语义偏向。当"V 不 C"结构中的"V"和"C"不同时具有自主性和目标性的时候，"V 不 C"结构的语义一般就会发生偏向，它只具有对性质状态进行描述的意义。黄晓琴（2005）在张旺熹研究的基础上扩大了研究范围，除了研究"V 不 C"结构，还包括"V 得 C"结构，并涉及"V 得了/不了（N）"结构。她指出构成能否式"V 得/不 C"的客观条件是补语语义的褒贬；构成能否式"V 得/不 C"的主观条件是说话人的主观愿望。其中起决定作用的是主观条件——说话人是否希望补语结果的发生。同时主观条件也会受到客观条件的限制。郝玲（2006）针对黄晓琴（2005）的观点进行商榷，认为具有消极语义的词语也可以充当可能式"V 得/不 C"的补语，提出了能否构成这种结构的条件是以说话人认为结果的出现是否需要"不太容易实现的条件"为前提的，与说话人的主观愿望没有必然联系。另外，高增霞（1999）专门讨论了补语为形容词的"V 得 A"结构的构成条件。高文从"V"、"A"、"V"和"A"之间的语义关系及音节等方面探讨了能否式"V 得 A"的条件限制："V"是动性强的自由动词，"A"是动态性性质形容词，"V"对"A"的变化有制约作用，体现出主体的能动性；贬义形容词受到限制，音节结构以三音节为常。

通过以上考察，可以看出前人的研究认为能否式"V 得/不 C"中"V"的"自主性或非自主性"和"C"的"积极或消极语义（或褒贬语义）"以及"V"和"C"之间的语义关系直接影响该结构的成立与否。然而能否式"V 得/不 C"与动结式和动趋式的关联性，即能否式"V 得/不 C"与"VC"结构变换的句法语义限制，以及能否式"V 得/不 C"的语义类型，还有待进一步研究。

3）能否式"V 得/不 C"和"能/不能 VC"的比较

较早的语法著作谈到可能补语时，都认为可能补语表示"可能性"，具体解释说明时，都简单地用能愿动词"能"来解释，比如房玉清的《实用汉语语法》中说："听得见"，"看得清楚"，"进得去"，"走得出来"相当于"能听见", "能看清楚", "能进去", "能走出来"。刘月华（1980）把能愿动词"能"的意义分为甲乙两类，甲义是"有能力、有条件、有可能"，乙义是"准许、情理上许可"。"V 得/不 C"和"V 得/不了"所表示的意义相当于"能"的甲类意义，"V 得/不得"主要用于乙类意义。刘文指出，同样是表达甲类意义，"V 得/不 C"与"能"在语义功能上有较明显的差别。甲义肯定多用"能 VC"或"可以 VC"，"V 得 C"用得少；甲义否定一般用"V 不 C"，"不能 VC"用的极少。杉村博文（1982）考察了"V 得 C"、"能 VC"和"能 V 得 C"的分布状况，他认为"V 得/不 C"无论在意义上或功能上都接近形容词，具有非完结性状态的性格；"能 VC"更能够较强地表达出说话者的心理活动的形态；"能 V 得 C"是表示强烈主张的。"V 得/不 C"的"非完结"特性使它不能作具有"完结"性质的"把"字句和"被"字句的述语。李锦姬（1996）考察了能否式"V 得/不 C"和"能/不能 VC"两种格式语用意义上的互换关系："V 得 C"一般都能变换成"能 VC"，"V 不 C"只在某种主观、客观条件对实现 V 不合适、与 V 的实现与否无关、结果都一样的情况下，才可以变换作"不能 VC"。李锦姬还讨论了两种格式的不同表达功能，认为能否式"V 得/不 C"的表达重心在 C 上，而"能/不能 VC"的表达重心则在 V 上。刘慧（2006）通过对"不能 V"与"V 不 C"的比较分析，得出一个规律：当一个行为不具有实现的可能性是由主观因素造成的，选用"不能 V"结构；若一个行为不具有实现的可能性是由客观因素造成的则有两种选择：选用"不能 V"或者选用"V 不 C"。表达肯定的可能性，"能 V"和"V 得 C"在使用频率上还可以平分秋色；表达由客观因素造成的否定性可能性，"V 不 C"结构具有绝对的优势。她认为这是语言的经济原则作用的结果。张黎（2003）从汉语类型学的角度，研究了汉语的"镜像"表现，并且引入了"有意"和"无意"的范畴来阐释这种"镜像"表现。所以在分析"他能听懂汉语"和"他听得懂汉语"这两句话时，他认为前者是属于有意范畴的，后者是属于无意范畴的。

4. "V 得/不 C" 的语用问题

刘月华（1980）提出，当说话者对"能实现某种结果或趋向把握不大"或表达"勉强能实现某种结果或趋向"的意义时，多用"V 得 C"，动词前面常有"也许、大概"一类副词；"V 得 C"前有否定词语，这时虽然形式上是"V 得 C"，但整个句子所表示的意思是否定的，语气稍微委婉些；包含"V 得/不 C"的句子，动词前一般不能用表示动作者动作时的心情、态度以及修饰动作的描写性状语。刘月华还认为有些"V不C"中间可以插入"太、大、很"一类程度副词；"V得/不C"一般不能用于"把"字句、"被"字句的谓语动词后，不能用于连动句的第一动词后。李锦姬（1996）分析了能否式"V得/不C"的语用结构，指出可能补语句的S是主题，"V得/不C"是述题。这述题可分成两个小述题，一个是"V"，一个是"得/不C"。两个小述题对主题S说明或陈述的性质不同，V侧重于对S进行叙述，"得/不C"侧重于对S进行评议。例如"我看不懂"构成"我看"和"我不懂"的两个"主题—述题"结构。在表现可能性的角度来看，V是次述题，"得/不C"是主述题。从语用价值来看，能否式"V得/不C"主要是C，作用在于强调某种动作行为后结果的实现与否。

　　关于能否式"V得/不C"的不对称研究，主要集中在对"V得C"和"V不C"使用频率的统计和解释上。刘月华（1980）通过统计的方法发现了"V不C"和"V得C"的使用频率比为50∶1，并指出"V得C"主要用于疑问句，在陈述句中很少使用。吕文华（1994）统计显示"V得/不C"结构否定式与肯定式的使用比率为30∶1。沈家煊（1999）指出可能补语的肯定式和否定式之间，在结构、频率和分布、语法化程度以及历史上形成早晚等四个方面呈现出不对称。胡国清（2003）的统计结果揭示"V不C"的使用频率是"V得C"的10倍多。

　　关于肯定式和否定式不对称的原因，很多学者试图从不同角度加以解释。石毓智（2001）从语言中肯定否定的使用所遵循的规则来解释"V得C"和"V不C"使用频率上的差异。由于"V得C"表达的肯定程度、肯定语气很弱，所以常常用于疑问句中，表达否定意义和反问语气；而"V不C"表达的否定程度、否定语气很强，所以主要用于陈述句中，表达十分强烈的否定意义和否定语气。郝维（2002）认为肯定和否定的不平衡主要是由于表达的意义和对举的对象不同而造成的。从表达的意义来看，肯定式主要用于表达不大肯定或有些委婉的语气，所以，人们要表达比较肯定的意义时，就不大使用肯定式而用它的同义表达形式；而由于否定式主要用于表达非常强烈的语气，所以，人们要表达比较否定的意义时，就多采用否定式。从对举的对象来看，与否定式对举的对象远远多于与肯定式对举的对象，所以，肯定式的使用频率也就不如否定式高。胡国清（2003）认为，汉语表示能否的述补结构里，肯定式和否定式都是有标记项，"V得C"有肯定的补语标记"得"，"V不C"有否定的补语标记"不"，"V不C"在使用频率上高于肯定形式"V得C"是符合标记理论的。"V得/不C"的不对称，受到语言的象似性、语法化和语言的经济原则的制约。郭玲丽（2007）引入概念整合理论分析"V 得 C"和"V 不 C"在共时平面和历时平面上的各种不对称现象："V 不 C"的形成过程是一个因果关系的截搭型整合，而"V 得 C"则是在能否式"V 不 C"空缺的情况下，利用糅合类推出现的，"V 得 C"必须处在未然语境中。

5. "V 得/不 C"的教学问题

田化冰（2001）通过对外国留学生在运用能否式"V 得/不 C"时经常出现的错误分析，阐述在对外汉语教学中，能否式"V 得/不 C"的教学应分初、中、高级各阶段逐步进行（而非只在初级阶段），并提出对各阶段教学步骤及内容的建议和方法。秦慧云（2005）选择了目前比较通行的五种对外汉语教材进行考察研究，指出各种教材在说明能否式"V 得/不 C"时存在的问题，比如"插入说"的质疑、主客观条件的模糊性、练习形式的单一化等，并提出相应的教材编写和语法教学建议。刘淑芳（2007）根据汉日能否式"V 得/不 C"、"V 得/不了"和"V 得/不得"三种格式之间的对比研究，通过日本学生的作文以及问卷调查对日本留学生习得这三种格式的偏误进行了分析。火玥人（2007）指出能否式"V 得/不 C"和"V 得 A"在某些情况下会出现相同的形式，造成留学生学习难点，教师在对外汉语教学中要突出两者关键的区别点，并可采用相应的解决的方法：观察"V 得 A"中形容词的出现形式；通过语境分辨；通过句重音判断。

6. 对以往研究的评述

到目前为止，语言学界对能否式"V 不 C"的讨论内容涉及句法、语义、语用等各个方面，逐渐向全面和深入的方向发展。但一般都是把该结构作为可能补语中的一类加以讨论，专门对这一结构进行深入研究的文章不多，而现有的研究文章在许多方面都没能取得一致的意见，还存在一些有待商榷的地方。

首先，对于能够进入能否式"V 得/不 C"格式的动词 V 的条件，不少文章都有涉及，主要考察方法都是列举了一些能够进入此格式的动词和不能进入此格式的动词，进行的描写和解释不十分详尽，也并未在真正意义上考察出限制动词 V 进入此格式的条件。究竟什么样的"VC"可以变换成"V 得/不 C"结构，什么样的就不能变换，还有待进一步深入研究。

其次，关于能否式"V 得/不 C"与"能/不能 VC"的区别与联系，诸多学者从不同角度作出解释，但是并没有明确指出什么时候我们一定要用

"V 得/不 C"结构；这种结构的优势在哪里；它体现了一种什么样的态度、情感，为什么"能 VC"和"V 得 C"比较容易替换，而"不能 VC"和"V 不 C"却不容易互换；"主观条件"和"客观条件"的区分标准是什么，等等。

　　第三，目前对能否式"V 得/不 C"的研究大多数属于汉语本体研究，应用研究特别是该格式的对外汉语教学研究比较少。在对外汉语教学方面，能否式"V 得/不 C"的研究成果远没有本体方面的研究丰富，很少有学者专门讨论能否式"V 得/不 C"在教学上的问题或系统地研究留学生习得能否式"V 得/不 C"产生的偏误。以往的对外汉语教学往往把能否式"V 得/不 C"放在补语教学的大框架里，不论在教材编写还是在实际的课堂教学中都没有充分解释其语义和用法上的独特性，能否式"V 得/不 C"的最新研究成果并没有应用到对外汉语教学实践中去。

（三）研究意义及预期目标

　　述补结构是汉语语法体系中一个相当重要的结构系统，普遍采用的补语系统包括 8 个小类，其中能否式"V 得/不 C"在对外汉语教学中占有重要的地位。首先，能否式"V 得/不 C"与结果补语和趋向补语密切关联，它们不但在形式上造成对应关系，语义上也有一定的变换关系。其次，能否式"V 得/不 C"具有独特的语用功能，专门表达"能否"有关的情态语义，它与能愿动词"能"之间既有联系，又有区别。因此，在对外汉语补语教学中，能否式"V 得/不 C"不仅是一个重点，也是一个难点。

　　本章以能否式"V 得/不 C"为研究对象，试图对其结构、语义及用法上的特点进行全面、系统的考察，着重讨论能否式"V 得/不 C"的句法语义限制、情态语义、语用特点及其与能愿动词的区别与联系。通过能否式"V 得/不 C"的研究，我们认识到，能否式"V 得/不 C"不是和结果补语或趋向补语并列的所谓"可能补语"，而是"动结式""动趋式"述补结构里插入"得/不"以后形成的具有独特语用意义的一种述补结构，从而丰富汉语述补结构以及汉语能否范畴的研究与应用。

　　本章还将通过汉外能否范畴的对比研究，对留学生在习得能否式"V 得/不 C"过程中产生的偏误类型进行分析，归纳总结偏误成因，并提出能否式"V 得/不 C"的教学策略。希望本书的研究能为能否式"V 得/不 C"的对外汉语教学提供一定的参考，帮助母语为非汉语的学生正确习得汉语可能补语；也能为汉外互译、双语词典编纂等语言对比相关活动提供一点依据。

本章只选取现代汉语能否式"V 得/不 C"这一格式作研究,"V 得/不了"和"V 得/不得"不在本章的考察范围之内。一是因为一章中不可能对三种格式做一个全面的考察和研究;二是因为能否式"V 得/不 C"是三种格式中留学生最难掌握的一类。由于"V 得/不了"补语的固定,留学生学习和运用该格式比"V 得/不 C"容易。因此本章研究的"V 得/不 C"格式不包括"V 得/不了"。

二 能否式"V 得/不 C"的句法语义考察

(一)"V 得/不 C"内部组成成分分析

能否式"V 得/不 C"由 V、得/不、C 三个直接成分组成,三个成分之间的语义关系十分密切而复杂。

1. "V 得/不 C"中的"V"

1)"V"的词性

能否式"V 得/不 C"中的"V"可以由动词或形容词充当,表示某种动作或性状。我们从华中师范大学吴振国开发的现代汉语语料库中挑选出含能否式"V 得/不 C"的例句 4069 条,其中"V"为动词的有 4012 条,占总数的 98.6%,其余为形容词。由此可知,"V"绝大多数是动词,少数是形容词。另外从互联网上搜索到个别"V"为名词的句子,例如:

(1)你说狗那么多,我怎么淑女得起来?(百度"周杰伦"贴吧)
(2)我在别人面前特淑女,可在哥面前,实在淑女不起来。(ChinaRen 社区)

例(1)和例(2)都由名词"淑女"充当"V"。这是比较少见的情况,这类名词都有形容词的趋向,能够受程度副词修饰,比如可以说"很淑女"、"特淑女"等,指优雅的、具有女性魅力的。

2)动词"V"出现在"V 得/不 C"的情形

孙放(2006)对孟琮等编的《动词用法词典》的统计,不能充当"V 得/不 C"结构中的"V"一共有 411 个。李宇哲(1996)曾考察过由中国社会科学院编的《现代汉语词典》,发现其中 2500 多个单音节动词有 500 多个能构成"V 得/不 C",而这 500 多个动词中大部分都只存在"V 得/不 C"格式而没有与其相对应的"VC"格式。

　　通过对语料的观察，我们发现能进入能否式"V 得/不 C"格式的动词可以是单音节动词，也可以是双音节动词，但是单音节动词明显多于双音节动词。在而双音节动词中，大多是复合式的，附加式和重叠式的几乎没有。现代汉语中的复合式包括五种基本类型：联合、偏正、补充、动宾、主谓。① 以下是筛选出来的复合式动词。

联合型：	联系	描写	研究	蒙蔽	评论	继承
偏正型：	胡闹	热爱	体会	席卷	再生	力争
补充型：	扩展	纠正	推翻	看见	打倒	放开
动宾型：	放心	取笑	举重	吃香	催眠	失明
主谓型：	海啸	地震	兵变	事变	雪崩	人为

　　复合式的双音节词里，能够进入能否式"V 得/不 C"结构的，大多数是联合型的合成词，也有偏正型和补充型的，动宾型（除了"放心"等极个别的词）和主谓型受到限制。

联合型：	联系得/不上	描写得/不出来	研究得/不出来	继承得/不下去
偏正型：	胡闹得/不起来	体会得/不出来	*席卷得/不起来	*再生得/不出来
补充型：	扩展得/不出去	纠正得/不好	*看见得/不出来	*打倒得/不下去
动宾型：	放心得/不下	*取笑得/不出来	*催眠得/不起来	*失明得/不起来
主谓型：	*海啸得/不起来	*事变得/不出来	*雪崩得/不下来	*人为得/不出来

　　我们考察《动词用法词典》，发现以下几类动词不能进入能否式"V 得/不 C"格式。

　　第一类：必须带宾语的粘宾动词，比如"属于、敢于、加以、成为、促使、引起、当做、作为、使得、显得、标志着"等，这类动词不能单独作谓语。

　　第二类：判断动词"是"，部分心理动词比如"打算、希望、以为、认为、感到、允许"等，能愿动词"会、敢、嫌、可以、可能、应该、愿意"等。

　　第三类：大部分典型的不及物动词，比如"咳嗽、离婚、考试、劳动、完毕、游泳、洗澡"等。

　　少数形容词可以充当"V 得/不 C"结构中的"V"。当"V"是形容词时，进入能否式"V 得/不 C"格式受到的限制比较多。孙放（2006）认

---

① 张斌：《新编现代汉语》第二版，复旦大学出版社，第 168 页。

为，当"V"是形容词时，"V 得/不 C"大多表示一种性状能否实现某种动态变化，所以它一般选择动态形容词。经过考察，发现进入"V 得/不 C"格式的多为性质形容词，状态形容词一般不能进入能否式"V 得/不 C"格式。当"V"为静态形容词时，"C"往往是趋向动词。例如：

(3) 儿子长得不像我，否则也漂亮不起来了。（王正方《我的父子关系》）

(4) 忙乱的生活，如何优雅得起来？（丫丫网论坛）

例（3）"漂亮"和例（4）"优雅"均为静态形容词，进入"V 得/不 C"格式以后表示能否开始具有该状态，补语是趋向动词"起来"。非谓形容词（也说"区别词"）比如"中式、大型、无毒、超级、单程、野生"等不能进入能否式"V 得/不 C"格式。

3) 动词"V"的语义特征分析

根据 [±自主性] 的语义特征，可以把动词分为自主动词和非自主动词（马庆株，1988）。自主动词从语义上说是表示有意识的或有心的动作行为的。非自主动词表示无意识、无心的动作行为，即动作行为发出者不能自由支配的动作行为。根据这一标准，我们对《动词用法词典》中能构成能否式"V 得/不 C"的 917 个动词进行验证，检验出自主动词 892 个，非自主动词 25 个。由此可见，能否式"V 得/不 C"中的"V"具有 [＋自主性] 的语义特征。这跟以往的研究是一致的。

少数非自主动词在一定的语境中也能进入能否式"V 得/不 C"格式。例如：

(5) 阿菊怎么丢得掉？人家不是怀抱琵琶寻得来了吗？（吴强《红日》）

(6) 真的犯不着，也没必要，你也用不着再给我说什么七七、八八的原因。（张平《十面埋伏》）

(7) 岁月的风褪不去青春的颜色，绿色的梦在钢轨与车轮的奏鸣中再一次延伸。（《人民日报》1996 年 4 月）

(8) 妈没有说一句责备我的话，可是，她那悲伤的面容给我的印象却永远忘不掉。（杨沫《青春之歌》）

(9) 小路君个子一直长不高，赵群德为此很着急。（张芳云《拇指姑娘》）

例（5）中的主语"阿菊"处在被描述的地位，而不是动作的发出者和执行者，具有被动的意味；例（6）中的"犯不着"没有明确的主语和表述对象，只是描述一种客观存在的状况，而不是一种动作行为；例（7）的主语是非生命体"风"，"褪"是一种自然行为，而对于"风"来说却是可以自由支配的，"褪"在此语境中临时获得了［＋自主性］而成为自主动词；例（8）中的主语"印象"是非生命体，"忘不掉"描述主语的一种特性，具有较强的描写性；例（9）中的"长"也是一种自然行为，不是大主语"小路君"发出的动作，也不是小主语"个子"执行的行为，"长不高"是描述主语"小路君"的"个子"的属性的，具有描述性特征。

2. "V 得/不 C"中的"C"

1）"C"的词性

能否式"V 得/不 C"中的"C"是补语，对"V"表示的动作或性状进行补充说明，表示某种结果或趋向，可以由一般动词、趋向动词或形容词充当。"C"的意义大致包括基本意义、引申意义和虚化意义。①

能否式"V 得/不 C"中的"C"如果为具有实在意义的动词或形容词，"V 得/不 C"表示条件是否允许实现动作、行为或者性质、状态的某种结果。例如：

（10）过去开车都没问题，现在则视物不清，看得见头看不见人身。（《报刊精选》1994 年）

（11）合并前，上述四家工厂长期处于吃不饱、饿不死、长不大的状况。（《报刊精选》1994 年）

例（10）中"看得见"、"看不见"，例（11）中"吃不饱"、"饿不死"、"长不大"补语为具有实在意义的动词"见"、"死"和形容词"饱"、"大"。

能否式"V 得/不 C"中的"C"如果为趋向动词"出、出来、出去、过、过来、开、来、起、起来、去、上、上来、下、下来、下去"等，"V 得/不 C"表示条件是否允许实现动作、行为或者性质、状态的某种趋向。补语"C"可以指实在意义，但更多情况都具有引申意义。例如：

（12）我全身骨头都快摔散了，你叫我怎么站得起来。（古龙：《小李飞刀》）

（13）工作证丢在哪儿了，怎么丢的，你还想得起来吗？（王朔：

---

① 房玉清：《实用汉语语法》，北京语言文化大学出版社 1992 年版，第 260 页。

《人莫予毒》)

　　(14) 她打算一心扑在唱书上, 好好帮爸爸一把, 只有帮了爸爸, 她才<u>活得下去</u>。(老舍:《鼓书艺人》)

以上各例补语都是趋向动词, 例 (12) 中补语"起来"表示从下往上作空间上的位移, 用的是基本意义; 例 (13) 中补语"起来"表示从不记得到记得的过程变化, 用的是引申意义; 例 (14) 补语"下去"表示生活继续, 也是引申意义。

　　能否式"V 得/不 C"中的"C"如果为意义虚化 (只有动词的形式, 没有实在意义), "V 得/不 C"表示条件是否允许实现某种动作、行为或者性质、状态。经常充当此类补语的动词有"住、掉、到"等。这类动词的特点是组合能力非常强, 与"V"结合得非常紧密, 具有粘着性, 语义比较虚化。例如:

　　(15) 在这贩卖所里跑走几年之后, 多半已经暮气沉沉, 更哪里<u>找得到</u>一股精力, 翻个筋斗, 将所知道的知识拿来受过新陈代谢的洗礼呢!(梁玉春:《论知识贩卖所的伙计》)

　　(16) 也不是没戒过, 身子又娇, 又是由着性儿惯了的, 说丢, 哪儿就<u>丢得掉</u>呀?(张爱玲:《金锁记》)

例 (15) 中"找不到"和例 (16) 中"丢得掉"的补语"到"和"掉"都是意义虚化的动词。

　　2)"C"的语义指向

　　语义指向是句法结构的语义网络中有关系的成分, 补语的语义指向可能有三种情况: 指向主语、指向宾语、指向动词。[①] 能否式"V 得/不 C"的补语"C"的语义, 可以只指向"V"的施事或 V 的受事, 也可以既指向"V"的施事又指向 V 的受事, 还可以指向述语"V"本身或"V"的工具、数量等。例如:

　　(17) <u>吃不好</u>, <u>睡不好</u>, 心情不好, 精神差, 人瘦了许多, 两个脸颊都凹进去。(岑凯伦:《蜜糖儿》)

　　(18) 吓一下就行么? 说得太容易呀! 何秀妹一淘坏胚子是<u>吓不倒</u>的!(茅盾:《子夜》)

---

　　① 吕叔湘、马庆株:《语法研究入门》, 商务印书馆 1999 年版, 第 335 页。

（19）前面是一片白亮亮的湖水，湖水好像一弯新月，围抱着对岸，人立在这里<u>望得见</u>湖心亭和弯曲的桥。（巴金：《家》）

（20）气氛、气氛、情调，我也很欣赏，可惜我<u>花不起</u>时间，吃饱了就算。（岑凯伦：《还你前生缘》）

（21）我的心情变得总是那么愉快，有时候想伤感一下，都<u>伤感不起来</u>。（陈染：《私人生活》）

（22）然而世间纸张还多，每一文社的人数却少，志大力薄，<u>写不完</u>所有的纸张。（鲁迅：《二心集》）

（23）不到3个月，既没有系统的理论学习，也没有严格的实习操作，学员<u>跑不到</u>上千公里路，只要交上几千元培训费，就能拿到"实习驾驶证"。（《人民日报》1993年10月）

例（17）补语"好"语义指向"吃"、"睡"的施事；例（18）补语"倒"语义指向受事"何秀妹一淘坏胚子"；例（19）补语"见"既指向"望"的施事"人"，又指向"望"的受事"湖心亭和弯曲的桥"；例（20）补语"起"和例（21）补语"起来"语义分别指向述语"花"和"伤感"；例（22）补语"完"指向述语"写"的工具"所有的纸张"；例（23）补语"到"指向述语"跑"的数量"上千公里路"。

3）"C"的语义特征

前文关于"C"词性的论述中提到"C"可以由一般动词、趋向动词或形容词充当，我们把这三种补语分别记作C1、C2和C3，并根据刘月华（1980）和张旺熹（1999）"C"具有［＋目标性］的语义特征的观点，对此做些分析。

C1（动词）类。除了少数如"开"、"散"等动词带有一定的方向性和"完"具有终结性外，大部分动词没有明显的［＋目标性］特征，但当它们与"V"组合后，"V"和"C"的组合之间就具有一定的［＋目标性］。因为"V"和"C"往往具有相同的义素，所以"C"就是"V"这个动作行为所要达到的目标。比如"开"具有［＋使（合拢或连接的东西）舒张或分离］的义素，与之搭配的动词"撕、拧、解、化、张"等也具有相同的语义特征，所以"开"是"撕、拧、解、化、张"所要达到的目标。"过"具有［＋经过某个空间或时间］或［＋位移或时间变化］的义素，与之搭配的动词"通、翻、混、走、打、说"也具有［＋使移动或变化］的语义特征，所以"过"是动作行为"通、翻、混、走、打、说"的目标。

C2（趋向动词）类。本身就带有［＋目标性］的属性，因为趋向动词表示动作或状态朝着某个方向发展,因此 C2 作补语体现出 [+目标性] 的语义特征。当 C2 意义虚化,表示引申意义的时候,同样具有 [+目标性] 的语义特征。例如:

(24) 他明白老者的话很实在,可是不愿意满世界去卖骆驼——卖不出去,也许还出了别的毛病。(老舍:《骆驼祥子》)

(25) 有才而无资格,在他看,就如同有翅膀而被捆绑着,空着急而飞不起来。(老舍:《文博士》)

(26) 买了文凭就去报考,自要你交钱,准考得上。(老舍:《牛天赐传》)

(27) 她打算一心扑在唱书上,好好帮爸爸一把,只有帮了爸爸,她才活得下去。(老舍:《鼓书艺人》)

例(24)中"出去"是"卖"的目标;例(25)中"起来"是"飞"的方向和目标;例(26)中"上"不是动作行为"考"的方向,却是"考"的目标;例(27)中"下去"是表示动作发展的状态将持续,这种持续状态是"活"的目标。

C3(形容词)类。进入能否式"V得/不C"格式,在语义上受到一定限制。马真、陆俭明(1997)对《形容词用法词典》收录的1078个词逐一考察,发现其中只有216个词能作结果补语,而且这些能作结果的形容词并非都能进入"V得/不C"格式。

朱德熙(1992)把形容词分为性质形容词和状态形容词,我们发现能进入能否式"V得/不C"格式的 C3 中的性质形容词占优势,尤其是单音节的性质形容词。积极义的性质形容词进入该格式比消极义的性质形容词更自由,双音节的表示消极意义的形容词都不能进入该格式。从人类讲究礼貌的语用心理原则来讲,人们在言语交际中出于礼貌,会回避使用消极义的词汇。积极义的形容词从认知上表示人们对美好事物的认识或评价,一般情况下人们常常把积极义形容词表示的状态作为理想的目标或希望达到的程度,当这类词进入能否式"V得/不C"后,就具有 [+目标性] 的语义特征。

我们说积极义的形容词在能否式"V得/不C"格式中使用频率高,并不意味着消极义的形容词绝不能进入该格式。在一定条件下,往往是对消极义形容词表示否定,单音节消极义形容词也可作能否式"V得/不C"的补语。例如:

(28) 在戏院中,元元吵着要买吃食,我不肯,母亲总是说孩子吃

些糖果又<u>吃不坏</u>的。（苏青：《归宿》）

（29）鸟会飞，云会去，一生的事迹，却和敬亭山一样是客观存在的，丑恶的抹不了，秀丽的也<u>搞不臭</u>。（费孝通：《我看人看我》）

（30）群众一定要有组织，你们要善于组织群众，有组织的群众，就是一支有纪律、守秩序并且大有作为的坚强队伍，坏人也<u>搞不乱</u>它。（《人民日报》1995 年 1 月）

以上三例中，单音节消极义形容词"坏"、"臭"、"乱"分别充当"吃"和"搞"的补语，但都用否定副词"不"加以否定。这种情况跟我们之前讨论的少数非自主动词进入能否式"V 得/不 C"的情况相类似，当消极义形容词进入能否式"V 得/不 C"格式时，整个结构具有较强的描述性，描述主语的某种属性或状态。

也有一部分积极义的形容词不能进入能否式"V 得/不 C"格式，比如"充分、充足、大方、厉害、机灵"等。根据是否可以带时态助词、趋向动词和能否受副词"没（有）"的修饰，可以把性质形容词分为动态形容词和静态形容词。状态形容词用于对状态的描写，也是属于静态的。动态形容词因其状态变化的过程，与［＋目标性］的语义特征相一致，比较容易进入能否式"V 得/不 C"。静态形容词只是对情状的描写，没有动态变化过程，因此难以进入能否式"V 得/不 C"。比如"充分、充足、大方、厉害、机灵"等可以构成"论述得充分、准备得充足、表现得大方、痛得厉害、长得机灵"，但这只表示对已然状态的描写，不表示可能，也没有［＋目标性］的语义特征，原因就在于没有一个动态的变化过程。

朱德熙（1982）把形容词分为简单形式和复杂形式两类。简单形式包括单音节形容词（如"大"、"红"）和一般的双音节形容词（如"干净"、"大方"）。复杂形式包括重叠式（如"远远"）、带后加成分的（如"黑乎乎"）、"霎白、冰凉"类形容词和以形容词为中心的形容词结构（如"很大"、"又细又长"）。张国宪（1995）认为在从单音节向双音节转化的过程中，形容词的动态性减弱、状态性增强，如"红—暗红"、"黑—黑暗"，单音节形容词动态性最强，复杂形式的形容词最弱，状态形容词介于两者之间。这样，我们可以得到一条变化链：

　　单音节性质形容词　双音节性质形容词　状态形容词　复杂形式

　　动态—————————————————静态

在这个变化链中，越靠近左边的进入能否式"V 得/不 C"结构的能力就越强,反之则越弱。也就是说,动态性越强的形容词进入能否式"V 得/不 C"越自由,动态性越弱的形容词进入能否式"V 得/不 C"越不自由。

通过以上分析,我们可以得出结论:能够进入能否式"V 得/不 C"的形容词大部分具有[+目标性]和[+动态性]的语义特征。

综上所述,能否式"V 得/不 C"格式对"V"和"C"都有句法和语义上的限制。"V"一般以单音节动词和双音节的复合式动词为主,复合式又以联合型和偏正型居多,动宾型和主谓型受到限制;单音节的性质形容词在"C"中占绝大多数,双音节的性质形容词次之,状态形容词进入能否式"V 得/不 C"的能力比较弱,复杂形式的形容词不能进入该格式。"V"的语义特征体现出[+自主性],"C"的语义特征体现出[+目标性]和[+动态性]。

3."V 得/不 C"中"V"和"C"的语义互选

词语之间的搭配和组合不是任意的,而是受到词语语义的制约,即词语搭配时存在语义上的选择。能否式"V 得/不 C"对其组成成分"V"和"C"以及两者之间句法语义搭配上也有所选择和限制。

并不是具备[+自主性]语义特征的"V"和具备[+目标性]和[+动态性]语义特征的"C"都能构成能否式"V 得/不 C",这是因为"V"和"C"之间存在着语义互选关系。以"借"和"还"为例,我们可以说"借得/不来、借得/不到、借得/不着",也可以说"还得/不起、还得/不掉",但不能说"还得/不来、还得/不到、还得/不着",也不能说"借得/不起、借得/不掉""借得/不上。原因是"借"和"还"的语义具有方向性,"借"有使事物移向主体的意味,所以由表示"接近、得到、附着"等义的"来、到、着"作补语;"还"有使事物离开主体的意味,所以选择"起、掉"作补语。又如"剪"和"长"、"短"都符合作为"V"和"C"的语义条件,但是我们可以说"剪得/不短",不能说"剪得/不长"。骆锤炼(2007)认为,如果某一动作行为产生的结果是自然且单一的,那么这个过程就是顺向的;如果是非自然的结果,那么就是非顺向的。凡是顺向的都可以构成能否式"V 得/不 C",而非顺向的则不能构成能否式"V 得/不 C"。因为"剪(头发)"只能越剪越短,不可能越剪越长,所以"剪得/不短"是顺向的,"剪得/不长"是非顺向的。由此可见,不仅能否式"V 得/不 C"这个结构本身对进入其中的"V"和"C"都有语义限制,而且"V"和"C"之间也存在着语义互选,"V"对"C"有制约作用,"C"对"V"也有选择作用。

（二）"V 得/不 C"整体结构分析

1. "V 得/不 C"短语的句法功能

"V 得/不 C"是一种特定的结构，进入这个格式的具体词语构成的结构体，也就是一个个由这特定格式构成的具体短语（如"吃得饱、跑得动、吃不饱、跑不动"之类）。由"V 得/不 C"构成的短语，在句中担任了一定的句法功能，最重要的句法功能就是在句中作谓语或充当谓语的述宾短语里的述语，所以"V 得/不 C"是一个动词性结构体。此外，还有其他句法功能，如作定语、状语和补语。

1）"V 得/不 C"作谓语或述语

经考察，"V 得/不 C"作谓语或述语在语料中所占比例超过 90%。例如：

（31）我实在按捺不住了，走过去责备老丁："这就是你的不是了，路程那么远，你又长时间不让师母到医院里来。来一趟她当然要多陪陪你，这是人之常情嘛！"（白桦：《淡出》）

（32）我的心情变得总是那么愉快，有时候想伤感一下，都伤感不起来。（陈染：《私人生活》）

（33）我这半年，就找不到下棋的。（阿城：《棋王》）

（34）再说，盘古开天辟地到如今，没听说官能听得进不顺耳的话。（白桦：《啊！古老的航道》）

以上例（31）和例（32）里，"V 得/不 C"形成的短语"按捺不住"和"伤感不起来"是作为谓语出现在句中的；例（33）和例（34）里，是述宾短语作谓语，"V 得/不 C"形成的短语"找不到"和"听得进"是作为述语出现在句中的，它们后面都带有宾语（"下棋的"和"不顺耳的话"）。

另外我们发现，"V 得/不 C"也可以在一定的语境里作为独立的小句（或省略主语的谓语）出现。例如：

（35）看得出，黄帽子很气，却一时无话。（陈世旭：《将军镇》）

（36）可我隐隐有一种欲望在心里，说不清楚，但我大致觉出是关于活着的什么东西。（阿城：《棋王》）

2）"V 得/不 C"作定语、状语或补语

"V 得/不 C"构成的短语除了担任谓语、述语外，还具有其他句法功

能，如充当定语、状语或补语，但这些句法功能并非此结构体的主要功能或常用功能，在我们掌握的语料中只占了不到 10%。例如：

（37）走得动爬得起的人，又都下地了，把抛荒的土地刨开，撒下了麦种，期待着麦种破土、发芽，给土地披上一层绿衣，给自己增添一点血色。（戴厚英：《流泪的淮河》）

（38）段莉娜听到康伟业的声音就忍不住抽泣起来，抽泣使段莉娜显出了女性的温柔，她说："伟业，毛主席他老人家……"（池莉：《来来往往》）

（39）尽管辈分不对，云奶奶还是喜欢得坐不住站不住。（邓友梅：《那五》）

例（37）中"走得动爬得起"充当了"人"的定语；例（38）中"忍不住"充当"抽泣"的状语；例（39）中"坐不住站不住"充当述语"喜欢"的补语。

2. "V 得/不 C"的语义配价

范晓（1986）认为："动词性 V—R 从总体功能来看，有单向、双向和三向的分别，区别的方法是看它在句中的'必有的'名词性成分的数量而定。"① 范晓（1996）又指出"动词性的结构体有价的区别"。本书把"V 得/不 C"看作动词性的短语结构，也可以根据它与其所联系的强制性语义成分的关系来分析它的配价。大体上可以把"V 得/不 C"分为一价（单向）、二价（双向）和三价（三向）三类。

第一类，一价（单向）的"V 得/不 C"。这种结构体只与一个强制性的语义成分相关联，其中的"V"和"C"多为一价动词，差不多就是一般说的不及物动词。

（40）到了楼上空，我又不敢降落，我对自己太没把握了，万一落地飞不起来可怎么办？（王朔：《痴人》）

（41）也得我忙得过来呀！晚饭也得预备起来了，还得烧洗澡水。（张爱玲：《连环套》）

（42）笃保有点坐不住——到他们家来的亲戚朋友很少有坐得住的——要走。（张爱玲：《红玫瑰与白玫瑰》）

---

① 范晓：《三个平面的语法观》，北京语言大学出版社 1996 年版，第 190—203 页。

　　　　（43）有一天半夜，刘三姐又被无名的烦闷从梦里唤醒，自知再也
　　睡不成了，就爬起来坐着。（王小波：《歌仙》）

例（40）的"飞不起来"、例（41）的"忙得过来"、例（42）的"坐不
住"和"坐得住"、（43）的"睡不成"等"V 得/不 C"构成的短语，从
整体上看都只与一个强制性语义成分（主体）发生联系，所以都是属于
"一价"的动词性短语。

　　第二类，二价（双向）的"V 得/不 C"。这种结构体与两个强制性的
语义成分相关联。根据"V"和"C"的配价情况，二价（双向）的"V
得/不 C"又可以分为两种情况：

　　第一种情况是"V"和"C"都是二价动词，并且"V"和"C"有共
同的施事和受事，也就是说，"V 得/不 C"联系的两个强制性语义成分分别
是"V"和"C"的施事和受事。例如：

　　　　（44）薛冰总算松了口气，他说的总算还是她能听得懂的话。（古
　　龙：《陆小凤传奇》）
　　　　（45）摩尔像一座桥梁，把单个的、肉眼看不见的微粒，同数量很
　　大的微粒集体，以及可以称量的物质之间联系起来。（《中国儿童百科
　　全书》）

例（44）中"她"是"听"和"懂"共同的施事，"他说的话"是"听"
和"懂"共同的受事；例（45）中"看"和"见"有共同的施事"肉眼"
和相同的受事"微粒"。

　　第二种情况是"V"和"C"只有一个是二价的，两者没有相同的受
事。有的"V"和"C"有相同的施事，有的"V"和"C"施事和受事都
不同，有时"V"的受事是"C"的施事（或系事）。例如：

　　　　（46）麦克说小时候他很难把这两件事和同一个国家联在一起，这
　　个国家她有那么华丽的扇子，她也有那么多人吃不饱饭。（铁凝：《大
　　浴女》）
　　　　（47）高级职员们和资产阶级有多年的往来，有了一定的深厚的交
　　情，拉不下脸皮，打不破情面。（周而复：《上海的早晨》）
　　　　（48）江玫又急又气，怎么推他也推不动，不一会儿，江玫的头发
　　散乱，那红豆发夹落在地下。（宗璞：《红豆》）

例（46）中"吃"是二价动词，它的施事"我"是"饱"的系事；例

（47）中"拉不下"、"打不破"的"拉"和"打"的施事是"高级职员们和资产阶级"，受事分别是"脸皮"和"情面"，而"脸皮"和"情面"又正好是"下"和"破"的系事；例（48）中"推不动"的"推"施事是"江玫"，受事"他"是"动"的施事。

第三类，三价（三向）"V得/不C"。这种结构体与三个强制性的语义成分相关联，其中"V"一般为三价动词，也就是一般说的双宾动词。三价的"V得/不C"所联系的三个名词性成分一般是V的施事、受事和与事。例如：

（49）他父亲不敢得罪哥哥，只好伺机把锺书抓去教他数学；<u>教不会</u>，发狠要打又怕哥哥听见，只好拧肉，不许锺书哭。（杨绛：《钱锺书》）

（50）陈佐千莞尔一笑，她说，老爷，今天是你的吉辰良日，我积蓄不多，<u>送不出金戒指皮大衣</u>，我再补送老爷一份礼吧。（苏童：《妻妾成群》）

例（49）中"教"是三价动词，它的施事是"他父亲"，受事是"锺书"，与事是"数学"；例（50）中与三价动词"送"相关联的语义成分有施事"我"、受事"老爷"和与事"金戒指皮大衣"。

三 能否式"V得/不C"的语用考察

（一）"V得/不C"的语用意义

短语的语法结构格式就是语式，① 所以"V得/不C"也是语式之一种，"V得/不C"结构整体的意义是其语式（短语的语法结构格式）整体的语用功能意义（语式义）。

关于"V得/不C"的语用功能意义，不少论著有所论述，但大多说"意义"或"结构意义"（没有明确提到属于语用功能意义）。丁声树（1961）、赵元任（1979）、朱德熙（1982）等认为表示可能或不可能。刘月华（1980）认为"V得/不C"表示主观条件（能力、力气等）或客观条件是否容许实现（某种结果或趋向），把"V不C"的结构意义概括为"非不愿也，实不能也"（后来有人把它简化为"愿而不能"）。关于"V不C"结

---

① 参看本书第一章"短语语式"。

构的意义，张旺熹（1999）作了更深入的解释，认为典型的能否式"V 不
C"结构的意义是"愿而不能"，它的核心意义有两点：一是"愿"，即整
个结构表达人们主观上企望执行某种动作行为以实现某种结果的意义——企
望性（企望义）；二是"不能"，即整个结构表达由于客观原因而使结果不
能实现的意义——可能性（可能义）。此结构在作定语或描述性谓语时，仅
具有表达"不能"（常常引申为"性质状态"）的意义。当此结构用作描述
性或修饰性成分时，其语义会偏向于表达"可能"的意义。上面丁、朱、
刘、张等所说的意义，实际上就是本书所说的语用功能意义。

　　本书认为，"V 得/不 C"是"VC"述补短语（主要是"动结式'述补
短语和"动趋式"述补短语）的扩展式，既然 VC 是短语，扩展了的"V
得 C"和"V 不 C"当然也是短语。① 只是这种短语是在 VC 短语基础语义
上附加有一种表示"能否"性语用意义，这种语用功能意义是在 VC 里插入
"得/不"这个形式表达的。也就是说，汉语"动结式"、"动趋式"述补短
语 VC 里插入"得/不"的这种形式表示"能否"意义就构成"能否"范
畴。"V 得/不 C"的语式义具体可以这样表述："V 得 C"构成的短语语式
的整体语用功能意义表达"发出某个动作能实现某种结果或趋向"，"V 不
C"构成的短语语式的整体语用功能意义表达"发出某个动作不能实现某种
结果或趋向"。

　　至于张旺熹（1999）所说的否定式"V 不 C"核心意义之一是企望性
（企望义）的观点，我们认为还有待商榷，比如对以下例句就缺乏解释力。

　　（1）爬犁腿短，裱板离地面不高，雪又松软，摔不坏人。（周立
波：《暴风骤雨》）

　　（2）奶奶大为不忍，但也不能不顾他的肠胃，随即说道："这样
吧，弄点吃不坏的东西来吃。（高阳：《红顶商人胡雪岩》）

　　（3）虽然他自小渴望作个铁路工人，也就是父亲所说的找个打不
破的铁饭碗。（知侠：《铁道游击队》）

以上三例中能否式"V 得/不 C"的否定式"摔不坏"、"吃不坏"、"打不
破"出现于上述各句的语境里，都不是张旺熹所说的"企望义"，这些都不

_____

　　① 个别"V 得 C"或"V 不 C"由于长期习惯使用后凝固成词也是有的，如"吃
得消/吃不消"、"合得来/合不来"等；反之少数动词（离合动词）也可以扩展为"V
得/不 C"短语，如"看见"是动词，但"看得见/看不见"是短语。

是人们主观上希望发生或实现的。因此否定式"V 不 C"不一定全具有企望意义，即企望义不是该短语语式的必有的语用功能意义。至于否定式"V 不 C"的"可能义"也是有条件的。例如：

（4）刚一出大门，就看见郑君穿着那套蓝色的衣服站在老地方，我什么也顾不上就跑过去，他一把就把我抱住了。（安顿：《绝对隐私》）

（5）那就是在印第安纳时的我，我找不到排档。（姚明：《我的世界我的梦》）

（6）那么，徐义德能够抵挡得住吗？抵挡不住的话，所有的财产就要完蛋了。（周而复：《上海的早晨》）

（7）几年后我大一些就开始想自己这么高会有多么麻烦，比如说找不到女朋友。（姚明：《我的世界我的梦》）

例（4）和例（5）"顾不上"、"找不到"是对客观事实的一种叙述和说明，具有现实性，没有明确的"可能义"；而例（6）和例（7）"抵挡不住"、"找不到"具有较明确的"可能义"。两者的区别在于例（4）和例（5）是已然语境，例（6）和例（7）是未然语境。因此我们认为，"V 不 C"的语用功能意义与其所处的语境有关。在已然语境中，"V 不 C"常常表示不能够，没能够；在未然语境中，"V 不 C"往往表示不可能。

总之，能否式"V 得/不 C"可以分为两种：肯定式"V 得 C"和否定式"V 不 C"。"V 得/不 C"的语用功能意义可以概括为表达"主客观条件是否可能实现某种结果或趋向"，肯定式"V 得 C"是表达"主客观条件是可能实现某种结果或趋向"，否定式"V 不 C"是表达"主客观条件不可能实现某种结果或趋向"。辨别"V 得/不 C"表示能力或条件的可能性还是或然性的可能意义，应该根据语境和上下文来确定。"V 不 C"表示"不可能或没能够"，"不可能"适用于未然，"没能够"适用于已然。

（二）"V 得/不 C"的表达重心

对于"VC"结构的表达重心，学界存在不同的观点。王力（1955）认为"使成式着重在使成的方法"，表达重心在 V 上；李临定（1984）认为"从表达重点来看，往往是重在动补格的后部分"，表达重心在 C 上；范晓（1986）认为"由于 V—R（即 V—C）内部小类的不同，由于句子表达的多样性，V—R 的表达重心也是多种多样的"。李锦姬（1996）在比较能否式"V 得/不 C"和"能/不能 VC"这两种格式的语用价值时指出，能否式"V

得/不 C"的表达重心主要是在"C"上。

根据语言事实，我们认为能否式"V 得/不 C"的表达重心因句子表达的侧重点不同而有所不同，既可以在"C"上，也可以在"V"上。但多数情况是在"C"上，强调动作行为的结果或趋向能否实现。例如：

（8）李小武的部队把他们抬到窝棚，怎么叫他们，都叫不醒。（刘震云：《故乡天下黄花》）

（9）没家没业的人们，可以跟他们打游击去，你说我们这些户，搬不动，挪不动的，到底怎么办呀？（孙犁：《风云初记》）

（10）钱是各人各自挣的嘛，做得到哪一门活路，吃得成哪一门饭，未必是说着耍的，随随便便就拿钱给你挣了！（叶圣陶：《桡夫子》）

（11）"过去"分量若太重，心子是载不住它的。忘不掉也得勉强。（沈从文：《水云集》）

例（8）中"叫不醒"的表达重心在"醒"，例（9）中"搬不动"和"挪不动"的表达重心是"动"，对动作行为的结果能否实现表示质疑；例（10）中"做得到"、"吃得成"的"到"和"成"语义虚化，表达重心在"做"和"吃"，表示动作行为能否实现，例（11）中"住"和"掉"意义虚化，所以"载不住"和"忘不掉"的表达重心是"载"和"忘"。当"C"为表示实在意义的动词或形容词，能否式"V 得/不 C"表达重心是"C"；当"C"为意义虚化的动词，能否式"V 得/不 C"表达重心在"V"。

同样，"能/不能 VC"的表达重点也是根据句子的表达需求而定的，既可以在"VC"上，也可以在"能/不能"上。例如：

（12）我不知道那个作家让我记下这个故事的真正用意，但是我相信当我写下这一切的时候，我又能长高大约两厘米。（路远：《白罂粟》）

（13）当天晚上我打电话告诉王静，公司有急事，香港我不能去了。（莫怀戚：《透支时代》）

例（12）的语义侧重点是"长高大约两厘米"，所以表达重心在"长高"上，例（13）的言外之意是原本计划好要去香港，由于公司有急事，"去香港"成为一种不可能，语义上强调"去"的不可能性，所以"不能去"的表达重点在"不能"上。

（三）"V 得/不 C"的句类选择

1. 对陈述句的选择

我们从阿城《棋王》、安顿《绝对隐私》、巴金《家》、白帆《寂寞的太太们》和《那方方的博士帽》、白桦《啊！古老的航道》)等作品中检索到含能否式"V 得/不 C"的语料 806 例，其中"V 得 C"和"V 不 C"在陈述句和疑问句中的分布情况如表 5—1 所示：

表 5—1

	"V 得 C"	"V 不 C"
陈述句	80 例，占 10.3%	695 例，占 89.7%
疑问句	24 例，占 72.7%	7 例，占 27.3%

根据以上统计数据，可以观察到在陈述句中能否式"V 得/不 C"在否定式中出现的频率远远高于肯定式。石毓智（2001）提出在自然语言中肯定否定的使用遵循下列法则：肯定程度低的用于否定结构的几率就大，肯定程度高的多用于肯定结构，肯定程度不大不小的用于肯定式和否定式的几率大致相等。因为"V 得 C"的肯定语气比较弱，所以用来表示不大有把握的肯定或有些委婉的否定语气，前面常常加上"也许、或许、可能"等副词或"没有，不是"等否定词。例如：

（14）在海口，你可能买得起房，但是住不起房。（《报刊精选》1994 年第 10 期）

（15）他死于突发心脏病，这也许可以说得过去，但问题在于组织者没有提供医疗服务，这才是导致悲剧的原因！（新华社 2004 年新闻稿）

（16）如果是别的什么错了，我想那并不是一时半会儿说得清楚的事情。（张平《十面埋伏》）

例（14）"可能买得起"和例（15）"也许说得过去"表示把握不大或有点勉强的肯定，例（16）"不是一时半会儿说得清楚"比"一时半会儿说不清楚"否定的语气要委婉一些。

由于"V 得 C"表达的可能性肯定程度较弱，所以当人们对某种结果或状态能实现比较有把握，想要表达比较强烈的肯定语气时，陈述句中常常使用它的同义形式"能 VC";而"V 不 C"表达强烈的否定语气,所以当人们想要表达比较强烈的不可能意义时,多使用"V 不 C",而不太用"不能VC",原因在于"不能 VC"比较倾向于表达"禁止或情理上不许可"的意味。陈述句中"V 得 C"和"V 不 C"对举可以同时出现在一个句子里,"能 VC"也可以和"V 不 C"对举,而"V 得 C"和"不能 VC"一般不能并用。这也正好说明"V 不 C"在陈述句中的使用频率要高于"V 得 C"的原因。例如:

(17) 从这位安徽巢湖女民警清秀的脸庞上,<u>看得到</u>悲伤,但<u>看不到</u>脆弱。(新华社 2004 年新闻稿 004)

(18) 赈饥的粮食求其<u>吃得饱</u>,消闲的粮食求其<u>吃不饱</u>。(丰子恺:《吃瓜子》)

(19) 闺女,我是<u>看不到</u>这一天了,不过你<u>能看到</u>。(朱秀海:《乔家大院》)

(20) 牛马至少还<u>能吃饱</u>,他一家却是<u>吃不饱</u>。(茅盾:《秋收》)

2. 对疑问句的选择

在疑问句中"V 得 C"和"V 不 C"的分布情况与陈述句正好相反,"V 得 C"的使用频率明显高于"V 不 C"。"V 得 C"既可以用于一般问句,也可以用于反问句,但更倾向于用在反问语气中,表示否定的语义,而且前面常常加上"哪里"、"哪儿"、"怎么"等疑问代词。例如:

(21) 18 年的损失谁来弥补?他<u>补得起</u>吗?(安顿:《绝对隐私》)

(22) 你怎么<u>担得起</u>不孝的恶名?便是你肯担承,我也决不让你担承。(巴金:《家》)

(23) 谁还<u>顾得上</u>过中国年呢?有圣诞节就够了,入境随俗吧。(白帆:《寂寞的太太们》)

(24) 一个连自己都<u>瞧不起</u>自己的民族,难道别人还会<u>瞧得起</u>你吗?(白帆:《那方方的博士帽》)

例(21)"补得起"用在疑问句中,表示补不起的意思;例(22)"担得起"表示担不起的意思,前面用疑问代词"怎么";例(23)"顾得上"表示顾不上的意思;例(24)"瞧得起"表示瞧不起的意思。

3. 对祈使句的选择

经过考察,发现能否式"V 得/不 C"不能用于祈使句。究其原因,主要是祈使句的语用意义是表示命令、禁止、请求、提醒、劝说、商议、许可、号召等，与能否式"V得/不C"表示主、客观条件是否容许某种动作或变化情况能否实现的语法意义相矛盾。但是能愿动词除了表示有能力和有可能外，还可以表示"情理上是否允许"的意思，符合祈使句的语用意义，所以"能/不能VC"可以用在祈使句中。比较：

（25）大哥，青青，你们两个可不能丢掉小草啊！我们三个是在一起，不分开的啊！（琼瑶：《青青河边草》）

（25a）＊大哥，青青，你们两个可丢不掉小草啊！……

（26）文章里引用了不少马克思列宁的话，要好好核对，不能搞错了。（陈虹：《"大树特树"的由来》，《作家文摘》1993年）

（26a）＊文章里引用了不少马克思列宁的话，要好好核对，搞不错。

4. 对感叹句的选择

能否式"V得/不C"可以用于感叹句，例如：

（27）他又暗暗地祷告："梅，我来了，我在这儿，你有什么未说的话，快说呀，我听得见！"（巴金：《家》）

（28）"这样叫我怎么过得下去！要死就索性痛快地死罢，"这是觉新的声音，是悲惨，是绝望，是恐怖的呼号。（巴金：《家》）

（29）"你到哪儿去了？先前喊你好久都找不到你！"口气很严厉，祖父已经坐起来了。（巴金：《家》）

（30）我真想不到鸣凤的性子这样烈！（巴金：《家》）

例（27）"听得见"表示肯定口气；例（28）"过得下去"前面加上疑问词"怎么"，表示否定的语气，表达的真正含义是"过不下去"；例（29）"找不到"和例（30）"想不到"表示比较强烈的否定语气。

（四）"V得/不C"与"能/不能VC"的互换关系

《汉语精读课本》和《基础汉语》在解释能否式"V得/不C"这一语法项目的时候都认为"听得懂"、"出得来"、"看得清楚"等，意思是"能听懂"、"能出来"、"能看清楚"。事实上，能否式"V得/不C"与"能/不能VC"并不是任何情况下都能互换，两者在用法上存在一定的区别与联系。

"能"在《现代汉语八百词》中有 6 个义项：1. 表示有能力或有条件做某事；2. 表示善于做某事，前面可以加"很"；3. 表示有某种用途；4. 表示有可能；5. 表示情理上许可，多用于疑问或否定；6. 表示环境上许可，多用于疑问或否定。"V 得 C"对应的是能$_1$和能$_4$，"V 不 C"也是针对能$_1$和能$_4$的否定。当"能"倾向于表达能$_2$、能$_3$、能$_5$、能$_6$时，能否式"V 得/不 C"与"能/不能 VC"不能互换。没有"VC"原形的能否式"V 得/不 C"不能变换成"能/不能 VC"，比如"看得起"不能变换成"能看起"，"说不上"不能变换成"不能说上"。当然"V 得 C"与"能 VC"互换的情况是比较常见的，例如：

（31）办法都是人谋划出来的，关键是要沉得住气，不能急急慌慌草率从事。（陈忠实：《白鹿原》）

（32）你一定有心事，芳契，我看得出来。（亦舒：《紫薇愿》）

（33）我们学校的学姐，有四分之一考得进大学。（岑凯伦：《蜜糖儿》）

例（31）、例（32）和例（33）的"沉得住"、"看得出来"、"考得进"与能$_1$相对应，可以替换成"能沉住"、"能看出来"、"能考进"，替换后意思基本不变，但是语用意义略有差别。"V 得 C"的可能性肯定程度不如"能 VC"，当说话人要强调可能性时往往用"能 VC"，有时"V 得 C"和"能 VC"可以在一个句子里共现，但是"能 VC"用来加强对可能性的肯定程度。例如：

（34）笔者乃庸碌之辈，吃不饱的时候会咬牙硬挺，如今吃得饱了更会自得其乐，故而对比我更能吃饱肚皮的作家竟然自杀百思不解，但倘若因此便有人说三毛不如笔者热爱生活云云，岂非荒谬绝伦！（《读书》1991 年第 7 期）

（35）为了让更多的人看得懂，仅作标点、注释、校勘、训诂还不够，要有今译，争取做到能读报的人多数都能看懂。（《人民日报》1994 年第 3 季度）

当"V 得 C"前面有"很难"、"容易"这类词作状语的时候，"V 得 C"不能变换成"能 VC"。例如：

（36）我只怕这两件事都很难做得到。（古龙《陆小凤传奇》）

（36a）＊我只怕这两件事都很难能做到。

（37）什么是中年？<u>不容易说得清楚</u>，只说我暂时见到的罢。（俞平伯《中年》）

（37a）＊什么是中年？<u>不容易能说清楚</u>，只说我暂时见到的罢。

例（36）"很难"和例（37）"不容易"本身就含有"不能"的意思，表示可能性很小，与"能 VC"相矛盾。

"V 不 C"与"不能 VC"大多数不能互换，"V 不 C"变换成"不能 VC"之后，有些句子不自然，有些句子意思改变。例如：

（38）我有什么问题？我有问题也<u>轮不到</u>你找我谈。（王朔：《我是你爸爸》）

（38a）＊我有什么问题？我有问题也<u>不能轮到</u>你找我谈。

（39）可是，爸爸是<u>抹不掉</u>的。（戴厚英：《人啊，人》）

（39a）？可是，爸爸是<u>不能抹掉</u>的。

例（38）"轮不到"不能用"不能轮到"替换，变换后句子表达不顺当，例（39）"抹不掉"改成"不能抹掉"，意思发生改变，"不能抹掉"表示情理上不允许，是"能₃"的否定形式。"V 不 C"与"不能 VC"不能互换主要有以下几种情况：

第一，当"V 不 C"作定语的时候，一般不能变换成"不能 VC"。例如：

（40）傅红雪凝视着手里的刀，脸上的表情，带着种<u>说不出</u>的寂寞。（古龙：《天涯·明月·刀》）

（40a）＊傅红雪凝视着手里的刀，脸上的表情，带着种<u>不能说出</u>的寂寞。

第二，当"V 不 C"作状语的时候，一般不能变换成"不能 VC"。例如：

（41）她也不过是一个女人，两只眼睛，一管鼻子，一张嘴巴，但是却还是<u>止不住</u>地投入。（亦舒：《香雪海》）

（41a）＊她也不过是一个女人，两只眼睛，一管鼻子，一张嘴巴，但是却还<u>不能止住</u>地投入。

第三，当"V 不 C"作补语的时候，如果"C"的语义指向主语，"V 不 C"可以用"不能 VC"替换；如果"C"的语义指向述语，"V 不 C"不能变换成"不能 VC"。例如：

（42）在边防营歇息了一夜，早上起床时，个个双腿疼得<u>站不稳</u>，下台阶成了最头疼的事。（《人民日报》1993 年 7 月）

（42a）在边防营歇息了一夜，早上起床时，个个双腿疼得<u>不能站稳</u>，下台阶成了最头疼的事。

（43）德强痛得<u>站不住</u>，一腚坐下来。（冯德英：《苦菜花》）

（43a）＊德强痛得<u>不能站住</u>，一腚坐下来。

例（42）"稳"的语义指向主语"双腿"，可以用"不能站稳"替换，例（43）"住"的语义指向动词"站"，不能变换成"不能站住"。

当然，也存在"V 不 C"能与"不能 VC"互换的现象，例如：

（44）苒青<u>想象不出</u>那是种什么样的日子。（百合：《哭泣的色彩》）

（44a）苒青<u>不能想象出</u>那是种什么样的日子。

（45）这个女人，什么事情<u>办不成</u>呢？（毕淑敏：《女人之约》）

（45a）这个女人，什么事情<u>不能办成</u>呢？

张黎（2003）把"V 得 C"和"能 VC"看作一种功能上的镜像结构，认为前者侧重陈述一个事象的客观能力，是一种客观性可能，后者侧重于主体对客观事件的可能性的主观判断，是一种主观性可能。刘慧（2006）也认为，当否定来自主观因素时，使用"不能 V"结构；当否定来自客观因素时，使用"V 不 C"结构。我们认为，能否式"V 得/不 C"侧重表达客观的能否性，"能/不能 VC"强调主观上的可能或不可能，这只是一种倾向，两种格式表达的能否性是主观还是客观，要视具体语境而定。例如：

（46）他又清醒一些，想抬起头回望一下是否有人仍在追赶，却<u>抬不起来</u>。（姚雪垠：《李自成》）

（47）林宛芝近来有点嚣张，以为守仁当了小偷，做娘的头也<u>抬不起来</u>了。（周而复：《上海的早晨》）

（48）他想用手势表明自己的决心，可是在赵团长面前，他的手说什么也<u>不能抬起来</u>指东划西。（杜鹏程：《保卫延安》）

（49）患者难忍皮肉苦左臂<u>不能抬起来</u>。（《长江日报》2009 年 12 月 18 日）

例（46）"抬不起来"表示主观上想抬起来，但是由于客观上的因素比如施事的生理机能不允许而不能实现；例（47）"抬不起来"是因为心理因素而不愿抬起来，强调的是主观上的"能而不愿"；例（48）"不能抬起来"表达的是主观上，也是情理上的不允许；例（49）"不能抬起来"用在新闻标题中，表示生理条件不允许实现，强调的是客观性。

在实际语言运用中"Ｖ不Ｃ"的使用频率高于"不能ＶＣ"，这跟语用因素有关。言语交际中有一条重要的交际原则——经济原则，它要求交际双方必须考虑对方的理解能力和背景知识，并力图选取对自己最为有利和最为合理的方案，节省双方的心力，达到最优化交际和双赢。当人们在交际中需要表达否定的可能性时，有两种形式可供选择，然而"不能ＶＣ"容易产生歧义，因为它还有"情理上或环境上不允许或禁止"的意思，所以为了达到最佳交际效果，没有歧义的"Ｖ不Ｃ"使用频率更高。经济原则还要求人们在表意明晰的前提下，尽可能采用经济简洁的语言符号形式，以提高语言的交际效率。在"不能ＶＣ"没有歧义，与"Ｖ不Ｃ"表达效果相同的句子里，也因为"Ｖ不Ｃ"比"不能ＶＣ"少一个音节而使"Ｖ不Ｃ"形式小于"不能ＶＣ"，所以"Ｖ不Ｃ"变得更加经济。经济原则制约着我们对这两种格式的选择。

四　留学生习得能否式"Ｖ得/不Ｃ"的偏误分析及教学策略

（一）偏误类型分析

留学生在习得能否式述补结构"Ｖ得/不Ｃ"的过程中出现的偏误类型主要有以下几类：混淆"能/不能ＶＣ"与能否式"Ｖ得/不Ｃ"；缺少"Ｖ得/不Ｃ"或"能/不能ＶＣ"；用错"Ｖ得/不Ｃ"动词前的状语；混淆"Ｖ得/不Ｃ"与特殊句式的差异。

1. 混淆"能/不能ＶＣ"与"Ｖ得/不Ｃ"的差异

汉语中表示动作的结果或趋向的可能或不可能主要有两种表达方式：一种是在动词前加"能"、"可以"等，可记作"能/不能ＶＣ"（包括"可/不可以ＶＣ"）；另一种是由"Ｖ得/不Ｃ"构成。"Ｖ得Ｃ"表示主观条件（能力、力气等）或客观条件是否容许或可能实现（某种结果或趋向）这个意思时，一般可以换用"能/会/可以＋ＶＣ"的形式。"Ｖ不Ｃ"有些可以变换成"不能ＶＣ"，有些则不能变换。表示"情理上许可不许可"、"准许不准许"的意思时，可以用"能/不能ＶＣ"，但不能用"Ｖ得/不Ｃ"。例如：

（1）细心的人<u>看得出</u>，她的眼角顿添了许多细密的皱纹。（《中国

作家》1996 年 5 期）

（1a）细心的人能看出，她的眼角顿添了许多细密的皱纹。

（2）我，我说不出来，爸。（曹禺：《雷雨》）

（2a）我，我不能说出来，爸。

例（1）"看得出"和例（1a）"能看出"都表示"看出"这个结果能够实现，可以互换；例（2）"说不出来"和例（2a）"不能说出来"不能互换，例（2）"说不出来"表示我知道内容，但是主观上不愿使"说出来"这个结果实现，即不想说出来，相当于"我说不出口"；例（2a）"不能说出来"是表示虽然我知道内容，但客观上的原因不允许我说出来。当然，例（2）和例（2a）各自表示的这种意义不是唯一的。例（2）也可以表示主观愿意，但客观条件不许可的情况，而且这种情况在实际语言中大量存在，比如"我说不明白"、"哑巴说不出来"、"聋子听不到"等句子。除此之外，例（2）还可以表示确实不知道内容而说不出来的情况。例（2a）也可以表示虽知道内容，但主观上不愿"说出来"的情况，至于"确实不知道内容而说不出来"的情况，似乎没有。

以上情况说明，无论是"V 不 C"结构还是"不能 VC"结构，都有表示主观因素或客观因素的可能，离开了语境，往往会产生歧义，但在具体语境中它们所表示的意义还是明确的。例如：

（3）具体你要让我说样子，我也说不出来，大褂兰儿，是不是啊。（王亨年：《1982 年北京话调查资料》）

（4）周勃还是不知道，一时吓得汗流浃背，话都说不出来了。（《中国科普》2008 年 1 月 15 日）

（5）白莉脸一红，虽然她心里是把田亮当做爱人的，可是，这句话，她不能说出来。（岑凯伦：《合家欢》）

（6）他抬起头，凝视着陆小凤，又道："但他们都是我的好兄弟，若没有真凭实据，我心里纵然有所怀疑，也不能说出来，免得伤了兄弟间的和气。"（古龙：《陆小凤传奇》）

例（3）和例（4）的"说不出来"表示动作实现的客观条件不满足或施事的生理机能不允许实现，强调的是客观性。例（5）和例（6）的"不能说出来"则是强调主观性、主观意志的作用。

由于"V 得/不 C"和"能/不能 VC"的复杂性和不确定性，即使是说母语的学生，对哪个是主观条件，哪个是客观条件也会感到迷惑不解，更何况是外国学生了。因而他们在学习时，常常会用"能/不能 VC"代替"V 得/不 C"。例如：

　　（7）＊这个桌子太大，我一个人<u>不能搬出去</u>。

　　（8）＊他长得和中国人一样，谁都<u>不能看出来</u>他是个外国人。

例（7）"桌子太大"和例（8）"他长得和中国人一样"都是客观事实，这些客观条件的作用使"搬出去"和"看出来"这些结果不能实现，在此应该用"V 得/不 C"表示，用"能/不能 VC"不太合适。正确的句子应该是：

　　（7a）这个桌子太大，我一个人<u>搬不出去</u>。

　　（8a）他长得和中国人一样，谁都<u>看不出来</u>他是个外国人。

　　2. 缺少"V 得/不 C"或"能/不能 VC"

　　我们在留学生的作文中发现很多该用"V 得/不 C"或"能/不能 VC"表达而用其他方式表达的偏误句子，即回避使用"V 得/不 C"或"能/不能 VC"产生的偏误。由于汉语中"V 得/不 C"比较复杂，不易掌握，与"能/不能 VC"又容易混淆，所以学生在说写汉语时就会尽量避免使用"V 得/不 C"或"能/不能 VC"来表达可能或不可能的意义。例如：

　　（9）＊你这样做事<u>不做好</u>。

　　（10）＊今天学的课文我<u>背下来</u>。

例（9）和例（10）想表达的都是能否性，留学生学习了能否式"V 得/不 C"这个新的语法点后，由于怕出错而回避使用这一格式，在该用"V 得/不 C"或"能/不能 + VC"表示能否义时没有用而产生了偏误。比如例（9）正确的表述应该是"你这样做事做不好"。例（10）既可以用"V 得/不 C"来表达："今天学的课文我背得下来"；也可以用"能/不能 VC"来表达："今天学的课文我能背下来"；甚至可以把两种表达方式合在一起："今天学的课文我能背得下来"。

　　3. 用错"V 得/不 C"动词前的状语

　　刘月华（1980）指出，包含"V 得/不 C"的句子，动词前可以有状语，但限于修饰整个谓语的表示时间、处所、范围、对象等方面的词语。动词前一般不能用表示动作者动作时的心情、态度以及修饰动作的描写性状语。而留学生往往就在这方面出现偏误，例如：

(11)＊他解释得很清楚，我很容易<u>听得懂</u>。

(12)＊我<u>高效地干得完</u>这项工作。

例（11）和例（12）动词前都有表示情状的描写性状语"很容易"、"高效"，此时就不能再用"V 得/不 C"，留学生出现这样的偏误主要是因为没有掌握表示能否式"V 得/不 C"的形式和结构上的使用条件。如果要使用此类状语，句式就应该变成"能/不能 VC"，比如以上两例可以用以下形式表述：

(11a)他解释得很清楚，我<u>能很容易听懂</u>。

(12a)我<u>能高效地干完</u>这项工作。

4. 混淆"V 得/不 C"与特殊句式的差异

我们在语料中还发现留学生有以下偏误的句子：

(13)＊这件衣服太脏，我把这件衣服<u>洗不干净</u>。

(14)＊自行车被<u>修得好</u>了。

"V 得/不 C"的语法意义主要是主、客观条件能否允许实现某动作、变化、结果等，它表示的是一种可能或不可能，而"把"字句、"被"字句等特殊句式重在表达通过谓语动词动作的实现给"把"字的宾语或"被"字的主语带来的某种结果或者变化，而不是产生某种结果、变化或者趋向的能否性。所以"V 得/不 C"结构不能用于"把"字句、"被"字句的谓语动词后，两种意义不能共存。例（13）的错误就在于将表处置意义的"把"字句与表不可能意义的"V 不 C"式混在一起。例（14）的问题同样也是将"V 得/不 C"与"被"字句混用，造成结构不通，表意不清。

（二）偏误原因分析

从偏误类型来看，留学生对能否式"V 得/不 C"的习得并不那么令人乐观，究其原因，主要可以归结为以下几个方面：语言普遍性因素、学生的回避策略、目的语规则泛化等。

1. 语言普遍性因素

语言普遍性因素包括语言的普遍性、标记性和自然度。库克（Cook），纽森（Newson）（2000）指出：普遍语法是"由人类所有语言所共有的原则、条件和规则组成的系统，是人类语言的本质所在"，因而比较容易习得；而与之相对的族语语法规则却比较难习得。用这一理论可以较好解释外国留学生在习得能否式"V 得/不 C"结构中所出现偏误的原因。

每种语言都有动作及其结果"能否"发生的意义存在，但表达的方式不一样。汉语表达"能否"意义主要采用"V 得/不 C"或"能/不能 VC"两种形式，英语则用情态动词 can，may，might，maybe 以及一些固定句型比如"be able to"，"it is likey that"来表达，日语主要采用含有能否意义的自动词或动词形态变化以及一些固定句型比如"动词基本形 + ことができる"的方式来表达。无论是英语还是日语都没有像汉语那样用"V 得/不 C"表达能否意义的结构。从这点上看，汉语的能愿动词、英语的情态动词和日语含有能否意义的自动词在表示"能否"范畴上有共性，这可以看作语言的普遍性，而汉语的能否式"V 得/不 C"则属特殊语法规则，是汉语语法的特殊性。从语言习得的角度来看，语言的普遍性容易习得，特殊语法规则不容易习得。对外国留学生来说，在其认知里汉语表示可能意义的能愿动词与英语表示可能意义的情态动词相对应，所以在习得汉语时，只要表达可能性或不可能性就会习惯使用"能/不能 + VC"，而会出现一些回避使用"V 得/不 C"的偏误句子。例如：

(15) ＊他的汉语水平太差，一个字都不能说出来。

(His Chinese is so poor. He could't say a word.)

(16) ＊我不能找到我的词典了，能借你的用一下吗？

(I can't find my dictionary. Could I borrow yours?)

(17) ＊菜太多了，我不能吃了。

(The dish is too much，I can't eat anymore.)

例（15）至例（17）中，英语都用情态动词 can 或 could 来表示能否性，相当于汉语的能愿动词"能"、"会"，有些留学生就将这个普遍性迁移到汉语习得中，英语用情态动词表达能否性的句子，在对应的汉语句子里就用能愿动词"能"、"会"去表达。而这些例句表示动作实现的客观条件不满足或施事的生理机能不允许实现，强调的是客观性，一般应该用能否式"V 得/不 C"来表达，比如例（15）至例（17）通常的表述是：

(15a) 他的汉语水平太差，一个字都说不出来。

(16a) 我找不到我的词典了，能借你的用一下吗？

(17a) 菜太多了，我吃不下了。

2. 学生的回避策略

回避是第二语言学习者经常采用的学习策略，在对某一语音、词汇或句式甚至某一话题感到没有把握时，就尽量避免使用。回避的方法可能是保持沉默不愿开口，或采取替代的办法，以简单的句式代替复杂的句式。回避不当就会造成偏误，如回避"把"字句，不说"请把你的衣服给我"，而说"﹡请给我你的衣服"。在能否式"V 得/不 C"的学习上，留学生在表达可能或不可能意义时，由于害怕出错而不敢使用这一格式。如不说"太多了，我吃不下"，而说"﹡太多了，我不能吃"。代替的结果不仅句子不地道，而且不能准确地表达原意。本书前面举到的用"能/不能 VC"去代替能否式"V 得/不 C"或缺少能否式产生的偏误都是学生使用回避策略的结果。根据刘淑芳（2007）所作的问卷调查，日本留学生在日语翻译成汉语时该用能否式表达而不用的偏误句子数为 50 个，该翻译部分出现的偏误句子总数是 133 个，回避使用率为 37%。由此可以看出日本学生常常回避使用能否式"V 得/不 C"。下面两例是从问卷调查的翻译部分摘出来的：

（18）﹡他很能干，肯定做好这件事。

（彼はやり手だから、きっとこの事をやり遂げることができる。）

（19）﹡教室太小，30 个人不能坐下。

（教室は狭すぎるので、30 人収容できません。）

汉语是孤立语，没有严格意义上的形态变化；日语是黏着语，动词有可能形。日语表达能否意义时，没有能否式"V 得/不 C"，而是通过动词的形态变化或固定的句式来实现。偏误句子例（18）对应的日语表达用的是固定句型"动词基本形 + ことができる"；偏误句子例（19）中的日语表达用的是でき。这些句子对应的汉语都需要用"V 得/不 C"，而日本留学生由于受日语影响而出现了偏误。

3. 目的语规则泛化

学习者把他所学的有限的、不充分的目的语知识，用类推的办法不适当地套用在目的语新的语言现象上，造成了偏误，成为过度泛化或过度概括。留学生在学完能否式"V 得/不 C"这个知识点后，就按照句法格式进行不适当类推，忽略了句法格式的语义限制和语境要求，在不该用能否式"V 得/不 C"的地方使用了这一格式，比如上文提到的出现在特殊句式如"把"字句、"被"字句中所产生的偏误现象。"把"字句是汉语的一种特殊句式，表示动词对宾语的处置所得到的某种结果，无论从意义和结构上都不能与表能否式"V 得/不 C"混在一起，所以我们不能说"把衣服洗得干净"，而应该说"把衣服洗干净了"或"衣服洗得干净"。当然，对整个

"把"字句我们可以表示某种态度或看法，比如说可能或不可能，这与"把"字句表处置义是不矛盾的，因此若要表示可能或不可能，只能将能愿动词放在"把"字前，如"能把衣服洗干净"。同样，"被"字句也具有"被处置"的意义，主语所表示的受动者被谓语动词代表的动作所处置，处置的后果使得主语事物有了某种变化、产生某种结果或处于某种状态，所以也不能与能否式"V 得/不 C"混用，我们不能说"自行车被修得好"。因此，在使用"V 得/不 C"时，有很多条件限制，母语是汉语的人通过自然语感即可知道正确的说法，但外国留学生在没有这种语感的情况下，往往把能否式"V 得/不 C"这一语法规则过度泛化，忽略了这一句法格式的语义限制与语境要求，造成了句子的偏误。

（三）"V 得/不 C"的教学策略

为有效进行能否式"V 得/不 C"的教学，尽可能避免学生在习得时出现偏误，我们认为在教学策略上应力求做到：

1. 掌握"V 得/不 C"的特点，弄清它与"能/不能 + VC"的关系

要正确使用能否式"V 得/不 C"，就必须对该结构的性质特点有较清晰的了解，掌握该结构在使用时会受到哪些条件限制，主要有：

第一，能否式"V 得/不 C"一般不能用在把字句、被字句中，如例（13）和例（14）。

第二，能否式"V 得/不 C"动词前一般不能有描写性状语，如例（11）和（12）。

第三，肯定式"V 得 C"一般对应于"未然"语境，所以动词或补语后一般不能用表完成意义的"了"；否定式"V 不 C"既可以表示"未然"语境中的能否义，也可以表示"已然"语境中的能否义或结果义。例如：

（20）昨天老师布置的作业我完得成。

（20a）＊昨天老师布置的作业我完得成了。

（21）昨天老师布置的作业我完不成。

（21a）昨天老师布置的作业我完不成了。

另外，在习得能否式"V 得/不 C"的过程中还要让留学生形成这样的意识："V 得/不 C"和"能/不能 VC"既有联系又有区别。在现代汉语中，这两种形式都可以用来表达"可能或不可能"，有些可以互换而不改变意义，但二者在具体使用上还是有区别的。

　　肯定式"V 得 C"一般可以变换作"能 VC"，变换后基本意思不变，如"看得见"与"能看见"、"听得到"与"能听到"、"说得出"与"能说出"、"算得清"与"能算清"、"吃得饱"与"能吃饱"等可以随意替换。但在语用上仍有细微差别：（刘月华 1980）"当要委婉地表达否定的意思，表达不大有把握的肯定或反驳某种否定的想法时，'V 得 C'是比'能 VC'更富于表现力"，所以多用"V 得 C"；当说话人非常有信心实现"VC"的时候，通常用"能 VC"的形式，因为"能 VC"表肯定的语气要比"V 得 C"强。例如：

　　（22）大顺店又说，"这两个手榴弹，或许将来用得上！"（高建群：《大顺店》）

　　（23）无论是街坊四邻还是家里人，没有人看得起他，都认为这孩子不合群，长大了也没什么出息。（《市场报》1994B）

　　（24）"如果做了大官，恐怕就会把你这个老婆子忘在九霄云外了，哪儿还记得起你。"觉慧笑道。（巴金：《家》）

　　（25）我怀疑我太太耳朵渐聋，决定考验一下她的听觉。我轻手轻脚走到她身后十米的地方。"惠芬，"我说，"你听得见我吗？"她没有回答。于是我移前到她身后六米的地方。"惠芬，"我重复说，"你听得见我吗？"她依然没有搭腔。我再走前到离她三米的地方，问道："现在你能听见我吗？""听见，"她回答，"我这是第三次回答了，听见！"（《耳聋》，见《读者》总第 61 期）

例（22）表达不太有把握的肯定，动词前用副词"或许"；例（23）和例（24）委婉地表达否定的意思，动词前分别用否定词"没有"和疑问代词"哪儿"；例（25）前后采用不同的结构，三次问话，前两次因为对惠芳能不能听见我说的话把握性不大，所以用"V 得 C"形式，第三次问话，因为离得近，估计她已经能听见我的话了，为表肯定的语气，就用"能 VC"的形式。

　　否定式"V 不 C"与"不能 VC"都可以表示主观因素或客观因素的"不可能性"，有时可以变换，如"写不出诗来"可以换作"不能写出诗来"、"吓不倒我们"可以换作"不能吓到我们"。但"V 不 C"与"不能 VC"不完全对应，所以多数情况下不能随意变换。例如：

　　（26）结婚快四十年了，两人还是有着说不完的话，絮絮地，细细地，不慌不忙地，有滋有味地。（王海鸰：《中国式离婚》）

（26a）＊结婚快四十年了，两人还是有着<u>不能说完的话</u>……

（27）她只是痴痴地笑，把那黑脸蛋藏在胳膊里面，始终<u>叫不出口</u>。（欧阳山:《苦斗》）

（27a）＊她只是痴痴地笑，把那黑脸蛋藏在胳膊里面，始终<u>不能叫出口</u>。

（28）你要走的，你绝对不会在这里过一辈子，这种日子你迟早总有一天会<u>过不下去</u>。（古龙:《圆月弯刀》）

（28a）＊你要走的，你绝对不会在这里过一辈子，这种日子你迟早有一天会<u>不能过下去</u>。

当"不能 VC"表示社会规则或情理上不允许时，更不能换作"V 不 C"。例如:

（29）母亲告诉他外边雪大风紧，<u>不能出去</u>。（李英儒:《野火春风斗古城》）

（30）他们投入到起义军这个队伍来，为的就是盼望"明王出世"，要满足这一批人的愿望，<u>不能扔掉这个口号</u>。扔掉这个口号，就失去这一部分的人心。（毛佩琦，百家讲坛《明十七帝疑案》）

例（29）"不能出去"不等于"出不去";例（30）"不能扔掉"不等于"扔不掉"。

2. 改进教材编写，注重教学方法

应该从最实用最容易接受的角度来编写教材。现有对外汉语教材中"V 得/不 C"这一语法点的教学主要安排在初级阶段，而由于初级阶段学生汉语水平限制，只能对语法点作初步的介绍和讲解，随着学生汉语水平的提高，初级阶段学习的这一基础语法点并没有在中高级阶段得到巩固和深化。对外汉语教学中应该避免将语法教学完全集中于初级阶段，而应该贯穿于初、中、高三个阶段的全过程，注意各个阶段的衔接，内容逐步扩展和深化。

在初级阶段，学生汉语水平比较低，汉语中的各种补语在形式上对他们来说是很陌生的，很难在他们的母语中找到对应关系，基于这一点，在初级教学阶段，我们不能要求学生一下子掌握所有条条框框，最好先介绍能否式"V 得/不 C"的基本涵义，使学生先有一个直观上的认识。我们在编写能否式"V 得/不 C"语法点时，可以先复习一下学过的"能/不能 VC"结构，然后用例子来说明"V 得/不 C"也是一种表示"可能或不可能"语义的结构。

　　进入中级阶段，通过分析能否式"Ｖ得/不Ｃ"的用法引导留学生充分了解能否式述补结构的句法、语义和语用特点，同时要告诉学生使用上的一些限制条件，比如动词前一般不能有描写性状语，"把"字句、"被"字句的谓语动词后也不能出现表可能或不可能的词语，以及"Ｖ得/不Ｃ"和"能/不能ＶＣ"的不完全对应关系等等，使学习者快速、有效地掌握汉语规则。高级阶段可以在中级阶段的基础上进一步丰富一些特殊用法，介绍一些"Ｖ得/不Ｃ"的引申义，比如表示规劝、提醒或许可的"Ｖ得/不得"；一些结构上与"Ｖ得/不Ｃ"相似的词组如"来得/不及"、"合得/不来"、"怪不得"等。另外，教材语法项目的编写要与语法研究的新成果相结合。张黎（2003）从汉语类型学的角度，研究了汉语的"镜像"表现，并且引入了"有意"和"无意"的范畴来阐释这种"镜像"表现。所以在分析"他能听懂汉语"和"他听得懂汉语"这两句话时，他认为前者是属于有意范畴的，后者是属于无意范畴。张黎的"有意"、"无意"范畴为我们的教材编写提供了新的参考。现有教材常用的"插入"说法不能解释很多问题，用"有意"、"无意"范畴来解释能否式"Ｖ得/不Ｃ"与能愿动词表达能否的"能/不能ＶＣ"之间的区别更符合语言事实。

　　3. 限制学生使用回避策略，引导学生建立成功的学习策略

　　回避策略是第二语言学习者在语言运用过程中的心理行为。作为一种交际策略，它可以帮助学生克服由于语言水平的欠缺而在社会交往、课堂学习中遇到的语言交流障碍；但是如果不加控制地使用回避策略，则会对学生的学习进程产生负面影响，导致一些错误的语言形式在语言运用中"固化"。因此在对外汉语教学中，尤其是系统教学的中高级阶段，要加强引导，采取多种形式限制学生使用回避策略，鼓励和培养学生有意识地建立成功的学习策略，从而提高学生的学习效率。学习了能否式"Ｖ得/不Ｃ"这一语法点之后，教师可以在课堂内外进行各种形式的练习，比如替换练习、情景练习、模仿造句、看图说话等，在练习中要求学生必须运用能否式"Ｖ得/不Ｃ"格式，鼓励学生使用这一新的语法点。即使学生出现了错误，也要肯定合理的方面，鼓励这种尝试，使学生不因害怕出错而回避使用。在教学中教师可以收集一些学生运用能否式"Ｖ得/不Ｃ"过程中容易出错的病句，通过对这些有代表性的病句进行偏误分析，让学生明白怎样使用是对的，怎样使用是错的，明白使用"Ｖ得/不Ｃ"的语境条件，从而防止学生再出现这种类型的偏误。

总之，深入细致地分析外国学生在学习汉语时所产生的不同偏误，找出偏误原因，探讨解决的办法，这对加强语言习得研究，提高对外汉语教学的教学质量，编写有针对性的对外汉语教材，甚至对推动汉语本体研究，都具有积极的意义。

五　结语

本章以能否式"V 得/不 C"为研究对象，以"三个平面"理论为指导，结合第二语言习得中的对比分析和偏误分析理论，对该结构进行多视角研究与分析，并试图对能否式"V 得/不 C"和"能/不能 VC"这两种格式进行比较，揭示两者的联系与区别。

考察了能否式"V 得/不 C"的句法特点。发现"V 得/不 C"最重要的句法功能是在句中作谓语或充当谓语的述宾短语里的述语，所以"V 得/不 C"是一个动词性结构体。此外，还有其它句法功能，如作定语、状语和补语。

分析了"V 得/不 C"的语义特点。根据"V 得/不 C"结构体与其所联系的强制性语义成分的关系分为一价（单向）、二价（双向）和三价（三向）等三种语义配价；对能否式"V 得/不 C"内部的"V"和"C"的词性以及"C"的语义指向进行了考察，发现"C"的语义可以只指向"V"的施事或 V 的受事，也可以既指向"V"的施事，又指向 V 的受事，还可以指向述语"V"本身或"V"的工具、数量等；考察了能否式"V 得/不 C"对"V"和"C"以及两者之间句法语义搭配上的选择和限制，发现"V"的语义特征体现出［＋自主性］，"C"的语义特征体现出［＋目标性］和［＋动态性］，"V"和"C"之间存在语义互选。

讨论了能否式"V 得/不 C"在语用上的特点。认为"V 得/不 C"整体的语用功能意义是在"VC"短语基础语义上附加有一种表示"能否"性的语用意义，具体地说，"V 得 C"构成的短语语式的整体语用功能意义表达"发出某个动作能实现某种结果或趋向"，"V 不 C"构成的短语语式的整体语用功能意义表达"发出某个动作不能实现某种结果或趋向"；指出"V 得 C"一般可以变换作"能 VC"，变换后基本意思不变，但"能 VC"表肯定的语气比"V 得 C"强，而"V 不 C"与"不能 VC"不完全对应，多数情况下都不能随意变换；"V 不 C"和"不能 VC"结构都有表示主观因素或客观因素的可能，离开了语境，往往会产生歧义，但在具体语境中它们所表示的意义是明确的。

　　能否式"V 得/不 C"是汉语表可能或不可能的一种重要的、特有的句式，是其他语言所没有的，所以也是对外汉语教学的重点和外国留学生学习的难点。本章结合教学实际，归纳出留学生在习得能否式述补结构"V 得/不 C"过程中经常出现的偏误类型，并从语言普遍性因素、学生的回避策略、目的语规则泛化等方面分析了出现偏误的原因以及应采取的教学策略。

参考文献

陈昌来：《现代汉语三维语法论》，学林出版社 2005 年版。

丁声树：《现代汉语语法讲话》，商务印书馆 1961 年版。

范继淹：《范继淹语言学论文集》，语文出版社 1988 年版。

范晓：《动结式的肯定和否定》，《大学语文》1984 年第 5 期。

范晓：《略论 V—R》，《语法研究和探索》(3)，北京大学出版社 1986 年版。

范晓：《三个平面的语法观》，语言文化大学出版社 1996 年版。

范晓：《三维语法阐释》，《汉语学习》2004 年第 6 期。

范晓、张豫峰等著：《语法理论纲要》，上海译文出版社 2003 年版。

房玉清：《实用汉语语法》，语言文化大学出版社 1992 年版。

高增霞：《可能式"V 得 A"的条件限制》，《山东师大学报》1999 年第 1 期。

郭玲丽：《结果补语可能式"V 得/不 C"及其不对称现象研究》，上海师范大学硕士学位论文，2007 年。

郭志良：《可能补语"了"的使用范围》，《语言教学与研究》1980 年第 1 期。

黄伯荣、廖序东：《现代汉语》，高等教育出版社 1997 年版。

黄晓琴：《论构成补语可能式的主客观条件》，《云南师范大学学报》2005 年第 6 期。

郝玲：《再谈构成可能补语"V 得/不 C"的条件》，《语文学刊》2006 年第 8 期。

郝维：《补语的可能式研究综述》，《汉语学习》2001 年第 3 期。

郝维：《补语的可能式的肯定式与否定式不平行的原因》，《新疆大学学报》2002 年第 2 期。

胡清国：《"V 得/不 C"的强势与理据》，《华中师范大学学报》2003 年第 3 期。

火玥人：《对外汉语教学中的可能补语与状态补语》，《华北电力大学学报》2007 年第 1 期。

李剑影：《现代汉语能性范畴研究》，吉林大学博士学位论文，2007 年。

李锦姬：《两种可能式的语用分析》，《南京师大学报》1996 年第 3 期。

李临定：《究竟哪个"补"哪个？》，《汉语学习》1984 年第 2 期。

李晓琪：《关于能性补语式中的语素"得"》，《语文研究》1985 年第 4 期。

李宇哲:《论表可能的"V得/不C"结构》,北师大硕士论文京师文库,1996年。

黎锦熙:《新著国语文法》,商务印书馆1992年版。

林焘:《现代汉语补足语里的轻音现象所反映出来的语法和语义问题》,《北京大学学报》1957年第2期。

陆志韦:《汉语的构词法》,科学出版社1957年版。

吕叔湘:《与动词后"得"与"不"有关之词序问题》,吕叔湘文集,商务印书馆1990年版。

吕叔湘主编:《现代汉语八百词》,北京:商务印书馆1999年版。

吕叔湘、马庆株:《语法研究入门》,商务印书馆1999年版。

吕文华:《对外汉语教学语法探索》,语文出版社1994年版。

刘慧:《不能V"与"V不C"比较研究》,吉林大学硕士学位论文,2006年。

刘淑芳:《日本学生可能补语习得偏误分析》,厦门大学硕士学位论文,2007年。

刘月华:《可能补语用法的研究》,《中国语文》1980年第4期。

刘子瑜:《也谈结构助词"得"的来源及"V得C"述补结构的形成》,《中国语文》2003年第4期。

骆锤炼:《形容词作可能补语的情况考察》,《宁夏大学学报》2007年第4期。

马真:《简明实用汉语语法》(修订本),北京大学出版社1988年版。

马真、陆俭明:《形容词作结果补语情况考察》(二),《汉语学习》1997年第4期。

马庆株:《自主动词和非自主动词》,《中国语言学报》第3期,商务印书馆1988年版。

马庆株:《汉语动词和动词性结构》,语言学院出版社1992年版。

孟琮等:《汉语动词用法词典》,商务印书馆1999年版。

梅笑寒:《可能补语"动"的语义分析》,《汉语学习》1996年第4期。

彭利贞:《现代汉语情态研究》,中国社会科学出版社2007年版。

秦慧云:《论"V得/不C"结构与对外汉语教学》,北京师范大学硕士学位论文,2005年。

杉村博文:《V得C、能VC、能V得C》,《汉语学习》1982年第6期。

沈家煊:《不对称和标记论》,江西教育出版社1999年版。

沈清淮:《"V得C"与"能VC"的语义、句法比较》,《四川师范大学学报》1998年第3期。

石毓智:《肯定和否定的对称与不对称》,语言文化大学出版社2001年版。

孙利萍:《汉语可能补语的语法意义》,《江南大学学报》2007年第1期。

孙利萍:《可能补语的不对称成因探析》,《长江大学学报》2005年第1期。

孙放:《"V得/不C"结构研究》,吉林大学硕士学位论文,2006年。

孙娅爱:《现代汉语可能补语研究》,北京:语言大学博士学位论文,2009年。

田化冰:《关于可能补语的教学》,《安顺师专学报》2001年第4期。

王力:《中国语法理论》,中华书局 1955 年版。

汪国胜:《可能式"得"字句的句法不对称现象》,《语言研究》1998 年第 1 期。

吴福祥:《汉语语法化研究》,商务印书馆 2005 年版。

吴福祥:《汉语能性述补结构"V 得/不 C"的语法化》,《中国语文》2002 年第 1 期。

吴福祥:《能性述补结构琐议》,《语言教学与研究》2002 年第 5 期。

杨建国:《补语式发展试探》,《语法论集》,中华书局 1959 年版。

张斌:《新编现代汉语》(第二版),复旦大学出版社 2002 年版。

张国宪:《现代汉语的动态形容词》,《中国语文》1995 年第 3 期。

张黎:《"有意"和"无意"——汉语"镜像"表达中的意合范畴》,《世界汉语教学》2003 年第 1 期。

张旺熹:《汉语特殊句法的语义研究》,语言文化大学出版社 1999 年版。

赵元任:《汉语口语语法》,商务印书馆 1979 年版。

张先亮、孙岚:《留学生习得能否式"V 得/不 C"的偏误分析及教学策略》,《汉语学习》2010 年第 5 期。

周小兵、朱其智、邓小宁:《外国人学汉语语法偏误研究》,语言大学出版社 2007 年版。

朱德熙:《现代汉语形容词研究》,《语言研究》1956 年第 1 期。

中国社会科学院语言研究所词典编辑室:《现代汉语词典》(第五版),商务印书馆。

Cook,Newson. Chomsky's Universal Grammar［M］. 外语教学与研究出版社 2000 年版。

Rod Ellis. Second Language Acquisition Research［M］. Shanghai：Shanghai Foreign Education Press，1997.

第 六 章

短语的词汇化和语法化

近年来短语的词汇化和语法化研究方兴未艾，汉语中的复合词大多是由短语词汇化凝固而成的，虚词一般是由实词演化而来的。本文拟通过汉语的"恨不得"、"可不是"、"你看你"三个语法结构格式来讨论短语的词汇化和语法化问题。

一 "恨不得"的词汇化和语法化

典籍文献记载的语言事实表明，现代汉语中较常用的"恨不得"也经历了一个非词的分立的句法层面的单位到凝固的单一的词汇单位的词汇语法化的过程。就语义而言，它由自由短语"恨 + 不得"的语义逐步抽象导致其向功能词转变。

为行文方便，本书把成词前的短语"恨不得"记作"恨 + 不得"，成词后的"恨不得"直接用"恨不得"。

(一)"恨 + 不得"词汇化的过程
"恨不得"作为用以形象化的描述某种强烈情绪的词语，在宋代已有用例。例如：

(1) 得陈君所寄二图，览其景物之宛然，复思二贤相与之乐，恨不得追逐于其间。(欧阳修：《集答李大临学士书》)

(2) 贯既归，大播此语，于是官人近习，人人恨不得蔡内翰即日为相矣。(陆游：《家世旧闻》卷下)

泰尔米·吉翁（Givón, Talmy）（1971）提出一个著名的论点："今天的词法曾是昨天的句法。"就是说我们要了解一种语言现在的构词法，就必须了解这种语言早期阶段的句法。霍伯（Hopper）和特劳戈特（Traugott）也认为，语法化是词汇单位和结构形式在一定环境中来表示语法功能的过程，语法化之后，继续发展出新的语法功能。（文旭，1998）"恨不得"本是个短语，它经历了一个由短语演变成词的渐变的语法化过程。我们对先秦两汉的典籍进行了穷尽式地考察，已经发现 3 例"恨"与"不得"紧邻共现的用法，尽举如下：

（3）将欲献楚王，经宿而鸟死，路人不遑惜金，惟恨不得以献楚王。（《尹文子·大道上》）

（4）郑笺云："哀哀者，恨不得终养父母，报其生长已之苦。"（《尔雅注疏》）

（5）数月，薛宣免，遂代为丞相。众人为骏恨不得封侯。（《汉书·王吉传》）

但在宋代以前甚至包括宋代，"恨 + 不得"大体上还是一个结构松散的短语。"恨"是一个实义动词，表"遗憾"之意。而"不得"是"得"的否定形式，相当于"不能"，① 其后经常跟动词性成分构成"不得 VP"结构，表示行为动作的未果。例如：

（6）唯恨下不能效节于一方，上不得归诚于陛下。（《晋书·刘琨传》）

例（6）"不能"与"不得"在对称平行的结构中出现，表明"不能"和"不得"作为助动词有完全相同的用法，"恨 + 不能"相当于"恨 + 不得"。

一种语法意义总是通过特定的语法形式表现出来。在"恨不得"这种语法单位被固定下来之前，其结构是松散的，我们可以在句法环境中发现一些特殊形式标记。大概有以下几种表现形式：

1. 恨 + X，+ 不得

在这种格式中，X 一般为"恨"的受事宾语，"不得"与其前"恨"所在的从句有一个停顿，它们处在前后不同的分句，"恨"与"不得"之间相当松散。例如：

---

① "不得"在古汉语中也是短语，"得"是动词，"不"是否定词。本书主要讨论"恨"与"不得"是如何演变的，不讨论"不得"的演变过程，所以径直把它作为词看待。

（7）昨宵<u>恨</u>夜长，<u>不得</u>早见公面。（《北史·李德林传》）

（8）<u>恨</u>翱不生于今，<u>不得</u>与之交；又恨予不得生翱时，与翱上下具论也。（欧阳修：《读李翱文》）

（9）熹旧读欧阳子庐山高之诗，而仰公之名，<u>恨</u>生遐僻，<u>不得</u>一来仰其山之高而拜公之墓也。（朱熹：《祭屯田刘居士墓文》）

（10）徒<u>恨</u>身奉甘旨，<u>不得</u>旦夕于几杖之侧，禀教诲，侯讲画，不胜驰恋怀想之至。（曾巩：《上欧阳学士第二书》）

不难发现，此时"恨"之后的受事成分，均为造成其后行为动作未果的原因。

2. 恨 + X + 不得

这种形式中的 X 比较复杂，有以下几种情况：

（11）作者<u>恨</u>劳而<u>不得</u>供养，故言"忧我父母"，序以由不均而致此怨，故先言役使不均也。（《毛诗正义》）

（12）病中整顿得《中庸》《孟子》，颇胜于前，<u>恨</u>地远<u>不得</u>携以请教，闲中又无人抄写拜呈，深以为恨耳。（朱熹：《签詹帅书》）

（13）可痛，可痛！<u>恨</u>足下<u>不得</u>见之耳。（王安石：《与王深父书》）

（14）聪曰："安敢忘之？且<u>恨</u>尔日<u>不得</u>早识龙颜。"（徐坚：《初学记·文部·砚》）

例（11）中连词"而"将分属于不同分句的"恨"与"不得"连成一体，它们之间语气上的停顿消失，从而拉近了"恨"与"不得"的距离，连词"而"也会随着语言的发展逐渐消失，如例（12）。例（13）的情况又与例（11）、例（12）不同，"恨"的宾语是一小句，X 为小句的主语。例（14）可以视为例（13）小句主语的省略形式，X 为小句的状语。

3. X + 恨 + 不得

该句式中，X 通常是副词，用来限制修饰动词"恨"，这也表明"恨"尚是一个自由的实义动词，中间的 X 已被排挤出去，这样使得动作和受事可以紧邻出现，使它们之间的重新分析成为可能。例如：

（15）昔京师先工有马合乡侯、东方安世、张公子，常<u>恨不得</u>与彼数子者对。（《三国志·魏书·文帝纪》裴注）

（16）方将献楚王，经宿而鸟死，路人不遑惜其金，惟<u>恨不得</u>以献

耳。(《笑林·楚鸡》)

(17) 时仪亦<u>恨</u>不得尚公主，而与临蓄侯亲善，数称其奇才。(《三国志·魏书·陈思王檀传》裴注)

(18) 今死自吾分，不待汝杀，但<u>恨</u>不得枭汝首于通逵，以塞大耻。(《晋书·列女传·王广女》)

(19) 留宴三日，因谓衡曰："往从先皇拜太山之始，途经洛阳，瞻望于此，深<u>恨</u>不得相过，不谓今日得谐宿愿。"(《北史·张衡传》)

上举五例中，"恨"分别受副词"常"、"惟"、"亦"、"但"、"深"的修饰，表明"恨"虽然在形式上已与"不得"紧邻共现，但它们内部结构还比较松散，也并未结合成词。

4. X + 恨 + X + 不得

这一形式是 2、3 两种形式的结合。例如：

(20) 曰："罪实合死，但<u>恨</u>其<u>不得</u>死地。(《北齐书·王晞传》)

(21) 与沛国刘执谦友善，二人每相语，常<u>恨</u>幽显<u>不得</u>通，约先没者当来告。(《宣室志》卷四)

(22) 臣在草野间，得本朝书读，未尝不<u>恨</u>生<u>不得</u>批虏颡以快天子意。(《谏书》卷五)

(23) 别纸疑义，已悉奉答，亦<u>恨</u>向来<u>不得</u>面论也。(朱熹：《答王近思书》)

(24) 唯<u>恨</u>下不能效节于一方，上<u>不得</u>归诚于陛下。(《晋书·刘琨传》)

5. 恨 + 不得

此时，恨 + 不得作为一个分离的结构，"恨"与"不得"之间明显的语气停顿和插加成分已被排除出去，"恨"的修饰成分也已消失。

(25) 惊问之，双鬟遽前告，即驻车，使谓翱曰："通衢中<u>恨不得</u>一见。"翱请其舍逆旅，固不可。(《太平广记》卷三六四引《宣室志》)

(26) 明日，真宗出章疏，文正曰："臣尝知之，亦遗其诗，<u>恨不得</u>往也。太平无象，此其象乎。"(《闻见近录》)

(27) 读得这一篇，<u>恨不得</u>常熟读此篇，如无那第二篇方好。(《朱子语类·诗一》)

只有当两个句法成分在没有任何语法标记相隔的情况下，它们才有可能结合成为一个稳定的组合。所以，以上紧邻共现的格式为"恨＋不得"的进一步虚化创造了一个句法环境。

在同一个融合过程中，新旧形式可以共存相当长的一段时间，它们并非你死我活。因此在同一时期甚至同一文献中可以出现不同的用法。"恨＋不得"也不例外，以上所列的几种情况也可以并存于同一个时期。"恨不得"在元代之后逐渐占优势，"恨"具有"遗憾"的实义也进一步弱化，"不得"的能愿动词性质也逐步消失。这种用法多见于口语化的戏曲和白话小说中，还出现了另一种表现形式"恨不的"。例如：

（28）我恨不的胁生双翅，项长三头；他道甚么"休走唐童"。（《尉迟恭单鞭夺槊》第三折）

（29）我那心里的气不知从那里来，恨不的一口吃了他的火势！（《醒世姻缘传》第四十五回）

但"恨＋不得"这种松散结构至清代仍未完全消失。例如：

（30）恨当吾世不得一见孟阳，又恨不得尽见孟阳之诗。（《牧斋有学集·耦耕堂诗序列》）

（31）每读坡公诗，恨不得同时，以此言进之。（《载酒园诗话》卷一）

总体上，"恨不得"在句法上经历了由结构相当松散到比较松散，比较松散到紧邻共现的发展过程。同时，在语义和语用上，它经历了从已然到未然的发展过程。"恨＋不得"中"恨"为"遗憾"义，"凡'遗憾'者，必有造成'遗憾'之使因"。（王灿龙，2005）这一语义由"恨"之后的"不得VP"这一句法形式来承担。该短语表示对某个客观现实的否定。换言之，某个事件的未完成已是个客观事实，它并非通过某种修辞手段描述某种情绪，而是客观表达对某事未果的不称心和懊悔。"VP"所承担的语义是当事人期望实现的事，并且通过努力或排除一些外因是可以实现的。例如：

（32）孚大言曰："恨不得磔裂奸贼于都市，以谢天地！"言未毕而毙。（《后汉书·董卓传》）

（33）嗣君无独见之明，宰相非柱石之寄，恨不得握兵符，受庙算，展我心力耳。（《北史·文襄诸子传》）

（34）自知是死，甚忧闷，恨不得共妻别。倚立南壁，久之微睡。

（《太平广记》卷三七七引《冥祥记》）

在以上诸例中，"不得VP"短语"不得磔裂奸贼于都市"、"不得握兵符，受庙算，展我心力耳"、"不得共妻别"都表示"恨"的使因，都是既成事实。就拿例（34）来说，前文"自知是死"，表明"不得共妻别"已是既成事实，于是就有了"恨"的心理。

《现代汉语八百词》认为："'恨不得'所希望的是不可能实现的事情。"所以，"恨不得"紧跟的行为动作往往带有夸张或联想的修辞意味。例如：

（35）每读《春秋》之颍考叔挟舟以走，<u>恨不得</u>佐辅其间。读《史记》至田单破燕之计，<u>恨不得</u>奋击其间。读《东汉》至于新野之战，<u>恨不得</u>腾跃其间。（《太平广记》卷四三四引《传奇》）

（36）我一心似箭两脚如飞，走的我气喘狼藉，<u>恨不得</u>一步奔来城市里。（《郑孔目风雪酷寒亭》第二折）

（37）我<u>恨不得</u>一把火刮刮匝匝烧了你这村房舍！（《黑旋风双献功》第二折）

上举例子中，"佐辅其间"、"奋击其间"、"腾跃其间"、"一步奔来城市里"、"一把火刮刮匝匝烧了你这村房舍"等都不是当事人切实的愿望或切实要去做的事情，而是当事人的那种情绪强烈的形象化描述。因此，"恨不得"之后的陈述都是不可能实现的，是未然的。

"恨+不得"融合成了一个复合词"恨不得"，其韵律特征也发生了变化。起初"恨"和"不得"各自拥有一个重音，但语法化后，"不得"则变成了一个轻声，整个复合词的韵律特征变成了一个前重后轻的格式。

（二）"恨不得"的去范畴化

现今对于"恨不得"已凝固成词并无争议，但在其词类归属问题上尚存分歧。一说动词，一说副词。将它归为哪个类并不重要，重要的是将它一系列特性描写解释清楚。语言本身的动态性，使得处在两个词性之间的词语不可能界限分明。"恨不得"之后只能带谓词性宾语，很容易与副词发生纠葛。所以这类谓宾动词虚化为副词的现象已经越来越多地被揭示出来。本书采取比较折中的办法，认为它是一个准虚词，因为它具有去范畴化的倾向，部分失去了典型动词的特征。所谓去范畴化，方梅（2005）认为是指"在一定的条件下，某一句法范畴的成员失去了该范畴部分特征的现象。"她还指出去范畴化具有以下几个特征：第一，语义泛化或抽象化。第二，在句法形态上，失去范畴某些典型的分布特征，同时也获得新范畴的特征。第三，在语篇功能方面发生扩展或者转移。通过对"恨不得"的观照，它已经部分地失去了作为动词所应具备的句法特征。

1. 动态标记

带有动态成分标记是典型谓语动词应具备的特征。"恨不得"一般没有时体变化。其后不带时体标记"着、了、过"，也不带准时体标记，如动词"到、完"和表示时间的副词"在、正"。例如：

（38）我恨不得生了翅膀飞出去，然而阴暗的房间把我关住了。（巴金：《家》）

（39）方鸿渐恨不得把苏小姐瘦身体里每根骨头都捏为石灰粉。（钱锺书：《围城》）

这些动态标记都不能直接与"恨不得"组合，它们只能放在动词的前后，如例（38）动词"生"后带动态助词"了"。另外，"恨不得"也不受程度副词和否定副词的修饰，这与"希望"、"喜欢"之类动词也有别。

鉴于"恨不得"的这些特征，我们认为它已失去了典型动词带有动态成分标记的特性。

2. 小句宾语独立性增强

1）位置变化。"恨不得"可以位于小句宾语之前，也可以位于小句宾语之后，这种位置变化不影响语句的意义。这足以见得小句的独立性增强，而逐渐失去了核心的句法成分。例如：

（40）他恨不得立刻知道结果。（白帆：《那方方的帽子》）

（41）离开这个鬼地方我恨不得。

2）小句宾语的句法表现。首先，小句在句法上自足，并非依附于"恨不得"。删掉"恨不得"，其句子结构仍然完整。例如：

（42）我恨不得跪在他面前求他只赐我以弟弟或朋友的爱吧！（丁玲：《沙菲女士的日记》）

（43）我还恨不得哭一场哩。（方方：《埋伏》）

后续小句也有独立的时体标记。例如：

（44）当时你最好看，我恨不得杀了哥哥和你结婚。（池莉：《你是

一条河》)

其次,"恨不得"之后的宾语可以是个复句,构成多种关系。例如:

　　(45)阮士中等大怒,<u>恨不得</u>扑将上去,把这老和尚砍成几段。(金庸:《雪山飞狐》)

　　(46)机关里人际关系复杂,人与人互相倾轧,<u>恨不得</u>你吃了我,我吞了你。(白帆:《女大学生综合症》)

例(45)为顺接关系;例(46)为并列关系。另外,若后续小句有多个分句时,其内部也存在着回指关联。例如:

　　(47)当时急急忙忙,张太太<u>恨不得</u>马上就请这位名医进去替老爷看脉,[名医]把药灌下,[老爷]就可以起死回生。(李宝嘉:《官场现形记》第四十九回)

例(47)中小句宾语运用零形回指关联它们间的关系。括号内补充的内容为句子承前省略的主语。

以上这些特征,都是"恨不得"句法上的去范畴化表现。

(三)"恨不得"语法化的动因

沈家煊《实词虚化的机制》一文介绍《演化而来的语法》一书中说:"弄清语法标记形成的历史过程还不是最终目的,最终目的是要弄清词义虚化的机制,也就是要弄清语言实际使用的环境和使用者的心理如何影响词义变化。""恨不得"由短语演变为一个复合词,可以说是汉语短语语法化的一个典型,其结构功能的变化受诸多因素的制约。

1. 汉语双音化趋势的影响

汉语词汇从以单音节为主过渡到以双音节为主,这是汉语内部发展的一个趋势。"恨不得"作为一个三音节的词语,其融合似乎与双音化趋势无关,但是它的发展还是遵循着双音化趋势作用的原则。石毓智认为,两个以上音节动补结构的融合可能来自于双音节动补结构建立以后的类推力量,而动补结构的建立又是来自于双音节动补短语融合的合力。(石毓智,2003:83)"恨不得"虽非动补式,但彼此的这种机制是一致的。在这个组合中,"不"与"得"共现融合成一个双音节的语法单位。我们在语料中能找到"恨+X+不得",却未能发现"恨不+得"格式。例如:

　　(48)居百余日,别质而去,曰:吾方放志宇内以好山为所栖,白

云为故乡，恨子不得俱尔。(《历世真仙体道通鉴》卷五十)

(49) 时初置是官，尤清近，中书令马周叹曰："恨资品妄高，不得历此职！"(《新唐书·敬播传》)

因此"不得"首先融合成了一个双音单位。直至宋代，"恨"与"不得"在高频率共现的情况下完成了融合。认知心理学的研究表明，当构成一个句法单位或虽不构成一个句法单位的但在线性顺序上邻接的两个词由于某种原因经常在一起出现时，语言使用者就有可能将其视为一个整体而不再对其作内部结构的分析，这样使得二者之间原有的语法距离缩短或消失，最终导致原来的句法结构功能的虚化，进而由邻接的两个词凝结为双音词。"恨不得"的融合经历了两次两个语素融合的过程。

2. 句法环境的影响

"恨不得"的来源是其可分离式的组合，所以要分析"恨不得"发展的句法环境，必须从它们紧邻出现之前谈起。"恨不得"的可分离式组合可以抽象为：

恨 + X + 不得

在这个组合里，"恨"与"不得"之间可以插加容纳受事宾语、小句的主语和状语。一般地说，只有当两个词紧邻出现时才有可能发生重新分析成为一个句法单位，甚至变成一个复合词。"恨"与"不得"能在相隔的情况下融合成为一个句法单位，是与中间的 X 有关，因为所有的 X 成分都是可以省略的。受事宾语在无须言明造成行为未果的原因或者可以通过语境获知的情况下则可以不说。例如：

(50) 病中整顿得《中庸》《孟子》，颇胜于前，恨地远不得携以请教，闲中又无人抄写拜呈，深以为恨耳。(朱熹:《答詹帅书》)

(51) 仓卒之际，不知是死，又见马出不由门，皆行墙上，乃惊愕下泣，方知必死，恨不得与母妹等别。(《太平广记》卷一〇四引《广异记》)

例 (50) 中"地远"是"不得携以请教"的原因，不是不可或缺的语义成分。例 (51) 我们可以通过上文"方知必死"，得知"不得与母妹等别"的原因，所以无须在"恨"之后赘述。这样，"恨"与"不得"就邻接出现了。小主语在已知或与大主语一致时，也可以省略。而副词只有在表义需要的时候才出现。我们对子部·类书和集部·文论进行了穷尽性考察，对

"恨"与"不得"的紧邻情况和间隔情况作了比照，情况如表6—1所示：

表 6—1

	紧邻出现	间隔出现	紧邻和间隔之比
子部·类书	7	2	4/1
集部·文论	10	2	5/1

从表6—1的统计可以看出，"恨 + 不得"作为可分离式组合，"恨"与"不得"紧邻出现的几率总是大于它们间隔出现的几率。因此，即使当"恨"和"不得"属于不同的句法成分，并且中间有时还有其他间隔成分插入，但它们仍有足够高的紧邻出现频率使其发生重新分析而融合为一个句法结构"恨不得"。从历时的角度来看，"恨 + 不得"紧邻出现的几率在不断增加，这也体现了不断语法化的趋势。

3. 相关语义的相互吸引

并非任何两个句法成分都能经常紧邻出现，并非任何两个紧邻成分出现的句法成分都能融合成一个凝固的句法成分，它们之间必须有语义上的相关性。相关性是指它在什么程度上影响所搭配词语的内在意义的语法范畴。就语法化来说，相关性可以帮助预测某种语法标记出现的可能性，那些构成完整的语义单位的两个成分最容易发生融合而使得其中一个成分虚化为语法标记。（石毓智，2003：152）这段论述说明了两个成分之间语义相关性与它们之间的融合有密切的关系。"恨"与"不得"之间就有这种语义的相关性。首先，从"恨"的语义特征看，这里的"恨"意为"遗憾"，即为已发生的事未能如愿以偿而悔恨或不称心。因此，"恨"之后表结果的施事往往是消极的，且常有否定副词"不"的出现，表示行为动作的未果。例如：

（52）为子娶妇，恨其生资不足，倚作舅姑之大，蛇虺其性，恶口加诬，不识忌讳，骂辱妇之父母，却成教妇不孝己身，不顾他恨。（《颜氏家训·涉务》）

（53）燕大史黄泓曰："燕必中兴，其在吴王乎，恨吾老不及见耳。"（《晋略·后燕慕容氏传》）

（54）黎举常云：欲令梅聘海棠、枨子臣樱桃，及以芥嫁笋，但恨时不同耳！然牡丹、酴、醾、杨梅、枇杷，幸为执友。（《云仙杂记》卷三）

对于一个给定的动词，它最先与跟它共现频率最高的成分融合；反过来也是一样，对于某个特定的成分，它最先有可能与那些跟它共现频率最高的动词融合成一个句法结构。其次，作为否定式的情态动词"不得"是古代汉语中常用的结构，其意义与"不能"相当，表示行为动词的未果。由于这种语义上的相关性，"恨"与"不得"形成一个不可分割的整体，它们高频率的搭配使用也不足为奇了。

4. 重新分析

重新分析是导致新语法手段产生的最重要机制，兰盖克（Langacker）认为重新分析的一个表达结构的变化，不会立刻改变表层形式，常导致成分之间边界的创立、迁移或消失。一个可分析为（A + B）+ C 的结构，经过重新分析后，变成了 A + （B + C）。之所以要重新分析正是因为某个词汇单位的语法化已经使句子结构的语义形式发生了变化，重新分析标志着这个词汇单位语法化过程的完成。（石毓智，2001）"恨不得"的语法化是一个典型的重新分析的案例。王灿龙（2005）对此作了较详细分析，他从认知角度出发阐述了"恨不得 VP"从"恨" + "不得 VP"到"恨不得" + "VP"的变化过程。当"恨"与"不得"之间的"X"被经常性省略后，"恨 + 不得"形成了如下格式：

　　　　恨 + （不得 + VP）

这里"恨"虽然是句子结构的核心成分，但它是个心理动词，动作性比较弱，在与"不得"高频率的纠缠下，其实际意义进一步淡化，它们之间的边界也慢慢消失，直至紧紧地粘在一起，从而在"不得"与 VP 之间产生了新的边界：

　　　　（恨不得）+ VP

原来两个词融合成一个复合词，也影响到语义和音律发展。它改变了"恨不得"的语法功能，由原来两个自由词变成了一个表心理活动的准虚词，反映出语言主观化的过程。

5. 类推

复合词"恨不得"与结果述补结构或能性述补结构"V 不得"形式相仿，但其质相异。通过本章第一部分对"恨不得"考察可以发现，它与两者的来源途径都不同。"V 不得"结果述补结构由"V + 不得"发展而来，而表示不可能的述补结构是由助动词"不得"后移而来。而"恨不得"中

"不得"仅为"恨"的小句宾语中与其紧邻共现的情态动词，它们之间构不成完整的语义关系，正因为如此，也就很难确定"恨不得"的结构类型。这两个意义无法自足的词语怎么发展成为一个与动补结构"V 不得"形式相同的固定词？它的形成是否与动补结构的发展有关？我们认为在"恨不得"的语法化过程当中，还有一股力量是不容忽视的，那便是类推造词。"恨不得"最早出现在宋代，而经研究，宋代恰好是动补结构蓬勃发展的时期。在这种背景下，人们难免会模仿动补结构中的"V 不得"格式，造就了"恨不得"这个非动补式的词语。

二　"可不是"的语篇功能及词汇化

现代汉语中的习用语"可不是"，从分布和功能的角度来看，主要有两个：一是应答语，记为"可不是1"。例如：

（1）"我倒看见过这人，可是我想不到苏小姐会看中他。我以为她一定嫁给你。"

"可不是么！我以为她一定嫁给你。谁知道还有个姓曹的！这妞儿的本领真大，咱们俩都给她玩弄得七颠八倒。客观地讲起来，可不得不佩服她。好了，好了，咱们俩现在是同病相怜，将来是同事——"（钱锺书：《围城》）

（2）没容得侯扒皮话说完，又嗡嗡地吵吵开："侯队长要檩条，写一个条子不就办啦！""可不是，队长干么费那么大心。"（冯志：《敌后武工队》）

这里的"可不是"出现在对话语境中，是一个应答语，用来表示听话人对说话人所说的话的一种回应。相当于"对了"、"是啊"或"就是"，有时它们可以在同一语境里出现，例如：

（3）红旗下站着的人们，差不多是小泥烟袋嘴里一叼，双手插在裤兜儿里。台上说什么，他们点头赞成什么。站在国旗下面听讲的，多半是戴着小硬壳儿黑呢帽，点头咂嘴的嘟囔着："对了！""可不是！"有时候两个人说对了劲，同时说出来："对了。"（老舍：《骆驼祥子》）

此例的应答语，有的说"对了"，有的说"可不是"，不同的应答语所表示的语意是相同的。

一个最简单的对话结构实际上包含两个部分：说话者发出的引发语或引

发行为；听话者发出的应答语。因此，我们可以将诸如例（1）和例（2）现象抽象化为：

A，可不是 1，B

"A" 指说话者发出的引发语或引发行为。"B" 指 "可不是 1" 后面的应对语，根据实际情况可有可无。

二是篇章连接成分，记为 "可不是 2"。例如：

（4）巴士从对街转过来，停在我们面前，几十个座位只有几个没空着。可不是，谁不趁寒假回家走一趟。（梁凤仪：《弄雪》）

（5）"其实，我应该是没有资格抱怨什么的，" 男人继续说，"无论中国人还是美国人，很多人羡慕我毕业后这么顺利就在纽约的大公司里找到了工作。可不是，匆匆忙忙地毕业，找工作，赚钱，买车，买房子，拿绿卡，这好像是每个中国学生来之后的必经之路。（田晓菲：《哈得逊河上的落日》）

以上两例中的 "可不是" 出现在陈述语境中，是个篇章连接成分，用于肯定连接。我们同样可以将其模式化为：

P，可不是 2，Q。（P 是引发语，Q 是应对语）

本章试图考察这两种现象中的 "可不是" 的语篇功能及其词汇化。

（一）"可不是 1" 的话语功能

应对语体现的是言语交际过程的某种关系，关系的不同决定了其具体功能的差别。"可不是 1" 作为一个应答语，从其功能来看可以分为肯定、否定两种，否定功能我们称为 "应酬"，肯定功能又可细分为赞同、确认、知晓、信道和转换话题等五种："赞同" 与 "确认" 的区别在于引发语是不是是非问句，是非问句是表 "确认" 功能的前提；"知晓" 与 "赞同" 的区别在于前者的引发语是已成事实，后者的引发语是主观看法或建议；"信道" 功能不是强调表赞同或确认，而是表明交际双方信道畅通；"转换话题" 与 "赞同" 等四种功能的区别在于，后者中听话人与说话人的话题是一致的，"转换话题" 则不是，听话人与说话人的话题并不一致。下面分别论述：

1. 赞同功能

"可不是 1" 表示赞同或附和说话人的意见。引发语 A 往往是说话人的主观看法或建议，听话人则对说话人的观点表示完全认同。例如：

（6）爸爸终于说话了："孩子，你年青，不懂事。我说你不行，没有经验，你要逞能，这回又上当了。"潘宏福两只眼睛睁得大大的。"可不是么。好事人家会推你去做？上了当还不晓得，真是个阿木林。"（周而复《上海的早晨》）

（7）"多跟他们讲点道理。别老觉得孩子小，真把这些个人生道理讲透了，他们还是听得进去的。关键看你怎么讲，事实最有说服力。""呵，这方面的例子我是不胜枚举。""可不是，咱们都是过来人嘛。"（王朔《我是你爸爸》）

例（6）引发语是"爸爸对孩子的主观看法"，接着听话人"潘宏福"赞同"爸爸"观点，用"可不是"表示。例（7）"可不是"也是对引发语的赞同。

引发语的看法或建议也会以反问句的形式提出来，而作为后继应对语的B则会对说话者的话题做进一步评述、解释或补充说明。例如：

（8）打扫垃圾时，清洁工们皆笑说，早给了钱不就没这些事了？自找罪受。职工们亦说：可不是，厂里也是小气得要死。（方方：《白雾》）

（9）我笑，"那岂非风流不为人知，犹如锦衣夜行？"隔壁一位洋太太说："可不是！这些人非要令到别人不便，才会满足到虚荣心。"（亦舒：《香雪海》）

（10）四：哦，这屋子有鬼是真的。

贵：可不是？我就是乘着酒劲儿，朝着窗户缝轻轻地咳嗽一声。就看这两个鬼飕一下子分开了，都向我这边望：这一下子他们的脸清清楚楚地正对着我，这我可真见了鬼了。（曹禺：《雷雨》）

例（8）职工们除了赞同清洁工们的观点外，还对厂里的处事进行评述。例（9）是对前文内容作进一步解释。例（10）补充说明"有鬼"的事实。

赞同功能一般总是对别人某一观点表示赞许认同，但有时也可以针对自己的观点表示赞同，例如：

（11）李先生本来像冬蛰的冷血动物，给顾先生当众恭维得春气入身，蠕蠕欲活，居然赏脸一笑道："做大事业的人都相信命运的。我这次出门前，有朋友跟我排过八字，说现在正转运，一路逢凶化吉。"顾

先生拍手道："可不是么？我一点儿没有错。"（钱锺书：《围城》）

此例就是顾先生对自己恭维李先生的话作充分肯定，不过引发语不是他自己提出来的，而是借李先生的嘴间接说出。

赞同功能是"可不是1"应答语最主要的功能，往往在应答后说明理由，或评述、或解释、或补充，这些都是为了强化赞同的理由，但当应答者认为用"可不是1"足以表达应答者的主张时，也可以不再说明理由，不过这种情况并不多见。例如：

（12）蜜糖突然灵机一动："三哥，你其实是想看电影，你一向喜欢看电影，只是没有伴，一个人去没意思。""可不是？"（岑凯伦：《蜜糖儿》）

（13）"先生。这回因为我有功，主人夸奖了我了。你先前说我总会好起来，实在是有先见之明……"他大有希望似的高兴地说。"可不是么……"聪明人也代为高兴似的回答他。（鲁迅：《聪明人和傻子和奴才》）

有时为了强调，可以连续用"可不是"，例如：

（14）"你说这孩子，你就算是父母身上的一块肉，可掉下来，就自个去活了，毕竟跟长在身上不一样了，你跟他生得起气么？"这一句话，差点没把马林生眼泪说掉下来，只在枕头上连连点头，"可不是，可不是……"（王朔：《我是你爸爸》）

2. 确认功能

"可不是1"可以用于对需证实的内容的确认与肯定。A用是非问句，这是表确认功能的应答语"可不是"出现的必要条件，也是区别于其他功能的形式标志。例如：

（15）"像你这样的总经理，厂里连买菜的钱也没有？""可不是，说出去，谁也不相信。最近银根紧，月底轧了一些头寸付到期的支票。……"（张爱玲：《倾城之恋》）

（16）汤阿英说，"听说，这一阵乡下很忙哩，你在村里也闲不下吧？""可不是么，我这个互助组组长比别人还要忙哩。"（周而复：《上海的早晨》）

（17）牛：哎呀，也就是你们年轻人哪，还能熬个夜什么的，要是我和老陈、老刘这样儿的，这么熬，早垮了。是不是老刘？

　　刘：<u>可不是</u>。再说了，也没加班儿费什么的。（《编辑部的故事·侵权之争》）

该用法中的 B 则为 A 进一步提供论据或借题发挥的理由，如例（15）（16）；也可以对 A 作进一步解释补充，如例（17）老刘在确认老牛观点后，补充说明"这些加班还是没有加班费的"事实，以突出这些年轻人的精神境界。

　　A 为是非问是该"可不是1"出现的必要条件，但并不意味着所有的是非问都可以通过"可不是"来应答。这与该是非问的确信度 C 有关。我们可以根据郭锐（2000）的分类方法将确信度分成五级：

　　C＝1 为全确信度，即对所问之事完全相信。如"你来了呀？"

　　C＝0.75 为高确信度，即对所问之事有所猜测。如"他已猜出了个大概，问道：'是你丢了吗？'"

　　C＝0.5 为中确信度，即对所问之事无所猜测。如"你家里买彩电了吗？"

　　C＝0.25 为低确信度，即对所问之事抱有怀疑。如"这么一大碗你吃得下吗？"

　　C＝0 为零确信度，即对所问之事持否定态度，也就是反问句。如"他做得还不够吗？"

　　表确认的"可不是"能回答高确信度、低确信度和零确信度的是非问，例如：

　　（18）静问道："他们时常和你这般纠缠么？"她想起了慧从前所抱的主张，又想起抱素和慧的交涉。"<u>可不是</u>！"慧坦白地回答。（茅盾：《幻灭》）

　　（19）"他想帮我的忙？"他不相信自己的耳朵，以为听错了。"<u>可不是</u>。……"（张爱玲：《倾城之恋》）

　　（20）——他做得还不够吗？
　　　　　——<u>可不是</u>，我们远不及他呢！

"可不是"不能用于回答全确信度和中确信度的是非问。例如：

　　（21）小学徒招呼一声，一位六十上下的大娘就迎了出来，嘴里连说："来了吗，欢迎！"一边向全队人一一鞠躬。（邓友梅：《别了，濑户内海！》（郭锐例））
　　　　　——＊可不是！

（22）——你写好了吗？

　　　　——＊可不是！

例（21）是全确信度，是完全相信所问之事为真，故无需回答；例（22）是中确信度，需要具体回答，也不适宜用"可不是"回答。

　　3. 知晓功能

　　说话者陈述某一客观事实，而听话者用"可不是1"传递对该信息的知晓情况。该用法与赞同功能的区别在于：后者是说话者与听话者在某一主观看法或行为达成一致，而前者是强化某一既定的客观事实，与认同与否无关。例如：

　　（23）"哗！贵了三分之一！""可不是吗？升幅太大，我也不敢为庄伯母拿主意。"（岑凯伦：《蜜糖儿》）

　　（24）"那已经是一个研究所了。""可不是。"靳怀刚笑。（亦舒：《异乡人》）

"贵了三分之一"与"那已经是一个研究所了"都是既成事实，而听说话者表明已经了解和掌握了该信息，在一定程度上起到突出强调 A 的作用。

　　赞同功能、确认功能和知晓功能都具有听话者表态的功能，是一种肯定的表态。这与"可不是1"的词汇意义有很大的关联。

　　4. 应酬功能

　　当说话人提出的想法或观点将要遭到否定或部分否定时，听话人也可以采用"可不是1"先作应答。使用"可不是"的目的是为即将出现的不协调状况缓和气氛，协调说话人和听话人的关系，从而为彼此的进一步交流提供更大的空间，是一种看似表肯定可实际表否定的功能。例如：

　　（25）"只要我们住在您那里，迟早也会弄出名气来。""可不是？可是……"老太太颇不信任。（周邦复：《东尼！东尼！》）

　　（26）用最有利的条件收买了那七八个小厂，是益中信托公司新组织成立以后第一次的大胜利，也是吴荪甫最得意的"手笔"，而也是杜竹斋心里最不舒服的一件事。当下杜竹斋枨触起前天他们会议时的争论，心里便又有点气，立刻冷冷地反驳道："可不是！场面刚刚拉开，马上就闹饥荒！要做公债，就不要办厂！况且人家早就亏本了的厂，我们添下资本去扩充，营业又没有把握，我真不懂你们打的什么算盘呀——"（茅盾：《子夜》）

（27）"怎么都不弄点子新花样？"小墩子问。但因为她其实并没有吃过晚饭，所以望着还是吊起了胃口。

"要什么新花样？我们热爱咱们的这四大肉丝，就着喝酒比什么都香！"阿臭诚心诚意地说。

"可不是！由此可见我们对老板是忠心耿耿。这可是四大摇钱肉丝，立了汗马功劳的！"老 A 怪腔怪调。（刘心武：《小墩子》）

（28）对了，小郝庄的队长说，人有多大胆，地有多大产么。我们的队长说，可不是！我生来胆小，不敢吹牛，怕吹破了不好补。（戴厚英：《流泪的淮河》）

例（25）中老太太对对方的想法颇不信任，但为了维护他的面子，先用"可不是"进行应答，也为自己之后的质疑减少尴尬。例（26）中，杜竹斋对吴荪甫最得意的"手笔"很是反对，但为了维护吴荪甫的面子，先用"可不是"进行应答，然后表明了自己否定的理由。例（27）老 A 对老板的所谓"四大肉丝"非常反感，但为了顾及面子，同样先用"可不是"肯定，实则是老 A 对引发语阿臭的"我们热爱咱们的这四大肉丝，就着喝酒比什么都香"这一观点的讽刺。例（28）"我们的队长"认为"小郝庄的队长"的话是吹牛，但又不好直接否定，故用"可不是"先肯定，然后以自己为例表明不敢吹牛的态度，间接地否定了"小郝庄的队长"的观点。

5. 转换话题的功能

转换话题就要有接话点，而"可不是1"就充当了接话点的功能。此功能与其他几种功能的不同在于：后者中听话人与说话人的话题是一致的，听话者顺着说话者的话题去作肯定或否定表态；"转换"功能则不同，听话者在表示对引发语的肯定后，不是顺着说话者的话题去论述，而是转变了话题。例如：

（29）现在，"短一点儿"又来找我奶奶了，说她想走。"人也走了，房也塌了，还等啥呀！"她说。奶奶说：可不是吗！要说蓝虎呢，确实也不是个正直的人。没多大一点就吃喝嫖赌样样会了。……"（戴厚英：《流泪的淮河》）

（30）他一眼瞧见魏强手里的活计，笑哈哈地问道："怎么，指导员，你这鞋也磨透啦？""可不是吗，你那鞋呢？"魏强用牙齿拔出针来，瞟了瞟贾正脚上的鞋。（冯志：《敌后武工队》）

例（29）和例（30）开始谈论的话题分别是有关"短一点儿"与"你的

鞋"。"可不是"在表明赞同与确认的同时，结束了前一话题，将其转接到"蓝虎"与"你那鞋"之上。

6. 信道功能

"可不是"还具有信道功能，用来表明听话人在听，交际通道畅通。例如：

> （31）顾八奶奶：（飘飘然）真的么？
>
> 　　　陈白露：可不是！
>
> 　　　顾八奶奶：倒也是，我自己也觉得……（曹禺：《日出》）
>
> （32）——看那些婴儿。
>
> 　　　——可不是！
>
> 　　　——你累了，护士找你呢。（亦舒：《异乡人》）

例（31）中的"可不是"除了有"确认"功能之外，主要是陈白露要表明自己在听对方讲话，使得交际顺利进行。例（32）的引发语 A 是一个祈使句，而"可不是"不具备接受某一命令的功能，此处的"可不是"表现出其信道的功能。

从语用角度看，信道功能不仅仅只是表示信道畅通，而且还有人际功能，即礼貌原则，表明听话者非常尊重对方，在认真听他的论述，以此鼓励对方继续说下去。

（二）"可不是 2"的篇章连接功能

与"可不是 1"不同，"可不是 2"多见于书面语体，主要出现在议论抒情的语境中。储泽祥（2008）指出：根据语义俯瞰现象，一个实词虚化以后，其源词的意义往往仍然控制或影响着新词的意义或新词分布的句法语义环境。"可不是 2"的篇章衔接功能在一定程度上受到其"肯定"义的影响，因此，由"可不是 2"衔接的 P 与 Q 之间在语义上往往是同向的。根据具体的语境，"可不是 2"主要体现三种功能：强化肯定，提醒注意，语段连接。

1. 强化肯定功能

"可不是 2"用于叙述者或他人呈现某一现象或观点 P 之后，可以起到强调、凸显 P 的作用。这与"可不是"表肯定的本义有关。例如：

> （33）同事们齐声笑道："你真是进入状态了，彻底领悟了艺术的

真谛!"<u>可不是</u>吗?我不禁想起了这次巴塞尔艺术展的主题之一:艺术无局限。(人民网,2007 年 6 月 1 日)

(34)法拉利的这个赛季看来注定要多灾多难了,一向高高在上的意大利人昨天遭遇了一个沉重的打击,因为按意大利《全体育报》的说法,以前总是被其他车队明示暗示着和 FIA(国际汽联)有"亲密"关系的法拉利车队这次被 FIA"耍"了。<u>可不是</u>吗?在接到 FIA 世界汽车运动理事会听证会有关间谍案的判决书的那一刻,托德的脸色难看到了极点。(人民网,2007 年 7 月 3 日)

显然,此时语意的重心在 P 上。Q 与 P 不无关系,但并非很直接,常常是相关的两个不同话题。例(33)P 的话题是"你",而 Q 的话题则是在此前话题影响下所联想到的"巴塞尔艺术展的主题"。例(34)P 的话题是有关法拉利车队的,而 Q 则是与车队有关的"托德"。

2. 提醒注意功能

"可不是2"的出现,有时候预示着议论抒情的即将开始,提醒读者或听者的注意,从而产生听读期待。例如:

(35)<u>可不是</u>,只有人至耄矣,沉重的人生使命方才卸除,生活的甘苦也已了然,万丈红尘已移到远处……<u>可不是</u>,老先生已无得失之念,无荣辱之计,他开凿思想的灵源,澄思渺虑,引发在笔端笺素间,皆寓有意于"无意"之中……(人民网,2006 年 6 月 2 日)

(36)看了这则消息,不禁对将审理此案的法官之八面威风心生羡意。<u>可不是</u>吗?若干教授、研究员的清白,中国文坛不世而出之奇才的信誉都悬于其手;要判定金大侠是否毁人清誉,就要认定他说的是不是事实,也就是说,评点本究竟是优是劣将由法院来决定。(人民网,《时代潮》2000 年第 9 期)

当"可不是2"用于提醒注意时,语意的重心在 Q 上。因此,语段中的 P 常常是 Φ。当 P 不为 Φ 时,PQ 之间的关系表现也不那么直接。它们分属不同的话题,语意存在细微的联系。

3. 语段连接功能

多数情况下,"可不是2"的作用是双向的,即既是对 P 的肯定,也是对 Q 的肯定,它起到连接 P、Q 的作用。在这种情况下,P 与 Q 之间往往存在着比较密切的关系,Q 往往是 P 的进一步延伸。

1）Q 为 P 进一步提供论据，表明 P 所代表的现象或观点的合理性与真实性。例如：

（37）人性本来是向善的，只是由于社会和家庭环境的影响，让一个人的性格变化，更让一个善良的人变为恶毒者。<u>可不是</u>吗？对于动物来说，兽性是不可避免的，可由于其天天关在牢笼中，让一些野兽失去了其野外生存能力，也少了一份兽性。（人民网，2007 年 6 月 28 日）

（38）况且自己作为一名人大代表，还得多想着为大家办点事，不能只想着赚钱，<u>可不是</u>，自己办学不到一年，便已为那些贫困家庭孩子减免学杂费三千多元！（人民网，2007 年 6 月 28 日）

例（37）P 讲人性，Q 讲兽性，表面看两者陈述的是不同话题，但实质是有联系的，讲兽性的规律目的是为前者进一步提供论据；例（38）Q 为 P "为大家办点事"进一步提供论据。

2）Q 进一步陈述 P 的原因，表明 P 所代表的现状存在的必然性。例如：

（39）这儿呢——我在这儿小三年子了；<u>可不是</u>，九月九上的工——零钱太少，可是他们对人还不错。咱们卖的是力气，为的是钱；净说好的当不了一回事。（老舍：《骆驼祥子》）

（40）小 A 刚参加工作没多久，见了本部门的同事就跟见了亲人似的。<u>可不是</u>吗？大家每天一块上班，说着笑着就把活干了；中午一起到食堂吃饭，其乐融融就像一家人；晚上一干人等时而泡吧，时而保龄，时而蹦的。（人民网，2003 年 9 月 8 日）

例（39）Q 陈述 P 我为什么在这儿小三年子了的原因；例（40）Q 也是陈述 P 为什么见了同事就跟见了亲人似的原因。

3）Q 是在 P 的基础上的具体阐释。P 比较抽象，Q 则是对 P 的解释。例如：

（41）他的角色也不好派，导演每次都考虑很久，结果总是派他演家院。就是演家院，他也不像个家院。照一个天才鼓师（这鼓师即猪倌小白，比丁贵甲还小两岁，可是打得一手好鼓）说："你根本就一点都不像一个古人！"

<u>可不是</u>，他直直地站在台上，太健康，太英俊，实在不像那么一回事，虽则是穿了老斗衣，还挂了一副白满。（汪曾祺：《羊舍一夕》）

（42）陈正这才恍然深悟他的用意，于是向他提醒一些更有希望的门路。<u>可不是</u>，老先生过去的同事和学生中现在有当副部长的，有大企业的总工程师，工学院党委书记，中外合资公司经理，等等，难道找他们给安排个名差事还有什么困难吗？（中杰英：《怪摊》）

例（41）Q 具体说明 P 为什么不像古人；例（42）Q 也是对比较抽象的"门路"作具体说明。

4）Q 是对 P 的总结。

（43）七巧低着头，沐浴在光辉里，细细的音乐，细细的喜悦……这些年了，她跟他捉迷藏似的，只是近不得身，原来还有今天！<u>可不是</u>，这半辈子已经完了——花一般的年纪已经过去了。（张爱玲：《金锁记》）

（44）直到中午 12 点，热线电话一个接一个，130 分钟时间里，只有一次电话间隔达到 20 秒。还有市民不断询问报社总机，怎么热线老占线。<u>可不是吗</u>？一边是热心的人大代表，一边是急切的市民，这个聊天可就火了。（人民网，2002 年 1 月 22 日）

例（43）Q 对"这些年捉迷藏似的"一个总结；例（44）是对"热线为何火爆"的总结。

以上所列的四种语段关系是 PQ 之间主要的关系类别，它们之间不是严格的排他性，而是关系的不平衡性。如例（37）和例（38）中 Q 也是对 P 的进一步阐释，但是 Q 以提供论据为主。

（三）"可不是"的词汇化

共时平面上同一形式的不同用法之间往往具有历时上的演变关系。在现代汉语中还存在与"可不是"同形异构的"可＋不是"。例如：

（45）"刚才那边的笑声，就是为的这个？"魏强这才明白了刚才的笑声。

"<u>可不是</u>为的这个！你听见啦？"（冯志《敌后武工队》）

（46）<u>可不是</u>怪事？这世界原来充满了怪事呢！（茅盾《蚀》）

其中"可"用在反问句中，是一个语气副词。"可＋不是"相当于"岂＋不是"。由此，我们便可以假设，习用语的"可不是"之所以能够以否定的形式表达肯定的意义，是因为其前身是用于否定句的语气词"可＋不是"，它首先经历了一个词汇化的过程。我们可以在历史文献中找到例证。例如：

（47）有功对曰："魁是大帅，首是原谋。"太后又曰："徐庆<u>可不是</u>魁首？"（《通典》）

（48）韦公曰："和尚所说，<u>可不是</u>达摩大师宗旨乎？"（《六祖坛经》）

（49）程婴，我若把这孤儿献将出去，<u>可不是</u>一身富贵？（《赵氏孤儿》）

（50）如今我先到了，<u>可不是</u>他输了也。（《朱砂担滴水浮沤记》）

当"不是"之后的信息在上文提及，成为已知信息时，"可+不是"之后可以以代词的形式出现，也可以省略，这就为"可不是"单独使用提供了可能性。例如：

（51）我这人，又懦怯，又高傲。诗陶姊常说我要好心太切，<u>可不是</u>？（茅盾：《蚀》）

（52）我们正在青春，需要各种的刺激，<u>可不是</u>么？刺激对于我们是神圣的，道德的，合理的！（茅盾：《蚀》）

此时的"可不是"还是以反问的形式存在，它表达的是肯定的意义。当这种单独形式高频使用时，它就被赋予了词汇化的资格。"可不是"已经不需要通过反问这一中间桥梁来认定它的肯定意义，而是直接与肯定意义联系起来，于是，"可不是"反问语气也逐渐消失了，也就有了现在的肯定应答的用法。

从"可+不是"到"可不是吗""可不是么""可不是""可不"表相同内容的结构，是一个词汇化的过程。于宝娟（2009）认为："这四种形式虽然具有相同的功能，使用频度的高低却大有区别，通过搜寻便可以清楚地看到，形式的简化与使用的频度之间有一个明显的正比关系：越是简化的形式越是拥有高频的使用。"这对于一般语法化、词汇化过程来说是正确的，但不适用"可不是"的发展变化过程，因为它在使用频度上与一般的语法化、词汇化不同。根据我们对一千多万字的现、当代语料考察，发现四种形式并存，出现频率最高的不是通常认为词汇化程度最高、音节最少的"可不"，而是"可不是"。究其原因，可能有以下几种：

一是这一结构语法化的程度不高，虽有话语标记的功能，但词汇意义明显，在实际语言中，几种形式并存，例如：

（53）小奇听了这一席侃侃之言，暗暗觉得意外。自己还一直以为他是个闷葫芦，谁知人家是深藏不露，虽没有什么至理名言，却看得出他心地坦诚之外，生活中处处也是个有算计的人。女孩子不免微微点头了。

洁茵却还是那么跷着两条腿，不紧不慢地笑着说："<u>可不是吗</u>！"当学生穷，能省就得省。（小楂：《客中客》）

（54）她简单地介绍道：我的学生来接我了。别人抬头看看我，说道：好的个子！她拍拍我的肚子说：<u>可不是嘛</u>，个子就是大。（王小波：《白银时代》）

（55）李先生本来像冬蛰的冷血动物，给顾先生当众恭维得春气入身，蠕蠕欲活，居然赏脸一笑道："做大事业的人都相信命运的。我这次出门前，有朋友跟我排过八字，说现在正转运，一路逢凶化吉。"顾先生拍手道："<u>可不是么</u>？我一点儿没有错。"鸿渐忍不住道："我也算过命，今年运气坏得很，各位不怕连累么？"（钱锺书：《围城》）

（56）蓝龙媳妇也劝她：手心吧手背吧，你现在也不用怕公婆了。你们是全全和和的一家人家。像我这样，熬到啥时候是个头？玉儿妈说：<u>可不是</u>，比起你我真算享福的。不过你可以给自己找个好媳妇呀！（戴厚英：《流泪的淮河》）

（57）"爸，您看，我说是这么回事吧！"金秀把手里的蒲扇猛扇了几下。金一趟没应声，稍顷，问："全义，这是真的？"

"<u>可不</u>！"张全义说，"爸，明儿我打算弄点儿红漆，把签儿上的码子描一描，在找誊写社的，给您把签子本儿誊一遍，写得大一点，省得您再看差了。"（陈建功、赵大年：《皇城根》）

（58）"什么洗脑呵？思想工作做通了！心情愉快了——干什么都可以了！"

"噢，原来你们的女排都这么训练出来的。"

"唉哟，<u>这可不是</u>，你可别瞎说。我们的女排女篮女乒都是正经八板的娘儿们，我那是小说，说笑话儿。（王朔：《顽主》）

（59）余：是是是。这要是再过几十年，不定能搞出什么东西来呢！

李：一定是应有尽有。

莫：<u>那可不是</u>。哎，我跟你说啊，今后你们不定怎么吃惊呢，还单就我们这电冰箱而言。（《编辑部的故事·侵权之争》）

（60）"一朵鲜花插在牛粪上了，你说是不？"

"嘻嘻可不是么。"他嘴里应付着，眼光一刻也没离了那女人，直到暗绿的身影隐入人流中。（廉声：《月色狰狞》）

（61）她不再说什么，更不想继续讥笑他了——她认为他的话也对，不就是在家里预备几支蜡烛么？一个月平均三十个晚上，五支蜡烛绰绰有余了。而且，可不是的嘛，点蜡烛还同时省电了呢！（梁晓声：《激杀》）

例（53）用"可不是吗"；例（54）用"可不是嘛"；例（55）用"可不是么"；例（56）用"可不是"；例（57）用"可不"；例（58）用"这可不是"；例（59）用"那可不是"；例（60）用"嘻嘻可不是么"；例（61）用"可不是的嘛"。

二是无句法理据。"可"与"不"是副词与副词的组合，二者不能发生句法结构关系，因此，尽管"可不"符合现代汉语的韵律特征，即双音节化的韵律，但还是不被人们所习用。假如用"可是"或"不是"能实现"可不"的功能的话，或许早就取代了"可不是"。

三是从表达效果上看，"可不"似乎没有"可不是"在肯定程度上表现得更强烈。

三　话语标记"你看你"的语法化

近年来话语标记的语法化也引起了研究者的广泛关注，诚如吴福祥（2005）所说："20世纪90年代以后，话语标记研究很快被引入历史语言学界，成为历史语义学、历史语用学、特别是语法化理论的一个重要课题。"随着研究的逐渐深入，新的研究方法和新的研究视角不断出现，这些都为我们认识和研究话语标记提供了契机。与传统句法语义层面的静态研究不同，对于话语标记的个体研究，往往是将某一个固定格式置于篇章中，以致揭示其在言语交际中的共时用法及其体现的真实的独特的语用功能，并深入探讨其语法化的过程。这里拟通过分析表示"责怪"的"你看你"来讨论话语标记的语法化问题。

关于"你看"，刘月华（1986）曾列举了"说、想、看"的特殊用法（即话语标记的用法），并初步分析了它们的异同，并指出"'你看'有时也可以引出说话人的看法"，"'你看'还可以含有不满、责备、嗔怪的意味……"但未作进一步分析。曾立英（2004）描写了"我看"和"你看"

的分布情况，并比较充分地证明了两者都是话语标记。她（2005）在另一文中进一步探讨了其主观化的过程，认为人称代词"我"、"你"与"看"结合后，既具有动作行为义，又具有认知动词义，还可以发展成为一种专表"态度、意向"的话语标记。但是，"我看"和"你看"之间存在着不对称性，如"你看，你今天又迟到了!"这种用法的"你看"并不表示"评价义"。陈振宇、朴珉秀（2006）则将"你看"分成表示认识情态、道义情态的"你看1"和表示提请注意的"你看2"，将表"不满"的"你看"归入"你看2"，并给出各自的语用条件。

但对于"你看你"，却尚无专门的研究。"你看你"与"你看"虽在形式上十分相似，而且同为话语标记，但彼此在很多方面迥异。"你看你"无论是在其语篇的语义构成、功能发挥还是语法化上都有着自己鲜明的特征。

（一）"你看你"的归属

话语标记（discourse markers，简称 DMS）是话语层次上的标记。如："and"，"actually"，"after all"，"you know"，等等，汉语中如"据我所知"、"也就是说"、"老实说"等。它们对命题的真值意义不发生影响，也不受句法结构的制约，但能表现话语结构，使语篇的组成部分互相联系起来，表明话语的理解方向，并根据该方向寻找话语的关联性。诚如吴福祥（2005）所说："话语标记在话语中的功能主要是语用的，而不是句法和语义的"。

经过二十来年的研究，学者们就话语标记的基本特征达成了共识，即：第一，语音上具有可识别性，可以通过停顿、语气词等来识别；第二，句法上具有独立性，经常出现在句首，不与相邻成分构成任何语法单位，删除它们不会导致句子的不合语法；第三，语义上具有非真值条件性，即话语标记的有无不影响我们对句子的理解，但不排除它是理解句子的重要线索；第四，功能上具有连接性。

"你看你"在现代汉语口语中是一个使用频率高、表义特殊的类固定结构。例如：

（1）在架线连你拼，在高炮团你拼，在汽车营你拼，在干休所你拼，你看你拼成啥样了?（未标明出处的语料来自北大语料库或网络）

（2）妈，你看你人家逗你开心，你倒当真了!

（3）实说吧，全村也只有叔叔我是你的个亲人，你看你这么大啦，连女人也没娶过。（马烽：《吕梁英雄传》）

（4）靖萱慌忙扑过去端起那碗药，急喊着："<u>你看你</u>，药都给你洒掉了！"（琼瑶：《烟锁重楼》）

（5）<u>你看你</u>呀，还不想当副总理。

（6）咱还是在咱的农村好好打主意……<u>你看你</u>胳膊凉得像冰一样，小心感冒了！夜已经深了，咱们回"（路遥：《人生》）

由以上用例可见，"你看你"具有如下鲜明的特征：第一，在语音上，"你看你"之后可以停顿，也可以加语气词"啊、呀"等，如例（4）与例（5）；第二，在句法上，"你看你"常出现在句首，且相对独立，属于句法以外的成分，或者只是松散地附接在句法结构上；第三，在语义上，"你看你"的有无并不影响语句的命题内容；第四，"你看你"在话语中具有提请注意、指示说话者立场和态度的功能，使说话人在说出一段话的同时附带了不满、嗔怪或责备的主观情感。显然，"你看你"具有了话语标记的基本特征，可以确认其为话语标记。

（二）"你看你"语篇的语义构成

通过对所搜集的 262 例"你看你"所在篇章（以下简称"'你看你'语篇"）的考察和研究，我们发现，在篇章起具体作用的语义成分存在着某种共性，这些具有共同会话隐含义的语义成分共同实现了"你看你"语篇的语义构成：

A：提出说话者的要求或认识

B：责备或否定听话者的某一事实

"你看你"语篇的两个语义成分，分别用 A、B 表示，这样我们便可将其归纳为三种情况：

1. A 和 B 同时出现

这种情况是"你看你"语篇中最完整的语义结构模式，内部的组合方式也相当复杂，有"A ＋ 你看你 ＋ B、你看你 ＋ B ＋ A"或者 A、B 交错使用。例如：

（7）起来，起来，<u>你看你</u>这个睡，这个懒劲，还不快去饮马去，牲口干坏了。（周立波：《暴风骤雨》）

（8）还是买蓝筹股吧！<u>你看你</u>选的些什么 ST 股，十家九家跌的。

（9）陈文英说，"唉，唉，唉，<u>你看你</u>，又来了。说得好好地，又

不知说到哪里去了。世界倒是要整个毁灭的，那就叫世界末日。现在还未到呀！"（欧阳山：《苦斗》）

（10）你看你又扯到别处。萍，你不要扯，你现在到底对我怎么样？你要跟我说明白。（曹禺：《雷雨》）

例（7）中，说话者用祈使语气直接对受话者提出要求，并通过话语标记"你看你"引出自身对"这个睡，这个懒劲"的不满，而后又进一步提出要求。例（8）中，说话者首先对听话者提出要求，然后对听话者"选ST股"的行为予以否定，并附加了否定的理据。而例（9）、例（10）则是先否定说话者的某一言行，再提出自己的认识或要求。

A和B共现的格式在理论上是最完备的形式，但在日常的交际过程中也难免会出现一些变异体，A和B不是必须同时出现的。

2. A 或 B 出现

人们为了提高交际效率而倾向于最简易的表达方式，所以"你看你"的简易式相对于其完整式而言，使用更普遍一些，这一点从我们所搜集的语料中便可得到印证。据统计，完整式56例，占所收语料的21%；简易式160例，占61%。这揭示了话语的"经济原则"在语言发展过程中的重要作用。简易式又有两种情况：

1）省略了 B 项

当B为两者的共有的已知信息，或者有语境的提示，或者可以通过非言语手段传递，或者不方便让在场的第三者获知等情况，总之，在不必说或不能说的背景下，说话者就会省略了B项。例如：

（11）他捏捏我的脸，你看你哟，钱是要赚的，也要好好爱惜自己的身体。

（12）父亲终于忍不住发火了："别人家的孩子个个机灵聪明，你看你……"

（13）思思故意在她面前展示自己的苗条身材，把裙子旋起一圈波浪说："你看你，这可真是结婚之祸呀！"

2）省略了 A 项

A和B之间存在着一种印证与被印证的关系，B为A提供了理据，使得这种认识和要求更具有合理性，更具有说服力。在说话者责备或否定听话者某种言行的同时，也显现了自己的一种认识或要求。从某种意义上说，对某种事实的否定和责备，本身就是一种认识，所以在语义上，A和B常常会发生重合。这为 A 项的省略提供了可能。例如：

（14）英语教师勃然大怒："你看你，屁本事没有，一个音都读不准……"

（15）你看你拿个大专文凭都那么吃力，如果不靠走门路送贿礼，不靠作弊，根本混不到手。

（16）他总是看热闹一样，背着手围绕事故现场转几圈，嘴里责备发现者："你看你，搞坏了吧？"

3. A 和 B 都不出现

"你看你"语篇，不仅可以省略 A 项或者 B 项，甚至可以两者同时不出现，不但不影响话语交际，而且单一的"你看你"还传递了说话者责怪或不满的情绪，已凝固成了一个语义自足体。例如：

（17）"你不是来送我。"高庆山笑着说。

"你看你！"春儿笑了。（孙犁：《风云初记》）

（18）七姑奶奶说："你一个人，正要吃酒，一醉解千愁。""你看你！"古应春埋怨地说："你没有吃酒，倒在说醉话了。（高阳：《红顶商人胡雪岩》）

（19）啧啧啧，你看你！

以上几例，A、B 两项都没有出现，但是我们可以猜测说话者的态度，即都是对受话者的否定或不满。例（19）中的"啧啧啧"是拟声词，本身并无态度偏向，它可以表示赞叹，但一旦与"你看你"共现，其"责备"义便被确定下来了，说明这种"不满或否定"的情感意义是"你看你"所传递的。需要说明的是，上文所谓是"责备义"或"否定义"都是指"你看你"的"辞面意义"，但是在实际的交往过程中，会有反话正说的情况，即辞面意义并非真正所要表达的意图即"辞里意义"。如例（17）"你看你"所要表达的并非真正的责备，而是一种愉悦性的否定，目的在于追求一种轻松、亲昵、幽默的情趣，这是通过违反"质"的原则带来的会话效果。无论说话者要表达何种"责备"，都没有脱离其"责备义"，所以跟本书的观点并不矛盾。然而这种意义从何而来呢？我们认为这是语义规约化（conventionalization）的体现。当某种语言形式所含有的语义一旦与另一种语义结合高频度使用，表达一个完整的语篇意义，并被人们长期广泛地使用，这种语义联系就会逐渐固化到前一语言形式之上，使得前一语言形式一出现就能使读者或听话者推导出与之高频率共现的下一语义。但是，B 为什么选择了"你看你"呢？这必然与"你看你"自身的特性——主观性有关。

（三）"你看你"的语用功能

沈家煊（1997）指出：认知域包括现实世界域、逻辑推理域和言语行为域。现实世界域反映客观的实际情况，属于客观域；逻辑推理域、言语行为域涉及说话者所说话语的立场、态度和情感，具有主观性，属于主观域。据此来分析"你看你"的语用功能，可以认为"你看你"表现出很强的主观性。从现实世界域的表示词汇概念义，到逻辑推理域的表达主观态度，再到话语行为域是话语处理功能。这是"你看你"语用功能主观化的过程，也是"你看你"成为话语标记的演变过程。

1. 现实世界域：自我观察

主观意义和客观意义相对。客观意义主要指真值条件语义（truth-conditional semantics），而非真值条件语义就属于主观意义。"看"的基本义为"观看、观察"，所以"你看你"的客观意义呈现的应该是要求听话者对自我的观察。这一语形具有不稳定性，与"你看我"、"你看他"具有类似的句法结构，与类固定后的"你看你"，甚至与作为话语标记的"你看你"没有形式上的标记。但这却是"你看你"所表达的不满、责备等主观态度得以语用推理的一个依据，同时也使重新分析成为可能。

2. 逻辑推理域：确证与否定

陈融（1985）认为：按照格赖斯的合作原则（cooperative principle），"你看你"遵守的是"质"准则：一是不要说自知虚假的话；二是不要说证据不足的话。① 在事态没有被听话者见证的情况下，"你看你"是说话者保证话语具有说服力的一种话语策略，即说话者希望听话者确认自己已经确认的东西，主动引导听者对话语作出符合其表达目的的理解，将其引入自己的说话轨道。因为当说话人使用话语标记"你看你"时，是在表明自己的一种事实的获得与发现，这种获得和发现对听话者来说可能是意料之外的，它能使自己的见解或要求有理可据。可见说话者通过"你看你"有意让听话人作好准备，注意其后续信息，可以召唤他们对其作出积极的反映，以便更好地接受这个意料之外的信息。

---

① 参看陈融《格赖斯的会话含义学说》，《外国语》1985 年第 3 期。

"你看你"可以引进事实，同时又表达说话者的立场、态度和情感。它附带一种责备、不满、嗔怪、否定的态度。在"否定"与"确证"之间存在着一定逻辑关系：说话者提请听话者注意或确证的事实是其持否定态度的理据。

"你看你"这种语义的赋予跟它共现的语篇环境具有很大的关系。但是，语义是双向选择的，这种意义的形成跟"你看你"本身不无关系。

首先可以排除"看"，因为它不具有明显的"责备"义倾向。当"看"与第一人称代词组合时，如"你看我、看我、看看我"，反而更倾向于"自我欣赏、自我得意、自我满足"的语气。在认知上的解释是，人总是希望将自身"真善美"的一面呈现给别人。例如：

（20）你看我身高 1.98 米，都能把姿势摆得比你更低。

（21）张学良爱才，看我能读能写，很快就让我专职去做贴写。

（22）那一天，步鑫生打来电话，阿根你来，看看我是怎么把这个厂救活的！

从以上第一人称与第二人称的对比中，我们发现这种"否定义"与"看"无关，而似乎与第二人称代词"你"有关。根据崔希亮（2000）考察发现，在《红楼梦》的第 1—70 回中，"你"共出现 3940 次，单独用"你"称呼对方的时候都是高势位人对低势位人之间的，具有"居高临下"的意味。"你"的这种用法在现代汉语中也可以得到一些印证。例如：

（23）你想把我怎么着啊，你！

（24）华信白了夫人一眼，你呀真是妇人之见，说得倒容易，这沙石是自己会飞过来不成。

以上"你"、"你呀"都可以单用，并且具有表很强的不满或责备语气的倾向性。所以我们认为，"你看你"的否定用法与第二人称代词"你"不无关系。

其次，"你看你"这种意义的产生也是语用推理的结果。根据上文"你看你"的客观义，若某人被要求需要自我观察、自我审视时，往往传递了一种主观义，那便是"自我反省"。这样我们便可以基于事理和经验做这样的推理：当某人被要求自我反省时，它必定做过令别人不满的事。最初这种含义是由诱使推理（invited inference）（Traugott&Dasher，2002：17；董秀芳，2007）造成的临时的话语义（utterance meaning），但当这种话语义高频出现后，就被规约化，并进一步语义化（semanticization）了

（Hopper&Traugott，2003：235；董秀芳，2007）。也正因为如此，作为话语标记的"你看你"有了单用的情况。

　　3. 话语行为域：转移话题与阐发话题

　　据考察，"你看你"会出现在下面的语言环境中，即说话人在叙述某一事件的过程中，由于意外的、临时的发现或转变，使其态度、角度、语气或受话对象等认知倾向发生改变。"你看你"所连接的正是在前后不同的认知倾向的支配下的不同的言语行为。例如：

　　（25）咱还是在咱的农村好好打主意……你看你胳膊凉得像冰一样，小心感冒了！夜已经深了，咱们回！（路遥：《人生》）

　　（26）听说小李在城里买洋房了，人家喝过洋墨水的就是不一样，那个威风啊！你看你，还踩这个小破车，什么时候是个头啊！

例（25）说话者通过"你看你"使听者的视线或焦点过渡到了"胳膊"上，使得两个话题转变的过程有一个缓冲的机会，同时又引发出新的言语行为。例（26）是两种态度的转变，对"小李"的嫉羡与对"你"的失望和不满，通过"你看你"而完成了自然转变，使得两者的对比更加强烈，收到了很好的表达效果。

　　在更多的情况下，"你看你"不在于转移话题，而在于延续话题，阐发话题，使同一话题向纵深发展。例如：

　　（27）再说你离了也不见得真的幸福，你看你不是黄着脸，干着嘴，脖子上起着皱褶么。（铁凝：《遭遇礼拜八》）

　　（28）早跟你们说过，资金要节流也要开源，你看你，把门打坏了不要钱修啊？

　　（29）瘦麻秆子笑笑，却不脱衣，说道："你看你，还没上头，还是姑娘家，叫人脱衣裳，你能抹得开？"（周立波：《暴风骤雨》）

以上所举用例，"你看你"前后都同属一个话题，既承前又启后。它将前项和后项组合起来，从前项的开始到后项的结束，构成一个完整的相对独立的话语单元。无论"你看你"是发挥话语转变的功能还是发挥话语阐发的作用，都具有明显的"管界"，它管领至后项的结束，从这个意义上来说，"你看你"也是"带篇章管界的管领词语"（廖秋忠，1992：92）之一。

　　（四）"你看你"与重新分析

　　"你看你"作为一个语义自足的构块，其规约义不能通过对其表层的句法关系的分析而得。它已经发生了跨层的语法化。根据我们对语料的考察，"你看你"出现的时间较晚，我们无法对其语法化过程作详细的考察。但共时状态下存在的不同用法和交替形式为"你看你"的形成提供了一定的线索。我们可以根据"你看"与"你看你"的不同用法，对"你看你"的形成机制作一个可能的分析。

最初的"你看你 X"应当分析为"你看/你 X"，"你看"是一个话语标记，表示"提醒"，后一个"你"是小句的主语，它们处在不同的层次上，不构成直接成分。例如：

（30）他说，千万不要怕我，金桥，你看［你还不知道我是谁，我却能叫出你的名字了，我看了你的档案材料，一下子就全记住了。］我做领导别的本领不强，就是记性好，什么都能记住。（苏童：《肉联厂的春天》）

这里的"你看你 X"分析成"你看/你 X"，括号［］中的内容在句法上充当"看"的宾语，其中的"你"与"我"形成对比。"你看"的主要语用功能在于"提请注意"，其中也略带"不满"的意义。但是在现代汉语中，有更多的"你看你 X"在句法上是一种交替形式。它们的存在为我们作"你看你/X"的重新分析提供了可能。例如：

（31）他挽住她的手，不要她走，又说："你看你哭成这样，怎么能够出去？"（巴金：《家》）

（32）我哥哥埋怨我，你看你四十多岁的人了，怎么这么傻呢。

（33）特别简单，你不必为他把自己赔进去。你看你现在瘦成什么样了？"（皮皮：《比如女人》）

（34）你看你整天抽烟抽个不停，把房子弄得乌烟瘴气，结果你又做出了什么事情。

它们在"你看你"固化之前只能作"你看/你 X"句法分析，由"你 X"组成的小句充当"看"的宾语，表示说话者要求听话者对发生自己身上的事件引起注意。对于解读者来说，并非如此，他对说话者的心理进行了重新分析，强化了说话者对听话者的责备态度，从而将注意焦点集中在"你"这个个体之上，要求作自我反省，以便更加凸显说话者的"责备、不满"的态度。从结构上看，"你"与后面"X"的关系越来越疏松，而与前面的"你看"的结合越来越紧密，这样也就有了"你看你"的形式。这种现象与语言的"象似性原则"是相符的：一个人或物在言谈提供的信息中越是重要或越是显著就越倾向于用一个独立的名词来指称它。因此，重新分析完全是听者（或读者）在接受语言编码后解码时所进行的一种心理认知活动，听者（或读者）不是顺着语言单位之间本来的句法关系来理解，而是按照自己的主观看法来理解。这样一来，原有的结构关系在听者（或读者）的认知世界里变成了另外一种关系。①

随着"你看你"的频繁使用，一些新的语言现象为解读者将"你看你X"作"你看你/X"分析提供了形式上的客观依据。先看下面的例句：

（35）靖萱慌忙扑过去端起那碗药，急喊着："你看你，药都给你洒掉了！"（琼瑶：《烟锁重楼》）

（36）思思故意在她面前展示自己的苗条身材，把裙子旋起一圈波浪说："你看你，这可真是结婚之祸呀！"

（37）妈，你看你，人家逗你开心，你倒当真了！

（38）你看你，告诉你真话，叫你聪明点，你反而生气了，唉，你呀！（曹禺：《雷雨》）

从以上例句中，我们发现一个共同的特征：后续成分X的主语不是"你"，而分别是"药"、"这"和"人家"，其中最后一例主语已被省略。在这种情况下，就没办法将其还原为"你看/你B"形式，只能重新分析为"你看你/B"。应该说，例（35）—（38）的用法，是出现最晚的、比较成熟的话语标记语用法。可以说，"你看你"的这种使用环境，引导了读者对诸如例（31）—（34）的"你看你X"作重新解读。

除了"你看你"外，在现代汉语中还存在一些与之语用功能相当的话语标记"你看看你、看你、看看你"等。例如：

（39）我妈妈很生气，她说，你看看你把我家姑娘害成了什么样子？

（40）看你看你，我去相亲也不用如此敏感么！

（41）看看你，遇上一点小事就不好好吃饭，吃了！

（五）余论

"你看你"不是一个发展非常成熟的话语标记，在其客观世界域、逻辑

---

① 参看王灿龙《词汇化二例——兼谈词汇化和语法化的关系》，《当代语言学》2005 年第 3 期。

推理域与话语行为义之间没有明显的标记，很难划出明显的界限。体现在语义上，便是"看"在"你看你"结构中其真值意义与非真值意义很难区分。此外，"你看你"的主观化和语法化是同时进行的，本书为了分别论证意义和形式的变化轨迹，才将两者分节阐述。

随着语言研究的不断深入，汉语中，尤其是口语中一部分带有"埋怨式"或"责备式"的格式不断被挖掘出来，如"V 什么 X"、"半截儿'把字句'"①、"这 + 指称"结构、"还不是 + N + 给 + VP 的"格式等，而表示"真、善、美"状态与"赞美、满足"等积极意义的却少有显性的格式，这是否意味着世人对周围环境充满了不满、埋怨和责备？我们认为这是"关联标记"在语言中的体现。世界的原生态是"真、善、美"的，它与相对应的"赞美、满足"等肯定意义的表达形式建立了最频繁的关联，这一关联是无标记关联。而与之对立的"不满、埋怨和责备"等否定意义的表达形式是有标记关联。这也是简明性在语言上的体现。

参考文献

陈融：《格赖斯的会话含义学说》，《外国语》1985 年第 3 期。

储泽祥、程书秋：《制约"想 NV"格式成立的若干因素——兼谈与其相关格式"想 VN"的比较》，《汉语学习》2008 年第 2 期。

陈振宇、朴珉秀：《话语标记"你看/我看"与现实情态》，《语言科学》2006 年第 2 期。

崔希亮：《人称代词及其称谓功能》，《语言教学与研究》2000 年第 1 期。

董秀芳：《词汇化与话语标记的形成》，《世界汉语教学》2007 年第 1 期。

方梅：《认证义谓宾动词的虚化》，《中国语文》2005 年第 6 期。

郭锐：《"吗"问句的确信度和回答方式》，《世界汉语教学》2000 年第 2 期。

江蓝生：《半截儿"把"字句、"得"字句特点及由来》，2006 年 4 月 22 日于浙江师范大学的讲座。

廖秋忠：《廖秋忠文集》，北京语言学院出版社 1992 年版。

刘丽艳：《口语交际中的话语标记》，浙江大学博士学位论文，2005 年。

刘月华：《对话中"说""想""看"的一种特殊用法》，《中国语文》1986 年第 3 期。

邵敬敏：《汉语语法的立体研究》，商务印书馆 2000 年版。

---

① 江蓝生：《半截儿"把"字句、"得"字句特点及由来》，2006 年 4 月 22 日于浙江师范大学的讲座。

沈家煊：《〈词义与认知——从语源学到语用学〉评介》，《外语教学与研究》1997年第 3 期。

沈家煊：《不对称和标记论》，江西教育出版社 1999 年版。

石毓智：《汉语语法化的历程——形态句法发展的动因和机制》，北京大学出版社 2001 年版。

石毓智：《现代汉语语法系统的建立——动补结构的产生及其影响》，北京语言学院出版社 2003 年版。

王灿龙：《词汇化二例——兼谈词汇化和语法化的关系》，《当代语言学》2005年第 3 期。

文旭：《语法化简介》，《当代语言学》1998 年第 3 期。

于宝娟：《论话语标记“这不”、“可不”》，《修辞学习》2009 年第 4 期。

吴福祥：《汉语语法化研究的当前课题》，《语言科学》2005 年第 3 期。

曾立英：《语言的主观化之一例——“我看”与“你看”》，全国博士生论坛（武汉大学）论文，2004 年。

曾立英：《“我看”与“你看”的主观化》，《汉语学习》2005 年第 2 期。

Givón，Talmy（1971）Historical syntax and synchronic morphology：an archaeologist's field trip. Chicago：Linguistic Society.

Hopper，P. I. & E. C. Traugott（2003）Grammaticalization. 2nd revised edn. Cambridge：Camgridge University Press.

Traugott，E. & R. Dasher（2002）Regularity in semantic change. Cambridge：Camgridge University Press.

后　记

　　短语是重要的一级语法单位，对于缺乏形态变化的汉语而言，短语显得尤为重要，因此也受到学界高度关注。从现有资料看，短语的成果非常丰硕，既有不少的专著出版，也有大量的论文发表，学界还专门开展过短语问题的讨论。应该说在短语跟词、句子的关系，短语的句法结构规则，短语的分类（包括句法结构分类和句法功能分类），各类短语的分析等问题上都研究得非常深入。但对短语语义和语用方面的研究还显薄弱，对短语的词汇化和语法化历程缺乏系统全面的梳理。鉴于此，我们于 2008 年申请了教育部人文社科规划课题，试图对几种短语的语义语用进行较深入的探讨，同时选择了三个短语进行词汇化和语法化的分析，希望对短语的研究有所裨益。

　　这是一个集体的项目，参加的是学科教师和研究生。

　　感谢省重点学科——浙江师范大学汉语言文字学学科给予资助；感谢出版社尤其是责任编辑罗莉老师所付出的辛勤劳动；特别要感谢范晓老师，从选题到撰写再到书稿的审订，都付出很多心血。

　　最后要说明的是，尽管我们做了努力，但缺点甚至错误在所难免，敬请专家学者批评指正。

张先亮

2012. 12. 20